प्रस्तावना

राज्य, समाज और लोक प्रशासन, यह पाठ्यक्रम लोक प्रशासन में स्नातकोत्तर उपाधि (M.P.A.) का एक महत्त्वपूर्ण भाग है। इस पुस्तक का मुख्य उद्देश्य विद्यार्थियों को लोक प्रशासन के विषय में विस्तृत और संपूर्ण जानकारी देना है। इस पुस्तक का निर्माण विद्यार्थियों के समग्र विकास को देखते हुए किया गया है। इसके निर्माण के समय इस बात पर पूर्ण ध्यान दिया गया है कि यह आपको परीक्षा में पूर्णतः सहयोगी हो और आपके लिए लाभदायक हो।

आपके समक्ष प्रस्तुत पुस्तक M.P.A.-011 में आपके पाठ्यक्रम को ध्यान में रखते हुए और परीक्षोपयोगी प्रश्नों का निर्माण करते हुए उनका हल इस प्रकार से आपके समक्ष प्रस्तुत किया गया है कि आपको आपका पाठ्यक्रम अत्यंत सरल और कहीं पर भी उलझा हुआ-सा नहीं लगे।

हमारी पुस्तक की सबसे बड़ी और महत्त्वपूर्ण विशेषता यही है कि इसके अंतर्गत आपको गत वर्षों के प्रश्न पत्र हल सहित दिए जाते हैं जो आपकी परीक्षा को न केवल सरल बनाते हैं बल्कि आपको परीक्षा में अच्छे अंक प्राप्त करने में भी सहायक होते हैं। प्रश्न पत्रों को आपके सामने बिल्कुल उसी प्रकार प्रस्तुत किया गया है जैसा आपके सामने परीक्षा केन्द्र में प्रस्तुत होता है जो आपको अपने आप में एक अलग प्रकार का आत्मविश्वास बढ़ाने में सहायक होगा।

प्रस्तुत पाठ्यक्रम में कुल 21 अध्याय हैं। पाठ्यक्रम में आप लोक प्रशासन के विस्तृत अध्ययन में उसकी व्यवस्था, संरचना, प्रक्रिया व व्यवहार के विश्लेषण को पूर्णतः सम्मिलित किया जाता है। प्रस्तुत पाठ्यक्रम में आप राज्य के स्वरूप, गाँधीवादी परिप्रेक्ष्य और भारतीय नौकरशाही के समकालीन संदर्भ के बारे में पढ़ेगें। नव लोक प्रबंधन वैश्वीकरण के दायरे में लोक प्रशासन के नए प्रबंधन सुधारों का प्रतिमान है। प्रशासनिक सुधार के सभी प्रयास खोखले हैं, यदि उन्हें आप नागरिकों के हित में कार्यन्वित न किया जाए। लोक प्रशासन के नैतिक मुद्दे एक अन्य महत्त्वपूर्ण परिप्रेक्ष्य है, जो एक नैतिक प्रशासनिक वातावरण के विकास के महत्त्व को दर्शाता है। प्रस्तुत पाठ्यक्रम पूर्णतः सरल शब्दों में और आपकी आगामी परीक्षा को ध्यान में रखते हुए बनाया गया है, जो आपको परीक्षा में उत्तीर्ण कराने के लिए और आपको अच्छे अंक प्राप्त करने में सहायक सिद्ध होगी।

आगामी संस्करण में आपके सुझावों को यथास्थान साभार सम्मिलित किया जाएगा। अतः अपने सुझाव निःसंकोच हमें हमारी email id-info@gullybaba.com पर या सीधे प्रकाशन के पते पर लिखें और हमें अपने सुझावों से अनुग्रहीत करें।

प्रकाशन (GPH) अपने कार्यरत सहायकों व लेखकों का सहृदय से आभार प्रकट करता है, जिनके सहयोग और प्रयासों के कारण ही इस पुस्तक का प्रकाशन सम्भव हो पाया है।

आपकी सफलता की कामना के लिए,

–प्रकाशक

विषय-सूची

राज्य, समाज और लोक प्रशासन

STATE, SOCIETY AND PUBLIC ADMINISTRATION

(एम.पी.ए.-11)

लोक प्रशासन में स्नातकोत्तर उपाधि हेतु

For Master of Arts In Public Administration

विशेष विश्वविद्यालयों के लिए महत्वपूर्ण अध्ययन सामग्री

इंदिरा गाँधी राष्ट्रीय मुक्त विश्वविद्यालय (इग्नू), के.एस.ओ.यू. (कर्नाटका), बिहार विश्वविद्यालय (मुजफ्फरपुर), नालंदा विश्वविद्यालय, सेंटर फॉर डिस्टेंस एंड ओपन लर्निंग, जामिया मिलिया इस्लामिया, वर्धमान महावीर मुक्त विश्वविद्यालय (कोटा), उत्तराखंड मुक्त विश्वविद्यालय, कुरुक्षेत्र विश्वविद्यालय, सेवा सदन कॉलेज ऑफ एजुकेशन (महाराष्ट्र), मिथिला विश्वविद्यालय, आंध्रा विश्वविद्यालय, अन्नामलाई विश्वविद्यालय, बैंगलोर विश्वविद्यालय, भारतीयर विश्वविद्यालय, भारतीदशन विश्वविद्यालय, हिमाचल प्रदेश विश्वविद्यालय, काकाटिया विश्वविद्यालय (आंध्र प्रदेश), के.ओ.यू. (राजस्थान), एम.पी.बी.ओ.यू. (एम.पी.), एम.डी.यू. (हरियाणा), पंजाब विश्वविद्यालय, तमिलनाडु मुक्त विश्वविद्यालय, श्री पद्मावती महिला विश्वविद्यालयम् (आंध्र प्रदेश), जम्मू विश्वविद्यालय, वाई.सी.एम.ओ.यू., राजस्थान विश्वविद्यालय, उत्तर प्रदेश राजर्षि टण्डन मुक्त विश्वविद्यालय, कल्याणी विश्वविद्यालय, बनारस हिंदू विश्वविद्यालय (बी.एच.यू.), और अन्य भारतीय विश्वविद्यालय।

इस पुस्तक का अंग्रेजी संस्करण भी उपलब्ध है।
English Edition of this Book is also available.

Closer to Nature — We use Recycled Paper

GPH BOOK®

गुल्लीबाबा पब्लिशिंग हाउस प्रा. लि.

आई.एस.ओ. 9001 एवं आई.एस.ओ. 14001 प्रमाणित कं.

Published by:
GullyBaba Publishing House Pvt. Ltd.

Regd. Office:
2525/193, 1st Floor, Onkar Nagar-A,
Tri Nagar, Delhi-110035
(From Kanhaiya Nagar Metro Station Towards Old Bus Stand)
Call: 9991112299, 9312235086
WhatsApp: 9350849407

Branch Office:
1A/2A, 20, Hari Sadan,
Ansari Road, Daryaganj,
New Delhi-110002
Ph.011-45794768
Call & WhatsApp:
8130521616,8130511234

E-mail: hello@gullybaba.com, **Website**:GullyBaba.com

New Edition

Author: Gullybaba.com Panel
ISBN: 978-93-81066-00-3

प्रश्न पत्र

अध्याय–1

राज्य का स्वरूप

प्रश्न 1. राज्य के स्वरूप के बदलते परिप्रेक्ष्य पर चर्चा कीजिए।

[June 2008, Q. 1.]

उत्तर– 1960 के दशक के अंतिम वर्षों में राज्य के सिद्धांतों को एक प्रामाणिक पहचान मिली और यह सैद्धांतिक रूप से श्रेष्ठ बन गया। राज्य के अध्ययन पर विभिन्न परिप्रेक्ष्यों द्वारा दृष्टि डाली जाती है, जोकि उसे व्यक्तिवाद (Individualism), समकालीनवाद (Egalitarianism) और सार्वभौमिकता (Universalism) के आधार पर इसकी प्रमाणिकता की जाँच करती है। हालाँकि, राज्य के अध्ययन पर विचारों की अधिकता के कारण, इसकी मूल विशेषताएँ सम्मिश्रित हो गई हैं। हर परिप्रेक्ष्य राज्य को पृथक रूप से परिभाषित करता है, जिसके कारण किसी भी सामान्य निष्कर्ष तक पहुँचना कठिन है, और समकालीन राज्य की एक अमिश्रित तस्वीर अब भी उभरकर नहीं आ सकी। तीन विचारधाराएँ या परिप्रेक्ष्य जिन्होंने राज्य के स्वरूप को प्रधान रूप से परिभाषित किया है, वे है – उदारवादी, मार्क्सवादी व नव–उदारवादी।

(1) उदारवादी परिप्रेक्ष्य–अनेक विद्वानों का मत है कि उदारवादी परिप्रेक्ष्य में ही राज्य का आविर्भाव हुआ। उनके विचार उनके ''प्राकृतिक अवस्था'' (State of Nature) के विश्लेषण पर आधारित है, जिसमें मनुष्य को एक विशिष्ट दृष्टिकोण से देखा जाता है और वह उन्हें एक सुरक्षात्मक व्यवस्था (चाहे वह व्यक्तियों या फिर व्यक्ति समूह के रूप में हो) के निर्माण हेतु प्रेरित करता है, ताकि व्यक्ति अपने जीवन, सपंत्ति व अपने व्यक्तिगत हितों की रक्षा कर सके। राज्य के आविर्भाव के सभी सिद्धांत यह दर्शाते हैं कि व्यक्ति ने अपनी सुविधाओं व शक्तियों को राज्य जैसी संस्था के निर्माण हेतु समर्पित कर दिया; ताकि वे अपनी सुरक्षा (जीवन, संपत्ति व स्वतंत्रता के प्रसार की सुरक्षा) कर सके, इसके साथ ही सेवाओं व वस्तुओं की उपलब्धता की एक सरल प्रणाली विकसित हो सके।

उदारवाद एक विशिष्ट विचारधारा के रूप में विकसित हुआ, जिसने राज्य को केवल तभी स्वीकार किया, जब वह मानव प्रकृति व न्याय के सार्वभौमिक स्तर के प्रति उदार दृष्टिकोण रख सका। उदारवादी विचार ने 'कानून के शासन' का समर्थन किया, क्योंकि इसके द्वारा ही नागरिकों को स्वेच्छाचारी शासन से बचाया जा सकता है, तथा व्यक्ति को अपने निजी हितों व संपत्ति व समृद्धि प्राप्त करने के लिए स्वतंत्र छोड़ा जा सकता है। पूर्व उदारवादियों जॉन लॉक, मांटेस्क्यू, डेविड ह्यूम, एडम स्मिथ, जेम्स मिल और जेर्मी बेंथम (John Locke, Montesquieu, David Hume, Adam Smith, James Mill and Jeremy Bentham) ने लोकतंत्र का समर्थन किया, क्योंकि यही व्यक्ति की स्वतंत्रता को राज्य की बढ़ती हुई शक्तियों से सुरक्षित करने में सर्वाधिक उत्तम तरीका था।

नव–शास्त्रीय उदारवादियों जैसे वेलफ्रेडो पैरेटो, मैक्स वेबर, एमिल दुरखाईम, लुडविग वान माईसिस एवं फेडरिक वॉन हायेक (Vilfredo Pareto, Max Weber, Emile Durkheim, Ludwig Von Mises and Fredrick Von Hayek) आदि ने भी श्रम व वस्तुओं के लिए मुक्त बाजार को बनाए रखने के लिए राज्य की भूमिका को कम करने की वकालत की। हालाँकि, इन विचारकों के उदाहरण के लिए पैरेटो ने पहले के उदारवादी दार्शनिकों द्वारा बाजार–तंत्र के नैतिक फायदों को निर्देशित किया। बाजार की उपयोगिता इस बात पर निर्भर करती है कि यह लोकतंत्र की अपेक्षा कम से कम भ्रष्ट हो और अधिक से अधिक तटस्थ हो, ताकि व्यक्ति की प्राथमिकताएँ दृष्टिगत हो सके, तथा संतुष्टि के एक उत्तम स्तर को प्राप्त किया जा सके।

ऑस्ट्रियन (Austrian) स्कूल (माएसिस व हायेक – Mises and Hayek) ने मेक्रो–इकोनोमिक थ्योरी (Macro-economic Theory) की विश्लेषणात्मक प्राथमिकताओं पर जोर दिया, और इसके पक्ष को अस्वीकार कर दिया तथा अर्थव्यवस्था में सरकारी हस्तक्षेप पर प्रश्न उठाया। राज्य पर मैक्स वेबर के विचार आस्ट्रियन स्कूल के समरूप ही थे। 20वीं शताब्दी के अंत में उदारवादियों ने स्वतंत्रता व समानता के उदार मूल्यों को सामाजिक न्याय के साथ जोड़ा और साथ ही कार्यकुशलता की आवश्यकता को भी ध्यान में रखा। जॉन रॉल्स (John Rawls) व रॉबर्ट नोजिक ने इसी विचारधारा के अंतर्गत लिखा। इस प्रस्तावना से ही नव–उदारवाद या फिर नव–अधिकार दर्शनशास्त्र आगे सूत्र बढ़ाते हैं।

जॉन लॉक की प्राकृतिक अवस्था (John Locke's State of Nature) एक ऐसी अवस्था थी, जहाँ पूर्ण स्वतंत्रता व समानता थी। परंतु उसने भी व्यक्तियों के मध्य विरोधों की संभावना को अस्वीकार नहीं किया, इसलिए एक तर्कयुक्त (Rational) व सीमित समझौते पर विचार किया गया, जोकि रक्षा व जीवन, स्वतंत्रता व समानता की वृद्धि की गारंटी दे सके। वस्तुतः यह संपत्ति का सामाजिक स्वरूप था, जिसने लॉक को एक न्यूनतम राज्य (जिसमें सीमित सरकार व व्यक्तिगत अधिकारों का महत्त्व हो) का समर्थन करने के लिए प्रेरित किया।

जेर्मी बेंथम ने अधिकतम लोगों के अधिकतम कल्याण (Greatest Happiness for Greatest Number) की भावना में विश्वास व्यक्त किया। उन्होंने आधुनिक राज्य के विचार को एक आदर्श माना। उनके लिए राज्य एक कानूनी सत्ता और व्यक्तिवाद इसका नैतिक आधार था। उन्होंने स्वतंत्रता के स्थान पर कल्याण को राज्य का अंतिम उद्देश्य माना, और एक ऐसी संस्था पर जोर दिया, जो कानूनी व्यवस्था का समर्थन करे, विशेष रूप से सार्वजनिक सेवाओं के नौकरशाहीकरण और वैधानिकीकरण को एक निरंतर व विविधता और परिवर्तनों का अनुसरण करने की प्रक्रिया मानते हुए।

वह जॉन स्टुअर्ट मिल (John Stuart Mill) थे, जिन्होंने 'अहस्तक्षेप' के शास्त्रीय

आर्थिक सिद्धांत के स्थान पर कुछ 'वैकल्पिक' क्षेत्रों में राज्य के हस्तक्षेप का समर्थन किया। उन्होंने राज्य का चित्रण एक नैतिक संस्था के रूप में किया, जोकि धर्म के प्रचार और व्यक्ति में नागरिक गुणों की श्रेष्ठता के प्रचार से संबंधित होता है। एमिले दुरखाईम (Emile Durkheim) ने कहा कि आवश्यकता की संतुष्टि को अन्यों की माँग के साथ जोड़ने से एक सामाजिक सह–संबंध (Corporative Association) स्थापित होगा, एक ऐसी नैतिक व्यवस्था, जो व्यक्तिगत हितों को एक विस्तृत सार्वजनिक हितों की व्यवस्था में परिवर्तित करेगी। उसने ऐसे निगमों को उदित होते हुए देखा, जिसमें आधुनिक समाज एक गैर क्षेत्रिक, व्यावसायिक संस्था के रूप में अपने सदस्यों से अपेक्षा रखता है।

निगमवाद (Corporatism) जैसा कि पीटर सेल्फ (Peter Self) ने कहा है, बहुलवाद से भी अधिक अस्थिर सिद्धांत है। उदारवाद का एक अन्य महत्त्वपूर्ण तत्त्व होने के कारण, यह सामाजिक स्वरूप व व्यवस्थित सामाजिक पद्धति की आवश्यकता पर जोर देता है, बजाय वैयक्तिक स्वतंत्रता व खुशहाली के प्रतिस्पर्धी प्रवृत्ति के लिए अवसरों पर जोर देने के। यह सामाजिक प्रकृति व एक व्यवस्थित सामाजिक व्यवस्था की आवश्यकता पर जोर देता है। सामूहिक राज्य की कोशिश होती है कि प्रतिनिधियात्मक संगठनों की संख्या को सीमित किया जाए तथा उन संगठनों को स्वीकृति दी जाए। जो औपचारिक रूप से एकाधिकार स्थापित करती हैं। निगमवाद को राजनीतिक प्रतिनिधित्व और राज्य की मध्यस्थता के एक विशेष सम्मिश्रण के रूप में परिभाषित किया जा सकता है। निगमवाद समाजवाद के समान ही प्रतिस्पर्धा को व्यर्थ समझते हैं। निगमवाद सभी निजी निगमों को राष्ट्रीय योजना के अधीन रखते हैं। वस्तुतः नव निगमवादी (Neo-corporatist) सिद्धांत पूँजीवादी समाज से अधिक मेल खाता है।

नव–निगमवादी सिद्धांत पूँजी व श्रम के मध्य खाई (Cleavage) के महत्त्व को पहचानता है। दूसरी ओर, बहुलवादी सिद्धांत राज्य को एक तटस्थ संस्था मानते हैं, जो हितों की मध्यस्थता करता है। नव–निगमवादी यह सुझाव देते हैं कि राज्य को तटस्थता से ऊपर उठकर कार्य करने चाहिए। नव–निगमवादी सिद्धांत का केन्द्रीय तत्त्व नागरिक समाज व राज्य के केन्द्रीय हितों के मध्य समन्वयता पर आधारित है।

(2) मार्क्सवादी परिप्रेक्ष्य—मार्क्सवादी सिद्धांत के दृष्टिकोण में, **पॉल स्ट्रीटन** के अनुसार, सरकार केवल शासक वर्ग की एक कार्यकारी समिति होती है और केवल इसी वर्ग के आर्थिक हितों की पूर्ति करती है। राज्य शासक वर्ग के हितों के अनुरूप कार्य करता है। यह राज्य का कार्य है कि वह शासक वर्ग के अंतर्गत हितों की विभिन्नताओं के मध्य एकता स्थापित करे, ताकि यह अपनी शक्ति व उत्पादन की पूँजीवादी प्रणाली बनाए रख सके। केवल सामाजिक वर्गों के नाश और अंततः राज्य के अंत द्वारा ही लोकतंत्र की स्थापना की जा सकती है।

राज्य व राज्य की शक्तियों को संपत्ति संबंधों दृग्विषय (Epiphenomena) के रूप में

वर्णित किया गया। बाद के मार्क्सवादियों के दृष्टिकोण से राज्य को कुछ संस्थाओं का योग माना गया और इसके वर्ग–व्यवस्था के बारे में कोई सामान्य अवधारणा नहीं बनाई जा सकी। इस प्रकार वर्ग (Class) व राज्य के मध्य संबंधों के बारे में मार्क्स के दो विचारबिंदु (Positions) हैं। **डेविड हेल्ड** के अनुसार, पहला विचारबिंदु इस बात पर जोर देता है कि सामान्यतः राज्य और विशेष रूप से नौकरशाही संस्थाएँ, अनेक रूप ले सकती हैं और शक्ति के स्रोत का निर्माण कर सकती है, जोकि आवश्यक नहीं कि प्रत्यक्ष रूप से शासक वर्ग के हितों से संबंधित हो अथवा शासक वर्ग के पूर्ण नियंत्रण में हो। इस आधार पर राज्य वर्गों से स्वतंत्र होकर शक्ति के एक स्तर को धारण करता है; इसका संस्थागत रूप और संचालक तत्त्व प्रत्यक्ष रूप से वर्ग–शक्ति द्वारा निर्धारित नहीं होते, वे 'स्वतंत्र' होते हैं।

मार्क्स के द्वितीय विचारबिंदु को डेविड हेल्ड ने मार्क्स के लेखन का एक प्रमुख बिन्दु कहा है। इस विचारबिंदु के अनुसार, राज्य व इसकी नौकरशाही एक वर्गीय साधन है, जिनकी उत्पत्ति एक विभाजित समाज में शासक वर्ग के हितों के अनुरूप समन्वयता स्थापित करने के लिए हुई है। मार्क्स इन दोनों विचारबिंदुओं में कभी भी समन्वय नहीं ला पाए। बाद में रॉल्फ मिलिबैड (Ralph Miliband) ने तर्क दिया कि राजनीतिक रूप से प्रभावशाली बनने के लिए राज्य को स्वयं को शासक वर्ग के दल से अलग करने में नियमित प्रयत्न करना चाहिए। वह एक ओर वर्ग व राज्य को समझना चाहते थे और दूसरी ओर राज्य व समाज को। निकोस पुलन्तसाज ने मिलिबैंड के विचार को अस्वीकार किया, जिसे उन्होंने 'आत्मनिष्ठ' (Subjectivist) कहा। उन्होंने तर्क दिया कि राज्य पूँजीवाद का प्रधान तत्त्व है। इसे शासन वर्ग के राजनीतिक संगठन को दृढ़ करने के लिए व साथ ही मजदूर वर्ग के राजनीतिक असंगठन हेतु कार्य अवश्य करना होगा, जोकि बुर्जुआ वर्ग के आधिपत्य को चुनौती दे सकता है। परंतु पुलन्तसाज ने अपने राज्य के अध्ययन में विशिष्ट वर्गों, सरकारी अधिकारियों व सांसदों के मध्य संबंधों की उपेक्षा की, जिसे कि क्लॉस ऑफ एवं हर्बरमॉस ने बाद में अपने लेखों में वर्णित किया।

पुलन्तसाज के अनुसार 'राज्य एक सामाजिक संबंध है। यह दृष्टिकोण राजनीतिक प्रतिनिधित्व व/या राज्य की मध्यस्थता के विश्लेषण के लिए एक रूपरेखा तैयार करता है, जो राज्य के जटिल संस्थात्मक रूप, जोकि राजनीति प्रक्रिया को निर्देश देता है, से संबंधित है। साथ ही यह उन विविध संस्थागत और अनुमानित तथ्यों की ओर भी ध्यान आकर्षित करता है, जो राज्य पर अपना दबाव डालते हैं। पुलन्तसाज के विचारों की जर्गन हेबरमास और क्लॉस ऑफ द्वारा कटु आलोचना की गई है। उनका कहना है कि पुलन्तसाज एवं मिलिबैंड, दोनों ही पूँजीवादी राज्य को नकारात्मक दृष्टिकोण से देखते हैं, क्योंकि ये राज्य को केवल पूँजीवादी आर्थिक उद्योगों की स्थिरता के आधार के रूप में देखते हैं अथवा राज्य को संभावित क्रांतिकारी प्रभावों को रोकने में सक्षमता के माध्यम के रूप में देखते हैं।

वर्तमान समय में, मार्क्सवादी साहित्य में एक निर्भरता–विरोधी मार्क्सवाद की पुनरावृत्ति

देखी गई है। **बिल वॉरन** (Bill Warren) जैसे मार्क्सवादी के अनुसार पहले राज्य अपने स्वयं के हितों के लिए कार्य करता था। तब पक्षपात रहित, सहृदय, परोपकारी, सरकारी नीतियों की राज्य द्वारा संचालित अर्थव्यवस्थाओं में कोई आवश्यकता नहीं थी।

(3) नव–उदारवादी परिप्रेक्ष्य–राज्य का एक दूसरा मुख्य दृष्टिकोण, नव दक्षिणपंथी अधिकार या नव उदारवादी दृष्टिकोण, राज्य को वापस लाने की वकालत करता है। यह बाजारोन्मुखी, न्यूनतम राज्य दृष्टिकोण है, जोकि लोक चयन (Public Choice) की अवधारणा पर आधारित है। लोक चयन अवधारणा, प्रधान एजेंट (Principal Agent) सिद्धांत तथा कार्य–संपादन मूल्य विश्लेषण (Transaction Cost Analysis) पर आधारित है।

लोक चयन सिद्धांतवादियों का सैद्धांतिक विचार तीन स्थितियों के इर्द–गिर्द घूमता है–

(1) नए अधिकारों की सुरक्षा सरकार की अयोग्यता पर आधारित है, जो व्यक्ति को अधिक श्रेष्ठ व समान बनाने में असमर्थ होती है; (2) वृद्धि के लक्ष्य, जोकि कार्यक्रमों के निर्धारण व राजनीतिक प्रभाव की समस्याओं को सुलझाते हैं और (3) उदारवादी व्यक्तिवाद, जो प्रतिस्पर्धी बाजार और निजी संपत्ति को वैयक्तिक चयन की स्वतंत्रता के एक आवश्यक तत्त्व के रूप में समर्थन देते हैं।

लोक चयन विश्लेषण के अनुसार ही नव–उदारवाद एक पूर्व प्रतिरूप स्थिति प्रस्तुत करता है, जिसमें विश्व में कोई भी क्षेत्रीय बंधन नहीं हो, पूर्ण रूप से मुक्त व्यापार की राष्ट्रीय प्रथा हो, जिसमें विश्व में वस्तुओं व सेवाओं के बहाव में राज्य द्वारा स्थापित बंधन नहीं हो। नव–उदारवादी विचारधारा, जिसमें उदारवाद बाजार अर्थव्यवस्था के अधीन हो गया है, यह सुझाव देती है कि राज्य एक ऐसा निष्क्रिय (Passive) वाहन है, जिसके द्वारा विश्व अर्थव्यवस्था का वैश्वीकरण किया जाता है, जिसकी गति को रोकने या नियंत्रित करने में वह शक्तिविहीन होता है।

उत्तर–आधुनिकतावाद (Post-modernism) ने राज्य की आलोचना के लिए एक अलग समस्या पैदा की है, क्योंकि वे आलोचना के सिद्धांत को ही नकारता है। आधुनिकतावादी लगातार एक ही सैद्धांतिक स्थिति स्वीकार करते हैं। हॉफमैन के अनुसार, वह स्थिति सभी सैद्धांतिक विचारधारा को एक–दूसरे के बराबर बनाती है। उनका कहना है कि तर्कवाद को जाने दो, शून्यवाद हमेशा रहेगा। परंतु एक शून्यवादी विचार राज्य की आलोचना को अत्यंत दुष्कर बनाता है, साथ ही यह बहुलवाद व आत्म–क्रियाकलाप के प्रति आधुनिकतावादियों के समर्थन में भी अंतर्विरोध उत्पन्न करता है।

अन्य विकासवादी विचारधाराएँ जैसे नव–संगठनात्मकवाद (New-Institutionalism) तर्कयुक्त चुनाव व संरचना (Rational Choice and Structuration) आदि ने भी मार्क्सवादी सिद्धांत के लिए विकल्प प्रस्तुत किए हैं। राज्य–केन्द्रित सिद्धांतवादियों ने स्वयं भी कुछ चुनौतियाँ उत्पन्न की हैं।

हॉफमैन कहते हैं कि राज्य के सिद्धांत पक्षपाती व रक्षात्मक है। पूँजीवादी राज्य

(Capitalist State) का सिद्धांत वहीं तक पर्याप्त होगा कि यह सिद्धांत पूँजीवादी समाज की कुछ निश्चित विशेषताओं पर आधारित है। राज्य को कार्यात्मक रूप से चित्रित नहीं किया गया, जैसे स्वतः ही अपने रूप को विकसित कर रहा है अथवा पूँजीवादी व्यवस्था की आवश्यकता के अनुसार, अपनी नीतियों को बदल रहा है। **नीरा चंद्योक** कहती है कि एक अर्थपूर्ण राज्य सिद्धांत की आवश्यकता पर विचार करने की आवश्यकता है, जो न केवल यह बताए कि वर्तमान राज्य किस प्रकार का है, बल्कि यह भी बताए कि राज्य कैसा होना चाहिए।

इस प्रकार, राज्य पर विभिन्न विचारधाराएँ या तो उसे एक सीमा पर खड़ा देखती हैं, या फिर इसे पूर्ण रूप से सामाजिक–आर्थिक व राजनीतिक व्यवस्था के केन्द्र में स्थापित करती हैं। कई स्थानों पर राज्य को कुछ निश्चित क्षेत्रों में हस्तक्षेप करने की स्वतंत्रता दी जाती है, परंतु सही यही है कि उसे हस्तक्षेप के कार्यों से दूर रखा जाए। राज्य एक "परभक्षी" (Predator), "आवश्यक बुराई" (Necessary Evil), "सुविधाओं का दाता (Provider)", "सेवाओं का पूरक" (Catalyst) आदि है। समकालीन नव–उदारवादी धारणा राज्य की न्यूनतम भूमिका पर जोर देती है। परंतु विकासशील देशों के लिए इस 'न्यूनतम' दृष्टिकोण का मूल्य बहुत ही कम है। तृतीय विश्व के संदर्भ में, जहाँ जनसंख्या का बहु भाग गरीब, उपाश्रित व असुविधा प्रदत्त है, वहाँ राज्य का न्यूनीकरण नहीं किया जा सकता या उसकी भूमिका को घटाया नहीं जा सकता, क्योंकि सुरक्षा, रक्षा, कल्याण, आधारभूत सुविधाओं के विस्तार, सामाजिक न्याय और आर्थिक कार्यों के संपादन हेतु राज्य की आवश्यकता होती है।

प्रश्न 2. राज्य की परिभाषा लिखिए और वैश्वीकरण के संदर्भ में इसकी भूमिका की विवेचना कीजिए। **[Dec 2008, Q. 1.]**

उत्तर– राज्य को परिभाषित करना कठिन है। राज्य को एक समाज के रूप में देखा जाता है जोकि राजनीति को संगठित करता है। राज्य से अभिप्राय ऐसे जनसमूह से है जो निश्चित भू–भाग में निवास करता है। राज्य का प्रक्षेप–पथ (Trajectory) एक जटिल और लंबा सफर है–जनजातीय समुदाय, नगर समुदाय, ग्रीस के नगर–राज्य तथा रोम का सामंती समाज, संपूर्ण समाज, संपूर्ण संप्रभु राज्य से लेकर फासीवादी राज्य, साम्यवादी राज्य तथा कल्याणकारी राज्य। कुछ विचारक राज्य को नैतिकता के संदर्भ में परिभाषित करते हैं, तो कुछ इसे शोषण के एक यंत्र के रूप में देखते हैं। कुछ इसे केवल समाज के एक पक्ष के रूप में देखते हैं, तो कुछ इसे सरकार का ही पर्यायवाची मानते हैं। राज्य को एक बेजोड़ व भिन्न प्रकार के संगठन के रूप में भी प्रदर्शित किया जाता है, जोकि सामाजिक संगठनों से अलग होता है।

राज्य के बारे में आध्यात्मिक (Metaphysical) व अर्ध–धार्मिक (Mythological) व्याख्याएँ भी हैं। कुछ राज्य की वैधता (Legitimacy) की ओर संकेत करते हैं, तो कुछ उन शक्तियों के स्वरूप की ओर, जिनका राज्य द्वारा उपभोग किया जाता है। तथापि हमें राज्य

की परिभाषा करनी होगी, ताकि इसके 'विवादास्पद स्वरूप' से बाहर निकला जा सके। अगर राजनीति का अर्थ यह है कि किसे क्या, कब, कितना और कैसे प्राप्त होता है, तब राज्य इन सब कार्यों के लिए कार्यकारी संस्था है। सरल शब्दों में, राज्य को इसके आधारभूत लक्षण जैसे भूमि, जनसंख्या, सरकार व संप्रभुता (Sovereignty) के आधार पर परिभाषित किया जा सकता है। इसे विस्तृत रूप से समझने के लिए इन सभी तत्त्वों का वर्तमान वैश्वीकरण के संदर्भ में विश्लेषण करने की आवश्यकता है।

राज्य को संबंधों की एक ऐसी व्यवस्था के रूप में समझा जा सकता है, जो भूभाग व एक समुदाय की सदस्यता को परिभाषित करती हो, इसके आतंरिक क्रियाकलापों का संचालन करती हो, अन्य राज्यों के साथ संबंधों का निर्धारण करती हो तथा इसे पहचान व एकता प्रदान करती हो। राज्य ऐसे संगठनों और प्रक्रियाओं का संगम है, जो अत्यंत विभिन्न व विवादास्पद है, जोकि समुदाय के विभिन्न क्षेत्रों पर आधिपत्य रखता है, और जोकि विभिन्न नियमों के अनुसार विभिन्न सामाजिक वस्तुओं का वितरण करता है (जॉर्डन – Jorden 1985)। दूसरी तरफ, राज्य को विस्तृत धरातल पर (Macro scopically) भी देखा जा सकता है, जहाँ सभी संगठनों का मिलन हो तथा जो समाज के सभी समूहों एवं गतिविधियों को प्रभावित करता हो। राज्य राज्यवादियों (Statists) के लिए एक ऐसी संस्था है, जो सर्वविद्यमान है, एवं मनमाने ढंग से कार्य करती है।

बॉब जेसप (Bob Jessop, 1990) के अनुसार, वे प्रश्न जो राज्य पर अनेक विवादों को जन्म देते हैं, वे निम्नांकित है : क्या राज्य स्वयं अपने कानूनी रूप से, बल प्रयोग के रूप में, अनिवार्य क्षमताओं से, संस्थात्मक रचना व सीमाओं, से अतिरिक्त कार्य व गणनाओं के प्रकार से उद्घोषित लक्ष्यों से, एक विस्तृत समाज हेतु किए जाने वाले कार्यों से, अंतर्राष्ट्रीय व्यवस्था में अपनी संप्रभुता के स्थान से परिभाषित होता है। **जेसप** कहते हैं कि राज्य की किसी भी परिभाषा के लिए राज्य पर विस्तृत विश्लेषण (State Discourse) तथा साथ ही राज्य संस्थाओं का संदर्भ देना आवश्यक है। सभी प्रकार के राजनीतिक संगठनों को राज्य के समान नहीं माना जा सकता है और न ही राज्य को केवल एक सरकार, कानून, नौकरशाही, अनिवार्य तंत्र या राजनीतिक संस्था के समरूप माना जा सकता है।

नीरा चंढ़ोक का मानना है कि वस्तुतः राजनीतिक सिद्धांत में राज्य एक जटिल व समस्यापूर्ण विचार है। क्योंकि राज्य से जुड़ी प्रत्येक पूछताछ मूल्यों से जुड़ी या पक्षपूर्ण (Value-laden) है। राजनीतिक विचारक पहले से ही राज्य पर एक सामान्य विचार प्रस्तुत करने में लीन है, जोकि मानव स्वभाव के अनुकूल परिस्थितियों का निर्माण करने में समर्थ होंगे, परंतु कोई भी परिभाषा संपूर्ण रूप से राज्य को परिभाषित करने में समर्थ नहीं है। 'राज्य' को परिभाषित करना बहुत कठिन है। **डेविड ईस्टन** (David Easton), जिन्होंने राजनीतिक व्यवस्था के स्वरूप का विश्लेषण किया, उन्होंने 'राज्य' को एक विचार या धारणा (Concept) के रूप में परिभाषित करने की निरर्थकता के बारे में भी बात की। उनके विचार

में यह एक अनावश्यक विवाद को तथा एक ''विचारधारात्मक दलदल' (Conceptual Morass) जैसी स्थिति को उत्पन्न करेगा। वस्तुतः ईस्टन ने कहा कि वैज्ञानिक राजनीतिक सिद्धांत के लिए स्पष्टता की आवश्यकता होती है, और इसीलिए यह उचित होगा कि हम 'राज्य' शब्द का प्रयोग करने से बचें।

निकोस पुलन्तसाज (Nicos Poulantzas) ने राज्य का चित्रण एक 'अस्पष्ट पहेली' के रूप में किया है। **जॉन हॉफमैन** कहते हैं कि यद्यपि पुलन्तसाज यह तो बताते हैं कि राज्य वर्ग विभाजित समाज में एकता बनाए रखने का प्रयत्न करता है, परंतु वह हमें यह नहीं बताते कि राज्य वास्तव में है क्या। एक 'संस्थागत राजनीतिक शक्ति' के रूप में राज्य की परिभाषा वक्र (Circular) है, क्योंकि 'राजनीति' क्या है, इसे हम राज्य से पृथक व स्वतंत्र रूप से परिभाषित नहीं कर सकते। पुलन्तसाज राज्य को 'विभिन्न वर्गों के मध्य संबंध का एक भौतिक संघनन (Material Condensation) मानते हैं, परंतु वे इस बात पर भी जोर देते हैं कि इसे इन संबंधों तक ही सीमित नहीं किया जा सकता।

कुछ शोधक र्त्ता जैसे रॉबर्ट नोजिक (Robert Nozick) राज्य की आवश्यकता पर विचार करते हैं। नोजिक कहते हैं कि राजनीतिक दर्शनशास्त्र (Philosophy) का मूल प्रश्न यह है कि राज्य का संगठन किस प्रकार होना चाहिए; क्या राज्य होना चाहिए। राज्य के स्थान पर अराजकता (Anarchy) क्यों न हो? अराजकतावादी सिद्धांत के समय से ऐसा अनुभव किया गया है कि यदि यह विद्यमान है तो हर तरह के राजनीतिक दर्शनशास्त्र को प्रभावित करता है, एवं यह कहना उचित होगा कि राजनीतिक दर्शन शास्त्र के मुख्य सिद्धांतों का परीक्षण करता है।

नोजिक के अनुसार, अराजकता में विभिन्न स्वैच्छिक समूहों द्वारा दबाव, पारस्परिक रक्षात्मक समूह, श्रम विभाजन, बाजार का दबाव, विभिन्न अर्थव्यवस्थाएँ व निजी हित, ऐसी स्थिति को जन्म देते हैं, जो न्यनूतम राज्य से काफी हद तक मिलती–जुलती है।

राज्य के पारंपरिक हितों के संरक्षक व प्रसारक की भूमिका भी वैश्वीकरण की शक्तियों के प्रभाव के अंतर्गत आ गई है, जैसे कि अनेक अन्य सामाजिक, आर्थिक व राजनीतिक संस्थाओं ने समाज में व्याप्त अंतर्विरोधों का सामना करने का उत्तरदायित्व निभाना शुरू कर दिया है। प्रतिस्पर्धी राज्य की उत्पत्ति से लोक–प्रशासन की बाजार आधारित विचारधारा ही प्रधान है, जिसकी व्याख्या एक वस्तुतीकरण एजेंट के रूप में की जाती है।

इस प्रकार राज्य पर पूर्व चर्चाओं से हम यह अनुमान लगा सकते हैं कि पिछली सदी के दौरान आर्थिक व राजनीतिक क्षेत्रों में परिवर्तनों के परिणामस्वरूप इसका स्वरूप परिवर्तित हुआ है। जैसाकि अनेक शोधशास्त्री कहते हैं कि यह स्वरूप इसलिए बदला है, क्योंकि व्यापार के अंतर्राष्ट्रीयकरण, तकनीकी क्रांति, माइक्रो या सूक्ष्म अर्थव्यवस्था विश्लेषण, सीमा संबंधी पुनः परिभाषा, विश्व सुरक्षा व्यवस्था का मानकीकरण जैसे कारकों ने समय और फासले की सीमाओं की प्रामाणिकता के महत्त्व को कम कर दिया है। अब समस्त विश्व अंतर्राष्ट्रीय मुद्रा

कोष व विश्व बैंक द्वारा प्रचलित वाशिंगटन सहमति के संरक्षण में आ गया है।

एक केन्द्रित नियोजित राज्य से बाजार आधारित अर्थव्यवस्था में परिवर्तन को अनेक शंकाओं का सामना करना पड़ता है जैसाकि वैश्वीकरण के संदर्भ में राज्य की महत्ता व प्राधिकार, इसके साथ ही राज्य, बाजार व समाज के मध्य संतुलन बनाए रखना भी आवश्यक है। यह संकेत दिया जाता है कि वैश्वीकरण ने राज्य की नीतियों, संस्थाओं व कार्यों पर बहुत ही गहरा प्रभाव डाला है। प्रत्येक राज्य की आर्थिक परिस्थितियों के विस्तार तथा वैश्वीकरण की प्रक्रिया के प्रति राज्य के खुलेपन के स्तर के साथ ही इसके प्रभाव में विभिन्नता आती है।

वैश्वीकरण के सकारात्मक पक्ष भी हैं जिनकी उपेक्षा नहीं की जा सकती। वैश्वीकरण ने नए संपर्कों व संबंधों के निर्माण द्वारा क्षेत्रों की दूरी को कम कर दिया है। विकासशील देशों के अंतर्गत राज्य अब एक स्वतंत्र सत्ता के रूप में कार्य कर सकते हैं और अपने कार्यक्रमों के लक्ष्यों को प्राप्त कर सकते हैं। इसके अलावा, अंतर्राष्ट्रीय संस्थाएँ अन्य उपेक्षित विषयों को भी प्रकाश में लाई है जैसे मानव अधिकार, जेन्डर, टिकाऊ या सतत् विकास आदि, जोकि सुविधाहीन, गरीब व कमजोर वर्गों के साथ जुड़े हुए हैं। इन क्षेत्रों में कार्य करने हेतु राज्य की क्षमता एक आवश्यक परिस्थिति है, ताकि वैश्वीकरण द्वारा प्रदान किए जाने वाले अवसरों का उपयोग किया जा सके, तथा समाज के योग्य वर्गों के हितों को सुरक्षित व प्रसारित किया जा सके। राज्य गरीबी–निवारण, पर्यावरण संरक्षण, मानव–सुरक्षा को प्रचारित करने व सामाजिक समता व नैतिकता को प्राप्त करने में राज्य एक समालोचक भूमिका निभा सकता है।

विकसित व शक्तिशाली राज्य वैश्वीकरण के नकारात्मक पहलुओं का विरोध करते हैं। विशाल आर्थिक व सामाजिक अंतर्निर्भरता राष्ट्रीय निर्णय–निर्माण प्रक्रिया को दो मूल तरीकों से प्रभावित करती है। यह कुछ राष्ट्रीय स्तर के निर्णयों को स्थानीय सरकार के स्तर पर स्थानांतरित करने का प्रयास करती है। इसके साथ–साथ यह अपर्याप्त राज्य सामर्थ्यता से उत्पन्न समस्याएँ और अधिक महत्त्वपूर्ण हो जाती है। वे राज्य जिनके पास अधिक शक्तिशाली योग्यता है वे अंतर्राष्ट्रीय एजेंडे के निर्माण में अधिक राजनीतिक प्रभाव रखते हैं, तथा बहुभुजी प्रबंधों के गहन जाल या नेटवर्क को संचालित करते हैं, जोकि वैश्विक आर्थिक पारस्परिकता के कारण उत्पन्न होता है। कमजोर राज्य विशेषकर विकासशील देशों की, इसमें कम सक्रिय भूमिका होती है। आर्थिक सहयोग व विकास संगठन के अध्ययन ने यह संकेत दिया है कि मुक्त व अधिक खुली बाजार अर्थव्यवस्थाएँ विभिन्न देशों के विकास के सभी स्तरों पर आर्थिक व सामाजिक दोनों ही प्रकार के लाभ प्रदान करती हैं। संभावित लाभ निम्नलिखित हैं–

(i) वस्तुओं व सेवाओं की प्राप्ति में व्यक्तियों को चयन की अधिक स्वतंत्रता तथा विशिष्टीकरण व विनियमन;

(ii) विश्व व्यापार में तुलनात्मक सुविधाएँ;

(iii) अंतर्राष्ट्रीय बाजारों में कार्यरत लोगों की अधिक आय;

(iv) वस्तुओं व सेवाओं की अधिक उपलब्धता व कम मूल्य;

(v) जोखिमों या खतरों (Risk) में विशाखन (Diversification) लाने के अवसर;

(vi) कम लागत में पूँजी तक पहुँच;

(vii) संसाधनों का अधिक कुशल व उत्पादक बटँवारा;

(viii) ज्ञान व अभिज्ञता (Know-how) का आंतरिक स्थानांतरण।

यह कहा जाता है कि वैश्वीकरण की प्रक्रिया अपरिवर्तनशील है, अगर इसके कोई विकल्प नहीं हैं तो हमें इसके अंतर्गत ही इसके विकल्प खोजने होंगे। **अली फराजमंद** कहते हैं कि वैश्वीकरण राज्य व लोक प्रशासन का अंत नहीं करता। राज्य ही अपने नागरिकों के हितों तथा आर्थिक व सामाजिक विकास के उपयुक्त प्रबंध का केन्द्र रहता है। राज्य उन्नत आर्थिक एकीकरण के लिए उपर्युक्त नीतियाँ ग्रहण करने के लिए भी उत्तरदायी होता है। एक नई वैश्विक चुनौती ने लोक प्रशासन के शोध, व्यवहार व अध्ययन के क्षेत्र को विस्तृत कर दिया है। लोक–प्रशासन ने मानव सभ्यता के एक नए चरण में प्रवेश किया है, जिसका भविष्य वैश्वीकरण व आधिपत्यवादी विश्व व्यवस्था द्वारा प्रकाशित व अंधकारमय दोनों ही बताया गया है।

एंथोनी गिड्डन्स ने लोकतंत्र को बढ़ाने हेतु सरकार और नागरिक समाज की एजेंसियों में साझेदारी का एक विस्तृत केस बनाया हैं। यह बहुत ही कठिन है, क्योंकि निगमवाद राज्य या प्रतिस्पर्धी राज्य के आगमन से अव्यवस्था व निजीकरण के कारण 'सार्वजनिक क्षेत्र' व 'नागरिकों' के लिए स्थान (Space) धीरे–धीरे सिकुड़ता जाता है। इस प्रकार के राज्य के आर्थिक प्रस्तावों को अधिक विस्तृत करना होगा, कम से कम इन्हें सामाजिक समता व न्याय के मूल्य पर प्रेरित नहीं किया जाना चाहिए।

पॉल विल्डिंग के अनुसार, वैश्वीकरण राज्य द्वारा उन राष्ट्रीय नीतियों को विकसित व प्रतिपादित करने के संबंध में महत्त्वपूर्ण प्रश्न उठाता है, जो अत्याधुनिक औद्योगिक समाजों में कल्याणकारी राज्य का निर्माण करने व मानव कल्याण को प्रचारित करने की क्षमता से संबंधित होती हैं। जैसाकि महसूस किया गया है कि राज्य के लिए एक सुगम वातावरण केवल तभी सतत् किया जा सकता है, जब एक जहीन लोकतांत्रिक राज्य व उन्नत नागरिक समाज के मध्य बेहतर साझेदारी के माध्यम हों। वैश्वीकरण प्रक्रिया राज्य व नागरिक समाज के मध्य दृढ़ साझेदारी का निर्माण करती है। सामान्यतः शक्तिशाली सामाजिक नेटवर्क के निर्माण के द्वारा राज्य को अधिक लाभ होगा (ब्रटुची व एल्बर्टी)

पॉल स्ट्रिटीन कहते हैं कि जहाँ तक राज्य–समाज समन्वय का संबंध है, उचित रणनीतियाँ द्वारा एक सहक्रिया (Synergy) निर्माण करने की आवश्यकता है, जिसका लक्ष्य हो–

(i) सहकार्यी व सहभागिताकारी प्रक्रियाओं को विकसित, शक्तिशाली व स्थिर रखना;

(ii) संस्थागत विकास को तीव्र करना, जोकि संसाधनों के प्रबंधन, समन्वय व नेटवर्क को सुगम बनाती है;

(iii) पारदर्शिता, सशक्तीकरण व उत्तरदायित्व सुरक्षित करना; और

(iv) मानव क्षमताओं को दृढ़ करना।

वैश्वीकरण औद्योगिक देशों–यूरोप, उत्तरी अमेरिका व जापान जैसे देशों में अधिक प्रभावकारी है। विदेशी निवेश का 85% भाग इसी त्रिमूर्ति (Triad) के सदस्यों के मध्य प्रवाहित होता है। बाजार की त्रिमूर्तिकरण (Triadisation) पूर्ण रूप से वैश्वीकरण की तुलना में अधिक दिखाई दे रहा है। जिस प्रकार से राज्य वैश्वीकरण के दबावों के प्रति अपनी प्रतिक्रिया देते हैं, उस तरह ये उसके वैश्वीकरण प्रक्रिया का एक महत्त्वपूर्ण एजेंट बन पाते हैं। इन पर केवल प्रभाव नहीं डाला जाता, ये खुद भी प्रभावी भूमिका निभाते हैं।

प्रश्न 3. 'राज्य को पुनःस्थापित करना' पर समकालीन विवाद का विश्लेषण कीजिए। **[Dec 2009, Q. 1.]**

उत्तर– राज्य को पुनःस्थापित करना : समकालीन विवाद–राज्य को पुनःस्थापित करने के सिद्धांत की व्याख्या के तीन मुख्य प्रतिमानों का विश्लेषण करना आवश्यक है। ये तीन मुख्य प्रतिमान इस प्रकार हैं–

(1) मार्क–1–यह प्रतिमान 'निम्न राज्य' का विश्लेषण करता है। ऐसा राज्य 1869–1930 के मध्य उदारवादी विचारधारा के अंतर्गत प्रचलित था। औद्योगिक क्रांति के पूर्ण होने जाने के पश्चात् अहस्तक्षेप के सिद्धांत को अपनाया जो 1930 तक चलता रहा। मार्क्सवादियों ने 'निम्न राज्य' की अवधारणा को अनेक कारणों से अपनाया। यह कहा गया कि जब तक श्रमजीवी वर्ग अधिनायकतंत्र पूरी तरह स्थापित नहीं हो जाता तब तक राज्य आंतरिक कानून एवं व्यवस्था को संचालित करता रहेगा।

(2) मार्क–2–यह प्रतिमान 'उच्च राज्य' का विश्लेषण करता है। यह प्रतिमान 1930 से लेकर 1970 के मध्य तक प्रचलित रहा। इसके अंतर्गत राज्य को आधारभूत कार्यों के निष्पादन के लिए अच्छा माना जाता था।

(3) मार्क–3–यह प्रतिमान नव–उदारवादी विचारधारा के अंतर्गत 'निम्न–राज्य' का विश्लेषण करता है। पूर्वी यूरोपीय देशों में राज्यवाद के पतन से इस विचार को नई प्रेरणा मिली। राज्य को आधारभूत कार्यों; जैसे–सुरक्षा प्रदान करने, कानून एवं व्यवस्था बनाए रखने तथा कमजोर वर्गों को संरक्षण प्रदान करने आदि तक सीमित कर दिया गया।

वैश्वीकरण के दौर में मार्क–3 प्रतिमान सर्वाधिक मजबूत और स्थायी प्रतिमान के रूप में उभरता है। विश्व बैंक की रिपोर्टों में इसे प्रमुखता दी जाने लगी है। इस दृष्टिकोण के समर्थकों का मानना है कि पूर्वी यूरोप में साम्यवादी व्यवस्था बाजारोन्मुखी विचारधारा को अपनाएगी और पश्चिमी स्वतंत्रता को अपेक्षाकृत अधिक महत्त्व देगी। फलस्वरूप पश्चिमी व्यवस्था और अधिक राज्यवादी और कल्याणकारी हो जाएगी। अधिकांश विद्वान मानने लगे हैं कि राज्य अब पहले से अधिक शक्तिशाली भूमिका निभाने लगा है। फूको और हेबरमास के आलोचनात्मक सिद्धांत पुलन्तसाज और स्काकपॉल के राज्य की सापेक्षित स्वायत्तता सिद्धांत और बिल वॉरने के निर्भरता विरोधी विचार ने राज्य और नागरिक समाज के

अंतर्संबंधों की दिशा में अध्ययन के नए द्वार खोले हैं।

डेविड ईस्टन के अनुसार राज्य की पुनः स्थापना के लिए निम्नलिखित चार कारक उत्तरदायी हैं–

(1) राज्य के चारों ओर राजनीति के सिद्धांत के विकास का महत्त्व,

(2) स्थायित्व के लिए तत्परता,

(3) बाजार की भूमिका,

(4) सरल रूप में राज्य का विश्लेषण।

सैमुअल हंटिंगटन प्रथम व्यक्ति थे, जिन्हें राज्य की पुनः स्थापना का श्रेय दिया जाता है। उन्होंने इस ओर ध्यान दिलाया कि किस तरह देश में सार्वजनिक संस्थाएँ व्यापक अंतर पैदा करती हैं। वे सार्वजनिक संस्थाओं को एक मंच पर लाए। एक अन्य विद्वान थेडा स्काकपॉल ने भी राज्य को पुनःस्थापित करने में महत्त्वपूर्ण भूमिका निभाई। उनके अनुसार 1970 में पश्चिमी सामाजिक विज्ञान के दृष्टिकोण में परिवर्तन आया। समाज केन्द्रित कार्यों ने राज्य को स्वतंत्र स्वरूप प्रदान किया। उनके अनुसार राज्य निम्नलिखित साधनों से अपनी स्वायत्तता प्राप्त करता है–

(1) राजनीतिक कारक संबंधी और अंतर्राज्यीय व्यवस्था के संचालन हेतु आवश्यकताएँ,

(2) कानून एवं व्यवस्था के प्रति उत्तरदायित्व,

(3) राजनीतिक व्यवस्थापकों की गतिविधियाँ,

(4) संकटकालीन स्थिति।

थेडा स्काकपॉल का कहना है कि राज्य की पूरी संरचना समूहों के निर्माण और उनके हितों की सीमाओं एवं राजनीतिक क्षमताओं को प्रभावित करती है। इसमें कोई संदेह नहीं है कि राज्य को पुनःस्थापित करने की प्रक्रिया में तृतीय विश्व को विकसित पश्चिमी ढाँचे को अपनाने के लिए प्रोत्साहित किया गया है। वर्तमान समय में राज्य–उन्मुख विवेचन ने निम्नलिखित को पुनः स्थापित किया है।

(1) राज्य के प्राधिकार की सीमा और उसके आधार पर व्यापक विश्लेषण,

(2) अनुभवी और प्रतिदिन के जीवन में सत्ता के केन्द्र की खोज,

(3) सूक्ष्म स्तर पर लोगों की स्थिति और निरंकुश सामाजिक क्रियाओं के प्रति सजगता,

(4) सामाजिक पुनर्विचार के वैकल्पिक तरीके,

(5) राजनीतिक विज्ञान में उद्यमों का पुनर्निर्माण।

राज्य को निम्नलिखित पाँच तरीकों से पुनःस्थापित किया जा सकता है–

(1) निगमवाद में अध्ययन,

(2) नव–मार्क्सवादी राज्य का सिद्धांत,

(3) लोक चयन और सार्वजनिक क्षेत्र अर्थव्यवस्था,

(4) अंतर्राष्ट्रीय संबंधों में राज्यवादी विचारधारा,

(5) राज्य की नव–अधिकारवादी आलोचना और इसका राजनीतिक प्रभाव।

बी. गॉय पीटर्स का कहना है कि सार्वजनिक क्षेत्रों को नियंत्रित करना कठिन होता जा रहा है। सरकार एक बहुत बड़ा उद्योग है और उसके क्षेत्र में लगातार वृद्धि होती जा रही है। सरकार पूँजी व्यय करती है, रोजगार उपलब्ध कराती है और अपनी नीतियों से नागरिकों के जीवन को प्रभावित करती है।

पाश्चात्य उदारवादी विचारकों ने पुनः सरकार के सकारात्मक पक्षों पर बल देना आंरभ कर दिया है। प्रभावशाली कानून का निर्माण करना, व्यवस्थित संरचनाओं का निर्माण करना, पारदर्शिता लाना, राज्य के हस्तक्षेप को बाजार के अनुकूल बनाना आदि कार्यों पर विशेष ध्यान दिया जा रहा है। आज ब्रिटेन में राज्य के हस्तक्षेप और पूँजी व श्रम के बीच अधिकाधिक सहयोग देखने को मिल रहा है। आज वहाँ आतंकवाद से मुकाबला करने के लिए अनेक प्रकार के कठोर कानून बनाए जा रहे हैं। साथ ही सामाजिक समस्याओं के समाधान के लिए नई–नई पद्धतियाँ अपनाई जा रही है।

दूसरी तरफ सरकार के बढ़ते हस्तक्षेप को लेकर विवाद उत्पन्न हो रहे हैं। 1997 में यू.एन.डी.पी. (UNDP) की रिपोर्ट में कहा गया कि विश्व के विभिन्न भागों में राज्य ने मानव विकास के मार्ग में अवरोध पैदा किया है। फलतः निर्धनता की दर में वृद्धि हुई है, आर्थिक विकास की दर में गिरावट आई है, स्वास्थ्य और शिक्षा के क्षेत्र में ह्रास उत्पन्न हुआ है और संस्कृति एवं पर्यावरण की स्थिति चिंताजनक स्तर तक जा पहुँची है। इसी तरह अंतर्राष्ट्रीय श्रम संगठन (ILO) की रिपोर्ट में कहा गया है कि सहस्त्राब्दि के विकासात्मक लक्षणों की प्राप्ति नहीं की जा सकी है, क्योंकि बेरोजगारी में बेतहाशा वृद्धि हुई और नौकरियों के अवसरों में अप्रत्याशित रूप से गिरावट आई है।

भारतीय संदर्भ में **रजनी कोठारी** निम्नलिखित तीन विवादास्पद अवस्थाओं की चर्चा करती हैं–

(1) प्रत्येक महत्त्वपूर्ण न्यायिक–राजनीतिक सत्ता में एक केन्द्रक होता है, जिसके चारों ओर पहचान का निर्माण होता है। यह केन्द्रीय तत्त्व राजनीतिक विधानों का निर्माण करता है।

(2) नए राज्य आवश्यक राजनीति के भाग बन जाते हैं और राष्ट्रीय स्तर पर आंतरिक एवं बाहरी दोनों ही सीमाओं को निर्धारित करते हैं।

(3) एक मास सोसाइटी (Mass Society) की अवधारणा विकसित हुई है। ऐसे समाज में राज्य के कार्यों में निरंतर वृद्धि होती रही है। फलतः इसके शासकीय एवं कल्याणकारी कार्यों में वृद्धि का मार्ग प्रशस्त हुआ है।

1930 में जॉन कीन्स ने यह विचार प्रकट किया कि निजी अर्थव्यवस्थाओं में अधिक–से–अधिक पूँजी लगाना, आधारभूत संरचनाओं में निवेश करना तथा निवेशकों एवं उपभोक्ताओं के विश्वास को बनाए रखना आदि कुछ ऐसे साधन हैं, जिनकी सहायता से

सरकार बाजार अर्थव्यवस्था के नकारात्मक पहलुओं एवं समस्याओं को दूर कर सकती है।

व्यावहारिक तौर पर कल्याणकारी राज्य की स्थापना की जानी चाहिए, क्योंकि इसके बिना राष्ट्रीय अस्तित्त्व को बनाए रखना असंभव है। एक सच्ची लोकतांत्रिक राजनीतिक व्यवस्था पारदर्शिता और उत्तरदायित्व पर आधारित होती है और इसे कानून के शासन की सहमति प्राप्त होती है लेकिन राज्य को किस सीमा तक जनता से आशा रखनी चाहिए। इस बात पर विद्वानों ने राज्य के उद्देश्य और राज्य की उपलब्धियों के बीच व्यापक अंतर बताने का प्रयास किया है। बाजार बनाम राज्य के विवाद के संबंध में पॉल स्ट्रीटन का कहना है कि यह मुद्दा नहीं है कि राज्य को समाप्त किया जाए और बाजार को स्थापित किया जाए। वास्तविक मुद्दा एक शक्तिशाली राज्य को स्थापित करने का है, जिसका कार्यक्षेत्र काफी विस्तृत हो और जिसे विभिन्न प्रकार से निर्मित और क्रियान्वित किया जाए।

अध्याय–2

राज्य, समाज और लोक प्रशासन के मध्य संबंध

प्रश्न 1. समाज और प्रशासन के संबंध के संपर्क में वेबर और रिग्स के योगदान पर चर्चा कीजिए। [June 2008, Q. 2.][June 2010, Q. 2.]

उत्तर– समाज और प्रशासन के बीच संबंधों के संदर्भ में मैक्स वेबर का अत्यंत महत्त्वपूर्ण योगदान है। नौकरशाही पर मैक्स वेबर के विचार ऐतिहासिक और सामाजिक सिद्धांत के वृहत् दृष्टिकोण के महत्त्वपूर्ण अंग का सृजन करते है, आधुनिक राज्य में नौकरशाही सरकार के उदय के मुख्य कारणों को जानने के लिए वेबर ने प्राचीन इतिहास का अध्ययन किया। उन्होंने महसूस किया कि रोमन प्रशासन की व्यापारिक व्यवस्था के अंश ग्रीक व्यवहार में देखे जा सकते हैं। केवल विस्तृत रोमन साम्राज्य को छोड़कर रोम में कोई औपनिवेशिक अधिकारी नहीं था। प्रांतीय गर्वनरों को एक सीमित स्टॉफ के सहयोग द्वारा वार्षिक पट्टे (Tenure) पर भेजा जाता था। एक स्थायी सिविल सेवा स्थापित करने के जूलियस सीजर के प्रयास असफल रहे। इस संबंध में ऑगस्टस (Augustus) व हेडरियन (Hardian) कुछ हद तक सफल रहे। एक पूर्ण विकसित नौकरशाही डिओलिशियन (Diocletian) के शासन में अस्तित्व में आई। रोम का पतन नौकरशाही के आने के कारण हुआ, क्योंकि शासक वर्ग का भ्रष्टाचार धीरे–धीरे बढ़ता जा रहा था।

रोमन नौकरशाही ने कमजोर शासकों पर अधिकार स्थापित कर लिया और नागरिकों के स्वतंत्रता के अधिकार पर भी शासन स्थापित किया। उसने विशेष करों को बाध्यकारी रूप से लागू किया, ताकि विशाल प्रशासनिक मशीन को चलाया जा सके।

एक विकासशील अर्थव्यवस्था खाद्य सामग्री व अन्य उपयोगी वस्तुओं का अतिरिक्त उत्पादन करने में सक्षम होती है और यह अतिरिक्त उत्पादन सिविल सेवाओं के सदस्यों के वेतन–भत्ते हेतु एक आधार तैयार करता है। सार्वजनिक आय (Revenue) की लगातार बढ़ती आवश्यकता राज्य को सार्वजनिक वित्त की एक विवेकपूर्ण व्यवस्था विकसित करने के लिए बाध्य करती है।

वेबर की दृष्टि में, नौकरशाही की वृद्धि की दूसरी पूर्व शर्त है एक विशाल मध्यम वर्ग ताकि जन लोकतंत्र का लाभ हो, विशेष रूप से सामाजिक व आर्थिक समता के लिए। जैसाकि वेबर ने महसूस किया कि नौकरशाही विकास विशेष सुविधाओं के अनुसार व्यवहार करने के निषेध से घनिष्ठ रूप से संबंधित है। वेबर के अनुसार, 'नौकरशाही आवश्यक रूप से आधुनिक जन लोकतंत्र का सहायक है, यह नौकरशाही के लाक्षणिक नियम का ही परिणाम है : सत्ता की कार्यप्रणाली की व्यावहारिक नियमितता, जोकि कानून के समक्ष ''समानता'' की माँग का परिणाम होती है तथा सैद्धांतिक रूप से व्यवसाय के कार्य को नकारती है, जोकि हर केस के लिए अलग (Case to Case) होता है।

वेबर के शब्दों में प्रोटेस्टेंट नैतिकता (Protestant Ethic) व पूँजीवाद की प्रवृत्ति' (Spirit of Capitalism) द्वारा उभरते हैं। वेबर के अनुसार, वर्तमान मानव स्थितियों में क्रांति लाने में 'प्रोटेस्टेंट नैतिकता' सहायक रही थी। एक अनुदार (Insular) सामंतवाद से सांसारिक तपश्चर्या (Worldly Asceticism) की ओर एक बदलाव आया। प्रोटेस्टेंटवाद (Protestantism) ने एक सामाजिक मनोविज्ञान को जन्म दिया, जो विवेकयुक्त नियोजन, व्यक्तिगत अनुशासन, तकनीकी व नौकरशाही संगठन का समर्थक होता है। बाजार स्थिति में पूँजीवाद ने 'योग्यतम की उत्तरजीविता' (Survival of the Fittest) के सिद्धांत को बढ़ावा दिया। उग्र आर्थिक प्रतियोगिता के संदर्भ में पूँजीवादी उद्यम को एक उच्चस्तरीय कुशल संगठनात्मक रूप की आवश्यकता थी।

कैथोलिक (Catholic) के वैराग्य (Monasticism) के विश्वास ने एक पोप व पादरी पर धार्मिक अधिकारी के रूप में कार्य करने व पापों को क्षमा प्रदान करने की जिम्मेदारी प्रदान की। इस प्रकार सुधारों ने नौकरशाही को फलने–फूलने के लिए एक आध्यात्मिक वातावरण तैयार किया गया।

वेबर एक समाजशास्त्रीय विषय के रूप में नौकरशाही पर एक पूर्ण विकसित चर्चा करना चाहते थे। उनके विचारों को और अधिक सामान्य संदर्भ में उनकी शासन–संबंधी सिद्धांतों के परिप्रेक्ष्य में देखने की आवश्यकता है, जोकि शासक व शासित के मध्य शक्ति–संबंधों को दर्शाते हैं।

वेबर तीन प्रकार की वैधता की पहचान करते हैं तथा प्रत्येक एक विशेष प्रकार के शासन को व्यक्त करती हैं–

(1) परंपरागत (Traditional)–इस रूप की वैधता भूतकाल की अच्छाई और कार्यों को करने के परंपरागत तरीकों की योग्यता में विश्वास रखती है। इस प्रकार की पितृत्मक (Patriarchal) प्रभुसत्ता को एक तैयार निष्ठा प्राप्त होती है, क्योंकि पारंपरिक सत्ता में लोगों की निष्ठा व शासक के प्रति निजी भक्ति होती है। इस प्रकार के शासन में प्रशासनिक तंत्र में व्यक्तिगत अनुगामी, सेवक व संबंधी होते हैं। सामंती व्यवस्था में, सामंती जमींदार, राजा व प्रजा के मध्य संपर्क स्थापित करके प्रशासनिक तंत्र का निर्माण करते हैं।

(2) कानूनी (Legal)–शासन की कानूनी प्रकार की वैधता कानूनों के प्रति न्यायपूर्ण विश्वास पर आधारित है। लोग कानूनों का पालन करते हैं, क्योंकि उनका मानना है कि इनका निर्माण एक पूर्ण व उचित प्रक्रिया से हुआ है। इस प्रकार के शासन में प्रशासनिक तंत्र नौकरशाही है। नौकरशाह की स्थिति, शासक, शासितों व सहयोगियों से उसके संबंध व्यक्तित्व–शून्य कानूनों द्वारा संचालित होते हैं। ये नियम या कानून ही वंशानुगतता को विवेकी रूप से मार्ग दिखाते हैं, प्रत्येक पद के अधिकार व कर्त्तव्यों तथा सेवाओं की भर्ती, पदोन्नति व अन्य स्थितियों का निर्धारण करते हैं।

(3) करिश्माई (Charismatic)–करिश्मा का मूल रूप से अर्थ चारूता होता है। करिश्मा के आलौकिक गुण से, एक हीरो (Hero) या नेता अपने शिष्यों पर प्रभाव डालता है,

जो उसके शासक को इसीलिए स्वीकार करते हैं, क्योंकि उनका उस व्यक्ति में विश्वास होता है। इस प्रकार के शासन में, प्रशासनिक तंत्र बहुत ही कमजोर व अस्थिर होता है। यह सामान्यतः, उन शिष्यों व अनुयायियों का योग होता है, जो नेतृत्व व अनुयायियों के बीच मध्यस्थ की भूमिका निभाते हैं।

इस प्रकार, हम वेबर के लेखन में दो मुख्य कारक देख सकते हैं, जोकि समाज–प्रशासन संबंधों के प्रभाव को दर्शाते हैं। ये हैं–

(क) सामाजिक स्थितियों का एक विश्लेषण जिसकी परिणति "नौकरशाही" के उद्भव में हुई; तथा

(ख) शासन का सिद्धांत (या सामाजिक सत्ता), जोकि नौकरशाही सत्ता के क्रमिक सामाजिक स्वीकृति का विवरण करता है।

समाज और प्रशासन संबंधों के संदर्भ में रिग्स का योगदान इस प्रकार है–

फ्रेड रिग्स एक सामाजिक वैज्ञानिक थे, जिन्होंने विस्तारपूर्वक लोक प्रशासन का पारिस्थितिकी अध्ययन किया। पारिस्थितिकी अध्ययन की आधारभूत धारणा यह थी कि लोक प्रशासन जिस सामाजिक एवं पर्यावरणीय परिस्थितियों में कार्य करता है, रिग्स के लोक प्रशासन की परिस्थितिकी अवधारणा प्रशासनिक व्यवस्था और सामाजिक व्यवस्था में पारस्परिक संबंधों को व्यक्त करती है।

रिग्स ने "पारिस्थितिकी" की अवधारणा का प्रयोग प्रशासनिक व्यवस्था व इसके "पर्यावरण" (Environment) के मध्य उपयोगी पारस्परिक संबंधों पर जोर देने के लिए किया। उनके विचार में, प्रशासनिक ढाँचा व्यवहार व प्रक्रिया संपूर्ण समाज के एक अविभाज्य अंग का निर्माण करता है; उनके बीच उचित तालमेल केवल सामाजिक संबंधों के नेटवर्क के संदर्भ में अंतर्गत ही संभव है, जिसके साथ लोक प्रशासन सदैव एक शक्तिशाली संबंधों की स्थिति में होता है। 'विषय' को सामाजिक व्यवस्था के संदर्भ में ही समझा जा सकता है। परिवर्तनशील समाजों में प्रशासनिक व्यवहार को समझने के लिए तथा तुलनात्मक प्रशासनिक अध्ययन के कारण को आगे बढ़ाने के लिए रिग्स के मत में 'पारिस्थितिकीय अवधारणा' का सफलता से प्रयोग किया जा सकता है। जैसाकि उन्होंने तर्क दिया, "लोक–प्रशासन को उसके वातावरण से संबंधित करने के लिए संयोजित प्रयास का निर्माण करना होगा, लगभग उसी प्रकार से जैसे कि पारिस्थितिकी का विज्ञान जीव–विज्ञान व उसके वातावरण के मध्य पारस्परिक संबंधों से संबंधित होता है।"

रिग्स की अवधारणाएँ प्रशासनिक व्यवस्था का एक आगमिक वर्गीकरण है, जोकि कृषक वर्क तथा औद्योगिक विकास की सतत् विकास रेखा पर आधारित है। एक सामाजिक व्यवस्था अंर्तसंबंधित अंगों का एक विस्तृत जाल होती है, जिसमें से प्रत्येक अंग को अन्य अंगों व संपूर्ण व्यवस्था के संबंध में समझा जा सकता है। संपूर्ण समाज के एक अविभाज्य व संबंधित अंग के रूप में प्रशासनिक ढाँचे व व्यवहार को सामाजिक व्यवस्था के संदर्भ में

समझा जा सकता है, जिसमें यह समाहित होता है। रिग्स ने लोक प्रशासन व्यवस्था को दो आदर्श रूपों कृषि प्रधान व औद्योगिक (Agraria and Industria) में दर्शाया, और यह संकेत दिया कि इसी प्रकार के आदर्श रूपों का निर्माण 'अग्रेरिया व इंडस्ट्रिया' के मध्य विभिन्न परिवर्तनीय स्तरों पर भी किया जा सकता है।

संरचनात्मक–कार्यात्मक अवधारणा के संदर्भ में, सभी समाज कार्यों का एक क्रम प्रकट करते हैं, जैसे प्रशासनिक कार्य, धार्मिक कार्य, आर्थिक कार्य व अन्य। सामान्यतः समाजों के विभिन्न ढाँचे होते हैं, जो तरह–तरह के कार्यों को करते हैं। इस प्रकार, परिवार कुछ निश्चित सामाजिक कार्यों को करते हैं, बाजार आर्थिक कार्यों को करते हैं तथा विधायिका व दल राजनीतिक कार्यों को पूरा करते हैं। परंपरागत समाजों में एक ही व्यक्ति कई ढाँचों का सामना करते हैं, जैसे कि परिवार या प्रधान व्यक्ति, जोकि कार्यों के संपूर्ण भार को पूरा करते हैं, जैसे नियम–निर्माण, आर्थिक–प्रतिबंध तथा चिकित्सीय व स्वास्थ्य प्रशासन। जैसे–जैसे समाज विकसित व उन्नत हुआ, वैसे–वैसे अधिक विशेषीकृत ढाँचे अस्तित्व में आए, जिनमें से प्रत्येक ढाँचा कुछ निश्चित कार्यों को करने लगा। इस प्रकार, ढाँचागत विभिन्नता को विकास की आवश्यकता के रूप में देखा जा सकता है।

एक तुल्यता (Analogy) का प्रयोग करते हए, रिग्स असमानता की प्रक्रिया को चित्रित करते हैं, जैसे सूर्य का प्रकाश एक तूफान से गुजरे तथा इंद्रधनुष के रूप में सामने आए।

जैसाकि रिग्स कहते हैं, 'परंपरागत कृषि–प्रधान व पौराणिक समाज (Agraria) फ्यूज्ड (Fused) मॉडल को प्रदर्शित करते हैं तथा आधुनिक औद्योगिक समाज (Industria) रिफ्रेक्टिड (Refracted) मॉडल को प्रदर्शित करते हैं।

हालाँकि, आधुनिक ढाँचों व प्रक्रियाओं को औपचारिक रूप से प्रचलित किया गया है, परंतु व्यवहार में इन नए ढाँचों के पीछे पुराने व परंपरागत तरीके ही कार्य कर रहे हैं। औपचारिक ढाँचों व वास्तविक शक्तियों के मध्य इस विरोध को रिग्स ने औपचारिकता या फॉर्मलिज्म (Formalism) का नाम दिया। अपनी प्रधान शोध–रचना के आधार पर रिग्स ने दो आदर्श ध्रुवों (Two Ideal Polar Types) का निर्माण किया–

(1) रिफ्रेक्टिड समाज में प्रत्येक कार्य के लिए एक विशेषीकृत ढाँचा प्राप्त किया जाता है।

(2) फ्यूज्ड समाज, जिसमें एक ही ढाँचा सभी प्रकार के कार्यों का संपादन करता है।

रिग्स "प्रिज्मीय समाज" को परिवर्तनीय समाज के बीच दोनों ही आदर्श रूपों को मध्यबिंदु या मध्यस्थ मानते हैं, जिसमें फ्यूज्ड व रिफ्रेक्टिड दोनों के ही लक्षण होते हैं, जोकि 'भिन्नता' द्वारा विशेषीकृत किए जाते हैं। कई तरह की व्यवस्था, प्रयास तथा विचारधाराओं के साथ–साथ रचनात्मकता (जिस हद तक कमियाँ दिखती हैं–प्रदिष्टता तथा विवरणात्मक के बीच, औपचारिक तथा प्रभावकारी शक्ति के बीच, प्रभाव (Impressions) तथा वास्तविक कार्यविधियों के बीच) और परस्परव्यापन। उस हद तक जोकि वर्णित प्रशासनिक व्यवहार का

निर्धारण वास्तविक रूप में अप्रशासनिक तरीकों के द्वारा होता है। प्रिज्मीय समाज की अपनी उचित प्रशासनिक व्यवस्था होती है। रिग्स ने इसके लिए स्पैनिश (Spanish) शब्द 'साला' का प्रयोग किया है, जिसमें शुद्ध फ्यूज्ड चेम्बर (Chamber) व रिफ्रेक्टिड ऑफिस लक्षण दोनों ही हैं।

साला मॉडल में प्रशासनिक विचारयुक्तता व अप्रशासनिक संबंध दोनों ही होते हैं। रिग्स के शब्दों में 'प्रिज्मीय साला' मॉडल 'हमें परिवर्तनशील (Transitional) समाजों की अनेक समस्याओं से निपटने योग्य बनाता है, जोकि स्थापित सामाजिक विज्ञानों के जाल से निकलती है, जबकि यह संभव है उदाहरणस्वरूप अमरीकी 'लोक प्रशासन' को एक विशिष्ट संस्थागत क्षेत्र तथा अमेरिकी व्यवस्था में शैक्षिक विषय के रूप में कुछ महत्ता दी जा सकती है, इस प्रकार की अवधारणा ईरान, इंडोनेशिया व मैलागैसे (Indonesia and Malagasy) में उचित नहीं होगी।' अपने बाद के प्रकाशन 'प्रिज्मीय समाज रिविजिटिड' (Prismatic Society Revisited) 1975 में रिग्स अपने प्रिज्मीय समाज के मूल विचारों से कुछ हद तक हट गए।

प्रश्न 2. समाज और प्रशासन के संबंध में मार्क्स के विचारों की चर्चा कीजिए।
[June 2008, Q. 2.][June 2009, Q. 2.]

उत्तर– समाज और प्रशासन के संबंधों को लेकर लोक प्रशासन के अनेक विद्वानों ने चर्चा की है। 19वीं शती में यूरोप की राजनीतिक अर्थव्यवस्था की आलोचना करने के दौरान कार्ल मार्क्स समकालीन यूरोपियन लोक–प्रशासनिक संगठनों के प्रति संवेदनशील हो गए। 'प्रशासन' पर उनकी रचनाएँ अनेक पुस्तकों, लेखों, पत्रों व संपादकीय लेखों में देखी जा सकती है।

नौकरशाही के वैज्ञानिक दृष्टिकोण का श्रेय सामान्यतः मैक्स वेबर को जाता है। परंतु उनसे बहुत पहले, मार्क्स ने नौकरशाही के ढाँचे व व्यवहार पर तीखी रचनाएँ लिखी व साथ ही समाज व राज्य के साथ नौकरशाही के संबंधों का भी वर्णन किया। मार्क्स के स्वयं के चिंतन के विकास में उसके समय की राजनीति–प्रशासन वास्तविकताओं ने विभिन्न प्रशासनिक परिस्थितियों पर इन रचनाओं को प्रेरित किया। **डी राइनिश त्साइटुंग** (Die Rheinische Zeitung) के मुख्य संपादक के रूप में उन्होंने समाचार पत्रों में 'फ्री प्रेस एण्ड स्टेट सेंसरशिप' (Free Press and State Censorship) तथा 'लॉ ऑन थेफ्टस ऑफ वुड' (Law on Thefts of Wood) पर भी लेख लिखे। मार्क्स ने नौकरशाही की प्रेस सेंसरशिप की दमनात्मक भूमिका तथा 'सार्वभौमिक कानूनों' (Universal Laws) के निर्माता के रूप में विधायिका की प्रत्यक्ष भूमिका व कुछ निश्चित सामाजिक हितों के साधक की इसकी वास्तविक भूमिका के मध्य विरोधाभास को दर्शाया। उनका कहना था कि काँट–छाँट (Censorship) नौकरशाही का एक साधन होता है, राजनीति को एक खास वर्ग का निजी

क्षेत्र बनाए रखने के लिए। 'थैफ्ट्स ऑफ वुड' (Thefts of Wood) पर विधायिका के विवाद पर टिप्पणी करते हुए मार्क्स ने महसूस किया कि जंगलों से सूखी लकड़ी को ले जाने वाले गरीब किसानों के व्यावहारिक अधिकारों को अपराध घोषित किया जाता है, ताकि जंगलों के निजी स्वामियों के संपत्ति के अधिकारों की रक्षा की जा सके। इस प्रकार, राजनीतिक व्यवस्था सार्वभौमिक हितों के विपरीत निजी हितों को पूरा करने वाले एक यंत्र के रूप में सामने आती है।

हीगल (Hegel) के 'फिलॉसफी ऑफ राइट्स' (Philosophy of Rights) की आलोचना में मार्क्स (1843) ने खुले रूप से हीगल के आधारभूत राजनीतिक सिद्धांत व राज्य के आदर्श पर प्रश्नचिह्न लगाया।

नौकरशाही के बाह्य संबंध विरोधाभासी व 'व्यक्तिगत' होते हैं। नौकरशाही के अंतर्गत संबंध विशेष पारस्परिक रणनीतियों का निर्माण करते हैं, सूचना व अन्य संसाधनों का व्यक्तिगत व्यवसायकों (Careerists) व प्रतिद्वंद्वी नौकरशाही गुटों के मध्य प्राधिकार के लिए संघर्ष की निजी इच्छाओं को पूरा करने के लिए कुशलता से प्रयोग किया जाता है। संक्षेप में, नौकरशाही नागरिक समाज के विशेषीकरण या निजीकरण को प्रकट करती है। यह व्यक्तिगत हितों का वाहक व व्यक्तिगत प्रवृत्ति का योग है।

जैसाकि मार्क्स सामंती पूँजीवादी प्रशिया (Prussian) की स्थिति में नौकरशाही को देखते हैं, यह समाज का वह रूप है, जो राज्य द्वारा शासित होता है व इसकी यह प्रवृत्ति होती है कि यह अपने आपको विषय से अलग कर लेता है। यह 'औपचारिकता' (Formalism) को अपना लेता है तथा इस स्थिति में स्वयं को प्रधान 'चेतना' (Superior Consciousness) के रूप में राज्य की इच्छा (State's Will) में प्रकट करता है। इस प्रकार, जहाँ विशिष्ट हित सार्वभौमिकता का दावा करते हैं, वहाँ सामान्य हितों को विशेष हितों की श्रेणी में पहुँचा दिया जाता है। योग्यता के अर्थ में नौकरशाह तर्कयुक्त कर्त्ता नहीं हो सकते। ढाँचागत पदसोपानता का अर्थ ज्ञान की पदसोपानता होता है। विस्तृत ज्ञान ऐसी स्थिति में संभव नहीं होता जहाँ ज्ञान का विचारपूर्वक विभाजन (Split) किया जाता है। वास्तविकता को दोहरे अर्थों में समझा जाता है–प्रथम, व्यावहारिक व द्वितीय नौकरशाहिक। वास्तविक तथ्यों को नौकरशाहिक अवधारणाओं के अनुसार संचालित किया जाता है। नौकरशाही अपने आपको सामाजिक विश्व से संघनित ज्ञान के रूप में बनाए रखता है तथा इस पर एकांकी नियंत्रण (Monopolise) करता है, जिसका परिणाम यह होता है कि ज्ञान एक अज्ञानता प्रतीत होता है।

नौकरशाही की बदलती भूमिका पर मार्क्स के विचारों को उसकी सर्वाधिक श्रेष्ठ राजनीतिक कृति– 'द ऐटीन्थ ब्रुमेयर ऑफ लुइस बोनापार्ट' (The 18th Brumaire of Louis Bonaparte) में देखा जा सकता है। फ्रांसीसी क्रांति के दौरान व पश्चात् नौकरशाही ने बुर्जुआ वर्ग के वर्ग–शासन को सरल बनाया। लुइस फिलिप (Louis Philippe) व संसदीय गणतंत्र के अंतर्गत वह लगातार इस वर्ग का एक साधन बना रहा। बोनापार्ट द्वितीय के राज्य के

अंतर्गत प्रत्यक्ष स्वतंत्रता थी। इस कार्यकारी अंग ने ही सामंती व्यवस्था के पतन को शीघ्रगामी किया।

प्रश्न 3. लोक प्रशासन और कानून पर एक नोट लिखिए।

उत्तर– कानून के अंग के रूप में लोक प्रशासन का अध्ययन किया जाना चाहिए और औपचारिक कानूनी संरचना और सार्वजनिक निकायों के संगठन पर ध्यान केन्द्रित करना चाहिए। इसकी मुख्य दिलचस्पी शक्ति (सत्ता) की संरचना एवं उसके कार्यों में रही है। यह कार्यालयों के औपचारिक संगठन, शासकीय कर्त्तव्यों, शक्ति की सीमाओं एवं प्रशासकों के विवेकाधीन प्राधिकार पर जोर देता है। इसके मुख्य स्रोत हैं : संविधान, विधि–संहिता, नियमों और विनियमों की कार्यकारी नियमावली एवं न्यायिक निर्णय। जर्मनी, बेल्जियम और फ्रांस जैसे यूरोप के कई देशों ने लोक प्रशासन के अध्ययन के लिए कानूनी उपागम का खास तौर से प्रयोग किया है। इन देशों में कानून के दो मुख्य विभाजन है : संवैधानिक और प्रशासनिक। जहाँ संवैधानिक कानून सरकार के तीनों मुख्य संगठनों, उनके अंतर्संबंधों और उनके बीच शक्ति–वितरण से निपटता हैं, वहीं प्रशासनिक कानून मुख्यतः सार्वजनिक निकायों, विभागों और प्राधिकरणों की संरचना एवं उनके कार्यों से संबंध रखता है। कानूनी ढाँचा (जिसके भीतर प्रशासनिक व्यवस्था को चलना पड़ता है) को समझने के लिए कानूनी उपागम महत्त्वपूर्ण है, परन्तु संगठन में क्रियाशील अनौपचारिक शक्तियों (समाजशास्त्रीय तथा मनोवैज्ञानिक चरों) की उपेक्षा करने से यह काफी हद तक लोक प्रशासन के अध्ययन का एक अपूर्ण उपागम बना हुआ है।

लोक कर्मचारियों के लिए प्रशासनिक, संवैधानिक और अन्य विविध प्रकारों के कानून का अध्ययन महत्त्वपूर्ण है क्योंकि लोक कानून का व्यवस्थित और विस्तृत कार्यान्वयन लोक प्रशासन की जिम्मेदारी है। इसके सिवाय कानून का प्रवर्तन न्यायिक शाखा एवं अधिनिर्णय की अन्य प्रक्रियाओं (जैसे–विभिन्न ट्रिब्यूनलों को नियंत्रित करने वाले कानून) से निकटता से जुड़ा होता है।

अध्याय–3

राज्य की बदलती भूमिका : मुद्दे व चुनौतियाँ

प्रश्न 1. राज्य के बदलते स्वरूप पर प्रकाश डालिए।

उत्तर– राज्य का अध्ययन पारंपरिक रूप से एक समस्या क्षेत्र रहा है, क्योंकि राज्य निर्माण की पूर्ण रूप से उपेक्षा नहीं की जा सकती है, इसलिए इतिहास को गतिशीलता प्रदान करने में आंतरिक एवं बाहरी कारकों का योगदान होता है। बाहरी कारक परिवर्तन की 'स्थिति' होते हैं और आंतरिक कारक परिवर्तन के आधार होते हैं। बाहरी कारकों को आंतरिक कारकों द्वारा संचालित किया जाता है। चीनी नेता माओत्से तुंग के शब्दों में, ''एक अंडा अनुकूल तापमान में एक मुर्गे में परिवर्तित हो जाता है, किंतु किसी भी स्तर का ताप एक पत्थर को मुर्गे में परिवर्तित नहीं कर सकता, क्योंकि दोनों के आधार अलग–अलग हैं।'' इस प्रकार, परिवर्तन के मूल तत्त्व को आधार (आंतरिक कारक) और स्थिति (बाहरी कारक) द्वारा व्यक्त किया जा सकता है। परिवर्तन की निरंतर प्रक्रिया को ही इतिहास के नाम से जाना जाता है।

राज्य की परिवर्तनशील भूमिका को समझने के लिए राज्य–समाज संबंधों को समझना आवश्यक है। राज्य की प्रकृति एवं कार्यों के संदर्भ में 1648 की वेस्टफेलिया की संधि (Westphalian Treaty) काफी महत्त्वपूर्ण है। इस संधि ने राष्ट्रीय एकता के प्रतिरूप को निर्धारित किया और राष्ट्र–राज्य की अवधारणा को उभारा। डेविड हेल्ड ने वेस्टफेलियन व्यवस्था की मुख्य विशेषताओं को निम्नलिखित रूप से व्यक्त किया है–

(1) ये राज्य व्यक्तिगत रूप से कानूनों का निर्माण करते हैं, विवादों को निपटाते हैं और कानून को लागू करते हैं। ये राज्य 'शक्ति के लिए प्रतिस्पर्द्धी' संघर्ष के न्यायशास्त्र में आस्था रखते हैं।

(2) राज्यों के मध्य उत्पन्न विवादों का निपटारा बल प्रयोग द्वारा किया जाता है। अंतर्राष्ट्रीय कानून न्यूनतम सुरक्षा प्रदान करता है।

(3) सभी राज्यों को कानून के समक्ष समान माना जाता है, कानूनी नियम सत्ता के उतार–चढ़ाव से प्रभावित नहीं होता है।

(4) अंतर्राष्ट्रीय कानून सह–अस्तित्त्व के न्यूनतम नियमों के पालन पर बल देता है। राज्य और लोगों के बीच चिरस्थायी संबंधों के निर्माण का उद्देश्य केवल उसी सीमा तक होता है जहाँ तक सैन्य हस्तक्षेप न करना पड़े।

(5) विश्व प्रभुतासंपन्न राज्यों का सम्मिश्रिण है। विश्व इन राज्यों द्वारा विभाजित है जो किसी भी सर्वोच्च सत्ता को वैधता प्रदान नहीं करता।

(6) राज्य की स्वंतत्रता पर प्रतिबंधों का न्यूनीकरण एवं सामूहिक प्राथमिकता होती है।

(7) सीमा पर अनैतिक कार्यों का उत्तरदायित्व एक निजी मुद्दा होता है, जो केवल प्रभावित राज्यों से संबंधित होता है।

वेस्टफेलियन व्यवस्था के दो प्रमुख संचालक नियम हैं–

(i) उदारवादी राज्य और

(ii) शक्ति संतुलन।

उदारवादी राज्य के संचालन ने शक्ति संतुलन को बनाए रखने में सहायता की है। उदारवादी राज्य ने घरेलू स्तर पर न्याय को बढ़ावा दिया है। साथ ही इसने नागरिक एवं राजनीतिक अधिकार प्रदान किया और देश एवं विदेश दोनों स्तरों पर स्व–संचालित बाजार (Self-regulating Market) को प्रचलित किया। शक्ति–संतुलन ने अर्थव्यवस्था की प्रतिस्पर्द्धा को स्वस्थ बनाए रखा। ये दोनों नियम द्वितीय विश्व युद्ध प्रारंभ होने तक प्रभावशाली बने रहे। द्वितीय विश्व युद्ध के पूर्व सामाजिक अनुबंध के रूप में कल्याणकारी पूँजीवाद का उत्पन्न हुआ। कल्याणकारी पूँजीवाद का उद्देश्य श्रम द्वारा स्वामित्व के पूँजी के अधिकार तथा संपूर्ण आर्थिक दिशा–निर्देशन को स्वीकार करना था। इस ऐतिहासिक सामाजिक समझौते द्वारा वेस्टफेलियन व्यवस्था पर प्रहार किया गया। यह समझौता तृतीय विश्व के लोगों पर उनके कल्याण के लिए संख्ती से लागू नहीं किया गया था। क्लास ऑफ (Claus Offe) के अनुसार, "कल्याणकारी सुविधाएँ सामाजिक शांति एवं जन विक्रय शक्ति को बढ़ावा तो दे सकती हैं लेकिन दीर्घकालिक दृष्टि से इसने पूँजी के कार्यक्षेत्र, लोचशीलता और लाभकारिता पर रोक भी लगाई है और इस प्रकार इसने पूँजी की शक्ति के लिए खतरा उत्पन्न किया है।"

वैश्वीकरण के कारण तृतीय विश्व के देशों में उत्पन्न नई वैश्विक अर्थव्यवस्था में व्यापार संचालक शक्ति बन गया है। इसके बावजूद विश्व व्यापार का केवल एक तिहाई भाग ही मुक्त व्यापार के अंतर्गत आता है। कुछ बड़े देशों ने उच्च गुणवत्ता, उच्च तकनीकी उत्पादन और सूचना एवं संचार तकनीक को अपने तक आरक्षित कर रखा है। **रॉबट रीच** के शब्दों में, 'अब कोई राष्ट्रीय उद्योग या राष्ट्रीय कंपनियाँ नहीं रह गई हैं, ये सब लोगों से पीछे रह गई हैं, जो एक राजनीतिक व्यवस्था के भागीदार होते हैं। प्रत्येक राष्ट्र का प्रथम राजनीतिक कार्य विश्व अर्थव्यवस्था की अकेन्द्रित ताकतों का सामना करता है।'' इसे और अधिक स्पष्ट करते हुए **प्रो. एड्रेन लेफ्टविच** ने कहा है कि विकासशील राज्यों की मुख्य विशेषताएँ संस्थागत संरचनाएँ रही हैं, विशेष रूप से आर्थिक नौकरशाही विकासशील उद्देश्य द्वारा संचालित है, उनके उन्नति के उद्देश्य राजनीतिक कारकों द्वारा संचालित हैं।

सूचना एवं संचार तकनीक (ICT-Information and Communication Technology) के विकास से आम व्यक्ति को तो लाभ पहुँचा है लेकिन इससे पूँजीवाद को गहरा धक्का लगा है। उदाहरण के तौर पर, अल–कायदा (Al-Qaeda) के प्रमुख विचारक अल–जवाहिरी ने नेतृत्व को तकनीकी रूप से बेहतर होने पर बल दिया। उसका कहना है कि जो तकनीकें आज उपलब्ध हैं, विशेष रूप से इंटरनेट, उससे हम योजनाएँ बना सकते हैं तथा हमें इन्हें ढूँढने की भी जरूरत नहीं है।

इतिहास का अंत (End of History) के लेखक प्रो. फूकोयामा ने इस बात की ओर ध्यान दिलाया है कि 20वीं शताब्दी के विश्व की मुख्य समस्याएँ जर्मनी, जापान और पूर्व सोवियत संघ जैसे शक्तिशाली राष्ट्रीय राज्यों द्वारा उत्पन्न की गई। लेकिन 21वीं शताब्दी में अधिकांश समस्याएँ, जैसे–निर्धनता से लेकर शरणार्थियों की समस्याएँ तक, मानवाधिकारों से लेकर एड्स/एच.आई.वी और आतंकवादी गतिविधियों तक तृतीय विश्व के उन देशों द्वारा उत्पन्न की गईं, जो काफी कमजोर थे। अधिकांश समस्याएँ राज्य की उचित सोच के अभाव में पैदा हुई। फूकोयामा का कहना है कि इन समस्याओं से निदान के लिए राज्य को पुनः वापस लाया जाए और उन्हें पुनः स्थापित किया जाए। वस्तुतः तृतीय विश्व के देशों के लिए अलग मापदंड और पश्चिमी एवं अमेरिकी देशों के लिए अलग मापदंड नहीं रखा जा सकता है। ऐसी स्थिति में राज्य की सोच में परिवर्तन लाना होगा और उसके वैकल्पिक साधनों एवं कार्यों पर ध्यान देना होगा। **लेस्टर ब्राउन** का कहना है कि पृथ्वी ग्रह वस्तुतः संकट में है। बढ़ती जनसंख्या, कुपोषण, एड्स/एच.आई.वी में वृद्धि, जल संकट, भूमि की उत्पादकता में निरंतर गिरावट व पर्यावरण प्रदूषण आदि औद्योगिक रूप से विकसित पश्चिमी देशों के परिणाम हैं। ऐसी परिस्थिति में राज्य की सोच में परिवर्तन लाकर और वैकल्पिक कार्यों एवं साधनों की खोज कर पृथ्वी को संकट से बचाया जा सकता है।

वैश्वीकरण के दुष्प्रभाव को कम करने में गैर–सरकारी संगठनों की भूमिका भी महत्त्वपूर्ण रही है। उदाहरण के तौर पर, गैर–सरकारी संगठनों ने वैश्विक स्तर पर खाद्य–आत्मनिर्भरता की धारणा को उठाया है। इन्हीं के प्रयासों के फलस्वरूप जमैका में 'अपना खाद्य स्वयं उगाओ' कार्यक्रम सफलतापूर्वक चलाया जा रहा है। इसी तरह के प्रयास बांग्लादेश, जिम्बाब्वे सहित अनेक अफ्रीकी एवं लैटिन अमेरिकी देशों में किए जा रहे हैं। इसी प्रकर, ग्लोबल वार्मिंग (Global Warming) की विश्वव्यापी समस्या ने सरकार के दृष्टिकोण में परिवर्तन लाने और लोक समूह को अपना दृष्टिकोण बदलने पर बाध्य कर दिया है। ऊर्जा के वैकल्पिक स्रोत पर ध्यान दिया जा रहा है।

2005 में न्यूयॉर्क में आयोजित महिलाओं की स्थिति पर कमीशन के विशेष सत्र में **अमर्त्य सेन** ने कहा कि "इन दिनों अक्सर संयुक्त राष्ट्रसंघ कुछ निश्चित सुधारों के लिए अलग–थलग माना जाने लगा है। अप्रभावशाली होने के कारण संयुक्त राष्ट्रसंघ तथा वे मानसिक एवं राजनीतिक क्रियाकलाप, जो इससे जुड़े हैं, उन्होंने हमारे विश्व को थोड़ा कम क्रूर तथा अधिक जीवन योग्य बनाने में महत्त्वपूर्ण रूप से योगदान दिया है।" इन अंतर्राष्ट्रीय संगठनों में अब मानव विकास एवं मानव सुरक्षा जैसे मुद्दे महत्त्वपूर्ण हो उठे हैं। प्रबंध विचारक आई.जी. पटेल ने उन पाँच कठिन किंतु अनिवार्य समस्याओं की ओर ध्यान दिलाया है जो आने वाले समय में महत्त्वपूर्ण हो जाएँगी। ये पाँच समस्याएँ निम्नलिखित हैं–

(1) विश्व पर्यावरण सुरक्षा,

(2) विश्व स्तर पर उत्तरदायित्वों को संसाधनों के साथ जोड़ना।

(3) व्यक्तिगत एवं सामूहिक अधिकारों की वैधता तथा इन अधिकारों के प्रति वैश्विक समाज का उत्तरदायित्व,

(4) अंतर्राष्ट्रीय संस्थाओं के प्रशासनिक व्यवस्था में समानता,

(5) अंतर्राष्ट्रीय आर्थिक संबंधों में समानता,

उपर्युक्त समस्याओं को प्रतिकूल वेस्टफेलियन व्यवस्था (Counter Westphalian Order) द्वारा सुलझाया जा सकता है।

प्रश्न 2. वैश्वीकरण के परिप्रेक्ष्य में नव–उदारवादी राज्य की भूमिका का विवरण दीजिए। [June 2010, Q. 3.]

उत्तर– 1980 दशक के अंतिम वर्षों में इंग्लैण्ड और संयुक्त राज्य अमेरिका की राजनीतिक प्रणाली ने एक कार्यक्रम चलाया, जो मुख्य रूप से राज्य की शक्ति को कम करने पर केन्द्रित था। इन कार्यक्रमों में निम्नलिखित प्रस्ताव शामिल रहे हैं–

(1) ट्रेड यूनियन की शक्तियों को कम करना,

(2) राज्य की मध्यस्थता का अवरोध,

(3) प्रतिस्पर्धी व्यक्तिवाद तथा 'मुक्त बाजार' के उदारवादी सिद्धांत को पुनः स्थापित करना। अनिवार्य रूप से, यह सिद्धांत उस क्रिया का प्रतिनिधित्व करता है, जो शास्त्रीय उदारवादी राज्य के विचार को पुनर्जीवित करता है, परंतु उन परिस्थितियों के अंतर्गत, जो उन्नत पूँजीवाद द्वारा उत्पन्न की गई है, जोकि वैश्वीकरण के रूप में आजकल जाना जाता है। इसलिए इसे नव–उदारवादी राज्य कहा जाता है।

(4) राज्य नौकरशाही व सार्वजनिक व्ययों को कम करना,

(5) राज्य–चलित उद्यमों का निजीकरण करना,

(6) समुदायवाद के प्रचलन को रोकना,

(7) कल्याण को कम करना।

यह मुक्त बाजार के उदारवाद की ओर रणनीतिक दृष्टि से एक वापसी है : वर्ग सहभागिता जिसे पूँजी ने बहुत आर्थिक पतन के दौरान चाहा था, तथा जिसे कल्याणकारी राज्य के रूप में स्वीकारा था, अब मान्य नहीं है। नव–दक्षिणपंथी की इस विचारधारा का एक अन्य प्रमुख लक्षण है पूँजी परिवर्तनीयता पर आधारित राष्ट्र–राज्यों को प्रभावित राज्यों की राजनीति के परिमाणित नुकसान के साथ नष्ट करना।

नव–उदारवाद का एक अन्य पक्ष अपने अंदर उन सभी सुविधाओं को शामिल करता है, जिसे विश्व व्यापार संगठन व अंतर्राष्ट्रीय मुद्रा कोष ने पार–राष्ट्रीय निगमों के लिए संभव करवाया है। प्रत्यक्षतः इसका अर्थ है वे माँगे जैसे बिजली, पानी व अन्य अनेक आधारभूत सुविधाओं का निजीकरण जो इन शक्तिशाली वैश्विक शासन संस्थाओं द्वारा की जा रही है। लोकतांत्रिक क्रिया के प्रभाव को कम करना नव–उदारवाद का ही भाग है। सरकारें बिना IMF

व WTO की सलाह के अपनी अर्थव्यवस्था को मुक्त रूप से नहीं चला सकती। एक अन्य लक्षण 'स्थान–परिवर्तन' में निहित है, जिसमें संबंधित रूप से अधिक लोकतांत्रिक अंतर्राष्ट्रीय संस्थाओं को संसाधनों में वंचित किया गया है तथा निर्णय–निर्माण शक्ति अमीर देशों के हक में होती है।

इस नव उदारवादी काल में, वे सभी वैश्वी अभिशासन संस्थाएँ ऐसी प्रक्रिया में आईं, जोकि पूँजी के आधार पर निर्धारित होती हैं, तथा जिनके तहत सरकारी नीति निर्धारक काम करते हैं। जैसाकि **डब्ल्यू. के. टॉब** (W.K. Tabb, 2003) ने विस्तार में कहा है कि : 'नीतियों पर पहले कॉरपोरेट नेता समूहों में चर्चा करते हैं, जैसे अमेरिका व इसके प्रतिरुपी यूरोप तथा जापान में व्यावसायिक गोलमेज वार्ताओं में। तत्पश्चात् इस प्रकार के संगठनों के कार्यात्मक समूहों की वार्ताएँ होती हैं, जैसे कि ट्रान्स एटलान्टिक बिजनस डाएलॉग (Trans-Atlantic Business Dialogue) फिर उसे उनके राष्ट्रीय कर्त्ताओं के पास भेजा जाता है और उनका परीक्षण किया जाता है ताकि वे जो चाहते हैं, उन्हें मिल सकें।

यह वैश्वीकरण के संचालक तत्त्व हैं, जिसकी शक्ति गरीब देशों तथा दोनों ही विश्वों के गरीब लोगों के मूल्य पर अमीर देशों को शक्तिशाली व उन्नत बनाती हैं। राष्ट्र–राज्य (Nation State) का क्या हुआ? क्या यह वैश्वीकरण की आँधी का सामना करने की स्थिति में है? क्या इसका अर्थ राष्ट्र–राज्य का अंत है?

राष्ट्र–राज्य के अंत की धारणा (End of Nation State Thesis - ई.एन.टी. Ent) तीन कारणों से दी जाती है–

(1) पूँजी व व्यापार के वैश्वीकरण ने राज्य की आर्थिक स्वायत्ता को समाप्त कर दिया है।

(2) राज्यों के विश्व का स्थान समाजों के विश्व द्वारा ले लिया गया है। अरंस्ट ऑटो जेम्पेल (Ernst-Otto Czempiel) ने कहा कि, 'पूर्व–पश्चिमी युद्ध की समाप्ति के साथ ही यूरोप में राज्यों की दुनिया के अवशेष हट चुके हैं'। अंतर्राष्ट्रीय राजनीति में हम अंतर्राष्ट्रीय संगठनों, गैर–सरकारी संगठनों व अन्य गैर–राज्यीय कर्त्ताओं की तुलना में राज्य के साथ कम संपर्क रखते हैं।

(3) राजनीतिक आधुनिकीकरण के भौगोलिक आधार को आर्थिक नवीनता के नए रूपों द्वारा नष्ट कर दिया गया है। आत्म–धारित राष्ट्र–राज्य का स्थान पार–राष्ट्रीय फर्म पर आधारित एक नेटवर्क ने ले लिया है, जो भौगोलिक रूप में अलग है, व एक ऐसी खुली व्यवस्था का प्रतिनिधित्व करता है, जिसकी कोई सीमाएँ नहीं हैं (डिट्टीजेन–Dittgen, 1998)।

वैश्वीकरण पर प्रतिबिंबों तथा राष्ट्र–राज्य पर इसके प्रभावों में आवश्यकता इस बात की है कि कल्पना को वास्तविकता से अलग किया जाए तथा राज्य के उभरते हुए मुद्दों को नया रूप प्रदान किया जाए। उदाहरण के लिए, हम कैसे भारत–पाक सीमा पर, 'सीमा–पार

आतंकवाद' की पीढ़ियों से चलती आ रही समस्या को समझ सकते हैं, अगर हम एक 'सीमाविहीन विश्व' में रह रहे है? जैसाकि जॉर्ज सिम्मेल (George Simmel) ने संकेत दिया है कि, "सीमा एक भौगोलिक सच्चाई नहीं है, जिसका सामाजिक प्रभाव हो, परंतु एक सामाजिक सच्चाई है जो भौगोलिक (Spatial) रूप ले लेती है।" सामाजिक परिप्रेक्ष्य से हम देख सकते हैं कि राज्य की चुनौतियाँ पूर्व–वैश्वीकरण दिनों के पारंपरिक रूप से एक अलग व ताजा रूप देने की माँग कर रही है।

अंतर्राष्ट्रीय कानूनों के स्तर पर एक व्यक्ति के कानूनी समष्टि के रूप में कोई प्रत्यक्ष कार्य नहीं है। जिस राज्य का यह व्यक्ति नागरिक होता है, वह मध्यस्थ के रूप में कार्य करता है। यह सत्य है कि अंतर्राष्ट्रीय संगठनों की पहचान अंतर्राष्ट्रीय श्रम संगठन द्वारा दी गई है, परंतु इन कानूनों को लागू करने व कानूनी संरक्षण प्रदान करने में अब भी राष्ट्र–राज्य ही सर्वाधिक महत्त्वपूर्ण संस्था है। व्यवहार में नियंत्रण का कोई भी लोकतांत्रिक तरीका नहीं है, तथा भौगोलिक राज्य के बाहर कोई साधारण लोकतांत्रिक जनता नहीं है।

इ.एन.टी के लिए आर्थिक तर्क शक्तिशाली प्रतीत होता है, हालाँकि कार्यों की कमी जिनसे राष्ट्र–राज्यों की सीमाएँ गुजरती है नए कार्यों के संग्रह द्वारा क्षतिपूर्ण की जाती है। किसी भी केस में, वैश्विक नियंत्रण का एक निश्चित रूप इस गहन नेटवर्क की बहुसंख्या में संभव नहीं है, जो वर्तमान विश्व व्यवस्था को रेखांकित करता है। एक सरकारी संस्था के रूप में अक्सर राज्य को इस व्यवहार में सहभागी बहुसंख्यक कारकों के मध्य समन्वय स्थापित करने के लिए कहा जाता है। अंतर्राष्ट्रीय रूप से, विश्व बाजार के ढाँचे के अंतर्गत, राष्ट्र–राज्य 'प्रतियोगी राज्य' (Competition State) बनते जा रहे हैं। इसने स्वयं ही पार–राष्ट्रीय व्यवसाय व्यवस्था के अंतर्गत स्वयं को समन्वय के कार्य करने के लिए स्थापित कर लिया है।

इसमें नागरिकता के सामाजिक अधिकारों का स्वतंत्र रूप से प्रयोग भी शामिल हैं, चाहें वह यूरोप में हो या संयुक्त राज्य अमरीका में, 'सामाजिक अधिकार नागरिकों के लिए आरक्षित होते हैं, तथा वैध प्रवासियों (Legal Immigrants) के लिए प्रतिबंधित होते हैं'। यूरोपियन यूनियन के 25 राज्यों का राज्य विहीनता का अनुभव बहुत ही आघातपूर्ण है, बजाय छोटी उपलब्धियों के जोकि एकीकरण की दिशा में देखी गई। वास्तव में, ऐसा कोई अंतर्राष्ट्रीय कानून नहीं है, जो एक देश में प्रवेश पर दबाव डाल सके।

अध्याय–4

राज्य का उदारवादी और मार्क्सवादी परिप्रेक्ष्य

प्रश्न 1. राज्य के उदारवादी परिप्रेक्ष्य का आलोचनात्मक विवेचन कीजिए।

[June 2010, Q. 1.]

अथवा

राज्य के उदारवादी परिप्रेक्ष्य पर चर्चा कीजिए। [Dec 2008, Q. 2.]

उत्तर– राज्य का उदारवादी परिप्रेक्ष्य उदारवादी विचारधारा पर आधारित है। उदारवादी परिप्रेक्ष्य की विचारधारा स्वतंत्रता, आधुनिकता और विकास में विश्वास करती है, इस प्रकार इसी विचारधारा का विकास आधुनिक समाज के विकास के साथ ही हुआ है। लगभग वे सभी मुद्दे, जोकि दैनिक दिनचर्या प्रभावित करते हैं। इस मत के अनुसार, विश्व स्वतंत्र एवं समान व्यक्तियों से बना हुआ है, जिनके पास प्राकृतिक अधिकार हैं। राजनीति का उद्देश्य लोगों के इन अधिकारों की रक्षा करना है, जिससे वे अपनी क्षमताओं को पहचान सकें। व्यक्ति विशेष को नियम में रखने वालों ढाँचें, उनके निजी हितों को ध्यान में रखते हुए संवैधानिक राज्य बनें, जिसमें निजी संपत्ति निहित थी और जिसमें प्रतिस्पर्धी बाजार और आर्थिक व्यवस्था व पैतृक परिवार शामिल थे।

परंपराओं और निरंकुशता के दौर में उदारवाद उचित मूल्यों और आधारों को पकड़े रहने के कारण तेजी से गिरा। यकीनन, उदारवाद ने व्यक्ति के अधिकारों पर जोर दिया जिसमें स्वतंत्रता और निजी संपत्ति भी शामिल थे, पर एक उदारवादी व्यक्ति संपत्ति रखने वाला पुरुष होता था व नए अधिकार नए मध्यवर्गीय पुरुषों के लिए थे।

राज्य और मानव मात्र के सिद्धांत में चार मुख्य विशेषताएँ हैं–

(1) यह सुधारवादी है। यह सभी राजनीतिक व्यवस्थाओं और सामाजिक संस्थानों में संशोधन और सुधार लाने की बात करता है।

(2) इसकी व्यक्तिपरक प्रवृत्ति होना। यह दृढ़तापूर्वक पहला नैतिक दर्जा व्यक्तियों को किसी भी सामाजिक समुदाय के स्थान पर देता है।

(3) यह समानतावादी है। यह समाज के हर व्यक्ति को समान दर्जा देने की बात कहता है और इसकी पूर्ति के लिए किसी भी प्रकार के राजनीतिक/कानूनी आदेशों का विरोध करता है।

(4) यह सार्वभौमिक है। यह मानव जाति के समान मूल्यों की बात करता है और ऐतिहासिक संगठनों और संस्कृति को दूसरा दर्जा प्रदान करता है।

हॉब्स ने सबसे पहले राज्य के अधिकारों और कर्त्तव्य की बात कही। उनके विचारों ने एक संपूर्ण राज्य और निरंकुशतावाद के खिलाफ उदारवाद के संघर्ष को विश्लेषित किया।

ऐसा करने में, उन्होंने एक राजनीतिक विचारधारा को जन्म दिया, जिसने आधुनिक राज्य के सिद्धांतों पर प्रकाश डाला। यह भी उदारवाद का एक उदाहरण था, क्योंकि हॉब्स ने समाज और राज्य के स्थान पर सामाजिक पहलू के स्वतंत्र एवं समान नागरिकता को एक घटक माना और पट्टा लेने या सौदा करते समय स्वीकृति प्राप्त करने की महत्ता पर बल दिया।

जॉन लॉक ने हॉब्स के सिद्धांतों के खिलाफ एक आधारभूत असहमति दर्शायी, जिसमें हॉब्स ने राज्य को एक अविभाज्य शक्ति होने की बात कही, जोकि मनुष्यों के निजी हितों को ध्यान में रखता है। उनके लिए, राज्य को हमेशा जीवन, स्वतंत्रता अैर अपने नागरिकों के हितों की रक्षा करनी चाहिए। राज्य के अस्तित्व का कारण या उद्देश्य नागरिकों की सुरक्षा से संबंधित है। समाज राज्य के ऊपर है और राज्य की स्थापना समाज को दिशा देने के लिए की गई है।

लॉक ने संवैधानिक राजतंत्र की बात की है, जिसमें कार्यपालिका संबंधित शक्तियाँ हों और एक संसदीय सभा हो, जिसके पास व्यवस्थापिका संबंधित सभी शक्तियाँ निहित हों। हालाँकि उनके अनुसार, सरकार का सिर्फ यही रूप नहीं है, बल्कि उन्होंने दूसरी राजनीतिक संस्थाओं पर भी प्रकाश डाला है। सरकारी नियम और सिद्धांत व्यक्तियों की इच्छा तक रह सकते हैं, सुझावों के लिए उनकी व्याख्या की जा सकती है। इन्हें व्यक्तियों के आपसी समझौते की सक्रियता भी माना जा सकता है, जो उनकी आज्ञापरायण व सरकार के प्राधिकार व वैधता के लिए पर्याप्त हैं (प्लेमेनैटज– Plamenatz 1963)। सरकार अपने आधारभूत सिद्धांतों और परंपराओं के साथ प्रकृति के कानून के साथ जुड़ी हुई है। सरकार जीवन और स्वतंत्रता देने के लिए वचनबद्ध है। ऐसी परिस्थिति में, लॉक को एक क्रांतिकारी के रूप में देखा जाता है, जोकि कानून पर आधारित नई सरकार बनाना चाहते हैं। यह सरकार अनिवार्य व न्यायपूर्ण है।

कानून द्वारा दी गई राजनीतिक शक्ति पर रोक लगाने से संबंधित विचार अन्य दो उदारवाद के विशेषज्ञों द्वारा दिए गए हैं : जेरेमी बेनथम (Jeremy Bentham, 1748-1832) और जेम्स मिल (James Mill, 1773-1836)। इनके लिए उदार लोकतंत्र एक राजनीतिक ढाँचे से जुड़ा हुआ है, जोकि गवर्नरों को शासित होने वालों के लिए उत्तरदायी बनाता है। **बेनथम** के अनुसार, "एक लोकतंत्र की विशेषता अपने सदस्यों को उन अधिकारियों के दबाव से बचाने से संबंधित हैं, जोकि उन नागरिकों की रक्षा के लिए हैं।" लोकतांत्रिक सरकार अपने नागरिकों को नकारात्मक राजनीतिक शक्ति से बचाती है। मैकफर्सन ने इसे 'प्रोटेक्टिव केस ऑफ डेमोक्रेसी' (Protective Case of Democracy) कहा है।

बेनथम और **मिल** के अनुसार, 'सिर्फ चुनाव, गुप्त मतदान, राजनीतिक नेताओं में प्रतिस्पर्धा, चुनाव, शक्तियों का विभाजन, प्रेस की स्वतंत्रता, बोलने की स्वतंत्रता के आधार पर ही सामुदायिक हित' की बात कहीं जा सकती है। यह आधार शुरूआती मुद्दों और मानव

व्यवहार को पढ़कर समझा जा सकता है। नागरिकों का केन्द्र बिन्दु उनके निजी उद्देश्यों की पूर्ति, संतुष्टि को बढ़ाने और पीड़ा को कम करने से संबंधित होता है।

बेनथम और मिल को प्रजातंत्रवादी कहा जाता है, तो जॉन स्टुअर्ट मिल लोकतंत्र के समर्थक थे। उदारवादी लोकतंत्र या प्रतिनिधित्व सरकार इनके लिए जरूरी थी, उतनी ही जितनी नागरिकों का समान विकास और राजनीति में उनकी भागीदारी जरूरी थी। **मैकफर्सन** और **डुन** के अनुसार, जेम्स मिल लोकतांत्रिक राजनीति को 'मानवीय मूल्यों और लक्ष्यों' को हासिल करने का सबसे बड़ा रास्ता मानते थे। प्रतिनिधि सरकार की व्यवस्था, मिल के अनुसार, सरकार को और ज्यादा उत्तरदायी बनाती है और लोकहित की ओर अग्रसर करती है। परंपरावादी या शास्त्रीय उदारवाद राज्य का जन्म आंदोलनों और असंतुष्टि के कारण हुआ, जिसने पुरातन शक्ति के ढाँचे को छोड़कर नई अवधारणाओं को जन्म दिया। उनको निजी उत्पादन और व्यापार चाहिए था। उनको आवाज चाहिए थी कि कौन–सी सेवाओं को क्या पैसा मिलना चाहिए। उनको ऐसा राज्य चाहिए था, जोकि उद्योगों और लघु उद्योगों का सम्मान करता था और ऐसा समाज चाहिए था, जोकि मौजूदा ढाँचे से लड़ सके।

शास्त्रीय उदारवादियों ने राज्य को हमेशा शक के दायरे में रखा, क्योंकि उनका मानना था कि उसमें शक्तियाँ निहित हैं और शक्तियाँ भ्रष्टता की ओर ले जाती हैं। उन्होंने हमेशा राज्य की शक्तियों को सीमित करने की बात कहीं। उनके लिए "वो राज्य सबसे अच्छा है, जोकि कम से कम शासन करता है।" **जेरेम बेनथम** ने राज्य को 'शांत' रखना चाहा। **हबर्ट स्पनेसर** (Herbert Spencer) ने कहा कि 'सरकार असामाजिक' और **एडमंड बुर्क** (Edmund Burke) ने निष्कर्ष निकाला कि 'यह राज्य की सकारात्मक शक्ति है कि वो गलत को रोके, पर वो कोई सकारात्मक कार्य नहीं करती।' इसी तरह, थॉमस पाइन (Thomas Paine) ने अपने शब्दों में कहा कि 'सरकार अपने सर्वाधिक ढाँचे में भी एक आवश्यक या अनिवार्य बुराई है।'

रोचक तथ्यों के आधार पर हम देखते है कि राज्य के संकुचित व्यवहार पर कोई एकमत नहीं है। हालाँकि, उनमें से कुछ का मानना है कि राज्य की उदारवादी प्रकृति में कई कार्य हो सकते हैं, जोकि अधिकारों की रक्षा और कानूनों से आगे निकल सकते हैं। उदाहरणतः जे. एस. मिल ने राज्य के 'वैकल्पिक क्षेत्र' बताए हैं, जिनमें शिक्षा, बच्चों का रख–रखाव, गरीबों को मदद और आवश्यक जरूरतों जैसे पानी इत्यादि शामिल हैं।

राज्य के नकारात्मक कार्य, जो शास्त्रीय उदारवादियों ने चिह्नित किए हैं, वे हैं : पहला, नागरिकों और जमीन–जायदादों की सुरक्षा। दूसरा, राज्य नागरिकों पर कुछ ही तरह के दबाव डाल सकता है और उसे हस्तक्षेप करने का अधिकार नहीं है। यह नागरिक की स्वयं की इच्छा है कि वो उसे माने या नहीं। तीसरा, राज्य से लेनदेन की अपेक्षा की जाती है, ताकि खरीददार और बेचने वाले, उत्पादनकर्त्ता और ग्राहक, कार्य करने वाले और कार्य देने वाले सभी को स्वतंत्र बाजार उपलब्ध कराया जा सके।

लोकतंत्र और संचार में आंदोलन ने राज्य को एक लोक कल्याणकारी राज्य होने की संज्ञा दी है। वैसे नहीं जैसाकि परंपरावादी उदारवादी मानते थे, बल्कि नागरिकों के हितैषी के रूप में। पिछले 100 सालों में राज्य और सरकार के कार्यों में बढ़ी तेजी से बदलाव आया है। नागरिक अब अपनी आधारभूत जरूरतों को पूरा करने के लिए सरकार का हस्तक्षेप चाहते हैं। इस सोच ने राज्य के कल्याणकारी रूप को बढ़ावा दिया है।

कल्याणकारी राज्य के समर्थकों ने राज्य या निजी क्षेत्र को ध्यान में रखकर कोई अवधारणा नहीं बनाई है। वे पूँजीवाद के सक्षम सिद्धांतों पर विश्वास करते हैं, जोकि कुछ दार्शनिक प्रतिनिधियों के सिद्धांतों को दिखाता था। लोक–कल्याणकारी राज्य, आय को पुनः व्यवस्थित करने से संबंध रखता था, ताकि गरीब और लाचार नागरिकों की मदद हो सके, व सत्ता या शक्तियों का केन्द्रण उनके नुकसान के लिए न हो।

नव उदारवादियों के अनुसार, 'राज्य का कार्य ऐसी परिस्थितियाँ बनाने से संबंधित है, जिसमें नागरिक अपने स्वयं के प्रयासों द्वारा अपनी इच्छाओं की भरपाई कर सके। राज्य उनको रोटी कपड़ा और मकान नहीं दे सकता। राज्य की यह जिम्मेदारी है कि वो ऐसी आर्थिक स्थिति बनाए, ताकि नागरिक स्वतंत्र रूप से रोजगार अर्जित कर सकें। 'कार्य करने का अधिकार' या 'जीविका अर्जित करने का अधिकार 'संपत्ति के अधिकार' जैसा ही है (हॉबहाउज – Hobhouse, 1969)। इन विचारकों का मानना था कि राज्य और नागरिकों में एक द्विपक्षीय दायित्व है। नागरिक का कर्त्तव्य है कि वह अपने परिवार के पालन के लिए कार्य करें। राज्य का दायित्व है कि वो उसको साधन प्रदान करे।

राज्य के उदारवादी लोकतांत्रिक सिद्धांत के विकास को हॉब्स, लॉक, बेनथम एवं मिल के वैचारिक कार्यों में देखा जा सकता है। इससे गैर–अमेरिकी देशों में बहुत प्रभाव पड़ा पर इससे विवादों और आलोचनाओं का भी जन्म हुआ। रूसो (Rousseau) उदाहरणार्थ, सामाजिक मूल्यों को लेकर आगे आए, जिसमें आत्म बदलाव या स्वयं की सरकार होने की बात थी। उसके अनुसार संप्रभुता का हस्तांतरण नहीं होना चाहिए, क्योंकि यह कभी भी प्रतिनिधित्व नहीं करती। उनके मतानुसार, "संप्रभुता न सिर्फ लोगों में दिखती है, बल्कि वहीं निहित भी होती है।" रूसो ने नागरिकों को सीधे रूप से कानूनों के निर्माण में संलग्न देखा जिससे उनकी जिंदगी बदल गई थी। संप्रभु शक्ति नागरिकों के पास है जिससे वे कानून बनाते हैं और फिर उनका कार्यान्वयन करते हैं। रूसो के इस विचार ने एक ऐसे समाज को आकार देने की बात कहीं है – जिसमें राज्य के कार्य आम आदमियों के कार्यों के साथ संबंधित हैं।

टी.एच. ग्रीन ने उदारवाद को एक नया रूप दिया जिसमें राज्य केवल व्यक्तियों का समूह नहीं है, बल्कि समान हित और सकारात्मक स्वतंत्रता का एक माध्यम है। अपने समाज की असमानताओं का जानकार होने के कारण, उन्होंने कुछ सुझाव दिए जिसमें अनिवार्य शिक्षा, राज्य के कार्यों में भागीदारी, संसद के ढाँचे और कार्यों में बदलाव और

संपत्ति के अधिकार शामिल थे। **मैकइनटयर** (1971) के अनुसार, ग्रीन 'राज्य के हस्तक्षेप के मुद्दों पर वे एक एक विद्वान थे, जिन्होंने सामाजिक कल्याण और शिक्षा की बात की वे ऐसा इसीलिए कर पाए, क्योंकि उन्होंने राज्य में नैतिक दायित्व को पूर्ण करने की क्षमता देखी।

ग्रीन के उदारवाद के पुनः काल्पनिक विश्लेषण ने हॉबहाउस के लेखों में अपनी जगह बनाई है, जिन्होंने मिल और ग्रीन की विचारधाराओं की विवेचना की है। उन्होंने सरकारी हस्तक्षेप की जरूरत कुछ विषयों में बताई है, ताकि उदारवाद समाज की स्थापना हो सके। कीन्स और बेवरिड्ज (Keynes and Beveridge) ने इनको आगे बढ़ाया और सामाजिक नियंत्रण की बात की।

विश्व–युद्ध के बाद केनेसियन विचारधारा को इंग्लैण्ड में और रूसवेल्ट की 'न्यू डील' (New Deal) को यू.एस. में समर्थन मिला, जिसने राज्य की और मिश्रित अर्थव्यवस्था की बात की। यह एक तरह के मध्य मार्ग की तरह उभरकर सामने आया, जोकि परंपरावादी उदारवाद और नए सामाजिक मूल्यों का मिश्रण था, हालाँकि, इस काल में भी कुछ लोगों ने इसका विरोध किया और परंपरावादी उदारवाद का समर्थन किया। उनके मत के अनुसार सामाजिक संस्थाएँ स्वतंत्र रूप से स्थापित की जा सकती हैं और जो किसी भी बड़े एवं वृहद् संगठन के बिना कार्य कर सकती हैं, एवं शक्ति या सत्ता का प्रयोग किए या बिना, किसी दबाव के बिना, व्यक्ति की स्वतंत्रता से समझौता किए बिना हो सकती है।

उदारवादी परिप्रेक्ष्य के अन्य मुख्य विचारक **कार्ल पॉपर** (Karl Popper) है, जिन्होंने समाज के बदलाव को अस्वीकार किया है। ऐसे ही, इसिहा बर्लिन (Isaiah Berlin) ने 'नकारात्मक स्वतंत्रता– Negative Liberty' को एक महत्त्वपूर्ण स्थान दिया है।

प्रश्न 2. राज्य के संबंध में मार्क्सवादी विचार की चर्चा कीजिए।

[Dec 2009, Q. 2.]

अथवा

राज्य के मार्क्सवादी परिप्रेक्ष्य की आलोचनात्मक विवेचना कीजिए।

[June 2010, Q. 1.]

उत्तर– 20वीं शताब्दी में मार्क्सवादी विचारधारा का उदय राज्य की श्रेष्ठ अवधारणा के रूप में हुआ। मार्क्स और फ्रेडरिक ऐन्गल्स ने मार्क्सवादी विचारधारा का प्रतिपादन किया। मार्क्स ने इस तरह के राज्य का सैद्धांतिक विश्लेषण नहीं प्रस्तुत किया, जैसाकि माना जाता है। मार्क्स के राज्य पर कार्य दार्शनिक चिंतन, समकालीन इतिहास, पत्रकारिता और प्रासंगिक टिप्पणियों की विभाजित श्रृंखलाओं को समेटे हुए है। मार्क्स ने यह स्पष्ट किया कि यहाँ प्रश्न संसार अथवा राज्य पर चिंतन करना अथवा उसकी व्याख्या करना नहीं है अपितु इसमें परिवर्तन लाना है।

अतः मार्क्स और ऐन्गल्स के लेखन से कोई स्पष्ट एकल राज्य का सिद्धांत प्रतिपादित

करना मुश्किल है। क्योंकि मार्क्सवाद राज्य की सच्चाई को नहीं समझता, बल्कि राज्य को मूलभूत सच्चाई के परिणाम के रूप में दर्शाता है, जोकि साधारणतः रूप में आर्थिक है। इस प्रकार राज्य का कार्यात्मक क्षेत्र अर्थव्यवस्था में निहित है, न कि संवैधानिक अथवा संस्थागत रूप में और यही महत्त्वपूर्ण है। मूलतः मार्क्सवाद एक 'चलन' (Praxis) दर्शनशास्त्र है, जोकि मुख्यतः तात्कालिक घटनाओं और मुद्दों का प्रत्युत्तर है। मार्क्स ने अपने प्रारम्भिक कार्य 'हीगल के अधिकार के दर्शनशास्त्र पर समीक्षा' (Introduction to a Critique of Hegel's Philosophy of Right) से राज्य की एक व्यवस्थित विवेचना की, लेकिन वहाँ भी ये मुख्यतः नकारात्मक आलोचना में लिप्त रहे।

नए सामाजिक वर्गों का उद्भव उन मुख्य कारकों में से एक था, जिसने पहले तो जॉन स्टुअर्ट मिल के उदारवाद की चिरसम्मत धारणा और बाद में ऑगस्ट कॉम्टे और एमिली दुरखाईम के कार्यों में बदलाव को प्रेरित किया। औद्योगिक पूँजीवाद के विकास की प्रक्रिया सामाजिक, आर्थिक और राजनीतिक वातावरण का कारक थी, जिसने राज्य की मार्क्सवादी परिप्रेक्ष्य की अवधारणा के प्रेरक के रूप में कार्य किया। ऐन्गल्स के अनुसार, 'वह मार्क्स थे, जिन्होंने इतिहास की गतिशीलता के मध्य नियम की खोज की। इस नियम के अनुसार सभी ऐतिहासिक संघर्ष चाहे वे राजनैतिक, धार्मिक, दार्शनिक या अन्य वैचारिक प्रभाव क्षेत्र के रूप में क्रियान्वित हुए हों, वास्तव में सामाजिक वर्गों के संघर्षों का स्पष्ट प्रदर्शन हैं।

इस विषय पर मार्क्स और ऐन्गल्स के राजनीतिक टीकाकारों ने भी बल दिया है। इसी प्रकार के एक आधुनिक टीकाकार कहते हैं : उनका अधिकतर राजनीतिक लेखन विशेष ऐतिहासिक संदर्भ को वर्णित करता है और राजनीतिक वर्ग रुचि व वर्ग संघर्ष में दखल के उचित साधन को एक सैद्धांतिक आधार प्रदान करता है। मार्क्स ने इस बात में विश्वास किया कि राज्य एक वृहद् संरचना (Super Structure) से संबंधित है और इतिहास के दौरान उत्पादन के प्रत्येक तरीके ने अपने विशेष राजनीतिक संगठन को जन्म दिया, जिसने आर्थिक रूप से प्रभावशाली वर्गों के हितों को बढ़ावा दिया। 'घोषणापत्र' में उन्होंने घोषणा की कि 'आधुनिक राज्य में कार्यपालिका कुछ और नहीं, बल्कि समस्त मध्यवर्ग या बुर्जुआ वर्ग के मामलों की देखभाल की समिति है।

मार्क्स और ऐन्गल्स के अनुसार, राज्य मानव के पागलपन को दर्शाता है। यह वर्ग शोषण और वर्ग उत्पीड़न का एक साधन है। मार्क्स ने 'लुई बोनापार्ट (1852) के 18वें अध्याय में अफसरशाही और सभी शक्तिशाली राज्यों की निंदा की है और उनको नष्ट करने की सलाह दी है। तब मार्क्स ने एक भविष्य के समाज की कल्पना की, जोकि पूँजीवादी समाज की आंतरिक कलह से मुक्त हो, जोकि अपने आप में पूर्ण हो और जोकि मध्यवर्गीय समाज के सभी तत्त्वों का सार्वभौमिकरण कर दे। उन्होंने विश्वास किया कि साम्यवादी समाज सभी प्रकार के मानव अलगाव–प्रकृति से, समाज से और मानवता से, इन सबका अंत कर देगा। साम्यवाद एक सच्चे लोकतंत्र को स्थापित करेगा इन सबका जिसमें पहली बार बहुसंख्यक

सभी उद्देश्यों और लक्ष्यों के साथ शासन करेंगे। अंतवर्ती राज्य जोकि 'श्रमिक वर्ग की तानाशाही' (Dictatorship of the Proletariat) नाम से जाना जाएगा, पूँजीवाद के अंत और साम्यवाद को पाने के बीच की अवस्था होगी।

यह भी एक रोचक तथ्य है कि न तो 'श्रमिक वर्ग की तानाशाही' न ही राज्य शक्ति का विनाश, इन दोनों का मार्क्स के घोषणा पत्र में जिक्र नहीं है। इसके अलावा मार्क्स और ऐन्गाल्स 'श्रमिक वर्ग के राजनीतिक शासन'के बारे में बात करते हैं, जिसमें उन्होंने मजदूरों को राज्य पर कब्जा करने की सलाह दी है और पुराने वर्गों के विशेषाधिकारों को खत्म कर राज्य की अंतिम रूप से समाप्ति का आधार बनाने को कहा। उनका विश्वास था कि मौजूदा राज्य समाज के एक छोटे वर्ग का प्रतिनिधित्व करते हैं और वे वर्ग प्रभुत्व और नौकरशाही परजीवों के रूप में समाज का शोषण करते हैं।

ऐसा लगता है कि 1848–1852 के दौरान मार्क्स ने राज्य के बारे में अपने विचार संशोधित किए। इन वर्षों के दौरान मार्क्स ने ऐन्गाल्स के इस प्रतिपादन को स्वीकार किया कि तानाशाही उस खाली स्थान को भरने के लिए आवश्यक है, जोकि पुरानी व्यवस्था को नष्ट करने और नई व्यवस्था के बनने के बीच उत्पन्न होगा। उन्होंने इस बात पर जोर दिया कि इसका मतलब यह नहीं था कि यह एक व्यक्ति या एक समूह का स्थायी शासन था, बल्कि यह आपातकाल के एक सीमित समय के लिए असाधारण शक्ति थी। मार्क्स किसी विशेष तरीके से यह नहीं परिभाषित कर पाये कि श्रमिक वर्ग की तानाशाही शासन में क्या सम्मिलित था और इसका राज्य के साथ किस प्रकार संबंध था। यह कहा जाता है कि श्रम वर्ग का शासन मार्क्स के उस राज्य का नाम था, जो साम्यवाद में परिवर्तन का निदान करेगा और अंततः राज्य के खात्मे के साथ समाप्त हो जाएगा।

मार्क्स के विचारों में और अधिक स्पष्ट रूप से लेनिन के विचारों में, क्रांतिकारी दल की आवश्यकता राज्य द्वारा अधीनस्थ वर्गों को अधिकार विहीन करने के प्रयासों से झूझने के लिए मुख्य है, उसी प्रकार जैसे कि यह राज्य शक्ति के लिए अनिवार्य है। राज्य शक्ति पर विजय प्राप्त करके ही अधीनस्थ वर्गों की समस्याओं को सुधारा जा सकता है। बीते समय के अधीनस्थ वर्ग अपने स्वयं की 'वर्ग तानाशाही' संगठित करके 'अपने आपमें एक वर्ग' बना सकते हैं। रूढ़िवादी ऐतिहासिक भौतिकतावादी के दावों के साथ मिलते हुए साम्यवाद की अपरिहार्यता का दावा करता है। यह ध्यान में रखने की बात है कि सर्वहारा या श्रमिक वर्ग या प्रोलिटेरियेट का शासन एक प्रकार की सरकार नहीं है, अपितु राज्य का एक प्रकार है; एक राज्य जो साम्यवाद में परिवर्तन का अधीक्षण करता है, व एक राज्य जहाँ मजदूर वर्ग राज्य शक्ति को अपने हाथ में लेता है। साधारण रूप से कहें तो मजदूरों की शक्ति सरकार के तानाशाही रूप को नहीं दर्शाती है। यद्यपि यह पूर्ववर्ती शोषण करने वाले वर्गों के अधिकारों को सीमित करना या अन्य सामाजिक स्तर, जिनके हित मजदूरों के हितों के लिए हानिकारक हैं, पर किसी भी तरह का प्रतिबंध नहीं लगाता।

इस प्रकार श्रमिक वर्ग शासन असमानता की घोषणा करता है, ताकि एक वर्गहीन समाज का, जहाँ सभी को अंततः समानता मिले, अधीक्षण किया जा सके। सामाजिक लोकतंत्रवादी वर्तमान राज्य को समाजवाद की अनुभूति करने और मानव स्वतंत्रता को विस्तृत करने की संभावनाओं के बारे में स्पष्ट बोलते हैं। यद्यपि, मार्क्स प्रचलित अफसरवादी–सैनिक राज्य को क्रांतिकारी तख्तापलट द्वारा हटाने की वकालत करते हैं और इसको मजदूर के शासन, जो कि वास्तविक रूप से लोकतांत्रिक और बहुसंख्यक है, द्वारा प्रतिस्थापित करने पर जोर देते हैं। 'गोथा योजना की आलोचना' (Critique of the Gotha Programme) में, मजदूर शासन की संक्रमणकालीन प्रकृति पर जोर देते हुए, मार्क्स ने लिखा है कि "पूँजीवादी समाज और साम्यवादी समाज के बीच में एक काल वह आता है, जब एक समाज दूसरे समाज में क्रांतिकारी रूप से परिवर्तित होता है।" इसी के समानांतर एक राजनीतिक परिवर्तन का काल भी आता है, जिसमें राज्य और कुछ नहीं बल्कि मजदूर वर्ग का शासन होता है।

द्वितीय मत मार्क्स के लेखन में निश्चित रूप से प्रभावशाली है। इसके अनुसार, राज्य और इसका नौकरशाही वर्ग वे साधन है जिनका उद्भव शासक वर्ग के हित में विभाजित समाज के मध्य समन्वय करने के लिए हुआ है। मार्क्स के अनुसार राज्य एक साधन है जिसके द्वारा आर्थिक रूप से प्रभावशाली वर्ग अंतरवर्गीय समन्वय समस्याओं से निजात पाते हैं और अधीनस्थ वर्गों पर अपने प्रभाव को व्यवस्थित करते हैं। तब राज्य केवल एक वर्ग राज्य हो सकता है और परिभाषा के रूप में एक वर्ग संघर्ष का प्रकार है। यदि वर्ग समाज का अंत भौतिक रूप से संभव है, तथा संस्थागत रूप से साध्य है, तब इसके तुरंत आगे राज्य और राजनीति का उत्कर्ष हो सकता है।

विश्व सर्वहारा या मजदूर क्रांति की संभावनाओं को जाँचने के लिए अपने प्रयत्नों में मार्क्स और ऐन्गल्स ने गैर यूरोपीय संसार में राजनीतिक प्रगति का सर्वेक्षण शुरू किया। 'उत्पादन के एशियाई तरीके' (Asiatic Mode of Production) मार्क्सवादी धारणाओं का यूरोप से बाहर के संदर्भ में सार्थक परीक्षण करता है, उन्होंने पाया कि यूरोपीय राज्य संदर्भ के विपरीत, जहाँ राज्य वर्ग प्रभुत्व का और शोषण का एक साधन है, एशियाई समाज में राज्य सभी वर्गों पर नियंत्रण करता है। यह वृहद् संरचना से संबंधित नहीं है, परंतु आर्थिक और सामाजिक कार्यकलाप करता है, जिससे एक अतिविकसित राज्य और एक अल्पविकसित नागरिक समाज का निर्माण होता है। सामाजिक विशेषाधिकार राज्य के प्रति सेवा से निकलते हैं न कि निजी सम्पत्ति के संस्थापन से, क्योंकि राज्य ही वास्तविक भू–मालिक था। राज्य अधिशेष उत्पादन को करों के रूप में विनियोजित करता था और यह केन्द्रीकृत राज्य खुले बाजार, निजी सम्पत्ति, श्रेणियों और बुर्जुआ कानून को बढ़ने से रोकता था।

मजदूर वर्ग के अधिनायकत्व का आलोचनात्मक परीक्षण, संगठनात्मक आवश्यकता के सिद्धांत, व मानव स्वतंत्रता की आवश्यकता की विशाल मार्क्सवादी अवधारणा के बीच तनाव को प्रकट करता है। मार्क्स ने खाका खींचा, परंतु कभी भी राज्य की एक व्यवस्थित धारणा

नहीं विकसित की और इसलिए राजनीतिक अर्थव्यवस्था का विचार अति दृढ़निश्चित और राजनीतिक रूप से अवर्णित रहा।

मजदूर वर्ग के अधिनायकत्व को मार्क्सवादी विचारों का केन्द्र समझकर व्लादिमीर लेनिन (Vladimir Lenin, 1870-1924) ने अपने उत्कृष्ट ग्रंथ' राज्य और क्रांति (State and Revolution, 1916) में मार्क्स और ऐन्गल्स के विचारों का पुनरावलोकन किया। यह लेनिन का राजनीतिक सिद्धांत में बहुत बड़ा योगदान समझा जाता है। पेरिस कम्यून (Paris Commune) के अनुदर्श का प्रयोग करते हुए, लेनिन ने तर्क किया कि सर्वहारा वर्ग क्रांति बुर्जुआ वर्ग को नष्ट करके मजदूर वर्ग का अधिनायकत्व स्थापित करती है, जोकि संक्रमण काल के दौरान सर्वथा उपयुक्त राजनीतिक प्रकार है।

बुर्जुआ राज्य के विपरीत मजदूर राज्य ने एक भिन्न प्रकार के अवपीड़क ताकत के नियंत्रण का कार्य किया, जहाँ बहुसंख्यक अल्पसंख्यक के ऊपर बल प्रयोग करते हैं।

लेनिन के हिसाब से मजदूर राज्य ने दो आधारभूत कार्य किए जैसे—बुर्जुआ वर्ग का दमन और समाजवाद की स्थापना। आने वाले समय में समाज की आर्थिक व्यवस्था और समुदाय के आर्थिक स्रोतों का सही प्रयोग बहुत महत्त्वपूर्ण हो जाएगा, जोकि मजदूर राज्य का एकमात्र कार्य नहीं होगा। इस उद्देश्य के लिए सर्वहारा राज्य को वैज्ञानिक रूप से शिक्षित कर्मचारियों की आवश्यकता पड़ेगी। जब वर्गों का पूर्ण रूप से सफाया हो जाएगा, तब राज्य के पास कोई दमनात्मक कार्य करने के लिए नहीं होगा। तब राज्य धीरे–धीरे शक्तिविहीन हो जाएगा, क्योंकि जनसाधारण समाजवादी जीवन के नियमों का अनुपालन करने की आदत बना लेगा। लेनिन (1939) की आधारभूत उपलब्धि यह पहचानना थी कि राज्य पूँजीवादी समाज में जीता है और इसे विभिन्न प्रकार के राष्ट्रीय पूँजीवाद की जरूरत है, जो भू–राजनीतिक संघर्षों को जन्म देते हैं।

अध्याय–5

नव–उदारवादी परिप्रेक्ष्य

प्रश्न 1. नव–उदारवाद के उद्‌भव की विवेचना विस्तार से कीजिए।

[June 2009, Q. 3.]

उत्तर– 1970 के मध्य से लेकर 1980 के मध्य तक उदार पूँजीवादी लोकतंत्र में कल्याणकारी राज्य के प्रति अत्यधिक क्रोध एवं असंतुष्टि की भावना कायम थी। राज्य स्वयं नागरिकों की असीमित इच्छाओं तथा व्यक्तिगत प्रयासों द्वारा अपनी स्थिति को सुधारने के प्रति उनकी अनिच्छा से बहुत ही क्रोधित व उलझन में था।

हॉयेक, नोजिक व फ्रेडमैन के दृष्टिकोण–नव–उदारवादी राज्य को नव–दक्षिणपंथी–दर्शन के साकार रूप में देखा जाता है, जोकि 1970 के अंत में थैचरवादी इंग्लैण्ड में उद्‌भव हुआ था। (वैकल्पिक रूप से, हम यह कह सकते हैं कि नव–दक्षिणपंथ नव–उदारवाद का ही एक रूप था, क्योंकि यह ग्रेट ब्रिटेन में उसके परिमित (Conservative) प्रधानमंत्री मारग्रेट थैचर की छत्रछाया में उद्‌भव हुआ था)। इस प्रकार, सन् 1970 के अंत व 1980 के वर्तमान में नव–दक्षिणपंथी के उद्‌भव के संबंध में (हेवुड–Heywood, 2000) ने तर्क दिया कि ''इसके उद्‌भव व विचारों को 1970 के संदर्भ में प्रतिबिंबित किया जा सकता है। नव–दक्षिणपंथी की वृद्धि केनेसियन (Keynesian) कल्याणकारी राज्य की प्रत्यक्ष असफलता के साथ घटित हुई, जिसे उत्तर–युद्ध के अंत के आर्थिक तेजी द्वारा महत्त्व प्राप्त हुआ तथा सामाजिक अव्यवस्था व सत्ता के पतन के ऊपर राजनीतिक विशिष्ट जनों द्वारा इस संबंध में रुचि बढ़ने लगी''। 'नव–दक्षिणपंथ' (New Right) शब्द सबसे पहले शिकागो विश्वविद्यालय के कुछ वित्तीय समूह के साथ जुड़ा था, जो तीन मुख्य आर्थिक व राजनीतिक चिंतकों के लेखों से प्रभावित थे : फ्रेडरिक वॉन हॉयेक, राबर्ट नॉजिक व मिल्टन फ्रेडमैन।

हालाँकि नव अधिकार चिंतन के बीज, 18वीं व 19वीं शताब्दी में शास्त्रीय, राजनीतिक अर्थशास्त्रियों जैसे डेविड रिकॉर्डो, जॉन स्टुअर्ट मिल (David Ricardo, John Stuart Mill) व मुख्य रूप से एडम स्मिथ (Adam Smith) जो 'द वैल्थ ऑफ नेशनस'–The Wealth of Nations (1796) के लेखक थे, में देखे जा सकते हैं, परंतु यह हॉयेक नोजिक व फ्रेडमैन की त्रिमूर्ति (Trinity) थी, जो नव–दक्षिणपंथियों से मौलिक रूप से जुड़ी थी। इन तीनों का वर्णन निम्नलिखित है–

फ्रेडरिक वॉन हॉयेक एक 'आधुनिकता–विरोधी' थे, जिन्होंने अपनी प्रसिद्ध कृति द रोड टू सर्फडम (The Road of Serfdom, 1944) में योजना व समुदायवाद की आलोचना की। हॉयेक के सिद्धांत उनके चार मूल विचारों पर केन्द्रित है। ये निम्नांकित हैं–

(1) योजना की अयोग्यता (Wrongness of Planning)—हॉयेक ने योजना के विरुद्ध इस आधार पर तर्क दिया कि यह राजनीतिक रूप से खतरनाक व आर्थिक रूप से असक्षम होती है। ऐसा इसलिए क्योंकि सरकार द्वारा निर्मित केन्द्रीकृत आर्थिक नियोजन, वैयक्तिक व समूह की स्वतंत्रता को कम करता है, कार्यपालिका को अधिक शक्तिशाली बनाकर राजनीतिक संस्थाओं के मध्य संतुलन पर नकारात्मक प्रभाव डालता है तथा कानून के नियम को हानि पहुँचाता है।

(2) सामाजिक जटिलता (Society's Complexity)—हॉयेक का दृढ़ विश्वास था कि मर्यादा के रूप में राज्य की मध्यस्थता जैसे सामाजिक इंजीनियरिंग (लाभ से वंचितों के सामाजिक सुरक्षा परिणामों पर केन्द्रित) जैसाकि वामपंथियों ने वकालत की थी, यही समाज में विद्यमान सामान्य 'प्राकृतिक व्यवस्था' पर नकारात्मक प्रभाव डालेगा, जो किसी योजना या डिजाइन (Design) की नहीं, अपितु मानव व्यवहार का परिणाम रही है।

(3) बाजार की प्रधानता (Primacy of the Market)—हॉयेक ने बाजार व संसाधनों के बँटवारे के लिए मूल्य को प्रधानता दी, क्योंकि उनका मानना था कि क्रेता व विक्रेता के बीच स्वच्छंद पारस्परिकता, नियोजकों के कार्यों की तुलना में अधिक सशक्त होती है।

(4) सामाजिक–आर्थिक क्रियाओं के लिए ढाँचा तथा कानून के शासन को समर्थन (A Framework for Socio-economic Activity and Upholding the Rule of Law)—हॉयेक ने एक ऐसे ढाँचे का समर्थन किया, जिसमें 'सरकार की एक महत्त्वपूर्ण परंतु सीमित भूमिका हो तथा ऐसा इसलिए ताकि कानून के शासन को बढ़ावा दिया जा सके, जो ऐसी स्थितियों को उत्पन्न करें, जिसमें बाजार अधिक समृद्ध हो सके।

हॉयेक के लेखों का एक बड़ा अंश 1945 के बाद लिखा गया तथा यह भी कि इसने ब्रिटेन में विवादों को जन्म दिया, क्योंकि उसने तथाकथित 'मध्य मार्ग' में विश्वास को चुनौती दी, जिसमें स्वतंत्रता और नियोजन दोनों सम्मिलित थे तथा जो परिमित दल व श्रमिक दल के विशिष्ट जनों जैसे क्लेमेंट एटली, हयू गेटस्केल व हैरोल्ड विल्सन (Clement Attlee, Hugh Gaitskell and Harold Wilson) के 'एक राष्ट्र' शाखा (Wing) में मौजूद था।

रार्बट नोजिक 20वीं शताब्दी के अंत के एक बहुत ही प्रभावशाली विचारक थे। उनका अंतिम मुख्य कार्य अक्तूबर 2001 में प्रकाशित 'इनवैरिएन्सेस : द स्ट्रक्चर ऑफ द औब्जेक्टिव वर्ल्ड' (Invariancies : The Structure of the Objectvie World) था। वह एक प्रधान अमरीकी बुद्धिजीवी थे जिनकी दो मुख्य कृतियों 'एनार्की, स्टेट एण्ड यूटोपिया व फीलौसोफिकल एक्सप्लानेशन्स' -Anarchy, State and Utopia (1974) and Philosophical Explanations (1981) ने नव–दक्षिणपंथ को नई ऊँचाई प्रदान की। वे जॉन लॉक के उस विचार से प्रभावित थे, जिसने न्यूनतम राज्य व निम्न–टेक्स की वकालत की, जो सामाजिक लोकतंत्र, कल्याणवाद, समुदायवाद, सामाजिक न्याय व 'विशाल सरकार'

पर प्रत्यक्ष प्रहार के रूप में परिवर्तित हो गया।

नोजिक के निरंतर तथा ललकार–पूर्ण विचार ने उसे शैक्षणिक जगत के संर्कीण घेरे के बाहर ला खड़ा किया है। उनकी प्रथम व सर्वाधिक प्रसिद्ध कृति 'एनार्की, स्टेट एवं यूटोपिया', उनकी प्रथम व सर्वाधिक हार्वड (Harvard) के सहपाठी जॉन रॉल्स की न्याय की अवधारणा (Theory of Justice 1974) की आलोचना थी।

नोजिक के राजनीतिक व सामाजिक दर्शनशास्त्र में निम्नलिखित बिंदु समाहित हैं–

1) अधिकार का सिद्धांत (Entitlement Theory)
2) स्व–स्वामित्व या विल्ट चेम्बरलेन विवाद (The Self-ownership or the Wilt Chamberlain Argument)
3) संपूर्ण संपत्ति अधिकार (Absolute Property Rights) व स्व–स्वामित्व
4) लॉक का प्रावधान (The Lockean Proviso), तथा
5) स्व–स्वामित्व से आगे (Beyond Self-ownership)

नोजिक का 'दक्षिणपंथ का सिद्धांत' इस मुख्य सिद्धांत पर केन्द्रित है 'कि केवल मुक्त व्यापार विनियमन में ही व्यक्ति को समान समझकर व्यवहार किया जाता है। उनके लिए 'यह अपने आप में ही अंत है।' दूसरे शब्दों में, 'उदाहरण के लिए यदि एक मुक्त बाजार भी संपूर्ण समृद्धि का उत्पादन नहीं करता, तो नोजिक की दृष्टि में यह भी न्यायसंगत है।'

'स्व–स्वामित्व विवाद' को नोजिक के 'अधिकार के सिद्धांत' से ही लिया गया है। यह विवाद इसलिए है, ताकि अंतर्ज्ञान द्वारा यह दर्शाया जाए कि न्यायपूर्ण वितरण के बँधे–बँधाए सिद्धांत का औचित्य नहीं है। 'स्व–स्वामित्व' का तर्क विल्ट चेम्बरलेन तर्क का ही एक स्पष्टीकरण है। 'स्व–स्वामित्व' का सिद्धांत इस विचार पर आधारित है कि प्रत्येक मानव अद्वितीय व स्वयं अपने आप में निमित्त है। इसका यह अर्थ है कि उसे किसी दूसरे प्रयोजन के लिए प्रयुक्त नहीं किया जा सकता।

मिल्टन फ्रेडमैन (Milton Friedman), जोकि अर्थशास्त्र में अपने योगदान के लिए 1976 के नोबेल पुरस्कार विजेता हैं, आर्थिक स्वतंत्रता व मुक्त उद्यमों के प्रधान समर्थक हैं। 1960 के बाद से उन्होंने प्रसिद्धि प्राप्त की तथा वह मुक्त बाजार अर्थव्यवस्था के सर्वोच्च विजेता के रूप में जाने जाते हैं। उनके विचार उनकी कृति 'फ्री टु चूज' (Free to Choose, 1980) से लिए गए हैं। फ्रेडमैन ने केनेसियन चालित पाश्चात्य सरकारों की अकर्मण्यता पर प्रहार किया, तथा राज्य द्वारा प्रेरित कल्याणकारी मानदण्डों की असफलता को दर्शाया। उन्होंने न्यूनतम करों के लाभों का समर्थन किया, अंतर्राष्ट्रीयकरण (निजीकरण) की आवश्यकता व उद्योगों व सेवाओं की पुनर्व्यवस्था की आवश्यकता पर बल दिया तथा किराया–नियत्रंण, न्यूनतम मजदूरी, क्षेत्रीय व औद्योगिक सब्सिडी (Subsidy) व रोजगार विधायन के उन्मूलन का समर्थन किया।

फ्रेडमैन ने सीमित सरकार की वकालत की। फ्रेडमैन ने थॉमस जैफरसन के विचारों का

समर्थन किया कि वह सरकार जो सबसे कम शासन करती है, सबसे अच्छी होती है। इस ढाँचे के अनुसार, किसी भी सरकार के केवल तीन प्रमुख कार्य होते हैं– (1) देश की सैन्य सुरक्षा, (2) व्यक्तियों के मध्य अनुबंधों का निर्माण तथा (3) नागरिकों को उनके या उनकी संपत्ति के प्रति होने वाले अपराधों से सुरक्षा प्रदान करना। फ्रेडमैन ने महसूस किया कि जब सरकार अच्छे उद्देश्यों की प्राप्ति हेतु–अर्थव्यवस्था को पुर्नव्यवस्थित, नैतिकता का विधायन या विशेष हितों की सहायता करने का प्रयास करती है, तब इसका परिणाम अकार्यकुशलता, नवीनता की कमी तथा स्वतंत्रता के नुकसान के रूप में सामने आता है। सरकार को एक रेफ्रेरी होना चाहिए न कि सक्रिय खिलाड़ी। उनकी स्थिति, उनकी रचना 'टु लक्की पीपुल' (Two Lucky People) के निम्नलिखित कथन से और भी स्पष्ट होती है : ''सार्वजनिक वकालत में मेरा केन्द्रीय सिद्धांत मानव स्वतंत्रता का प्रसार करना है। आज, सरकार प्रत्यक्ष या अप्रत्यक्ष रूप से हमारी राष्ट्रीय आय का लगभग आधा खर्च नियंत्रित करती हैं। व्यवहार के आधार पर कुछ सफलताओं के अतिरिक्त हम अधिकतया पराजित ही रहे है। यदि विचारों के आधार पर देखें तो हम विजय की ओर अग्रसर हैं। संयुक्त राज्य अमेरिका की जनता अब धीरे–धीरे यह पहचानने लगी है कि सरकार उनकी सभी समस्याओं का सार्वभौमिक समाधान नहीं हैं। सरकार की उन्नति अब एक पड़ाव पर है तथा यह लगता है कि अर्थव्यवस्था के एक विशिष्ट अंग के रूप में पतन की कगार पर है। हम चिंतन की मुख्यधारा में हैं, न कि जैसे हम पचास वर्ष पूर्व एक पिछड़े हुए अल्पसंख्यकों के सदस्य के रूप में थे।'

यू.एस. में रीगन काल के दौरान मिल्टन फ्रेडमैन का प्रभाव बहुत ही स्पष्ट था, क्योंकि द्वितीय विश्व युद्ध की समाप्ति के बाद से पहली बार यू.एस. सरकार का विकास (विशेषकर संपूर्ण सरकार का संघीय भाग), साधारण अर्थव्यवस्था व सरकारी विकास की अपेक्षा अधिक वृद्धि करने लगा। उसके बाद उसने काल 1993–94 के संक्षिप्त काल को छोड़ (हालाँकि राज्य व स्थानीय सरकारों का विस्तार चलता रहा है, तथा उसे पहचानने की आवश्यकता है) अपनी पहली वाली ऊँचाई को पुनः प्राप्त नहीं किया।

वस्तुतः राष्ट्रपति रीगन द्वारा अपनाया गया नव–उदारवादी एजेंडा फ्रेडमैन की ही रचना थी। 1980 में, रीगन ने जार्ज शुल्ट्ज (George Schultz) की अध्यक्षता वाली आर्थिक नीति समन्वय समिति (Economic Policy Coordinating Committee) के लिए फ्रेडमैन को नियुक्त किया। जिससे उसके निर्वाचन के पश्चात् एक सक्रिय कार्यक्रम का विकास किया जाए। चुनावों के उत्तरोत्तर, फ्रेडमैन को शुल्ट्ज के साथ 'रीगन प्रशासन हेतु आर्थिक रणनीति' की प्राप्ति हुई। राष्ट्रपति रीगन ने इसे अपनी सहमति प्रदान की तथा सुझावों के अनुरूप कदम उठाए। तत्पश्चात्, फ्रेडमैन 'राष्ट्रपति की आर्थिक नीति सलाहकार परिषद्' (President's Economic Policy Advisory Board-PEPAB) में शामिल हुए, जोकि नियमित रूप से पूर्व राष्ट्रपति से ही संबधित रही, ताकि नए आर्थिक कार्यक्रमों को चलाया जा सके।

इस प्रकार, 'हॉयेक, नोजिक व फ्रेडमैन की त्रिमूर्ति ने नव–दक्षिणपंथी विचार की बौद्धिक

तथा मानसिक वृद्धि को दिशा प्रदान की। इन विचारों को यू.के. में परिमित दल की मारग्रेट थैचर के नेतृत्व में अधिक उत्साहपूर्वक अपनाया गया तथा वास्तव में, ये विचार ब्रिटिश राजनीति की इस लौह महिला के साथ इतने निकट से जुड़े कि इन्हें सामूहिक रूप से 'थैचरवाद' के रूप में जाना जाने लगा।

थैचरवाद–ब्रिटेन में, थैचरवाद (Thatcherism) कैनिसियन (Keynesian) कल्याणकारी राज्य के अवैधीकरण (Delegitimisation) के वातावरण में समृद्ध हुआ तथा बड़ी ही सरलता से यह कल्याणवाद के पतन द्वारा बनाए गए राजनीतिक शून्य को भरने में सफल रहा। नव दक्षिणपंथी/नव–उदारवादी दर्शन को प्रदर्शित करने वाले थैचरवादियों ने समाज व अर्थव्यवस्था दोनों से राज्य की शक्तियाँ कम करने की या पीछे हटाने की (Rolling Back the State) वकालत की तथा इस विषय में मारग्रेट थैचर के प्रशासन ने एक अति–विस्तारित, अनार्थिक, अति–नौकरशाही राज्य पर प्रहार किया। इसने एक विशाल स्तर पर निजीकरण कार्यक्रमों को अपनाया, नागरिक समाज में सभी कर्त्ताओं के साथ अपने संपर्क को कम किया, तथा सार्वजनिक क्षेत्र का सुधार वित्तीय कटौती तथा प्रबंधकवाद की क्रियान्वित व बाजार परीक्षा के द्वारा किया। थैचरवादियों का लक्ष्य एक 'समर्थ राज्य' का निर्माण करना था, जिसमें व्यापार समृद्धि पा सके, परंतु जिसमें उपभोक्ताओं के अधिकारों को उत्पादकों की माँगों के विरुद्ध अधिक अच्छी तरह सुरक्षा प्रदान की जा सके।

थैचरवाद ने इससे पूर्व व बाद के 'दृष्टिकोणों' (Isms) की तरह प्रचलित सभी सामाजिक–आर्थिक रचना व राज्य–यंत्रों पर प्रहार किया। अर्थव्यवस्था के संदर्भ में, यह सब एक मुक्त बाजार अर्थव्यवस्था के लिए था, जो अब उदारवाद व वैश्वीकरण के दोहरे प्रभावों के अंतर्गत भलीभाँति प्रसिद्ध हो रही है। यहाँ पर हम थैचरवाद की पृष्ठभूमि अर्थात् मारग्रेट थैचर द्वारा शक्ति की अवधारणा दिए जाने से पूर्व के समय पर नजर डालेंगे। उस समय की श्रमिक सरकार की असफलता के बाद तथा यूनाइटेड किंगडम द्वारा जिन आर्थिक समस्याओं का सामना किया जा रहा है, उसके बाद, प्रधानमंत्री एडवर्ड हीथ (Edward Heath) की अनुदार सरकार को इस वादे पर निर्वाचित किया गया कि वह अर्थव्यवस्था में राज्य के हस्तक्षेप को कम करेगी, कर–स्थापन को घटाएगी तथा सार्वजनिक व्ययों में तथा सब्सिडी में कटौती करेगी। निरंतर आर्थिक समस्याओं से जूझते हुए 1972 के चरमराए हुए आर्थिक विकास तथा बढ़ती बेरोजगारी की चपेट में आए 10 लाख से ज्यादा व्यक्तियों के चलते हीथ ने 'प्रोटो थैचेराईट' (Proto-Thatcherite) नीति का परित्याग कर दिया। यद्यपि हीथ इस बात के लिए तैयार थे कि नव–दक्षिणपंथी या न्यू राइट की नीति को अपनाया जाए, लेकिन वह तब तक केनेसियन वेलफेयर स्टेट से जुड़े हुए थे।

अंततः अर्थव्यवस्था तथा ट्रेड यूनियनों को नियंत्रित करने में हीथ सरकार की असफलता ने अनुदारवादियों जैसे डेविड हॉवल (David Howell), कीथ जोसेफ (Keith Joseph), जैफरी हो (Geoffrey Howe) व मारग्रेट थैचर के मध्य 'अपरिवर्तित नव–दक्षिणपंथी चिंतन' को दृढ़ बना दिया। इस समूह के द्वारा हम अनुदार दल के अंतर्गत प्रधान रुढ़िवादी

विचारों के लिए पहली वास्तविक चुनौती देख सकते हैं।

मुक्त बाजार (Free Market) अर्थव्यवस्था पर केन्द्रित होने के साथ ही थैचरवाद का मुख्य भाग राज्य सुधार था, विशेष रूप से सिविल सेवा सुधार। राज्य सुधार करने के लिए अनुदार सरकार नव–दक्षिणपंथी चिंतन व प्रबंधवाद के अनेक तत्त्वों पर निर्भर थी। संगठनों का निजीकरण करने, बाजार की भूमिका व प्रभाव को बढ़ाने, प्रबंध की परतों को कम करने तथा लक्ष्य–निर्धारण व लेखा परीक्षण की भूमिका को बढ़ाने के लिए क्रमिक प्रयास किए गए।

अनुदार या परिमित दल के थैचरवाद ने दक्षिणपंथी दर्शनशास्त्र को ऊँचाई पर पहुँचा दिया। सर्वप्रथम मारग्रेट थैचर के अंतर्गत तत्पश्चात् उनके अनुयायी जॉन मेजर के द्वारा (हालाँकि कुछ परिवर्तनों के साथ)। उसने हमें राज्य के नव–उदारवादी व नव–उदार विचार के बारे में काफी हद तक ज्ञान प्रदान किया।

प्रश्न 2. राज्य के संदर्भ में नव–उदारवादी विचारों के मूल सिद्धांतों का वर्णन कीजिए।

उत्तर– *नव–उदारवाद चार आधारभूत पक्षों पर आधारित है, जो निम्नलिखित है–*

(i) बाजार चालित अर्थव्यवस्था (Market Driven Economy)–नव–उदारवाद, बाजार को इसकी प्रमुखता की स्थिति में बनाए रखने में विश्वास करता है, जोकि केनेसियन कल्याणकारी अर्थशास्त्र काल के दौरान समाप्त हो गया था। 'अहस्तक्षेपवादी अर्थव्यवस्था के नियम' तथा 'समान परिणामों' के लिए 'बाजार कला की सर्वोच्चता व पवित्रता में विश्वास करता है। दूसरे शब्दों में, 'बाजार की नैतिकता' में विश्वास करता है।

(ii) वैयक्तिक स्वतंत्रता पर बल (Premium of Individual Liberty)–नव–उदारवाद का स्वरूप आर्थिक कार्यों से राज्य को अलग करके वैयक्तिक स्वतंत्रता में अधिकाधिक वृद्धि' पर केन्द्रित है।

(iii) मुद्रावाद (Monetarism)–यूनाइटेड किंगडम के संदर्भ में नव–उदारवाद इस बात पर जोर देता रहा कि बढ़ती महँगाई महत्त्वपूर्ण समस्या है, न कि बेरोजगारी और इसका समाधान मुद्रा संचालन के समुचित नियमन से होगा।

(iv) कल्याणकारी राज्य का बहिष्कार (Relegation of the Welfare State)–नव–उदारवाद कल्याणकारी राज्य की शक्तियाँ कम करने में विश्वास रखता है, जिसे मुक्त बाजार की क्षमता को कम करने तथा निर्भरता (Dependency) की संस्कृति को बढ़ावा देने के रूप में समझा जाता है।

(1) वैयक्तिक स्वतंत्रता पर केन्द्रित (Focus on Individual Liberty)–यह सिद्धांत कि व्यक्ति एक दूसरे को बलपूर्वक अपने अधीन नहीं कर सकता, इसे राज्य तक विस्तारित किया जाना चाहिए, जोकि केवल व्यक्तियों का एक समूह है।

(2) अधिक स्वतंत्रता (More Freedom)–नियमित समाज कम स्वतंत्र होते हैं। वे सामाजिक इंजीनियरिंग (Social Engineering) से संबधित होते हैं–पूर्व सोवियत यूनियन इसका एक बेहतरीन उदाहरण है, परंतु प्रश्न है कि सामाजिक इंजीनियरिंग किसके हित में है?

मुक्त बाजार स्वतंत्रता को बढ़ाता है।

(3) प्रलोभनों पर बल (Emphasis on Incentives)—मुक्त बाजार अधिक अच्छी आर्थिक भूमिका के लिए प्रलोभनों को बढ़ावा देता है। प्रलोभन बहुत ही प्रभावशाली रूप में प्रेरक होते हैं, जबकि राज्य का हस्तक्षेप 'चौकसी व जड़ता को जन्म देता है।

(4) अधिक विशाल प्रवर्तन (Greater Innovation)—विशाल पद्धतियाँ व प्रगति नव–उदार राज्य के प्रमुख लक्षण हैं : जहाँ पर उत्पादन के साधनों पर राज्य का स्वामित्व व नियंत्रण होता है, वहाँ नवीन प्रवर्तन नहीं होते।

(5) प्रभावशाली सामाजिक समन्वय (Effective Social Coordination)—मुक्त बाजार 'सामाजिक समन्वय' को जन्म देता है। एक समग्र राज्य की तुलना में, एक बाजार अर्थव्यवस्था बिना डिजाइन के चुपचाप उद्भव होती है, बिना बल का प्रयोग किए, करोड़ों वैयक्तिक कर्त्ताओं के निरंतर मूल्य संकेतों के प्रतिक्रिया के स्वरूप पर निर्भर रहते हुए।

(6) उपभोक्ता–संवेदी दृष्टिकोण (Pro-consumer Stance)—राज्य शक्ति को अनुचित रूप से एकाधिकार दिया जाता है, क्योंकि हित समूहों को विशिष्ट उपचार प्रदान किया जाता है। तब बाजार की प्राकृतिक कार्यप्रणाली पर नकारात्मक प्रभाव पड़ता है। एकाधिकारी राज्य शक्ति, उपभोक्ताओं पर विपरीत प्रभाव डालती है। वह अधिक मूल्य देते है, व कम प्राप्त करते है, क्योंकि निश्चित हित समूहों के व्यक्तिगत हितों द्वारा राज्य की संस्थाओं को हस्तगत कर लिया जाता है।

(7) सामाजिक न्याय (Social Justice)—राज्य का नव–उदार विचार, जो सामाजिक न्याय को ग्रहण करता है, स्वभावतः अनुचित होता है। ऐसा इसलिए, क्योंकि कुछ व्यक्तियों को वह लाभ मिल जाते हैं, जिनके वे हकदार नहीं होते, जबकि अन्य उस लाभ से वंचित हो जाते हैं, जो उन्हें प्रदान किए जाने चाहिए।

प्रश्न 3. उद्यमवृत्तिक सरकार पर एक नोट लिखिए।

उत्तर— अपनी पुस्तक ''सरकार का पुनः आविष्कार। किस प्रकार उद्यमवृत्तिक जोश सार्वजनिक क्षेत्र का रूपांतरण कर रहा है'', में डेविड ओसबॉर्न तथा टेड जैबलर ने अधिकारी तंत्रात्मक सरकार का उद्यमवृत्तिक सरकार के रूप में रूपांतरण द्वारा सरकार के पुनः आविष्कार का नुस्खा प्रस्तुत किया है। उत्तरकालीन औद्योगिक युग में यदि सार्वजनिक क्षेत्र को निजी क्षेत्र की प्रतियोगिता में बने रहना है तो उसे कार्यकुशल, अनुक्रियाशील, जवाबदेह तथा अनुकूलनीय बनना होगा। सरकार को उत्तम सामानों एवं सेवाओं के लिए जनता की आवश्यकताओं तथा माँगों को समझना चाहिए। जनता के हित में सर्वश्रेष्ठ सेवाओं को प्रदान करने के लिए सरकारों को एक उद्यमवृत्तिक मानसिकता तथा कुशलता विकसित करनी होगी। ओसबॉर्न तथा जैबलर के नुस्खों को सफल ''उद्यमवृत्तिक'' सरकार के लिए दस–सूत्री कार्यक्रमों में समाहित किया जा सकता हैं—

1) नागरिकों को 'ग्राहकों' या 'सेवार्थी' के रूप में पुनः परिभाषित करना चाहिए तथा उनकी सेवा सार्वजनिक सामानों और सेवाओं की विविधि आपूर्तिकर्त्ताओं द्वारा होनी चाहिए।

2) लोक प्रबंधकों को समस्याओं के उत्पन्न होने के बाद उन्हें समाधान करने की अपेक्षा ऐसे कदम उठाने चाहिए कि समस्याएँ पैदा ही न हों।

3) संगठनात्मक प्रयासों को संसाधनों की सुरक्षा अर्जन (Earn) तथा ग्राहकों के पैसों को महत्त्व देने के अनुकूल होना चाहिए।

4) सत्ता के विकेन्द्रीकरण तथा सहयोगी–प्रबंध व्यवहार में पंसदीदा संकल्पना है।

5) अधिकारी तंत्रात्मक प्रबंध की अपेक्षा बाजार और निजी क्षेत्र के कौशलों को पसंद किया जाता है।

6) कार्मिकों को लक्ष्य–उन्मुखी होना चाहिए तथा अनम्य नियमों व अधिनियमों से बँधा हुआ नहीं होना चाहिए जो निष्पादन में बाधा उपस्थित करते हैं।

7) पूर्व निर्धारित लक्ष्यों या संगठनात्मक उद्देश्यों के विपरीत निष्पादन को समयबद्ध परिणामों के द्वारा मापा जाना चाहिए।

8) नौकरशाही को अपने ''सेवार्थी'' के प्रति जवाबदेह होना चाहिए तथा जनता को सार्वजनिक हित में नौकरशाहों को नियंत्रित करने के लिए सशक्त बनाना चाहिए।

9) सार्वजनिक सामानों एवं सेवाओं की प्रबंध व्यवस्था में सरकार को अपना एकाधिकार त्याग देना चाहिए तथा विविध आपूर्तिकर्त्ताओं, जैसे–निजी क्षेत्र, गैर–सरकारी संगठनों आदि के साथ प्रतियोगिता करनी चाहिए।

10) सामुदायिक समस्याओं के समाधान की कोशिश सभी क्षेत्रों यथा सार्वजनिक, निजी, स्वैच्छिक, को कार्यक्रम में संयुक्त कर की जाती है तथा सार्वजनिक सेवाओं को मुहैया भी कराई जाती है।

उद्यमवृत्तिक सरकार के लक्षण एक सरकारी पद्धति को उत्पन्न करेगा जिसकी निम्न विशेषताएँ होंगी–

(1) सामुदायिक समस्याओं के हित में निजी दोष को विनियमित करने में एक उत्प्रेरक के रूप में काम करना।

(2) स्व–सहायता के लिए नागरिकों का सशक्तिकरण।

(3) सार्वजनिक सामानों के विविध आपूर्तिकर्त्ताओं को कम–से–कम प्रतियोगी मूल्य पर प्रोत्साहित करना।

(4) एक कार्मिक पद्धति का निर्माण करना जो कि लक्ष्य प्राप्ति में सचेष्ट रहेगा।

(5) निवेश एवं प्रक्रियाओं पर ध्यान केन्द्रित करने की अपेक्षा परिणाम पर ज्यादा ध्यान देना चाहिए।

(6) सार्वजनिक खर्च ग्राहकों के पैसों को महत्त्व देने के अनुकूल होगा।

(7) विकेन्द्रीकरण स्थानीय समस्याओं को स्थानीय पहल द्वारा समाधान करने में सहायता प्रदान करेगा तथा उसके संबंध में संगठन के प्रत्येक स्तर पर निर्णय–निर्माण एवं संचार में सुधार होगा।

(8) सरकार बाजार के समान कुशलता की ओर उन्मुख होगी तथा अपने ग्राहकों की विविध आवश्यकताओं को समझने की कोशिश करेगी।

अध्याय–6

गाँधीवादी परिप्रेक्ष्य

प्रश्न 1. राज्य के स्वरूप पर गाँधीवादी परिप्रेक्ष्य की व्याख्या कीजिए।

[June 2009, Q. 4.]

अथवा

गाँधीवादी राज्य–व्यवस्था के मॉडल का परीक्षण कीजिए।

[June 2008, Q. 5. (क)][Dec 2008, Q. 3.]

उत्तर– 19वीं शताब्दी के मध्य में भारत पर अंग्रेजों का शासन स्थापित था यह राज्य के स्वरूप और उसके विषयों के संबंध में न्याय और सामान्य व्यवहार की परंपरा पर आधारित है। 1857 के उपद्रव के कारण, राज्य के वास्तविक रूप को स्पष्टता से निर्धारित नहीं किया जा सका था। स्पष्ट था कि सार्वजनिक व्यवस्था तथा एक राजनीतिक प्रबंध को बनाए रखने के लिए इस आधुनिक राज्य का आधारभूत ढाँचा एक कानून के शासन द्वारा उपलब्ध कराया जाना था, जिसका वास्तविक उद्देश्य व्यावसायिक था। ऐसी व्यवस्था में एक कर प्रक्रिया द्वारा राज्य को कार्यात्मक आधार प्रदान किया गया, जोकि आवश्यक रूप से कर–निर्धारण व कर–एकत्रीकरण का मिश्रण था। कारक के रूप में गहरे स्तर पर, राज्य द्वारा उद्योग व वाणिज्य पर जोर तथा प्रमाणिक प्रतिस्पर्धा पर दबाव ने एक विरोधाभासी चित्र प्रस्तुत किया, जिसमें ऐसा प्रतीत हुआ कि नव भारतीय बुर्जुआ, जोकि व्यावसायिक व व्यापारिक वर्गों का प्रतिनिधित्व कर रहे थे, अलगाव महसूस करने लगे।

यही राजनीतिक वातावरण था, जब भारतीय राजनैतिक पटल पर गाँधीजी का आगमन हुआ तथा उन्होंने पाया कि आधुनिक राज्य एक ऐसी व्यवस्था है, जिसके स्वरूप को समझना अत्यंत कठिन है। गाँधीजी के अनुसार कानून ने प्रशिक्षण व इंग्लैण्ड में ब्रिटिश राज्य के प्रकार्य और दक्षिणी अफ्रीकी की औपनिवेशिक भूमि में ब्रिटिश राज्य की कार्यप्रणाली को समझने के लिए एक गहरी समझ प्रदान कर दी थी।

आधुनिक राज्य की समीक्षा–आधुनिक राज्य की गाँधीवादी आलोचना का उद्भव इसके अनिवार्य पक्ष तथा इसकी मानव विरोधी प्रवृत्ति से हुआ। आधारभूत स्तर पर, आधुनिक राज्य का कार्यात्मक तरीका उनके अहिंसा के सिद्धांत का उल्लंघन था। आधुनिक राज्य के नैतिक परिमाण भी उन्हें स्वीकार्य नहीं थे। उनका मानना था कि नैतिक समझौते, जिसे व्यक्ति द्वारा निर्मित करन की आवश्यकता होती है, उत्तरदायित्व की भावना को कमजोर करते हैं तथा वैयक्तिक एकीकरण को भी कम करते हैं।

आर.जे. टरचेक (R.J. Terchek, 2000) के अनुसार, 'गाँधीजी ने अपने स्वायत्तता के सिद्धांत में सिविल गणतंत्रवाद व उदारवाद दोनों का ही संयोजन किया, जिसमें उन्होंने

समानता, बल–प्रयोग की मनाही तथा व्यक्तिगत उत्तरदायित्व के प्रति अपना समर्पण प्रकट किया।' इस प्रकार गाँधीवादी स्वायत्तता का अर्थ कुछ ऐसे नैतिक नियमों का समूह है, जो कार्य के दिशा–निर्देशक तथा राज्य को स्व–प्रदर्शित व उनके कार्यों के प्रति उत्तरदायी बनाने के लिए व्यक्ति की ओर से भी आवश्यक होता है। उन्होंने बल–प्रयोग की मनाही का पालन करते हुए सबके लिए स्व–शासन की वकालत की। उन्होंने स्वायत्तता के लिए आधुनिकतावाद को एक बाधक माना, क्योंकि इसने एक पूर्व निर्धारित, आर्थिक उत्पादकता की बाह्य प्रक्रिया पर आधारित शासन के नए रूपों को जन्म दिया व उन्हें न्यायोचित ठहराया। साधारण रूप में, उन्होंने पाया कि आधुनिक राज्य से स्वायत्त व्यक्ति अनुपस्थित होता है, इसलिए स्व–शासन का लक्ष्य भी आधुनिक राज्य से गायब है।

उन्होंने आधुनिक राज्य के व्यक्तित्वशून्य चरित्र की भी आलोचना की, क्योंकि उन्होंने उसे कठोर व नियमबद्ध पाया। उनके विचार में आधुनिक राज्य को 'मशीन' के समान माना जा सकता है, जिसे कोई भी प्रत्यक्ष रूप से अपने नियंत्रण में नहीं रखे हुए हैं। गाँधीजी अपने चिंतन में इतने संगठित थे कि नियमों की कठोरता के प्रति विरोध की उत्पत्ति बिना किसी महत्त्वपूर्ण कारक के नहीं हो सकती।

किसी भी प्रकार की हिंसा जो कि इस सिद्धांत का उल्लंघन करती है, वह गाँधीवादी तरीके के विपरीत है। अहिंसा का नीतिशास्त्र एक प्रबल संदेश देता है : नैतिक अपराधों से स्वतंत्रता का संदेश तथा अन्य जीव प्राणियों को नुकसान पहुँचाने की सभी भावनाओं से स्वतंत्रता का संदेश। आधुनिक राज्य, गाँधीवादी अहिंसा के प्रति विरोधाभासी था, क्योंकि यह अपने होने के कारण सिद्धांत पर आधारित था, यह राज्य ऐसी नीतियों की ओर अग्रसर था, जो केवल नाममात्र ही राष्ट्रीय हित में थी। गाँधीजी निष्कर्षतः कहते थे कि आधुनिक राज्य मानवता से जुड़े आवश्यक नैतिक मूल्यों के अनुरूप कभी नहीं था, इसलिए इसकी आवश्यकता नहीं थी। उनके अनुसार, समाज को संगठित करने के लिए एक विकल्प को विकसित करने की आवश्यकता थी। इस वैकल्पिक राजनीति पर गाँधीजी के विस्तृत सुझाव है, जिन्हें हिंद स्वराज व उनके अन्य लेखों में वर्णित किया गया है।

आधुनिक राज्य एवं भारत

'स्वतंत्र' भारत के लिए आधुनिक राज्य की अनुपयोगिता एक ऐसा मुद्दा था, जिसने गाँधीजी के चिंतन में महत्त्वपूर्ण स्थान बनाए रखा। दक्षिणी अफ्रीका के दिनों में गाँधीजी ने आधुनिक राज्य व इसके सहभागी संस्थानों को निकटता से समझा, जिससे उन्हें विभिन्न विरोधी–प्रवाहों (Cross-currents) को समझने में सहायता मिली। चूँकि राज्य तंत्र को अनुयायियों की कमी नहीं थी, जोकि भारत में भी ऐसी व्यवस्था के प्रतिफलित होने को समर्थन करते थे।

1940 में गाँधीजी ने जॉन रस्किन द्वारा रचित अन्टू द लास्ट (John Ruskin's Unto The Last) नामक पुस्तक पढ़ी तथा उसके पश्चात् अपने 'सामान्य अच्छाई'

(Common Good) से संबंधित विचारों का गंभीरतापूर्वक निर्माण किया। उनके चिंतन में सबसे ऊपर शासन का सिद्धांत था, जोकि आवश्यक रूप से लोगों पर केन्द्रित था, तथा एक ऐसी व्यवस्था के प्रसार का विश्वास दिलाता था, जिसमें सभी की स्थिति अधिक अच्छी हो।

प्रश्न 2. राजनीति के 'स्वराज' मॉडल के बारे में गाँधीजी के विचारों की चर्चा कीजिए। [Dec 2009, Q. 3.]

उत्तर– 'स्वराज' भारतीयों का एक सामूहिक लक्ष्य व साथ ही साथ उनका व्यक्तिगत लक्ष्य भी था तथा इसका अर्थ एक वैकल्पिक राज्य नहीं था, जोकि आधुनिक राज्य के ढाँचे का सुधरा हुआ रूप हो। गाँधीजी ने ब्रिटिश शासन के उन्मूलन पर बहुत जोर दिया, साथ ही उपनिवेशवाद के अन्य सभी अवशेषों को देश से बाहर निकालने पर भी जोर दिया तथा एक लोकतांत्रिक राज्य सहित किसी भी अन्य राज्य में उत्पन्न होने वाले कुछ खतरों को भी दर्शाया। एक स्वायत्त, मुक्त, आत्म–शासित व्यक्ति तथा ऐसे ही व्यक्तियों के समूह को 'स्वराज' के मूल तत्त्व के रूप में परिभाषित किया गया। हिन्द स्वराज एक ऐसा साहित्य है, जिसमें 'स्वराज' के निर्माण को स्पष्ट रूप से देखा जा सकता है। इसे युवा भारत तथा हरिजन के उनके अन्य लेखों तथा अन्यत्र प्रकाशित लेखों से जोड़कर इनकी पूर्ति किया जाना भी आवश्यक है।

निर्देशक सिद्धांत : गाँधीजी ने स्वतंत्र भारत के लिए ऐसी राजनीति की कल्पना की, जो लोकतांत्रिक स्वशासन तथा स्वपालन के सिद्धांत पर आधारित हो। इस राजनीति में, आत्म–केन्द्रित व स्वार्थी हितों की महत्ता एक स्वाभाविक प्रक्रिया में होगी। इस प्रकार की राजनीति के सामाजिक रूप से उत्तरदायी व नैतिक रूप से अनुशासित नागरिकों को किसी भी राज्य की आवश्यकता नहीं होगी। इस प्रकार, एक राज्यविहीन राजनीति गाँधीजी के 'स्वराज' के दर्शन के सबसे करीब थी। यह अवधारणा यूक्लिड की ऋजु रेखा (Euclidean Straight Line) की तरह है, जिसे स्वाभाविक रूप से महसूस नहीं किया जा सकता लेकिन जिसका सतत् अनुरूपण हो सकता है, गाँधीजी ने इस बात को 'आदेशात्मक अराजकता' के रूप में रखा, जिसमें नागरिक को ज्यादा से ज्यादा स्वतंत्रता हो और कम से कम आवश्यक आदेश के अनुकूल हो।

इस प्रकार की राजनीति के दिशा निर्देशक सिद्धांत स्पष्ट है तथा उन्हें निम्नलिखित रूप से विस्तारित किया जा सकता है–

- ★ अहिंसा गाँधीवादी विचारधारा का आधार थी, इसलिए यह स्पष्ट था कि राजनीति की जड़े भी इसी में थी।
- ★ व्यक्ति की स्वायत्तता भी समान रूप से महत्त्वपूर्ण थी। इसलिए नैतिक व सामाजिक शक्तियों की पुनर्प्राप्ति जोकि औपनिवेशिक शासन के दौरान राज्य के अधीन हो गई थी, एक अन्य प्राथमिक आवश्यकता थी।

★ नई राजनीति से यह धारणा की गई कि वह अपने लोगों के मध्य शक्ति की भावना व साहस का निर्माण करेगी।

★ यह भी आशा की गई कि शक्तिशाली स्थानीय समुदायों को समृद्ध करके नई राजनीति भारतीय समाज की विविधता का आदर करेगी।

★ एक अन्य महत्त्वपूर्ण आवश्यकता भारतीय संस्कृति को पुनर्जीवित करने की थी।

★ नव–राजनीति के लिए तात्कालिक रूप से यह आवश्यक था कि वह सांस्कृतिक व धार्मिक विवादों को समाप्त करें तथा राष्ट्रीय एकता की स्थापना करें।

★ नव–राजनीति स्थानीय समुदायों को स्वशासित करे, जो एक केन्द्रीय सरकार के रूप में संगठित होती है, परंतु सत्ता के किसी केन्द्रीकृत ढाँचे का निर्माण न करे।

गाँधीजी का विचार था कि नई राजनीति का वास्तविक आधार लोगों का पारस्परिक सहयोग था। वह अपने इस विचार में स्पष्ट थे कि न तो लोगों की इच्छा व आत्मा और न ही कोई बल प्रयोग कोई आधार प्रदान कर सकता है। यह केवल लोगों का सहयोग होता है, चाहे वह सक्रिय हो या निष्क्रिय जोकि नई राजनीति के आधार बन सकता है।

कार्यात्मक सिद्धांत–नई राजनीति के कार्यात्मक सिद्धांत को गाँधीजी की प्रसिद्ध अवधारणा 'ग्राम गणतंत्र' (Village Republics) द्वारा उपलब्ध कराया गया था। ये 'गणतंत्र' छोटे पुनर्जीवित व भली–भाँति संगठित ग्राम समुदायों से बनते हैं, जोकि प्रकृति में स्व–निर्धारित भी होते हैं। ग्राम समुदायों को अपने विवादों को पंचायतों द्वारा निपटाना होता है, जिन्हें नियमित अंतराल पर वयस्कों द्वारा निर्वाचित किया जाता है। गाँधीजी के मत में, शैक्षिक आवश्यकता कठोर नहीं होनी चाहिए।

गाँधी जी ने हरिजन में लिखा मेरी अवधारणा की पुलिस वर्तमान पुलिस बलों से पूर्ण रूप से अलग तरीके पर आधारित है। इसमें अहिंसा के समर्थक होंगे। वे लोगों के स्वामी नहीं बल्कि सेवक होंगे। लोग किसी भी प्रकार से उनसे सहायता ले सकेंगे तथा आपसी सहयोग के द्वारा वे किसी भी अशांति से आसानी से निपट सकते हैं। पुलिस बल की भुजाएँ भी होंगी, पर उनका प्रयोग बहुत ही कम होगा। वस्तुतः पुलिस सुधारक होगी।'

उनका विश्वास था कि समय के साथ ग्राम समुदाय 'स्थानीय शक्ति व घनिष्ठता के एक बलशाली भाव' का निर्माण करेंगे, 'अर्थपूर्ण' पारस्परिक संबंध उपलब्ध कराएँगे, सामाजिक उत्तरदायित्व तथा सहयोग की भावना को प्रेरित करेंगे तथा 'नागरिक मूल्यों की एक नर्सरी' के रूप में कार्य करेंगे। आत्मनिर्भर ग्रामों से परे देश के 'विस्तृत घेरों' के संदर्भ में कार्य करेंगे। आत्मनिर्भर ग्रामों से परे देश 'विस्तृत घेरों' के संदर्भ में संगठित होगा। ग्रामों को ताल्लुकों, फिर जिलों, फिर प्रांतों व ऐसे ही अनेक समूहों में विभाजित किया जाएगा, प्रत्येक इसके निर्वाचक खंड के निर्वाचित प्रतिनिधियों द्वारा शासित होगा।

स्वराज को समझना–गाँधीवादी राजनीति के दिशा–निर्देशक सिद्धांतों व कार्यात्मक सिद्धांत, मिलकर गाँधीवाद के 'स्वराज' का निर्माण करते हैं, जिसका सर्वोत्तम प्रदर्शन हिन्द

स्वराज में है। इस बात पर जोर देना चाहिए कि 'स्वराज' पर गाँधीजी के कथन किसी कोड या गुप्त भाषा में नहीं है। अपितु गाँधीजी की भाषा की यह श्रेष्ठता उनके लेखन हिन्द स्वराज में विद्यमान जटिल सैद्धांतिक अवधारणा पर पर्दा नहीं डालती।

गाँधीजी का राजनीतिक, दर्शन, मुख्य रूप से उनके 'स्वराज' के सिद्धांत में निहित है। कुछ शोधकर्त्ताओं के मत में 'स्वराज' अंहिसा की तुलना में अधिक आधारभूत अवधारणा है, क्योंकि अहिंसा राज्य का अस्तित्त्व है।

(i) स्वराज विदेशी शासन से देश की स्वतंत्रता वाला अर्थ होता है।

(ii) व्यक्ति की राजनीतिक स्वतंत्रता की निश्चित व्यवस्था करता है।

(iii) व्यक्ति की आर्थिक स्वतंत्रता का विश्वास दिलाता है तथा

(iv) व्यक्ति की स्वायत्तता या आध्यात्मिक स्वतंत्रता की प्राप्ति का मार्ग प्रशस्त करता है।

राजनीतिक क्षेत्र में संप्रभु स्वतंत्रता का विचार गाँधीजी के 'स्वराज' को एक विशिष्ट अर्थ प्रदान करता है। हालाँकि, इस स्वतंत्रता में कुछ योग्यताएँ उनके द्वारा जोड़ी गई। उन्होंने युवा भारत (6 अगस्त, 1925) में लिखाः 'स्वशासन का अर्थ है सरकार के नियंत्रण से स्वतंत्र रहने का लगातार प्रयास करना, चाहे वह विदेशी सरकार हो या वह राष्ट्रीय हो। 'स्वराज' सरकार से अगर लोग जीवन के प्रत्येक विवरण की व्यवस्था के लिए माँग करेंगे तो वह उसका प्रबंध करेगी।'' गाँधीजी ने संप्रभु स्वतंत्रता प्राप्त करने के लिए शुद्ध साधनों के उपयोग की प्रबल वकालत की। वह अपने अहिंसात्मक साधनों के सुझाव पर पूर्ण रूप से दृढ़ थे।

1931 (10 सितंबर) में युवा भारत के अपने संपादकीय में गाँधीजी ने इस कल्पना को व्यक्त किया—''मुझे ऐसे संविधान के लिए प्रयास करना चाहिए, जो भारत को सभी प्रकार के दासत्व व संरक्षण से मुक्ति दिला सके और अगर आवश्यकता हो तो इसे अपराध करने का अधिकार भी दे। मुझे एक ऐसे भारत के लिए कार्य करना है, जिसमें गरीबों को यह महसूस हो कि यह उनका देश है, जिसके निर्माण में उनकी प्रभावशाली आवाज भी है; एक ऐसा भारत जिसमें कोई उच्च वर्ग व निम्न वर्ग नहीं होगा, एक ऐसा भारत जिसमें सभी समुदाय सद्भावना के साथ रहेंगे। ऐसे भारत में अस्पृश्यता के अभिशाप अथवा मद्यपान व नशीली दवाओं के उन्मादकों के अभिशाप के लिए कोई जगह नहीं होगी, औरतें पुरुषों के समान ही अधिकारों का उपयोग करेगी। क्योंकि हम संपूर्ण विश्व के साथ शांति बनाए रखेंगे, कोई भी शोषक या शोषित नहीं होगा।

उन्होंने हरिजन में लिखा (1 फरवरी 1942) : 'अगर व्यक्ति को गणना तक रोक दिया जाएगा तो समाज में क्या बाकी रहेगा?' आधुनिक राज्य की उनकी दुर्बलता भी महत्त्वपूर्ण थी कि इसमें व्यक्ति को एक अव्यावहारिक जटिलता राज्य के साथ पूर्ण रूप से स्थानांतरित कर दिया जाता है, जोकि समाज के वैयक्तिक सदस्यों के लिए अंततः व्यक्तित्त्व शून्य होता है। हालाँकि, स्वायत्तता व्यक्ति के लिए कोई निरंकुश लाइसेंस नहीं है। वह हिंद स्वराज में इसका

वर्णन करने में अर्थपूर्ण थे : 'हम देख सकते हैं कि अगर हम स्वतंत्र होंगे, भारत स्वतंत्र होगा और इसी विचार में, आपके पास स्वराज की परिभाषा है। वह स्वराज होगा जब हम स्वयं पर शासन करना सीख जाएँगे। अतः यह हमारे हाथ में है। इस स्वराज को एक स्वप्न न समझे। जिस स्वराज का दृश्य मैं अपने व आपके सामने रखना चाहता हूँ, वह ऐसा है कि एक बार जब हम इसे जान लेंगे, तो जीवनभर अन्यों को भी इसे प्राप्त करने के लिए प्रेरित करेंगे। परंतु ऐसे स्वराज को हम में से प्रत्येक को स्वयं अनुभव करना होगा।

प्रश्न 3. गाँधीजी के ट्रस्टीशिप (न्यासिता) के सिद्धांत का विवेचन करे।

[June 2010, Q. 5. (a)]

उत्तर– गाँधीजी के ट्रस्टीशिप के सिद्धांत को इस प्रकार कहा जाता है कि यह समस्त ईश्वर की है और वहीं सारी जमीन का मालिक है, इसलिए यदि किसी व्यक्ति के पास आवश्यकता से अधिक संपत्ति है तो वह ईश्वर की धरोहर है, जिसे वह एक ट्रस्टी के रूप में समाज के कल्याण के लिए खर्च कर सकता है। वह मनमाने तरीके से उस संपत्ति का अपव्यय नहीं कर सकता और न ही विलासिता की पूर्ति में उसका दुरुपयोग कर सकता है। इस प्रकार, ट्रस्टीशिप का सिद्धांत समाज में आर्थिक शोषण को रोकने का अहिंसात्मक उपाय है। शोषण व्यक्तिगत संपत्ति के संचय से होता है और जब उसका संचय नहीं होगा, तो शोषण भी नहीं होगा। प्रत्येक व्यक्ति अपनी शारीरिक और बौद्धिक क्षमता के अनुसार काम करता है। प्रत्येक व्यक्ति की क्षमता समान नहीं होती। क्षमताओं की विषमता के कारण आय और संपत्ति के अर्जन में विषमता आ जाती है। ऐसी स्थिति में ट्रस्टीशिप का सिद्धांत अपना लेने पर अपव्यय पर नैतिक प्रतिबंध लग जाता है।

ट्रस्टीशिप का सिद्धांत इस विश्वास पर आधारित है कि मनुष्य स्वाभाविक रूप से श्रेष्ठ एवं उच्च मानसिकता वाला होता है। प्रत्येक धनी व्यक्ति ईश्वर का ट्रस्टी है, इसलिए वह अपनी संपत्ति को सही सामाजिक तरीके से व्यय करता है तो वह कोई कृपा नहीं करता। वह तो केवल अपने नैतिक दायित्व का निर्वाह करता है। अगर वह स्वेच्छा से ऐसा नहीं करता तो समाज को अधिकार है कि वह अहिंसात्मक प्रतिरोध द्वारा उसे अपने दायित्वों के निर्वाह के लिए बाध्य करे। उसके इस कर्त्तव्य के निर्वाह को अनिवार्य करने के लिए एक सीमा तक कानून भी बनाए जा सकते हैं। गाँधीजी को निजी संपत्ति पर आपत्ति नहीं थी, बशर्तें कि पूँजीपति सभी उत्पादन श्रमिकों को अपनी संपत्ति का हिस्सेदार बना लें। पूँजीपति और मजदूर दोनों एक–दूसरे के ट्रस्टी की तरह और उपभोक्ताओं के ट्रस्टी की तरह व्यवहार करें। गाँधीजी का कहना था कि जब व्यक्ति के पास अपनी आवश्यकता से अधिक हो तो वह ईश्वर की संतान के लिए उस अधिशेष का ट्रस्टी बन जाता है। धनी व्यक्ति को अपने पड़ोसी का एक अंश भी ज्यादा रखने का अधिकार नहीं है। ट्रस्टीशिप की योजना में जनता को केवल पूँजीपतियों के धन का ही उपयोग करने को नहीं मिलता बल्कि उसकी बुद्धि, योग्यता और

कार्यकुशलता का भी उपयोग करने को मिलता है। गाँधीजी के शब्दों में, ''ट्रस्ट का अर्थ है जिम्मेदार और मुझे यह पसंद है कि मनुष्य अपनी संपत्ति का ट्रस्टी बन जाए। जो ट्रस्टी बन जाता है, वह मालिक नहीं कहा जाता। उसे तो रक्षक की हैसियत से संपत्ति का, जो कमीशन मिले, उसी से गुजर बसर करनी चाहिए। जो ट्रस्टी रक्षक होकर भक्षक बन जाता है उसकी बात यह नहीं हैं।''

ट्रस्टीशिप के सिद्धांत का आधार गाँधीजी का अस्तेय नियम है जिसका अर्थ है–थोड़े में संतोष करना। गाँधीजी का कहना था, जो वस्तु आज के लिए आवश्यक नहीं है, उसका संचय न करो। भविष्य की चिंता करके संचय करना अहिंसात्मक आचरण के विरुद्ध है। अगर हमें ईश्वर में श्रद्धा है तो हमें पूरा विश्वास रखना चाहिए कि वह हमारी दैनिक रोटी और जरूरतों को पूरा करेगा अगर प्रत्येक व्यक्ति केवल उतनी वस्तु रखे जिसकी उसे अनिवार्य रूप से जरूरत है तो किसी के पास कोई अभाव नहीं रहेगा और भी लोग संतोषपूर्ण जीवन व्यतीत करेंगे। मानव क्षमताओं की विषमता के कारण जिसके पास अधिक धन इकट्ठा हो जाएगा ऐसी स्थिति में उस व्यक्ति का नैतिक दायित्व होगा कि वह उस धन का व्यय समाज के हित में करेगा। इस दायित्व के निर्वाह के लिए हिंसात्मक कदम नहीं उठाया जाना चाहिए अर्थात् संपत्ति हिंसात्मक तरीके से नहीं छीनी जाएगी। शक्ति द्वारा प्राप्त की गई किसी चीज पर संघर्ष की संभावना बनी रहती है। ट्रस्टीशिप की व्यवस्था एक अहिंसात्मक उपाय है, जिसमें संघर्ष की संभावना नहीं होती। अगर प्रत्येक धनाढ्य व्यक्ति यह समझ जाए कि उसका धन केवल उसकी कमाई नहीं, बल्कि उसमें समाज की शक्ति लगी है तो फिर वह उसे निजी संपत्ति मानकर मनमाने तरीके से खर्च नहीं करेगा। साथ ही, वह उस संपत्ति का संरक्षण भी करेगा। गाँधीजी के अनुसार ट्रस्टीशिप की व्यवस्था केवल व्यक्तियों के लिए ही लागू नहीं होती, बल्कि यह राष्ट्रों के लिए भी लागू होती। यदि सभी राष्ट्र ट्रस्टीशिप के सिद्धांत को अपना लें, तो मानवता अन्न एवं वस्त्र के आधारभूत संकट से मुक्त हो जाएगी।

अध्याय–7

नागरिकों और प्रशासन में अंतर्संबंध

प्रश्न 1. नागरिकों व प्रशासन में अंतर्संबंधों के विभिन्न तरीकों पर प्रकाश डालिए। [Dec 2008, Q. 4.]

उत्तर– नागरिक और प्रशासन का अंतर्संबंध प्रशासनिक अधिकारियों और नागरिकों के स्वरूप को व्यक्त करता है। आज, शासन का अर्थ है वस्तुओं व सेवाओं की कुशल व प्रभावशाली व्यवस्था। लोक प्रशासन इसलिए होता है, ताकि वह जनता को स्वास्थ्य, शिक्षा, आर्थिक सुरक्षा, कानून व व्यवस्था बनाए रखने, राष्ट्रीय सुरक्षा आदि सेवाएँ प्रदान करके उनकी स्थिति में सुधार कर सके। जनता लोक संस्थाओं से स्थानीय स्तर पर अधिक नजदीक या गहराई में संपर्क करती है। उदाहरण के लिए, स्थानीय सरकारें विभिन्न प्रकार से लोगों के जीवन को प्रभावित करती है। यह गतिविधियाँ जल–पूर्ति, बिजली, कूड़ा–कचरा हटाना व इसी प्रकार अन्य सेवाओं से संबंधित होती हैं।

ये विभिन्न तरीके हैं, जिनसे जनता वास्तविक जीवन की स्थितियों में लोक प्रशासन संस्थाओं से संपर्क स्थापित करती हैं। ये संपर्क निम्नलिखित रूपों में हो सकते हैं–

(1) वादी (Litigants) – सताए हुए नागरिक वादी बन जाते हैं, जब वे अपनी पीड़ा/कष्ट से अदालतों, ट्रिब्यूनल व लोक अदालतों के द्वारा मुक्ति पाते हैं। वादी के रूप में, जनता यह आशा करती है कि उनकी शिकायतों से उन्हें न्याय मिलेगा।

(2) आंदोलनकारी तथा जन–आंदोलनों व संघर्षों से जुड़े होना (Protesters and those Engaged in Struggles and People's Movements) – अक्सर लोग सार्वजनिक नीतियों को लेकर सरकारी संस्थाओं के साथ संपर्क आंदोलनकर्त्ताओं के रूप में करते हैं तथा सरकारी नीतियों व कार्यों में अन्याय का विरोध करते हैं। जन–संघर्ष, जैसे कि नर्मदा बाँध या उत्तर प्रदेश (अब उत्तरांचल) में जंगलों पर, सच्ची पीड़ा और माँगों को व्यक्त करते हैं तथा जन–नीतियों में गलतियों पर केवल प्रश्न नहीं उठाते।

(3) ग्राहक (Clients) – प्रशासनिक संस्थाओं के साथ संपर्क स्थापित करने का यह सबसे सामान्य रूप है। इस रूप में, नागरिक सरकारी संस्थाओं से लाभ या सेवाएँ प्राप्त करते हैं। उदाहरण के लिए, एक मरीज स्वास्थ्य निरीक्षण या चिकित्सा सेवाओं के लिए सरकारी अस्पताल जाता है।

(4) नियंत्रक (Regulatees) – नियंत्रक के रूप में जनता अनेक सरकारी संस्थाओं से संपर्क करती है, जैसे पुलिस, इन्कम टैक्स विभाग, लाइसेंस विभाग आदि।

(5) सहभागी (Participants) – लोकतंत्र शासन में लोगों की सहभागिता सुनिश्चित करती है। इसे विभिन्न साधनों जैसे सामुदायिक नीतियों, निर्देशक समितियों, लाभकारी

संस्थाओं आदि के द्वारा इसका संस्थाकरण किया जाता है। लगभग सभी कार्यक्रमों में, जनता नियोजन, क्रियान्वयन व परीक्षण के स्तरों पर भाग लेती है। जनता की सहभागिता प्रशासन व जनता दोनों का लोकतंत्रीकरण करती है तथा साथ ही नए आगतों को लाती है, जोकि ठोस प्रोजेक्ट निर्माण, क्रियान्वयन व पूँजी की व्यवस्था की सुविधा करने में सहायता करती है।

प्रश्न 2. नागरिकों और प्रशासन में अंर्तसंबंध के लिए संस्थागत साधनों व कार्यनीतियों पर प्रकाश डालिए। **[June 2008, Q. 3.]**

उत्तर– शासन की कोई भी व्यवस्था नागरिकों के समर्थन के बिना लंबे समय तक नहीं चल सकती है, भ्रष्टाचार जैसी समस्या से निजात पाने के लिए 1962 में संथानम समिति नियुक्त की गई थी। 1964 में इस समिति ने अपनी रिपोर्ट पेश की। इस रिपोर्ट में यह कहा गया कि विभिन्न वर्गों के सरकारी अधिकारियों ने अपने स्वविवेक की शांति का प्रयोग कर निराशा, दुराचार और भ्रष्टाचार का द्वार खोल दिया है। प्रशासनिक सुधार आयोग ने अपनी रिपोर्ट (1966) में यह स्वीकार किया कि जनता की जरूरतों के प्रति प्रशासन में संवेदनहीनता और अकुशलता फैली हुई है। विकासशील देशों में प्रशासन के दोषों को दूर करने में संस्थागत उपाय कारगर साबित होते हैं। इन देशों के प्रशासन में जनता की जरूरतों की उपेक्षा करने की प्रवृत्ति मानी जाती है। औपनिवेशिक शासन के प्रभाव के कारण इन देशों में शासन का लाभ सभी लोगों तक नहीं पहुँच पा रहा है। मुख्य रूप से प्रशासनिक अभिजात वर्ग इसके मार्ग में बाधक बन रहा है। राजनीतिक प्रशासनिक अभिजात वर्ग सार्वजनिक नीतियों से संबंधित निर्णय–निर्माण को प्रभावित करता रहा है। विकासशील देशों की सामाजिक संरचना भाषा, जाति, धर्म एवं आर्थिक तत्त्वों से प्रभावित होती है। समाज में सर्वाधिक शक्तिसंपन्न वर्ग सरकारी तंत्र एवं उसकी गतिविधियों को अपने हितों के अनुरूप ढालने में सफल हो जाते हैं।

सामाजिक अभिजात वर्ग के अल्पसंख्यकों की माँगों की पूर्ति में ही लोक प्रशासन लगा होता है। अधिकांश राजनीतिक प्रक्रिया समग्र हितों को समन्वित करने में विफल होती है। फलतः सामाजिक विभाजन की स्थिति पैदा होने लगती है। गठबंधन राजनीति का मुख्य दोष यह है कि जब एक बार राजनीतिक दल चुनाव प्रक्रिया के माध्यम से सत्तारूढ़ हो जाता है तो वह लोक प्रशासन के हाथों की कठपुतली बन जाता है। विपक्षी दलों के साथ शत्रुवत व्यवहार किया जाता है। वह विपक्षी दलों को शासन प्रक्रिया का सहभागी नहीं मानता।

वस्तुतः औपनिवेशिक शासन का प्रभाव, सामाजिक विविधता, निर्धनता, निरक्षरता और दोषपूर्ण राजनीतिक प्रक्रिया के कारण विकासशील देशों का लोक प्रशासन अपने सार्वजनिक स्वरूप से दूर हो गया है। लोक प्रशासन में आए इस बदलाव के मुख्यतः तीन कारण माने जाते हैं। जो निम्नलिखित हैं–

(1) कई विकासशील देशों में कार्यपालिका, न्याय प्रदान करने का भी कार्य करने लगती है। ऐसी स्थिति में इन देशों में प्रशासनिक न्याय और प्रशासनिक ट्रिब्यूनल (न्यायाधिकरण) की महत्ता बढ़ती जा रही है।

(2) सरकारी कार्यों में अत्यधिक वृद्धि होने पर क्षेत्रीय प्रशासन के निचले स्तर के कर्मचारी स्वविवेकी शक्तियों का प्रयोग अधिक मात्रा में करने लगते हैं। इस प्रकार के स्वविवेक की शक्ति जब बिना किसी प्रभावशाली पर्यवेक्षण के उपयोग में लाई जाती है तो भ्रष्टाचार उत्पन्न होने लगता है।

(3) विधायी कार्यों की संख्या में वृद्धि होने के कारण, विधायिका अपनी स्वविवेकी शक्तियाँ कार्यपालिका को प्रदान कर रही है। प्रदत्त विधान की इस प्रवृत्ति के कारण कार्यपालिका की शक्ति का विस्तार हो रहा है।

इस प्रकार, प्रशासनिक स्वविवेक, प्रदत्त विधायक तथा प्रशासनिक न्यायाधिकरण के कारण कार्यपालिका की शक्ति में वृद्धि हुई है। ऐसी स्थिति में कार्यपालिका के कार्यों पर निगरानी रखने तथा भ्रष्टाचार एवं प्रशासनिक अन्याय को रोकने के लिए संस्थागत कार्यनीतियों का निर्माण आवश्यक हो जाता है। पश्चिम के लोकतांत्रिक देशों में राजनीतिक दल, प्रेस तथा लोकमत जैसे गैर–विधिक संस्थान पारंपरिक रूप से प्रशासनिक कार्यों पर अंकुश लगाते आए हैं। इसके अलावा, प्रशासनिक संस्थानों ने अपने आंतरिक नियमों एवं प्रशासनिक नैतिकता का विकास किया है। आर्थिक समृद्धि के कारण इन देशों में इस प्रकार की संस्थाएँ निष्पक्ष रूप से कार्य करने में सफल रही हैं। इसके विपरीत, भारत जैसे विकासशील देश में संसाधनों की पर्याप्त कमी है।

भारत में स्थानीय स्वशासी संस्थाओं जैसे नगरपालिका और पंचायत के माध्यम के कार्यों का विकेन्द्रीकरण किया गया है। इसका उद्देश्य विकास कार्यों से नौकरशाही के हस्तक्षेप को कम करना है। 73वें एवं 74वें संविधान संशोधनों द्वारा स्थानीय संस्थाओं को अधिक शक्तिशाली बनाया गया है। भारत में विकास से संबंधित कार्यों को नौकरशाही–विहीन करने तथा उसमें जनसहभागिता को सुनिश्चित करने के प्रयास किए जा रहे हैं। विकेन्द्रीकरण और जनसहभागिता द्वारा नौकरशाही राज्यतंत्र के कार्यक्षेत्र को कम से कम करने के प्रयास किए जा रहे हैं। नौकरशाही की भूमिका को संस्थागत उपायों द्वारा कम करने के प्रयास जारी हैं। अधिकांश विकासशील देशों में प्रशासन को कुशल, प्रभावी और पारदर्शी बनाने के प्रयास जारी हैं। प्रशासनिक सुधार के लिए निरंतर कोशिश की जा रही है। अनेक देशों में प्रशासन में व्याप्त भ्रष्टाचार को समाप्त करने तथा नागरिकों की उपेक्षा को रोकने के लिए नवीन उपायों की खोज की जा रही है। इस दिशा में ओम्बुड्स्मेन (Ombudsman) व्यवस्था और प्रशासनिक न्यायालय की व्यवस्था उपयोगी साबित हो रही है।

1) ओम्बुड्स्मेन – ओम्बुड्स्मेन स्कैंडिनीविया (Scandinavia) की एक संस्था है। इसकी स्थापना सर्वप्रथम स्वीडन में 1809 ई. में हुई थी। 1919 में फिनलैंड ने और 1955 में डेनमार्क ने इस व्यवस्था को अपनाया। 1962 में नार्वे और न्यूजीलैंड में इस संस्था की स्थापना की गई। 1967 में ब्रिटेन ने ओम्बुड्स्मेन को अपनाया और उसके आधार पर प्रशासन के लिए एक संसदीय आयुक्त की नियुक्ति की। इसके बाद विश्व के अनेक देशों ने ओम्बुड्स्मेन जैसी संस्था को अपनाया। इसकी नियुक्ति मुख्य रूप से लोकतांत्रिक सरकार को नौकरशाही वर्ग की निरंकुशता से बचाने के लिए की जाती थी।

'ओम्बुड्स्मेन' एक स्वीडिश शब्द है जिसका अर्थ है–विधायिका द्वारा एक ऐसे अधिकारी की नियुक्ति जो प्रशासनिक एवं न्यायिक कार्यों के प्रति जन–शिकायतों का निरीक्षण करें। ओम्बुड्स्मेन की नियुक्ति विधायिका द्वारा की जाती है। लेकिन यह एक संवैधानिक पद है और राजनीतिक रूप से यह विधायिका से स्वतंत्र होता है। यह परंपरा रही है कि इसकी नियुक्ति सभी राजनीतिक दलों की सहमति से की जाए। ओम्बुड्स्मेन का मुख्य काम तथ्यों की निष्पक्षता से जाँच करना और उस पर अपनी रिपोर्ट देना है। वह अपनी रिपोर्ट विधायिका के सामने प्रस्तुत करता है। सामान्यतः किसी प्रशासनिक निर्णय के विरुद्ध शिकायतें लिखित रूप से ओम्बुड्स्मेन को दी जाती है। ओम्बुड्स्मेन स्वयं भी पहल कर सकता है और शिकायतों की जाँच कर सकता है। वह न्यायालय और प्रशासनिक संस्थाओं का निरीक्षण कर सकता है और प्रेस की रिपोर्ट के आधार पर मामले की जाँच कर सकता है।

इस प्रकार ओम्बुड्स्मेन व्यवस्था प्रशासनिक निर्णयों के विरुद्ध की गई शिकायतों के निवारण के लिए एक आसान और कारगर तरीका है। यही कारण है कि यह तेजी से लोकप्रिय हो रही है। प्रेस तथा मीडिया के अन्य साधनों में व्यापक स्तर पर इसके विज्ञापन से इसकी लोकप्रियता बढ़ी है। ओम्बुड्स्मेन पद की प्रतिष्ठा, निष्ठा और शक्ति ने इसे संपूर्ण विश्व में लोकप्रिय बनाया है। वस्तुतः विश्व के सभी देशों में सरकारी कार्यकलापों में अत्यधिक वृद्धि हुई है और इसके कारण नौकरशाही की शक्तियों में भी अप्रत्याशित वृद्धि हुई है। नौकरशाही की भूमिका को कम करने के लिए वैकल्पिक संरचनाओं की खोज व्यापक स्तर पर की जा रही है। इसी परिप्रेक्ष्य में ओम्बुड्स्मेन को लोकतांत्रिक सरकार के शास्त्रागार (Armoury) में एक नई वृद्धि के रूप में देखा जा रहा है। विधायी लेखापरीक्षक की तरह की ओम्बुड्स्मेन भी विधायिका के नियंत्रण में कार्य करता है।

2) संसदीय आयुक्त (Parliamentary Commissioner) – ग्रेट ब्रिटेन में प्रशासन के विरुद्ध संसद के सदस्यों की शिकायतों के समाधान के लिए संसदीय आयुक्त की नियुक्त कि जाती है। संसदीय आयुक्त कुशासन के क्षेत्र को परिभाषित करता है। इसे सभी प्रकार की सूचनाएँ प्राप्त करने का अधिकार होता है। जो कार्य उचित प्रशासनिक प्रक्रिया के अनुसार संपन्न किए जाते हैं उन्हें संसदीय कमिश्नर के और शक्ति की सीमा से बाहर रखा गया है। कमिश्नर के अधिकार क्षेत्र से बाहर रखी गई संस्थाओं में स्थानीय प्राधिकरण, अस्पताल बोर्ड, राष्ट्रीयकृत उद्योग, पुलिस, सिविल सेवक एवं सशस्त्र बल प्रमुख हैं। इस दृष्टिकोण से संसदीय कमिश्नर की शक्तियाँ सीमित प्रतीत होती हैं। लेकिन स्वीडन में इस पद को काफी शक्तियाँ प्रदान की गई है।

3) प्रशासनिक अदालतें (Administrative Courts) – प्रशासनिक अदालतों की शुरुआत मूल रूप से फ्रांस में की गई थी ये अदालतें प्रशासन और नागरिक के बीच विवादों के निपटारे के लिए सर्वाधिक कारगर संस्था मानी जाती है। यही कारण है कि इस प्रकार की अदालतें यूनान, बेल्जियम, टर्की जैसे अनेक यूरोपीय एवं अफ्रीकी देशों में स्थापित की जा चुकी है। फ्रांस में प्रशासनिक अदालतों की पदसोपानिक व्यवस्था सामान्य अदालतों की

पदसोपानिक व्यवस्था से अलग होती है। फ्रांस में एक सरकारी कर्मचारी के उन कार्यों के विरुद्ध सामान्य अदालतों में मुकदमा दायर किया जा सकता है, जिसके लिए वह व्यक्तिगत तौर से उत्तरदायी होता है। लेकिन एक सरकारी कर्मचारी के उन कार्यों के लिए प्रशासनिक अदालतों में मुकदमा दायर किया जा सकता है, जो प्रशासनिक गलतियों का परिणाम होती है और जिसके लिए एक इकाई के रूप में सेवा उत्तरदायी होती है।

मामले की सुनवाई जिस प्रशासनिक अदालत में प्रारंभ होती है, उसे प्रशासनिक ट्रिब्यूनल कहा जाता है। कांउसिल ऑफ स्टेट सर्वोच्च प्रशासनिक अदालत होती है। यह कानून संबंधी मामलों में सरकार का परामर्शदात्री अंग होता है। सभी प्रकार के प्रशासनिक मामलों के विरुद्ध काउंसिल में अपील की जा सकती है। काउंसिल ऑफ स्टेट प्रशासन पर सामान्य निरीक्षण रखती है और लोक सेवकों को अनुशासन में रहने करने के लिए बाध्य करती है।

प्रश्न 3. नागरिक प्रशासन संपर्क का निर्माण करने के लिए संस्थागत रणनीतियों और उपायों की चर्चा कीजिए। **[Dec 2009, Q. 4.]**

उत्तर– मैक्स वेबर की सैद्धांतिक अवधारणा नौकरशाही के जनता के साथ अंतःक्रिया और जनहितों के प्रति समर्पण को स्पष्ट रूप से परिभाषित करने में विफल रही है। जेम्स डी. थॉमसन (James D. Thompson, 1982) के अनुसार, ''शास्त्रीय नौकरशाही सिद्धांत उन व्यवहारात्मक पर केन्द्रित है, जिनकी विशेषता है एक एकल, एकीकृत सत्तावादी संरचना, जिसमें से ग्राहक को अलग कर दिया जाता है' नौकरशाही संगठन अखण्ड (Monolith) होता है, जोकि एक स्थिर (Steady) व अवैयक्तिक यंत्र के समान होता है। एक स्वचालित यंत्र एक समान तथा पूर्ण नियमितता के साथ कार्य करता है। इसमें निहित मान्यता यह लगती है कि वह ग्राहक, जिसके लिए यंत्र का अस्तित्त्व होता है, स्वयं को परिस्थिति के अनुसार ढालने वाला होना चाहिए, क्योंकि मशीन स्वयं अनमनीय या लोचहीन होती है। इसका अनिवार्य अर्थ जैसा कि रॉबर्ट मर्टन के शब्दों में, 'नौकरशाही ढाँचे के अनचाहे परिणाम', कहा जाता है। यद्यपि प्रक्रियात्मक कठोरता के कारण ग्राहक को सेवा प्रदान नहीं की जाती, संगठन अपने स्थग्न चरित्र (Procrustean Character) को नहीं छोड़ता है।

व्हाइट का अध्ययन अधिक स्पष्टता लाने वाला है, क्योंकि यह एक रेस्टोरेंट में संवेदनशील मानव संबंध समस्याओं की गहराई में जाता है जिसे उत्पादन व सेवा यूनिट के समन्वय के रूप में निरूपित किया जाता है, जोकि एक श्रमिक की 'उच्च स्तर की सामाजिक अनुरूपता और समस्त संगठन के ग्राहक केन्द्रित होने की आवश्यकता की ओर ध्यान दिलाता है। इस प्रकार की स्थिति में प्रबंध को अहस्तक्षेपवादी दृष्टि छोड़कर तथा एक रेस्टोरेंट या फैक्ट्री को एक मानव संबंधों के संगठन के रूप में देखना चाहिए, एक ऐसी व्यवस्था जो ग्राहक व संगठन के संबंधों के लिए अंतर्वैयक्तिक संचार या बातचीत व्यवस्था पर जोर देती है।

नौकरशाही संगठनों व पर्यावरण के विकास की स्थितियों पर (आईसनस्टाडट –Eisenstadt) की पूर्व रचनाएँ यह संकेत देती हैं कि ''हालाँकि एक सामाजिक रिक्तता में

ढाँचागत विशिष्टताओं का विकास नहीं हो सकता, अपितु ये अपने पर्यावरण के भीतर नौकरशाही संगठनों के कार्यों व क्रियाकलापों से निकट रूप से संबंधित होती है।

जनता की आवश्यकताओं के प्रत्युत्तर में नौकरशाही संगठन में होने वाले परिवर्तनों का अन्वेषण किया गया है। जैसे कि गैर–पश्चिमी देशों से नए स्थाई रूप से बसने के उद्देश्य से आए व्यक्ति शरणार्थी इजरायल (Israel) में प्रवेश कर रहे थे, इजरायली संगठनों के लिए ग्राहकों के विशाल समूह से निपटने के लिए स्वयं को ढालना आवश्यक हो गया, एक सैद्धांतिक आधार पर, भूमिका–अतिक्रमण (Role Impingement) का विचार नौकरशाहीकरण व नौकरशाही–विहीनीकरण की विशिष्टता या विशेषता को प्रदर्शित करता है।

गैर–नौकरशाहीकरण को गैर–नौकरशाही भूमिका संबंधों के अतिक्रमण या उसके अधिकारवादी रूप में, नौकरशाही के क्षेत्र के बाहर के संबंधों पर नौकरशाही संबंधों के आरोपन के संदर्भ में समझा जा सकता है।

कैटज व आइसनस्टाडट के विचारों का सारांश यह है कि नौकरशाही का सिद्धांत अर्थात् मैक्स वेबर की नौकरशाही पर्यावरण व संगठन के संबंधों की उतनी अधिक व्याख्या नहीं करती, जितना यह संगठन के औपचारिक विशेषताओं का वर्णन करती है। कैट व आइसनस्टाडट के शब्दों में, ''वस्तुतः अति नौकरशाहीकरण व नौकरशाही–विहीनीकरण संगठन व इसके पर्यावरण के मध्य संबंधों में उन अवरोधों को प्रदर्शित करते हैं, जिसकी नौकरशाही के शास्त्रीय सिद्धांत में कल्पना नहीं की गई थी। उनकी भूमिकाओं से यह मॉडल नौकरशाहों व जनता दोनों की भूमिकाओं को एक सीमा तक अलग–अलग रूप से देखता है, परंतु दूसरी भूमिकाओं से पूर्णरूप से स्वतंत्र नहीं मानता; कुछ बाह्य भूमिकाओं पर स्पष्ट रूप से विचार किया जा सकता है। अगर एक वृद्ध व्यक्ति को, जो लम्बी कतार में अपनी बारी की प्रतीक्षा करने में असमर्थ है, क्लर्क विशिष्ट ध्यान देता है तो यह अप्रासंगिक संबंधों का वह केस नहीं है, जिसे नौकरशाह–ग्राहक संबंधों पर गलत रूप से थोपने का मामला माना जाये।

जैनोविट्स व अन्य (1958) ने लोक प्रशासन में संतुलन' की अवधारणा को प्रस्तुत किया, जो नागरिक–प्रशासन संबंधों के लिए महत्त्वपूर्ण है। लोक प्रशासन एक अंसतुलन की स्थिति में आ जाएगा अगर यह अत्यधिक अधिकारवादी या अधीनतावादी हो जाएगा।

अधिकतर देशों में साम्राज्यवादी शासन की विरासत के कारण विकासशील देशों में प्रशासन के साहित्य में नौकरशाही आधिपत्य एक निरंतर केन्द्रीय विषय रहा है, जैसे पूर्व–औपनिवेशिक देशों जैसे भारत में इसके सीमित क्षेत्र, घिरावट, असमानता व कार्य के तरीकों के कारण लोक प्रशासन का चरित्र निजी प्रशासन का हुआ करता था। कानून व व्यवस्था बनाए रखना तथा राजस्व इकट्ठा करना ही प्रशासन के प्रमुख कार्य थे। जन सहभागिता व उत्तरदायित्व के अभाव में प्रशासन कार्यों को स्वतंत्र रूप से चलाया जाता था। प्रशासन का विस्तार न्यायपूर्ण नहीं था, क्योंकि अधिकतर प्रभावशाली व शक्तिशाली विशिष्ट जनों को ही लाभ प्राप्त होता था। कार्य के तरीकों के संबंध में, प्रशासन प्रमुखतः रूप से बल प्रयोग करने वाला, औपचारिक व प्रक्रिया–उन्मुख था।

औपनिवेशिक शासन के दौरान नागरिक–प्रशासन संबंध प्रशासन के आधारभूत स्वरूप व क्रियात्मक विशेषताओं द्वारा निर्धारित या परिसीमित होते थे। स्वतंत्रता प्राप्ति के पश्चात् नौकरशाही राज्य के असंतुलन को निम्नांकित द्वारा सही करने का प्रयास किया गया : (क) सरकारी कार्यक्षेत्र में विस्तार करना, (ख) पंचायती राज के द्वारा संस्थागत ढाँचा तैयार करना, ताकि जन सहभागिता को बढ़ावा दिया जा सके, (ग) प्रशासन में औपचारिकतावाद को संशोधित करने के लिए प्रशासन के राजनीतिक हस्तक्षेप को प्रोत्साहित करना तथा (घ) प्रशासनिक कार्यों की सार्वजनिक समझ तथा गति के लिए संगठनात्मक व प्रक्रियात्मक परिवर्तन करना। भारत में नागरिक–प्रशासन संबंधों पर शोध ने कुछ रुचिकर तथ्यों को प्रकट किया। व्यापक फील्ड सर्वे के आधार पर एल्डरसवेल्ड, जगन्नाधम व बर्नाबास (Eldersveld, Jagannadham and Barnabas, 1968) द्वारा किए गए अध्ययन के निष्कर्षों के अनुसार, 'सरकार व इसके प्रशासनिक अधिकारियों के प्रति भारतीय नागरिकों का व्यवहार सामान्यतः समर्थन व विरोध, सामान्य राय व आलोचना का पेचीदा व विरोधाभासी मिश्रण (Mosaic) है। 75 प्रतिशत से 90 प्रतिशत के लिए सरकारी नौकरियों को प्रतिष्ठापूर्ण है, 90 प्रतिशत कहते हैं कि स्वास्थ्य व सामुदायिक विकास कार्यक्रम महत्त्वपूर्ण है तथा 50 प्रतिशत से भी कम (20 प्रतिशत ग्रामीण) का मानना है कि केन्द्रीय सरकारी अधिकारियों के कार्य निष्पादन संदेहपूर्ण है। दूसरी ओर, बहुसंख्यक यह मानते हैं कि 50 प्रतिशत व इससे भी अधिक अधिकारी भ्रष्ट है, अधिकांश लोग (60 प्रतिशत शहरी, 32 प्रतिशत ग्रामीण) कहते हैं कि अधिकारियों से उनका संपर्क संतोषजनक नहीं रहा तथा बहुसंख्यक कहते हैं कि अधिकारियों तक उनकी पहुँच की संभावना तथा उनके साथ अपनी शिकायतों को दूर करने की प्रक्रिया में सफल होने की संभावना बहुत ही कम है। 50 प्रतिशत से भी ज्यादा यह महसूस करते हैं कि कुछ निश्चित संस्थाओं के अधिकारी निष्पक्ष नहीं होते तथा नागरिक स्वयं बहुत थोड़ा ही कर पाते हैं तथा 60 प्रतिशत से 75 प्रतिशत यह महसूस करते हैं कि प्रशासन से काम करने के लिए राजीतिक दबाव महत्त्वपूर्ण होते हैं।

इन क्षेत्रीय अध्ययनों के आधार पर जो सामान्य मुद्दे निकले, वे निम्नांकित हैं–

(1) सरकारी अधिकारियों, विशेषकर निचले स्तर के कर्मचारियों का असहयोगात्मक रवैया

(2) अमीर लोगों की प्रशासन तक आसान पहुँच। अधिकारियों द्वारा सामान्यतः गरीबों की उपेक्षा तथा उनकी आवश्यकताओं व हितों की ओर उदासीनता।

(3) ग्रामीण निवासियों की तुलना में शहरी निवासियों का लोक प्रशासन के प्रति अधिक आलोचनात्मक दृष्टिकोण तथा

(4) कार्यों को कराने के लिए मध्यस्थों या दलालों (Broker) पर निर्भरता।

(5) कार्यों को कार्यान्वित करने में शामिल प्रक्रियाओं के विषय में नागरिकों की अज्ञानता

(6) अनुचित देरी व प्रतीक्षा–काल

(7) प्रशासन में पक्षपात का प्रचलन

(8) अधिकारियों के बीच बढ़ता भ्रष्टाचार।

प्रश्न 4. नागरिक घोषणा–पत्र प्रयास पर एक नोट लिखिए।

[Dec 2009, Q. 5. (b)][June 2010, Q. 5. (b)]

उत्तर– नागरिक घोषणा–पत्र प्रयास (Citizens' Charter Initiative) – नागरिक घोषणा–पत्र एक आधुनिक तरीका है, जिसके द्वारा नागरिक–प्रशासन के बीच के संबंधों को परिभाषित करने का प्रयास किया जा रहा है। यह घोषणा–पत्र सरकार से अथवा सेवा प्रदान करने वाली अन्य संस्था से जनता को उत्तरदायित्व, पारदर्शिता, गुणवत्ता और सेवाओं को चुनने की एक सीमा की माँग करता है। नागरिक घोषणापत्र की अवधारणा 1994 में ब्रिटेन के प्रधानमंत्री जॉन मेजर के कार्यकाल के दौरान सामने आई। सामान्य हित को ध्यान में रखते हुए इस घोषणापत्र का प्रतिपादन किया गया। यद्यपि यह एक नवीन प्रणाली है फिर भी इसकी कार्यशैली कठिन है। घोषणापत्र के निष्पादन के लिए एक सीमा तय करना आवश्यक है। निष्पादन की सीमा की निगरानी करने तथा उसके उल्लंघन एवं रख–रखाव पर नजर रखने के लिए एक प्राधिकरण का होना जरूरी है। सरकारी अधिकरणों द्वारा उपलब्ध कराई जाने वाली सेवाओं के संबंध में समय रहते आवश्यक सलाह देकर नागरिकों को एक सक्रिय भूमिका निभानी होगी। सरकारी कर्मचारी को भी जनता को उचित मानदंडों पर सेवाएँ उपलब्ध करने के लिए पूरी तरह तैयार रहना चाहिए।

1996 में भारत के प्रधानमंत्री ने राज्य के मुख्य सचिवों के एक सम्मेलन का उद्घाटन किया था। इस सम्मेलन का शीर्षक था–''एक प्रभावशाली एवं उत्तरदायी शासन के लिए एक एजेंडा।'' इसका उद्देश्य विभिन्न स्तरों पर प्रशासन की कार्यकुशलता और निष्पक्षता के प्रति लोगों में विश्वास जगाना था। इस बात को स्वीकार किया गया कि सरकारी एजेंसियाँ अंतर्मुखी या अधोमुखी होती हैं और जनहित की उपेक्षा करती हैं। भारत सरकार ने यह निर्णय लिया कि जनता से प्रत्यक्ष संपर्क रखने वालें विभागों; जैसे आयकर विभाग, जीवन बीमा निगम, रेलवे तथा सी.पी. डब्ल्यू आदि में नागरिक घोषणा–पत्र की शुरूआत की जाए। नागरिक घोषणा–पत्र का निर्माण निम्नलिखित तथ्यों के आधार पर किया गया है–

(1) सहायक दृष्टि एवं मानवीय व्यवहार तक सूचना की पहुँच,

(2) नागरिकों के साथ विचार–विमर्श एवं चयन की सुविधा,

(3) शिकायतों के लिए सरल प्रक्रिया की व्यवस्था और शिकायतों के शीघ्र निवारण की व्यवस्था,

(4) सेवाओं में निश्चित गुणवत्ता का समावेश,

(5) सरकारी संस्थाओं के निष्पादन स्तर का प्रचार,

(6) निष्पादन की जाँच से नागरिकों की भागीदारी सुनिश्चित करना।

इस प्रकार नागरिक घोषणा–पत्र में नागरिक को प्रशासन के केन्द्र में रखकर प्रावधान किए गए हैं। आने वाले समय में यह अधिक लोकप्रिय होगा तथा राज्य एवं स्थानीय स्तर के

अन्य संगठनों में इसे अपनाया जाएगा। इस बात का विशेष ध्यान रखना होगा कि यह घोषणा–पत्र केवल औपचारिकता निभाने तक ही सीमित न रह जाए। सरकारी क्रियाकलापों एवं गतिविधियों में नागरिकों को शामिल करने के लिए ठोस प्रयास किया जाना जरूरी है। सरकारी निष्पादन के संबंध में जनता के परामर्श का भी पर्याप्त महत्त्व दिया जाना चाहिए। सूचना का अधिकार एक आदर्श मापदंड है जो सरकारी योजनाओं एवं कार्यक्रमों तक जनता की पहुँच को सुनिश्चित करता है। यह अधिकार नागरिक घोषणा–पत्र की उपयोगिता को बेहतर बनाने में सहायक है।

फिलीपींस और मलेशिया जैसे देशों में नागरिकों के प्रति जागरुकता एवं उत्तरदायित्व की भावना ने कई प्रकार की योजनाओं को जन्म दिया है। फिलीपींस के सिविल सेवा आयोग ने 1994 में एक नागरिक संतुष्टि आंदोलन चलाया, जिसका काम था–'नागरिक अभी, बाद में नहीं (Citizen Now, Not Later) इस आंदोलन में व्यवहार के मानक नियमों एवं जनता के प्रति आदर–भाव को शामिल किया गया थ। इसी प्रकार, मलेशिया की सरकार ने भी नागरिक घोषणा–पत्र की एक रूपरेखा तैयार की। 'द मलेशियन एडमिनिस्ट्रेटिव मॉडर्नाइजेशन एंड मैनेजमेंट प्लानिंग यूनिट' (The Malaysian Administrative Modernisation and Management Planning Unit) ने एक ऐसे नागरिक चार्टर का निर्माण किया जो किसी संस्था के ग्राहक को उपलब्ध कराई जाने वाली सेवा या वस्तु की प्राप्ति के लिए लिखित दस्तावेज था। इसके अंतर्गत अगर कोई कंपनी अपने चार्टर में वर्णित गुणवत्ता के स्तर को पूरा करने में विफल रहती है तो जनता इस चार्टर को अपनी शिकयत का आधार बना सकती है। इसी प्रकार के प्रयास विश्व के अन्य देशों में भी किए जा रहे हैं।

नागरिक–प्रशासन संबंधों के परिप्रेक्ष्य में प्रशासन पर नागरिकों की बढ़ती पकड़ को भी अनदेखा नहीं किया जा सकता है। ई–शासन (E-governance) की अवधारणा ने प्रशासन पर नागरिकों की पहुँच को और भी आसान बना दिया है। सूचना–क्रांति ने प्रशासन के मूल स्वरूप को ही बदल दिया है। वस्तुओं एवं सेवाओं को उपलब्ध कराने वाली संस्थाओं का स्वरूप परिवर्तित हो गया है। वैश्वीकरण के वर्तमान दौर में सूचनाओं के आदान–प्रदान से सेवाओं एवं वस्तुओं में चयन, अध्ययन एवं ग्रहण को आसान और सुरक्षित बना दिया है। वर्तमान समय में उपभोक्ता की आवश्यकताओं का अधिक से अधिक ध्यान रखा जा रहा है। कई विकसित देशों में नागरिक और प्रशासन के संबंधों को मजबूत एवं प्रभावशाली बनाने के लिए ई–शासन की सहायता ली जा रही है। ई–शासन की सहायता से प्रशासनिक संरचना में महत्त्वपूर्ण सुधार लाए जा रहे हैं और प्रशासनिक प्रक्रियाओं को भी अधिक कार्यकुशल बनाया जा रहा है।

अध्याय–8

लोकतांत्रिक जन आंदोलन : केस अध्ययन

प्रश्न 1. जन आंदोलनों में नागरिक समाज की भूमिका बताइए।

[June 2008, Q. 5. (ख)]

उत्तर– सरकारी निर्णयों के परीक्षण एवं पुनरावलोकन में नागरिकों एवं सभ्य समाज के आंदोलनों की महत्त्वपूर्ण भूमिका होती हैं। राज्य या किसी अन्य शासनपद्धति के विरुद्ध जनता के संघर्ष की कहानी उतनी ही पुरानी है, जितनी मानव सभ्यता की है। इन दिनों नागरिक समाज के रूप में एक नया नाम सामान्य जनता के प्रयासों के समर्थन के रूप में उत्पन्न हुआ है। आर्थिक उदारवाद से प्रभावित इस विश्व ने इस नई अवधारणा को एक अलग प्रकार के क्षेत्र के रूप में लिया है, जोकि राज्य व बाजार क्षेत्र से अलग है। नागरिक समाज अथवा तृतीय क्षेत्र संगठन इस मान्यता पर काम करता है कि शासन तभी प्रभावी होता है, जब राज्य व समाज लोकतांत्रिक ढंग से कार्य करें। उनके कार्य पद्धति के साधन है स्वायत्तता, प्रचार, पहुँच, सहभागिता तथा कानून का शासन।

चूँकि राज्य व नागरिक समाज सार्वभौमिक स्वतंत्रता व सार्वभौमिक अधिकारों के आदर्शों में विश्वास करते है, जिस पल राज्य अपने लक्ष्य से भटक जाता है, नागरिक समाज संगठन के लिए एक स्थान बन जाता है, ताकि वह लोगों को शामिल करके इस खाली स्थान को भर सके। सदियों तक इतिहास के धूमिल पन्नों में पड़े रहने के पश्चात्, नागरिक समाज का विचार साम्यवादी विघटन के काल में पुनः उत्पन्न हुआ। नागरिक समाज को राज्य, सार्वजनिक संस्थाओं व बाजार के विरोध से उत्पन्न होने वाली सभी समस्याओं के समाधान के लिए एक सकारात्मक आदर्श के रूप में प्रस्तुत किया गया। जन आंदोलनों को एक नई शक्ति मिली, क्योंकि उन्होंने अपना लक्ष्य नागरिक समाज के नये उद्देश्यों में पाया। इन्हें कभी–कभी सामाजिक आंदोलनों के समानार्थी भी माना जाता है।

नागरिक समाज संगठन परिधि पर बैठे लोगों के जीवन, विकासात्मक लाभों का असमान वितरण, सतत् विकास के लिए संघर्ष तथा शासन में जनसहभागिता का स्तर जैसे मामलों को उठाते हैं। यहाँ लोक प्रशासन के अध्ययन व विश्लेषण के लिए जन–आंदोलनों की प्रासंगिकता को समझना बहुत जरूरी है। शासन के ढाँचे व प्रक्रियाओं को समाहितकारी होना चाहिए। उन्हें अपनी नीतियों में व्यवस्था की संस्थागत तथा गैर–संस्थागत माँगों को भी अवश्य शामिल करना चाहिए।

नागरिक समाज की व्याख्या सामाजिक आंदोलनों के सामूहिक प्रयास के उज्ज्वल पक्ष के बिंदु के रूप में की जाती है। एक सामाजिक आंदोलन वह क्रिया या कदम है, जो संस्कृति–उन्मुख होता है। यह क्रिया सामाजिक संघर्ष से जुड़ी होती है, जो निर्भरता के चक्र

में सामाजिक वर्ग की ऐतिहासिक स्थिति को दर्शाती है। इस स्थिति की ओर जन आंदोलन की नैतिक–उन्मुखता होती है। सामाजिक आंदोलन शुद्ध व सरल रूप में पैदा नहीं होते, या तो यह राजनीतिक व्यवस्था में एक ऐसी शक्ति के रूप में, जो उस पर संस्थागत दबाव डालते हैं या उस राज्य में जिसका हस्तक्षेप यह निश्चित करते हैं, शामिल होते हैं। इन नीतियों में व्यवस्था की संस्थागत और गैर संस्थागत माँगों का शामिल होना आवश्यक है।

नागरिक समाज की भाषा को विश्व के एक बड़े भाग में जन आंदोलनों द्वारा समझा गया। कुछ आंदोलनों का उद्भव चीनी छात्रों के आंदोलनों में देखा जा सकता है। जल्दी ही नागरिक समाज समानता, सहभागिता व जन निष्पक्षता के विचारों के लिए आकांक्षात्मक एक लघु पथ बन गया। दक्षिण पूर्वी एशिया में, इसका प्रयोग लोकतंत्र व नागरिक अधिकारों के समर्थकों द्वारा किया गया। लैटिन अमेरिका में, सामाजिक आंदोलनों ने नागरिक समाज के विचारों का प्रयोग एक नए समतावादी व सहभागी सामाजिक राजनीतिक व्यवस्था में परिवर्तन लाने के लिए किया।

मध्य पूर्व में, इसका प्रयोग बुद्धिजीवियों द्वारा दमनकारी शासन का विरोध करने के लिए किया गया। अफ्रीका में विश्लेषकों ने किसानों की बंधुता (Kinship) और पद्धति (Rituals) में छुपी उनकी शोषणकारी राज्य को बदलने या उसका विरोध करने की क्षमता को देखा। यह क्षमता एक अदृश्य सरकार (Invisible Government) के रूप में कार्यरत थी। वैश्विक समाज सिद्धांतवादियों ने समस्त विश्व में सरकार के प्रति अपनी और सामाजिक–आर्थिक परिवर्तन लाने में राज्य की असफलता के जवाब में जन–केन्द्रित विकास पर बल दिया।

प्रश्न 2. चिल्का आंदोलन पर एक नोट लिखिए। [Dec 2008, Q. 5. (क)]

उत्तर– भारत में आजीविका के संसाधनों के व्यावसायीकरण के विरुद्ध समाज के निर्धन एवं कमजोर वर्गों द्वारा विरोध किया जा रहा है, 1990 के आरंभ में, मछुआरों द्वारा 'चिल्का बचाओ' नाम से एक आंदोलन चलाया गया, जिन्होंने अपने क्षेत्र में समन्वित श्रिम्प कृषि परियोजना (Integrated Shrimp Farm Project-ISFP) को लागू करने का विरोध किया। इसे झील के आस–पास निवास करने वाले मछुआरों की जीविका के लिए एक खतरा माना गया। इस आंदोलन को छात्रों, बुद्धिजीवियों व मानवाधिकार कार्यकर्त्ताओं द्वारा सक्रिय समर्थन मिला। मछुआरे क्षेत्र को 5 भागों में विभाजित किया गया था : (i) 'जानो', (ii) 'खारी', (iii) 'बहान', (iv) 'दियान' और (v) 'उथापनी'। मछुआरों का मछली पकड़ने का कार्य उनकी जाति पर आधारित था। 'केऊता' जाति में 68 प्रतिशत मछुआरे थे, जोकि जाल द्वारा मछली पकड़ते थे।

ब्रिटिश काल के दौरान, चिल्का झील 'परीकुडा' व 'खालीकारा' (Parikuda and Khalikara) के राजाओं के हाथों में थी। 1920 के दशक में मछुआरों को झील में जाने के लिए राजा को शुल्क देना पड़ता था। पुरी (Puri) जिले में अतिक्रमण करने वाले लोगों को

बलूगाँव (Balugaon) से बाहर रखने तथा मछुआरों के हितों की रक्षा करने के लिए 24 सदस्यों वाली पहली कोऑपरेटिव सोसाइटी बालूगाँव मछुआरा कोऑपरेटिव स्टोर (Balugaon Fisherman Cooperative Store) के नाम से स्थापित की गई। 1953 में रियासती राज्यों के उन्मूलन के बाद, यह जिला उड़ीसा सरकार के नियंत्रण में आ गया। उनके शासन के अंतर्गत, खुली नीलामी द्वारा, आँचल अधिकारी (सर्कल अधिकारी) द्वारा, मछली क्षेत्र को मछुआरों को पट्टे पर दे दिया गया। यह प्रक्रिया 1959 तक चलती रही, जब तक कि केन्द्रीय सहकारी बाजार सोसाइटी (Central Co-operative Marketing Society) स्थापित हुई। यह सरकार से मछली–क्षेत्र को पट्टे पर लेने की तथा प्राथमिक मछुआरा सहकारी समूह को उप–पट्टे पर देने की सर्वोच्च संस्था थी। इस प्रकार, यह व्यवस्था मछुआरों के अधिकारों की सुरक्षा देने वाली व्यवस्था थी। तहसीलदार (एक खंड स्तर का अधिकारी) उन संसाधनों की नीलामी करता था, जिन्हें केन्द्रीय सोसाइटी पट्टे पर नहीं लेती थी। चिल्का पुनर्गठन स्कीम (The Chilka Reorganisation Scheme) ने मछुआरों व गैर–मछुआरों के बीच स्पष्ट अंतर स्थापित किया।

1991 में, उड़ीसा सरकार ने एक आदेश जारी किया, जिसने चिल्का के मत्स्य क्षेत्र में मछुआरों को दो वर्गों में विभाजित कर दिया, ये थे 'केप्चर' (Capture) (मछली पकड़ने वाले मछुआरे) और 'क्लचर' (Culture) (मछली का संपोषण और व्यापार करने वाले गैर मछुआरे)। केप्चर अधिकार मछुआरों से संबंधित थे, जबकि कलचरिंग गैर–मछुआरों व ग्रामीणों से संबंधित थे, जो प्राथमिक सहकारी सोसाइटी के सदस्य नहीं थे। क्योंकि सरकार के आदेश ने केप्चर व कल्चर – 'Capture' व 'Culture' के कार्य संचालन के लिए निर्देश नहीं दिए थे, इसलिए स्वविवेकी शक्तियाँ कलेक्टर द्वारा उपयोग की जाती थी। इस प्रकार इस नीति ने मछुआरों के बीच भ्रमपूर्ण स्थिति उत्पन्न कर दी। राजस्व विभाग तथा प्राथमिक सोसाइटी के बीच झूलती केन्द्रीय सोसाइटी के पास सीमित शक्तियाँ थीं। अधिकतर प्राथमिक सोसाइटी ने केन्द्रीय सोसाइटी को पीछे छोड़कर सीधे रूप से कमीशन एजेंटों के द्वारा बेचने का कार्य शुरू कर दिया। इस प्रकार, दोहरी सरकारी संरचना का उद्देश्य लगभग दोषपूर्ण था।

1980 के दशक से ही चिल्का झील में केन्द्रीय व प्राथमिक सोसाइटी (Central and Primary Societies) द्वारा पट्टे पर लिए गए मछुआरे क्षेत्र को अन्य लोगों को किराये पर देने तथा बाहरी लोगों द्वारा इस पर अवैध अतिक्रमण देखे गए। मत्स्य–संस्कृति (Prawn Culture) के बड़े–स्तर पर व्यवसाय ने परंपरागत मछुआरों के जीविकोपार्जन पर खतरा उत्पन्न कर दिया तथा साथ ही साथ झील की जैविक–व्यवस्था पर भी खतरा पैदा किया। हजारों की संख्या में मछुआरों व गैर–मछुआरों को अपने जीविका से हाथ धोना पड़ा। इस पृष्ठभूमि के तहत्, उड़ीसा सरकार ने टाटा आयरन एंड स्टील कंपनी (Tata Iron and Steel Company - TISCO) से एक संयुक्त सेमी–इन्टेन्सिव प्रॉन कल्चर प्रॉजेक्ट (Semi-intensive Prawn Culture Project - Integrated Shrimp Farm

Project ISFP) अनुबंध किया, जिसने चिल्का क्षेत्र की 400 हेक्टेयर भूमि पर अधिकार कर लिया। लोगों ने इस प्रस्ताव का स्वागत नहीं किया।

जो ग्रामीण ISFP के आसपास निवास करते थे, वे इस प्रस्ताव/प्रोजेक्ट के बारे में तो जानते थे, लेकिन इसके दुष्प्रभावों के विषय में बहुत कम जानते थे, परंतु इन गाँवों के कुछ शिक्षित लोग इस प्रोजेक्ट के बारे में आशंकित थे। बाद में उत्कल विश्वविद्यालय, भुवनेश्वर के 'छात्रों से मिलिए' (Meet the Students - MTS) नामक संगठन ने कुछ छात्रों के अनौपचारिक समूहों ने ग्रामीणों को जागरूक करने का बीड़ा उठाया। MTS के इन युवा लोगों ने जनता को उन पर राज्य व समाज द्वारा थोपे जा रहे अन्याय के प्रति सचेत किया। बाद में, राज्य स्तर के एक छात्र फोरम का, जिसका नाम क्रांतदर्शी युवा संघ (Krantadarshi Yuva Sangha - KYS) था, निर्माण हुआ ताकि ISFP के विरुद्ध युवाओं को जागृत किया जा सके।

अगस्त 1991, में भुवनेश्वर में बुद्धिजीवियों की एक बैठक हुई। जिसके परिणामस्वरूप, चिल्का, सुरक्षा परिषद् (Chilka Suraksha Parishad - CSP) का गठन हुआ, जिसे जनमत तैयार करने का कार्य सौंपा गया। वास्तव में, इसने चिल्का मुद्दे पर चर्चा व बहस करने वाले फोरम उड़ीसा सोसाइटी के एक चिंतन समूह के रूप में कार्य किया। बाद में, छात्र इस तथ्य के बारे में निश्चित हो गए कि इस प्रोजेक्ट के खिलाफ स्थानीय संगठन एक प्रभावशाली भूमिका का निर्वाह कर सकते हैं। उन्होंने यह महसूस किया कि उनका संवाद व जागरूकता का स्तर जनता को इस प्रोजेक्ट का विरोध करने में प्रभावशाली रूप से सहायता करेगा। इस बात को ध्यान में रखते हुए उन्होंने 122 राजस्व ग्रामों वाले चिल्का मत्स्याजिबी महासंघ (Chilka Matsyajibi Mahasangha - CMM) को इसमें शामिल करने का निर्णय लिया, जोकि मछुआरों के हितों की रक्षा करने के लिए कार्यरत था। जनवरी 1992 में CMM के विस्तार के रूप में चिल्का बचाओं आंदोलन की शुरुआत हुई।

प्रश्न 3. जन आंदोलनों के कारणों की पहचान लिखिए।

उत्तर– सामाजिक एवं आर्थिक असंतुलन एवं असमानता जन–आंदोलनों को जन्म देती है। राज्य का पक्षपातपूर्ण रवैया, जनसहभागिता का अभाव, विकास कार्यक्रमों एवं नीतियों का अभाव पीड़ित लोगों को संगठित करने तथा अपने अधिकारों के लिए संघर्ष करने हेतु प्रेरित करता है। समानता, संतुलन और न्याय की स्थापना करने की दिशा में नागरिक समाज संगठन महत्त्वपूर्ण भूमिका निभाते हैं।

शोषण, अत्याचार, निर्धनता, बेरोजगारी और कुपोषण आदि परिस्थितियाँ भी जन–आंदोलनों के लिए उत्तरदायी होती हैं। स्वायत्तता के लिए चलाए जाने वाला आंदोलन, नक्सली आंदोलन और कश्मीर एवं उत्तर–पूर्व में चलाए जा रहे आतंकवादी आंदोलन का मुख्य कारण सरकार की उपेक्षा है। इसी प्रकार, पर्यावरणीय आंदोलनों जैसे–नर्मदा बचाओ

आंदोलन, ऑलिव रेडले टर्टल (Olive Redly Turtles) के संरक्षण के लिए चलाए जाने वाले आंदोलन पानी एवं बिजली के निजीकरण के विरुद्ध चलाए जाने वाले आंदोलन के पीछे भी सरकार की लापरवाही रही है। निजी क्षेत्र में प्रशासन की असंवेदनशीलता के कारण ही कोक, पेप्सी और मेकडोनाल्ड जैसी अंतर्राष्ट्रीय कंपनियों का विरोध किया जाता रहा है। पृथक्तावादी आंदोलन को छोड़कर अन्य सभी सामाजिक आंदोलन अपने लक्ष्यों को पूरा करने के लिए राज्य की शक्ति को सीमित करने का प्रयास नहीं करते। नागरिक समाज राजनीति एवं शासन को मानवीय आधार प्रदान करता है। यही कारण है कि मानवाधिकार आंदोलन, पर्यावरण आंदोलन, महिला आंदोलन जैसे आंदोलन मानव व्यवहारों और उसके सदाचरण पर बल देते है, इनका प्राथमिक उद्देश्य मानवीय पहलुओं पर बल देना होता है।

नए सामाजिक आंदोलन का स्वरूप पुराने या परंपरागत सामाजिक आंदोलन के स्वरूप से भिन्न है। पुराना सामाजिक आंदोलन मुख्य रूप से सामाजिक, आर्थिक एवं राजनीतिक न्याय से संबंधित होता था। नए सामाजिक आंदोलनों में शोषित वर्गों को प्रोत्साहित किया जाता है। **फुंटेस** और **गुंडर फ्रेंक** के अनुसार नए सामाजिक आंदोलन स्थानीय मुद्दों से जुड़े होते हैं, समाजवाद की ओर परिवर्तनकारी होते हैं और राजनीति विरोधी होते हैं। उनका मानना है कि ऐसे आंदोलन वास्तव में नए नहीं हैं बल्कि ऐतिहासिक रूप से हाल ही के मजदूर आंदोलन से कुछ पुराने हैं। हेंस के शब्दों में, ''नए सामाजिक आंदोलन लोकतांत्रिक स्व–सशक्तिकरण के साधन एवं प्रयास हैं।''

वस्तुतः ऐसे प्रयास किए जाने चाहिए कि जन–आंदोलन के मूल कारण उत्तेजनापूर्ण न हों। सामाजिक आंदोलनों को समस्याओं के निदान के लिए सही दिशा में प्रयास करना होगा। उन्हें विशेष रूप से स्थानीय समस्याओं के निदान के लिए प्रयास करना चाहिए और निहित स्वार्थ वाले राष्ट्रीय एवं अंतर्राष्ट्रीय समूहों की चालों के विरुद्ध सावधानी से कदम उठाना चाहिए।

प्रश्न 4. प्रबंधन की मुख्य व्यवस्थाओं पर प्रकाश डाले।

उत्तर– *लोक–उद्यमों में अपनाई जा सकने वाली मुख्य प्रबंधन व्यवस्थाएँ निम्नलिखित है–*

1) सरकारी विभाग,

2) सरकार कंपनियाँ,

3) लोक निगम

इन सभी के मुख्य लक्षणों का वर्णन निम्नलिखित है–

विभागीय प्रबंधन–विभागीय पद्धति में लोक उद्यम स्वामित्व तथा प्रबंधन सरकारी विभागों की ही भाँति होता है जिनमें पेशेवर आश्रित कर्मचारी होते हैं जिनका प्रमुख कोई मंत्री होता है, भारत में रेल तथा डाक–तार विभाग ऐसे ही हैं। ऐसे उद्यमों का वित्तीय प्रबंधन खजाने के वार्षिक विनियोजन से ही वहन किया जाता है तथा इसका आय–व्यय लेखा तथा परीक्षण

अन्य सरकारी विभागों की तरह ही किया जाता है। स्थायी कर्मचारियों में ऐसे नागरिक कर्मचारी होते हैं जिनकी भर्ती उन्हीं नियमों एवं शर्तों के तहत की जाती है जिनके तहत अन्य नागरिक कर्मचारियों की भर्ती होती है। **ए.डी. गोरवाला** के अनुसार प्रबंधन की विभागीय पद्धति सामान्यतः निम्नलिखित मामलों में अपनाई जाती है–

1) जहाँ सुरक्षा अथवा सामाजिक महत्त्व के कारण दूसरे प्रकार के प्रबंधन द्वारा इसका संचालन करना कठिन होता है यथा रक्षा उद्योग।
2) राष्ट्रीय सेवाएँ या एकाधिकार वाले उद्यम जैसे – डाक–तार, दूरसंचार सेवाएँ तथा रेलवे।
3) ऐसे औद्योगिक संस्थान जिनमें सरकार के विवेकपूर्ण निर्णय की अत्यधिक आवश्यकता होती है, यथा–खाद्य पदार्थों का व्यापार।

इस प्रणाली का मुख्य लाभ यह है कि इन महत्त्वपूर्ण लोक–सेवाओं पर अधिकतम सरकारी नियंत्रण रहता है। दूसरा, इसमें लोक–उद्यम तथा सरकारी विभागों के बीच स्पष्ट संबंध रहने के कारण अधिकतम समन्वयन की गुंजाइश होती है।

किंतु प्रबंधन की इस अवस्था से स्पष्ट हानियाँ होती हैं। प्रशासन की अधिकारी तंत्रीय व्यवस्था से अनिवार्य रूप से अक्षमता, लालफीताशाही एवं विलम्ब की संभावनाएँ बढ़ जाती है। खतरा यह भी होता है कि यह प्रशासन अत्यधिक वित्तीय तथा कर्मचारियों से संबंधित पाबंदी एवं हस्तक्षेप का शिकार होता है जिससे पूँजी–विस्तार, वित्त, तकनीकी प्रगति, खरीददारी एवं कर्मचारी प्रशासन आदि महत्त्वपूर्ण मामलों में अपर्याप्त स्वायत्तता रहती है।

अध्याय–9

सामाजिक समता, सहभागिता, लचीलापन तथा स्वायत्तता के बदलते प्रतिमान

प्रश्न 1. लोक प्रशासन में सहभागिता, स्वायत्तता व लचीलेपन के बदलते प्रतिमान पर टिप्पणी लिखिए।

[June 2008, Q. 4.][June 2009, Q. 5. (a)][June 2010, Q. 6.]

उत्तर– शासन प्रक्रियाओं में सहभागिता को नये मंत्र के रूप में माना जाता है। लोकतंत्र की पुरानी अवधारणा के अनुसार, नीति–निर्माण में नागरिकों द्वारा प्रत्यक्ष सहभागिता होती है। इस प्रकार की सहभागिता कुछ पुरानी व लगभग परंपरागत होती है। आधुनिक समय में सहभागिता अप्रत्यक्ष है तथा प्रतिनिधित्व द्वारा संभव होती है। अप्रत्यक्ष व प्रतिनिधि लोकतंत्र का आधुनिक रूप जनसहभागिता पर आधारित है। हालाँकि, व्यवहारवादी राजनीति वैज्ञानिकों ने पाया कि सहभागिता का स्तर दोषपूर्ण व उत्साह रहित है। विशिष्ट वर्गों के अनुसार, केवल कुछ प्रभावशाली लोग ही सहभागिता व शक्ति का उपयोग प्रतिनिधि–लोकतंत्र में करते हैं। बहुलवादी लोकतंत्र में विभिन्न समूहों व संगठनों की सहभागिता की बात करते हैं।

सहभागिता 'सशक्तीकरण' (Empowerment) में परिवर्तित हो जाती है, जब राजनीतिक प्रक्रिया में ग्रामीण लोगों को शामिल करने की प्रस्तावना दी जाती है, ताकि वे समाज के संसाधनों पर नियंत्रण कर सकें। भारत में 73वें व 74वें संवैधानिक संशोधनों ने राजनीतिक दलों व नागरिकों को देश की लोकतंत्र प्रक्रिया में भाग लेने के लिए नए अवसर प्रदान किए हैं। **अशोक मेहता समिति** ने भी राजनीतिक दलों की सहभागिता की आवश्यकता को सुझाया था, ताकि उन्हें उच्च स्तर पर राजनीतिक प्रक्रिया के साथ जोड़ा जा सके तथा अधिक उत्तरदायी बनाया जा सके। बदलते परिप्रेक्ष्य में, राजनीतिक दल, राजनीतिक सहभागिता को सुसाध्य करने का कार्य कर सकते हैं। उपेक्षित, पिछड़े, गरीब तबके तथा महिलाएँ, इन्हें शासन प्रक्रिया में भाग लेने के अवसर दिए जा रहे हैं।

राजनीतिक दलों पर दबाव डाला जा रहा है कि वे अपनी प्रणाली को जवाबदेह बनाएँ, जबकि समाज के कमजोर वर्गों को ग्रामीण स्तर पर निर्णय–निर्माण प्रक्रिया में पूर्ण रूप से भाग लेने का अवसर प्रदान किया जा रहा है। यह नागरिक आवश्यकताओं के संबंध में प्रशासनिक समझ तथा नागरिकों के प्रति जवाबदेही को बढ़ाता है। यह प्रशासन को इस बात के लिए भी बाध्य करता है कि वे नागरिकों को अपने कार्यों के विषय में जानकारी दें। इस प्रकार लोगों के सूचना के अधिकार को स्वीकार किया जाता है। प्रशासन में नागरिकों की सहभागिता के परिणामस्वरूप प्रशासन में अधिक पारदर्शिता अपेक्षित है। प्रशासन में नागरिकों की सहभागिता के निम्नलिखित लाभ हो सकते हैं–

(1) सहभागिता लोगों में इस भावना को जागृत करती है कि वे सामूहिक रूप से सरकार में भागीदार हैं, जिससे सरकार के लोकतांत्रिक नैतिक मूल्य स्थापित होते हैं।

(2) लोक प्रशासन में सहभागिता सरकार व जनता के मध्य परस्पर समझ बढ़ाती है, जिसका समाज पर एकीकरणात्मक प्रभाव पड़ता है;

(3) जनसहभागिता शासन को वैध बनाती है तथा इस प्रकार आज्ञाकारिता हेतु विश्वसनीयता बढ़ाती है। दूसरे शब्दों में, प्रशासन में सहभागिता–प्रक्रिया द्वारा कानूनों के प्रति लोगों का विश्वास बढ़ता है।

(4) शासन में जनसहभागिता की अपर्याप्तता सरकार की प्रतिनिधियात्मक व जवाबदेही की क्षमता का हनन करती है;

जेम्स मिडज्ले (James Midgley) सहभागिता की स्थिति को इस प्रकार वर्णित करते हैं, 'यह तर्क देना अनभिज्ञता है कि सामाजिक विकास में राज्य की भूमिका सर्वाधिक अनावश्यक है तथा गरीब देशों में स्थानीय समुदाय अपने प्रयासों द्वारा ही निर्धनता व उपेक्षा की गंभीर समस्याओं का समाधान कर सकते हैं। परंतु यह मानना भी समान रूप से असत्य होगा कि केन्द्रीकृत नौकरशाही राज्य तथा स्थानीय समुदाय के मध्य सरल संबंध उत्पन्न होंगे तथा राजनीतिक विशिष्ट जन, व्यावसायिक व प्रशासक वर्ग सत्ता को सामान्य जनता को हस्तांतरित करने के लिए सहमत होंगे''।

प्रशासन में जनसहभागिता अवरोधों से मुक्त नहीं है। इनमें से एक विशाल समाज में फैली हुई जड़ता की प्रवृत्ति है, जिसका परिणाम उदासीनता व निष्क्रियता होता है। साथ ही जनसहभागिता के नाम पर कई स्थितियों में वह होता है, जिसे सेलज्निक (Selznick) ने समाकलन या को–ऑप्शन (Co-option) कहा है।

यह भी सुनिश्चित करने की आवश्यकता है कि हमारे विकास कार्यक्रम व योजनाएँ नागरिकों की सहभागिता के नाम पर विफल न हो जाएँ। नागरिकों की सहभागिता के वेष (Garb) के अंतर्गत स्थानीय हित उत्पन्न हो जाते हैं, जो अपने संकुचित लक्ष्यों की प्राप्ति करने में दृढ़ हो जाते हैं, जिसका परिणाम संपूर्ण नीति की विफलता होता है। अतः प्रशासन में नागरिकों की सहभागिता, सार्वजनिक नौकरशाही का प्रतिनिधित्व, जवाबदेही व उत्तरदायित्व की ओर उन्मुख एवं जागरूक करने की एक मूल–राजनीतिक प्रक्रिया है, ताकि उन्हें देश के असली संप्रभु अर्थात् जनता के प्रति उत्तरदायी बनाया जा सके।

तथापि, यह भी नकारा नहीं जा सकता कि सहभागिता राजनीतिक दृष्टिकोण से रंगी हुई है। यह बात प्रतिदिन प्रशासन के लिए समस्याएँ उत्पन्न कर सकती है। अतः यह आवश्यक है कि जनता व प्रशासन के मध्य समझदारीपूर्ण संबंध हो। अमेरिका में वुडरो विल्सन (Woodrow Wilson) को लोक प्रशासन की अवधारणा के जनक के रूप में जाना जाता है; इन्होंने 1887 में कहा था कि–

'समस्या यह है कि जनमत को हस्तक्षेप से बाहर रखते हुए कैसे प्रभावकारी बनाया जाए? जन आलोचना, वास्तविकता में, एक फूहड़ हस्तक्षेप हो सकता है, जो प्रतिदिन होने वाले सूक्ष्म विकल्प सरकारी कार्यकलापों की समझ नहीं रखता है। लेकिन प्रशासन के निर्णयन–कारकों का आलोचनात्मक अध्ययन हेतु जनसहभागिता सार्थक है। आवश्यकता है कि लोक प्रशासन लोक आलोचना की अभिव्यक्ति हेतु सही माध्यम दें व अन्य वैयक्तिक हस्तक्षेपों से इसे सुरक्षित करें।

विल्सन ने बिल्कुल सही संकेत दिया जब उन्होंने कहा, 'उन्नत होने के लिए, हमें एक 'लोकमत' कहे जाने वाले 'सामूहिक सम्राट' को शिक्षित व प्रेरित करना होगा। प्रशासनिक कार्यों में लोकमत एक विवशता व उत्प्रेरक दोनों ही हैं।'

अतः प्रशासकों का लक्ष्य सहभागी प्रबंधन है; इस प्रकार के प्रबंधन के निम्नांकित लक्षण हैं:

(i) पदानुक्रम व्यवस्था के बावजूद भी कार्मिकों के बीच स्वतंत्र, मित्रतापूर्ण व पूरक संपर्क;

(ii) विवाद निवारण के लिए बल प्रयोग या समझौते या वोटिंग के स्थान पर विवेक का प्रयोग;

(iii) सोपानक्रम के स्थान पर तकनीकी ज्ञान व अन्य सामर्थ्य की प्रमुखता;

(iv) संस्था की कार्योन्मुखता व साथ ही कार्मिकों द्वारा भावनात्मक अभिव्यक्ति की ओर संवेदनशीलता;

(v) संगठन में विवादों को अपरिहार्य मानकर विवेकपूर्ण तरीके से विवाद निवारण का स्वस्थ दृष्टिकोण;

(vi) परीक्षणों व नवीन उपायों के लिए स्वतंत्रता; और

(vii) निर्णय–निर्माण में अधिकाधिक पारदर्शिता।

स्वायत्तता व लचीलेपन के प्रतिमान – भारतीय संघवाद उपेक्षित समूहों को यह अधिकार देता है कि विकास प्राथमिकताओं में अथवा किसी अन्याय के विरुद्ध वे अपनी माँगों के लिए आवाज उठा सकें। उपेक्षितों की आवाज अनेक स्तरों पर उठी है, संसाधनों के न्यायिक वितरण से लेकर राज्य परिषदों के लिए स्वायत्तता तक, यहाँ तक कि पृथक् राज्य की माँग तक भी उठी है। यह माँगे एक ऐसे परिदृश्य से उत्पन्न होती है, जहाँ कि उपेक्षित वर्गों को आर्थिक संरक्षण का अभाव होता है व सामाजिक समता का भी अभाव होता है।

स्वायत्तता का अभिप्राय स्वशासन से है। इसे व्यक्तियों तथा राजनीतिक समुदायों पर लागू किया जा सकता है। 'स्वायत्त व्यक्ति' अपने जीवन पर नियंत्रण रखता है तथा बाहरी अवरोधों के होने पर भी स्वतंत्र रूप से व्यवहार करने के लिए आजाद होता है।

स्वायत्तता एक योग्यता भी है, जो व्यक्ति को निजी मापदंड चयन करने की स्वतंत्रता देती है, तथा किसी परिस्थिति में सामाजिक दबाव में न आने की शक्ति प्रदान करती है। एक स्वायत्त व्यक्ति स्वतंत्र निर्णय ले सकता है। वह किसी समूह के नियमों का पालन करने की

बाध्यता स्वीकार नहीं करता। यह एक ऐसी स्थिति है, जिसमें स्व–निर्देशों द्वारा संचालन होता है। यह स्व–निर्देश एक भौगोलिक क्षेत्र के अंतर्गत किसी समूह या लोगों से संबंधित होता है। अतः यह वैयक्तिक व सामूहिक, दोनों ही स्थितियों में, स्वतत्रंता निर्धारण संबोधित करता है।

'स्वायत्तता' सदैव ही राजनीतिक सिद्धांत व व्यवहार का मुख्य 'शब्द' रहा है। मूल रूप से स्वायत्तता शक्ति के उच्च केन्द्र से स्वतंत्रता की स्थिति दर्शाती है। उदाहरण के लिए, निचले खंड कुछ हद तक अपेक्षा करते हैं कि हस्तक्षेप न हो। भारतीय संघवाद के संदर्भ में अलग–अलग रूप से व्याख्या व पुनर्व्याख्या की गई है। इतना कि इसके अंतर्गत पृथक्ता (Secession) या राज्य विशिष्ट अस्तित्व की माँग और विभाजन (Disintegration) के मुद्दे भी शामिल हो गए हैं। हालाँकि वैश्वीकरण, उदारीकरण व विश्व अर्थव्यवस्था के बढ़ते एकीकरण के वर्तमान काल के संदर्भ में स्वायत्तता का विचार काफी परिवर्तित हो चुका है।

वैश्वीकृत अर्थव्यवस्था व सूचना क्रांति के युग में, विश्व सिकुड़ता जा रहा है। आधुनिक राष्ट्र–राज्य (Modern Nation State) अब अपने अस्तित्व व परिवेश को बनाए रखने में खतरे का सामना कर रहा है। इस प्रकार के वैश्विक परिदृश्य में, जहाँ संप्रभुता की प्रकृति नाममात्र के लिए रह गई है, 'स्वायत्तता' शब्द राजनीतिक परिवेश में प्राचीन शब्द बन गया है। परस्पर निर्भरता – राजनीतिक, आर्थिक व सामाजिक, अब वैश्विक रूप से – एक नए सिद्धांत के रूप में उभर रही है, जबकि देशों के अंतर्गत, स्व–प्रशासन, विकेन्द्रीकरण व संसाधनों की स्वतंत्रता का प्रचार किया जा रहा है। जहाँ तक लचीलेपन का संबध है, राजनीति में परिवर्तन, उतार व चढ़ाव अपेक्षित है। लचीलापन एक व्यवस्था के बदलते नियमों को अपनाने व स्वयं को उसके अनुसार ढालने की क्षमता है। एक लचीली व्यवस्था स्वायत्त अपरिवर्तनशील और दृढ़ संस्थाओं से निहित होती है, जोकि परीक्षण व नवीन पद्धतियों को खोजकर नए ज्ञान व कौशल से क्षमता निर्माण कर सकते हैं, नवीन समाधान ढूँढ सकते हैं तथा समय के साथ पुनः उत्पादित हो सकते हैं। कोई भी व्यवस्था पूर्ण रूप से लचीली नहीं होती, क्योंकि निहित–हित, संकुचित लक्ष्य, दृढ़ नियम, क्रमबद्ध संबंध, राजनीतिक इच्छा का अभाव, प्रशासनिक कठोरता व प्राचीन दृष्टिकोण उसे संगठनात्मक व विकासात्मक लक्ष्यों को पूरा करने से रोकते हैं।

प्रश्न 2. 'सामाजिक समता' के सामान्य सिद्धांतों के विशिष्ट पक्षों को भारतीय संदर्भ में प्रस्तुत कीजिए। [Dec 2008, Q. 5. (ख)][June 2010, Q. 6.]

उत्तर– 'सामाजिक समता' के सामान्य सिद्धांत कुछ विशिष्ट पक्षों से संबंधित है, खासतौर पर जब इसे भारत के संदर्भ में, 'जेन्डर', 'मानव–विकास', 'संस्कृतिवाद', 'मानव अधिकार' व 'निर्धनता' जैसे मुद्दों के परिप्रेक्ष्य में देखा जाए।

(1) जेन्डर का मुद्दा – जेन्डर की समानता का अभिप्राय है कि स्त्री और पुरुष समान है और अपने व्यक्तित्त्व के विकास के लिए पूर्ण रूप से स्वतंत्र है, व किसी सामाजिक,

राजनीतिक व अन्य पूर्वधारणाओं से प्रभावित नहीं है। राज्य व समाज स्त्रियों व पुरुषों के व्यवहार, आवश्यकताओं व इच्छाओं को समान रूप से समझता व समर्थन करता है। इसका यह अर्थ नहीं है कि स्त्रियाँ व पुरुष आवश्यक रूप से अपनी प्रकृति व इच्छाओं के समान हैं, बल्कि यह कि उनके अधिकार व उन्हें प्राप्त अवसर समान हैं तथा राज्य उनके प्रति विभेदीकरण की नीति नहीं अपना सकता। स्त्रियों की स्थिति को केवल विकास प्रक्रिया द्वारा बदला जा सकता है।

(2) मानव विकास—मानव विकास का स्तर सीधे तौर पर जेन्डर के विकास से प्रभावित होता है तथा एक समाज की श्रेष्ठता उस क्षेत्र की महिलाओं की श्रेष्ठता में निहित है। इस घनिष्ठ संबंध को केरल, हिमाचल प्रदेश व तमिलनाडु राज्यों से उच्च मानव विकास संकेतों को देखकर समझा जा सकता है, जहाँ स्त्रियों के स्वास्थ्य में सामान्य सुधार आने के कारण बालक व बालिकाओं के स्वास्थ्य में आया सुधार है। संयुक्त राष्ट्र विकास कार्यक्रम (United Nations Development Programme, UNDP) मानव विकास को इस तरह परिभाषित करता है, ''जनता के चयन को विस्तृत करने वाली एक प्रक्रिया। सबसे महत्त्वपूर्ण चयन है एक सुखी व स्वस्थ जीवन जीना, शिक्षित होना तथा एक जीवन के एक अच्छे स्तर के लिए आवश्यक संसाधनों तक पहुँच होना। इसी के साथ, इसमें राजनीतिक स्वतंत्रता, मानव अधिकारों की गारंटी व आत्मसम्मान की प्राप्ति भी सम्मिलित है।''

भारत में अर्थव्यवस्था, राजनीति, पर्यावरण व उपलब्ध संसाधनों आदि के विभिन्न पक्षों पर आँकड़े एकत्रित करने के लिए पूर्ण विकसित व्यवस्था है। इस व्यवस्था में आँकड़े उपलब्ध कराने के लिए सरकारी व गैर सरकारी संगठन शामिल हैं, जैसे राष्ट्रीय जनसंख्या जनगणना (National Population Census), राष्ट्रीय स्वास्थ्य व परिवार कल्याण सर्वे (National Health and Family Welfare Survey), राष्ट्रीय सैंपल सर्वे (National Sample Survey) इत्यादि।

(3) प्रजातीयवाद—भारत अब भी तमिलनाडु, पंजाब, जम्मू–कश्मीर व उत्तर–पूर्व जैसे राज्यों में जातीयता की समस्या का सामना कर रहा है। इन राज्यों में स्वतंत्रता से लेकर अब तक पारस्परिक कलह, जातीय–विवाद व सांप्रदायिक दंगे आदि होते रहे हैं। विद्रोह का तत्त्व देश के लगभग सभी राज्यों में पाया जा सकता है, हालाँकि उत्तर–पूर्वी राज्य इससे बुरी तरह ग्रस्त है।

तमिलनाडु के दक्षिणी राज्य भी जातीय समस्याओं का एक उदाहरण हो सकते हैं, क्योंकि राज्य में द्रविड़ आंदोलन की परिणति ही 'जस्टिस पार्टी' व 'द्रविड़ा मुन्नेत्र कड़गम' (Dravida Munnetra Kazhagam) के रूप में हुई। पृथकता (Secession) की माँग, हिन्दू विरोधी आंदोलन तथा बाद में राज्य की अधिक स्वायत्तता की माँग, संस्कृति के समक्ष चुनौतियों के उदाहरण है।

पंजाब व जम्मू–कश्मीर में जातीय चुनौतियों की परिणति मुख्यतः स्वायत्तता व पृथकता के आंदोलन के रूप में हुई। पंजाब ने स्वायत्तता की माँग क्षेत्रीय, धार्मिक व आर्थिक कारकों से प्रस्तावित की, जबकि जम्मू–कश्मीर ने अपनी पृथकता को ऐतिहासिक, धार्मिक व भौगोलिक कारकों से तर्कसंगत सिद्ध करने का प्रयास किया है। पंजाब में अकाली नेताओं ने तीन रणनीतियाँ अपनाई : अपनी माँगों पर जोर देने के लिए संवैधानिक विरोध, विदेशी समर्थन व घुसपैठ, जबकि जम्मू–कश्मीर ने जनमत (Plebiscite) का आग्रह, स्वायत्तता व पृथक्ता की माँग का मार्ग चुना। जम्मू–कश्मीर ने अन्य राज्यों के साथ मिलकर क्षेत्रीय स्वायत्तता संघर्ष को बढ़ाने का प्रयास किया है। यह पृथक्तावादी आंदोलन, विदेशी व्यक्तियों, विशेषकर पाकिस्तान के सम्मिलित होने के कारण, एक गंभीर चुनौती के रूप में उभरा है। जम्मू–कश्मीर में अलगाववाद के अन्य कारक हैं–लोकतंत्र की असफलता, बढ़ती हुई बेरोजगारी तथा जनता के प्रति सरकार की उदासीनता।

मानव अधिकार–भारतीय संविधान में एक अधिकारों के प्रपत्र को शामिल किया गया है, जोकि नागरिक व राजनीतिक अधिकारों की व्याख्या करता है। ये उच्चतम न्यायालय व उच्च न्यायलयों द्वारा लागू व संरक्षित किए जा सकते हैं। मानव अधिकारों व कर्त्तव्यों के संबंध में संविधान के पाँच महत्त्वपूर्ण लक्ष्य हैं : (1) अनुच्छेद 29 व 30वें के अंतर्गत हमारा संविधान व्यक्ति के अधिकारों के साथ–साथ अल्पसंख्यकों के सांस्कृतिक व शैक्षिक अधिकारों को निर्देशित करता है। (2) अनुच्छेद 17 अस्पृश्यता का उन्मूलन करता है तथा संविधान के अंतर्गत कई ऐसे कानूनों का निर्माण किया गया है, जिससे कथित तौर पर 'अस्पृश्यों' के साथ भेदभावपूर्ण व्यवहार को समाप्त किया जा सके और औरतों के अधिकार सुनिश्चित हों, जिनके अधिकार पुरुषों की तुलना में अत्यधिक सीमित हैं। भारत सरकार सामाजिक–व्यवस्था की परंपरागत, अन्यायपूर्ण व शोषणकारी प्रकृति को भी बदलने हेतु प्रयत्नशील है। (3) समाज के कमजोर वर्गों जैसे अनुसूचित जाति व अनुसूचित जनजाति, महिलाओं, बच्चों व अन्य पिछड़े वर्गों (Other Backward Classes OBCS) के प्रति भेदभावपूर्ण नीतियों के विरुद्ध यह एक सकारात्मक व प्रभावशाली कदम उठाए जाने का प्रबंध करता है। सरकार की यह सकारात्मक नीति अद्वितीय है व विश्व में कहीं तुलनीय नहीं है। इसके अंतर्गत सरकार ने इन समूहों के लिए नौकरियों में लगभग 50 प्रतिशत सीटें आरक्षित की है, इसके अतिरिक्त शैक्षणिक संस्थानों व विधायी अंगों में इनके लिए 22.5 प्रतिशत आरक्षण है। कुछ यह भी सुझाव देते हैं कि आर्थिक विकास नीति में मानव अधिकार एक अनिवार्य कारक होने चाहिए। 1993 के 73वें व 74वें संविधान संशोधनों से पंचायतों न नगर पालिकाओं में महिलाओं के लिए 33 प्रतिशत स्थान आरक्षित किए गए हैं। परिणामस्वरूप, स्थानीय अंगों के लिए महिलाओं का चुनाव अच्छी संख्या में हुआ है और इस तरह उन्होंने ग्रामीण लोकतंत्रात्मक प्रक्रिया में भाग लिया है। इसने लोकतांत्रिक संस्थाओं की जड़ों को निश्चित रूप से मजबूत किया है। (4) राज्य नीति के निर्देशक सिद्धांत (Directive Principles of State Policy)

सामाजिक–आर्थिक अधिकार प्रदान करते हैं, जो न्यायिक पुनरीक्षण के अंतर्गत नहीं आते, जैसे जीवनयापन के पर्याप्त साधनों का अधिकार स्त्रियों व पुरुषों के लिए समान कार्य हेतु समान वेतन का अधिकार, आर्थिक शोषण के विरुद्ध अधिकार, बच्चों के अधिकार, न्याय के लिए समान अवसर व मुफ्त की कानूनी सहायता का अधिकार, काम का अधिकार, असुविधाप्राप्त वर्ग के अधिकार, आदि। (5) डॉक अनुच्छेद के अंतर्गत संविधान 10 मूल कर्त्तव्यों को शामिल करता है, जोकि 1976 में 42वें संवैधानिक संशोधन द्वारा जोड़े गए हैं।

गरीबी–सामाजिक समता का मुद्दा गरीबी की समस्या से भी जुड़ा है। अधिकतर विकासशील देश दयनीय स्थिति में रहे हैं, जहाँ जनसंख्या वृद्धि, निरक्षरता, बेरोजगारी, कुपोषण, गरीबी से जुड़े अपराध आदि समस्याएँ अधिक हैं। स्वतंत्रता के समय में ही सरकार की गरीबी–विरोधी नीति 1950 में सामुदायिक विकास कार्यक्रम (Community Development Programme) से शुरू हुई। 1970 का क्षेत्रीय विकास कार्यक्रम (Area Development Programme) व 1980 के लक्षित समूह पर केन्द्रित कार्यक्रमों (Target-group Centred Programmes) ने कुछ गरीबों व अभावग्रस्त परिवारों को लाभ पहुँचाया।

भविष्य में यह आशा की जाती है कि शिक्षा के बढ़ते ध्यान, सरकारी नौकरियों में सीटों का आरक्षण तथा महिलाओं व कमजोर वर्गों के सशक्तीकरण के परिणामस्वरूप, गरीबी–उन्मूलन कार्यक्रम अधिक प्रगतिशील होंगे। हमें गरीबी, स्वास्थ्य व पोषण, महिलाओं की स्थिति तथा मानव अधिकार जैसे मुद्दों को संपूर्ण रणनीति में रखकर देखना चाहिए, ऐसी रणनीति जो देश के पूर्वविकास के लिए सार्वजनिक नीति प्रक्रिया में परिवर्तित होती है।

अध्याय–10

सामाजिक सहभागिता : जेन्डर, कमजोर वर्ग व पर्यावरण के मुद्दे

प्रश्न 1. सामाजिक सहभागिता की अवधारणा बताइए।

[June 2009, Q. 5. (b)]

उत्तर– सामाजिक सहभागिता का अध्ययन समाजशास्त्र और अन्य सामाजिक विज्ञानों का एक महत्त्वपूर्ण विषय बना हुआ है। सामाजिक सहभागिता का एक अन्य अर्थ 'ऐच्छिक कार्य' (Voluntary Action) से भी जुड़ा है। चार प्रकार की ऐच्छिक–संस्थाओं की बात की जाती है। जन समाजों में ऐच्छिक–संस्थाओं को बहुलवाद का बोध समझा जाता है, जो सामुदायिक एकीकरण के हेतु होते हैं, व राजनीतिक–समाजीकरण (Political Socialisation) तथा सामाजिक परिवर्तन के हेतु भी होते हैं। ऐच्छिक समूहों में सहभागिता सहयोगियों की सामाजिक–आर्थिक स्थिति, रंग व जातीयता, आत्म–सम्मान व अन्य सामाजिक–मनोवैज्ञानिक धारणाओं से प्रभावित होती है। अतः सहभागिता का अध्ययन समाजशास्त्र व अन्य सामाजिक विज्ञानों में केन्द्रीय विषय है।

सामाजिक सहभागिता का अभिप्राय है संपूर्ण समाज या समुदाय को स्वयं के विकास के लिए जागरूक करना। यह तभी संभव है जब व्यक्ति, स्थानीय संगठन व सामाजिक संस्थाओं में पूर्ण रूप से भाग लेंगे। आदर्श रूप में, सक्रिय या सही सहभागिता का अर्थ है कि जनता अपनी समस्याओं के प्रति सचेत हो। जनता ऐसी स्थिति में होनी चाहिए कि अपनी आवश्यकताओं को पहचान सकें तथा कुछ हद तक उसे पूरा करने का प्रयास करें। समाज या जनता योजना स्तर पर शामिल अवश्य होनी चाहिए तथा उन्हें उपलब्ध संसाधनों के अनुसार, अपनी आवश्यकताओं की प्राथमिकता निश्चित करनी चाहिए। योजनाओं के क्रियान्वयन में भी उनकी भागीदारी आवश्यक है।

वे केवल सरकारी स्कीमों में निष्क्रिय लाभकर्त्ता होने के बजाय विकास में सक्रिय सहभागी बन जाते हैं।

सामाजिक सहभागिता को सुधारा जा सकता है, अगर सरकार–

(1) समाज/समुदाय की क्षमता का उपयोग बिना किसी शोषण के करें;

(2) दृढ़ता, अनुरूपता, दयालुता, आदर, मानव–सम्मान व सामूहिक–इकाई जैसे गुणों व प्रयोजनों में सहभागियों के विश्वास को बढ़ाएँ;

(3) समाज/समुदाय के विकास के परिणाम को समान रूप से प्रयोग करने के लिए सशक्त करे।

(4) जो भी दो प्रयोजन अथवा अधियोजना हों, उनके अपेक्षित परिणाम चाहे जो भी हों; इनके विषय में लोगों को सूचित करें;

(5) सहभागिता सक्रिय हो पर व्यापक हो व कुछ एक बिंदुओं पर केन्द्रित न हो, इन बातों पर ध्यान दें;

(6) आवश्यकताओं को पहचानने, लक्ष्यों का निरूपण करने तथा नीतियों का निर्माण करने में सह–निर्णयन को बल दें;

(7) समुदाय के स्वदेशोत्पन्न योगदान अर्थात् ज्ञान, कौशल व क्षमता का आदर करे;

(8) प्रोजेक्ट प्रयासकर्त्ताओं को विकास का माध्यम व उपलब्धकर्त्ता बनने के लिए प्रेरित करें, जो समाज/समुदाय–आधारित प्रयासों को प्रोत्साहित करें तथा उन चुनौतियों का सामना करने के लिए आवश्यक गुणों का विकास करें, जोकि उनके विकास को रोकते है;

कुछ तकनीके हैं, जैसे सहभागी ग्रामीण विश्लेषण (Participatory Rural Appraisal-PRA) जोकि कार्यक्रमों के प्रबंध व विकास में सहभागिता को प्रोत्साहित करते हैं। PRA उन उभरती प्रक्रियाओं का लेबल (Lebel) है, जोकि स्थानीय ज्ञान पर बल देती हैं तथा स्थानीय लोगों को स्वयं के मूल्य, उनके विश्लेषण व योजना–निर्माण हेतु समर्थ बनाती हैं।

सहभागिता विकास प्रक्रिया को सुलभ बनाती है। एक विकास कार्यक्रम की योजना व क्रियान्वयन में, सहभागिता महत्त्वपूर्ण सूचना प्रदान करती है, जोकि विकास लक्ष्यों व प्राथमिकताओं को सुनिश्चित करने में सहायता प्रदान करती है। यह मानवशक्ति संसाधनों के उपयोग को निर्धारित करने में सहायता करती है, जिससे प्रोजेक्ट के मूल्य/लागत में कमी आती है। सहभागिता, प्रशासक व समुदाय को सहयोग की आवश्यकता का एहसास दिलाती है। सहभागिता पर आधारित सीखने की यह प्रक्रिया समुदाय को एक वास्तविक कार्य–समूह बनाती है, जो उसके आत्मविश्वास व आत्मसम्मान में वृद्धि करती है।

प्रश्न 2. लोक प्रशासन व विकास की ओर जेन्डर संबंधित मुद्दों के सामान्य प्रतिमानों की व्याख्या कीजिए।

उत्तर– लोक प्रशासन व विकास की और जो संवेदनशीलता है, उसमें जेन्डर के मुद्दे को सम्मिलित किया गया है तथा 1980 में लोक प्रशासन में महिलाओं के मुद्दे को एक प्रमुख सैद्धांतिक मुद्दे के रूप में मान्यता प्रदान की गई। इस समय महिलाओं के सशक्तीकरण की प्रक्रिया चल रही थी। **ब्यूविनिक और ग्रीवे** (Buvinic and Greevey) के अनुसार महिलाओं के प्रति नीतियों में बदलाव आते रहें, 'कल्याण' से 'समानता' और 'समानता' से 'निर्भरता विरोधी'। निर्धन देशों की विकास नीतियों ने दो अन्य विचारधाराओं को महत्त्वपूर्ण स्थान दिया–'कार्यकुशलता' और सशक्तीकरण। ओस्टरगार्ड (Ostergaard) के शब्दों में, ''सामाजिक समता की विचारधारा के अनुरूप विकास प्रक्रिया में महिलाएँ सक्रिय सहभागी हैं। बस विचारधारा ने रणनीतिक दृष्टि से जेन्डर की आवश्यकताओं को पहचाना तथा विकास को न्याय एवं समता के साथ जोड़ा।'' वस्तुतः सशक्तीकरण की विचारधारा ने 'नीचे से ऊपर'

की विचारधारा के उपयोग पर बल दिया, ताकि महिलाओं को ज्यादा–से–ज्यादा जागरूक बनाया जा सके। इस बात का भी प्रयास किया गया कि केन्द्रीय एवं राज्य सरकारों द्वारा क्रियान्वित किए जाने वाले कार्यक्रमों में महिलाओं की अधिकाधिक सहभागिता को प्रोत्साहित किया जाए।

73वें एवं 74वें संविधान संशोधन अधिनियम, 1993 द्वारा पंचायती राज संस्थाओं और नगर–पालिकाओं में महिलाओं की राजनीतिक भागीदारी को सुनिश्चित किया गया।

(1) आर्थिक सशक्तीकरण – विश्व की कुल महिला जनसंख्या का लगभग 70 प्रतिशत निर्धनता रेखा से नीचे है। इनमें से अधिकांश अत्यंत गरीबी की स्थिति में रह रही हैं। इन्हें गरीबी की स्थिति से उबारने के लिए निम्नलिखित उपाय किए जाने चाहिए–

(1) संपत्ति पर महिलाओं के स्वामित्व एवं नियंत्रण को बढ़ाया जाए।

(2) सामुदायिक प्रबंध में महिलाओं की सहभागिता में वृद्धि की जाए।

(3) निर्धनों एवं निराश्रितों की क्षमता में विस्तार किया जाए।

(4) पूँजी संचय की प्रवृत्ति को बढ़ावा दिया जाए।

(5) नए कौशल, नई तकनीक एवं दक्षता के स्थानीय स्तर पर सही प्रयोग किया जाए।

(6) आर्थिक अवसरों एवं आधारभूत सामाजिक सेवाओं का निर्माण किया जाए।

(7) स्वर्ण जयंती ग्राम स्वरोजगार योजना एवं स्वयंसिद्ध जैसे सरकारी कार्यक्रमों को इस प्रकार लागू किया जाए कि अधिक–से–अधिक महिलाओं को इसका अधिकतम लाभ मिल सके।

महिलाओं के आर्थिक सशक्तीकरण के लिए यह जरूरी है कि उन्हें विभिन्न निर्धनता उन्मूलन कार्यक्रमों के अंतर्गत स्व–सहायता समूहों में प्रबंधित किया जाए। इन कार्यक्रमों में 'स्वर्ण जयंती शहरी रोजगार योजना', 'राष्ट्रीय महिला कोष', 'प्रशिक्षण एवं रोजगार के लिए समर्थन', महिलाओं के लिए प्रशिक्षण उत्पादन केन्द्र' आदि प्रमुख हैं। महिलाओं को आर्थिक रूप से आत्मनिर्भर बनाने के लिए उनकी क्षमताओं एवं आय संबंधी समर्थता को प्रोत्साहित किया जाना आवश्यक है। अनौपचारिक क्षेत्र में काम करने वाली महिलाएँ पूरे कार्य के 90 प्रतिशत से भी अधिक भाग में अपना योगदान देती हैं। इन महिलाओं को अच्छी कार्य दशाएँ, न्यनूतम मजदूरी, अवकाश आदि के संबंध में विशेष संरक्षण दिए जाने की जरूरत है। राज्य को यह सुनिश्चित करना चाहिए कि उसके कर्मचारी महिलाओं के प्रति अपनी प्रतिबद्धता को निभाएँगे, बल्कि सुरक्षा सुविधाओं का विस्तार करेंगे, व्यावसायिक खतरों से उनकी सुरक्षा करेंगे तथा मातृत्व लाभ एवं वित्तीय सहायता उपलब्ध कराएँगे। राज्य द्वारा महिलाओं को खादी एवं ग्रामोद्योग, हथकरघा, रेशम कीट का पालन एवं लघु–उद्योग के क्षेत्रों में रोजगार उपलब्ध कराए जा रहे हैं।

(2) स्वास्थ्य एवं पोषण स्थिति – महिलाओं, विशेष रूप से निर्धन महिलाओं और बच्चों की स्थिति में सुधार लाने के लिए प्राथमिक स्वास्थ्य एवं परिवार कल्याण पर विशेष ध्यान देने की जरूरत है। प्रसवकाल के दौरान अच्छी तरह से देखभाल की जरूरत

होती है। इसके लिए गर्भावस्था के पहले पंजीकरण करा लेना चाहिए। समय–समय पर गर्भवती महिलाओं की जाँच होनी चाहिए। अभिक्रिया और उच्च रक्तचाप की स्थिति से बचने के लिए समुचित जाँच कराना जरूरी है। सुरक्षित मातृत्व के लिए आवश्यक देखभाल संयुक्त राष्ट्रसंघ के सहस्त्राब्दि विकास लक्ष्यों (Millenium Development Goals) का एक अंग है, जिसे भारत में भी लागू किया गया है। स्त्री और पुरुष के बीच पोषण के संदर्भ में भेदभावपूर्ण व्यवहार अपनाने के कारण महिलाओं और किशोरियों के पोषण तत्त्व की कमी देखी गई है। यही कारण है कि ये विभिन्न स्तरों पर नवजात, पूर्व–बाल्यकाल, किशोरावस्था और मातृत्त्व के काल में अनेक प्रकार की बीमारियों का शिकार होती हैं। अतः महिलाओं में विशेष तौर पर गर्भवती एवं स्तनपान कराने वाली महिलाओं में कुपोषण को दूर करने के लिए विशेष प्रचार की जरूरत है।

(3) महिलाएँ तथा कमजोर वर्ग – 2001 की जनगणना के अनुसार अनुसूचित जाति एवं अनुसूचित जनजाति की जनसंख्या क्रमशः 16.2 प्रतिशत तथा 8.2 प्रतिशत है जो देश की कुल जनसंख्या का लगभग 25 प्रतिशत है। भारतीय संविधान के अंतर्गत इन्हें सुरक्षा एवं सरंक्षण प्रदान किया गया है। अनुच्छेद 46 के अनुसार राज्य को अनुसूचित जाति एवं अनुसूचित जनजाति के शैक्षिक एवं आर्थिक हितों की रक्षा का अधिकार है। राज्य सभी प्रकार के शोषण तथा सामाजिक अन्याय से उनका बचाव करता है। अनुच्छेद 275 (1) अनुसूचित जनजाति के कल्याण हेतु सरकारी अनुदान की व्यवस्था करता है। राष्ट्रीय अनुसूचित जाति एवं अनुसूचित जनजाति वित्त व विकास निगम (National Scheduled Castes and Scheduled Tribes Finance and Development Corportation-NSFDC) की स्थापना ऋण एवं सब्सिडी का विस्तार करने तथा इन जातियों को आय उत्पादक क्रियाओं में शामिल करने के लिए कहा गया था। छठी पंचवर्षीय योजना के अंतर्गत कम–से–कम 50 प्रतिशत आदिवासी परिवारों को निर्धनता रेखा से ऊपर लाने के लिए फंडों के निरीक्षण (Devolution of Funds) का एक उच्च स्तर निर्धारित किया गया था।

जिला प्राथमिक शिक्षा कार्यक्रम (DPEP) के अंतर्गत 61% लड़कियों को शामिल किया गया था। इनमे 23% अनुसूचित जाति एवं 13% अनुसूचित जनजाति की लड़कियाँ शामिल थी। सामुदायिक प्राथमिक शिक्षा कार्यक्रम 'जनशाला' का उद्देश्य प्राथमिक शिक्षा को सुलभ बनाना तथा उपेक्षित वर्गों, अनुसूचित जातियों एवं अनुसूचित जनजातियों के बच्चों एवं लड़कियों के लिए शिक्षा को प्रभावशाली बनाना है। प्रखंड स्तर पर संचालित होने वाला यह कार्यक्रम सामुदायिक सहभागिता और विकेन्द्रीकरण पर बल देता है। अनुसूचित जाति एवं अनुसूचित जनजाति के छात्रों को उच्च शिक्षा उपलब्ध कराने के लिए केन्द्रीय विद्यालयों, भारतीय तकनीकी संस्थानों, भारतीय प्रबंध संस्थानों एवं क्षेत्रीय इंजीनियरिंग कॉलेजों में आरक्षण का प्रावधान किया गया है। नवीं एवं दसवीं पंचवर्षीय योजना के दौरान अनुसूचित जाति एवं अनुसूचित जनजाति के शैक्षणिक विकास पर विशेष बल दिया गया।

राष्ट्रीय स्वास्थ्य नीति के अंतर्गत अनुसूचित जाति एवं अनुसूचित जनजाति बाहुल्य वाले क्षेत्रों में बीमारियों के उन्मूलन के लिए अनेक कार्यक्रम चलाए गए। विशेष अवयव कार्यक्रम (Special Component Programme) के अंतर्गत राज्य तथा संघ शासित क्षेत्रों द्वारा अनुसूचित जाति बाहुल्य क्षेत्रों में 50% केन्द्रीय अनुदान की सहायता से राष्ट्रीय मलेरिया कार्यक्रम चलाया गया। इस कार्यक्रम में फाईलेरिया, कालाजार और जापानी एंसीफलाइटिस उन्मूलन कार्यक्रम भी शामिल थे। वर्तमान में कुछ ऐसे वित्तीय संस्थान कार्यरत हैं जो सामाजिक रूप से उपेक्षित वर्गों के आर्थिक सुधार के लिए प्रयासरत हैं। इन संस्थानों में अनुसूचित जाति विकास निगम, राष्ट्रीय सफाई कर्मचारी वित्त एवं विकास निगम, राष्ट्रीय पिछड़ा वर्ग एवं विकास निगम और राष्ट्रीय अल्पसंख्यक विकास एवं वित्त निगम प्रमुख है। अनुसूचित जाति एवं अनुसूचित जनजाति के उत्थान के लिए निम्नलिखित कदम उठाए जाने की आवश्यकता है–

(1) वित्त, ज्ञान, प्रशिक्षण, साधन एवं तकनीकों के उचित समर्थन द्वारा इन जातियों की पारस्परिक दक्षता का विस्तार करना।

(2) जेन्डर के भेदभाव को नजरअंदाज करते हुए न्यूनतम मजदूरी एवं समान मजदूरी निश्चित करना।

(3) विशेष रूप से अनौपचारिक क्षेत्रों में पारंपरिक कला एवं कौशल का विस्तार करना तथा आधुनिक तकनीकों के इस्तेमाल पर बल देना।

(4) हस्तकला, हथकरघा, लेस बनाना तथा शीशे का काम आदि में आधुनिक तकनीकों के इस्तेमाल पर बल देना ताकि उनके उत्पाद बाजार की प्रतिस्पर्द्धा का सामना करने में सक्षम हो सके।

(4) महिलाओं के लिए शिक्षा – 1995 में संयुक्त राष्ट्र संघ के चौथे वर्ल्ड कॉन्फ्रेंस में संपूर्ण विश्व में महिलाओं की स्थिति' पर बोलते हुए **हिलेरी क्लिंटन** ने कहा था कि ''जब तक विश्व में भेदभाव एवं असमानताएँ बनी रहेंगी, तब तक महिलाओं एवं कन्याओं को कम पारितोषिक दिए जाएँगे, कम भोजन दिया जाएगा, घर में सबसे अंत में भोजन दिया जाएगा, अत्यधिक श्रम करवाया जाएगा, श्रम का उचित मूल्य नहीं दिया जाएगा तथा घर में आदर एवं बाहर उनके साथ हिंसात्मक व्यवहार किया जाएगा तब तक एक शांतिपूर्ण, समृद्ध विश्व का निर्माण करने में परिवार क्षमतानुसार योगदान नहीं दे सकेंगे।'' भारतीय महिलाओं के संदर्भ में भी कथन सही प्रतीत होता है। 2001 की जनगणना के अनुसार भारत में महिला साक्षरता 54.14% है। बीच में ही पढ़ाई छोड़ने वाली छात्राओं की दर 56% है। ऐसी स्थिति में महिलाओं की साक्षरता की दर को बढ़ाने की आवश्यकता है। महिलाओं के बीच शिक्षा का प्रसार करके ही राजनीतिक सहभागिता को उनके अधिकार को प्रभावशाली बनाया जा सकता है। एक धारणा के अनुसार वैसी महिलाएँ जो घर के बाहर जाकर रोजगार करती हैं, उनके पास घर के भीतर शोषण से बचने के लिए अधिक संसाधन होते हैं।

भारत में शिक्षा के अधिकार को मूल अधिकार में शामिल किया गया है। इससे महिलाओं के सशक्तीकरण में मदद मिलेगी। शिक्षा की राष्ट्रीय नीति महिलाओं की समानता के लिए शिक्षा पर बल देती है। राष्ट्रीय शिक्षा नीति के निम्नलिखित मुख्य उद्देश्य हैं–

(1) माध्यमिक और उच्च शिक्षा स्तरों के बीच अंतर को कम करना।

(2) शिक्षा की दृष्टि से पिछड़े क्षेत्रों पर अधिक ध्यान देना।

(3) सामाजिक रूप से कमजोर वर्गों विशेष रूप से अनुसूचित जाति, अनुसूचित जनजाति, पिछड़े वर्गों, अल्पसंख्यकों एवं महिलाओं व बच्चों के प्रति अधिक ध्यान देना।

'सभी के लिए शिक्षा' के उद्देश्य की प्राप्ति के लिए एक ऐसे कार्यक्रम को लागू करने की आवश्यकता है, जो महिलाओं एवं कन्याओं के लिए मुक्त एवं सुलभ शिक्षा उपलब्ध कराने के लिए प्रतिबद्ध हो। इसके लिए निम्नलिखित बातों पर ध्यान देना होगा–

(1) पाठ्य–पुस्तकों एवं पाठ्य सामग्री से भेदभावपूर्ण बातों को अलग करना।

(2) नियमित आधार पर शिक्षकों या शिक्षिकाओं को जेंडर का संवेदीकरण करना।

(3) प्राथमिक स्तर पर अधिक संख्या में महिला शिक्षकों की नियुक्ति करना।

(4) यूनिफॉर्म, पाठ्य–पुस्तकों तथा मध्य अवकाश में भोजन की व्यवस्था करना।

(5) छात्रवृत्तियाँ प्रदान करना, छात्राओं के लिए अलग छात्रावासों का निर्माण करना।

(6) स्कूल छोड़ने वाली महिलाओं एवं लड़कियों के लिए दूरस्थ शिक्षा की व्यवस्था करना तथा स्व–अध्ययन कार्यक्रमों पर बल देना।

इसके अतिरिक्त स्थानीय एवं केन्द्रीय स्तर की व्यावसायिक शिक्षा संस्थाओं, महिला औद्योगिक प्रशिक्षण संस्थाओं एवं प्रशिक्षण केन्द्रों, सामान्य औद्योगिक प्रशिक्षण संस्थाओं आदि को आपस में जोड़कर महिला साक्षरता की दर को बढ़ाया जा सकता है और उन्हें आत्मनिर्भर बनाया जा सकता है। 'स्वद्धार' कार्यक्रम का उद्देश्य वेश्यावृत्ति में संलग्न महिलाएँ, मंदिरों को अर्पित की जाने वाली महिलाएँ, सामाजिक एवं नैतिक रूप से संकटग्रस्त महिलाएँ, आश्रयविहीन विधवाओं, कठिन परिस्थितियों में गुजर–बसर करने वाली महिलाओं तथा स्थानांतरित महिलाओं एवं प्राकृतिक आपदाओं से प्रभावित महिलाओं आदि की मदद करना एवं उत्थान करना है। इस दिशा में मीडिया अत्यंत प्रभावशाली भूमिका निभा सकती है। अतः उनकी मदद लेने की आवश्यकता है। सूचना के अभाव में कोई भी विकास कार्यक्रम सार्थक परिणाम नहीं दे सकता। महिलाओं के सकारात्मक रूप जैसे मान–सम्मान एवं आदर–भाव को प्रदर्शित करने के लिए मीडिया का सहारा लिया जाना चाहिए। मीडिया जेन्डर के मुद्दे पर लोगों को अधिक जागरूक एवं संवेदनशील बनाने में महत्त्वपूर्ण भूमिका निभा सकती है।

(5) बालिकाओं की स्थिति – 2001 की जनगणना के अनुसार भारत में 14 वर्ष तक की आयु के बालकों की संख्या कुल जनसंख्या की 33.8 प्रतिशत अर्थात् 347.54 करोड़ थी। इनमें बालिकाओं की संख्या 49.3 प्रतिशत अर्थात 171.5 करोड़ थी। भारत

के संविधान में कन्याओं की सुरक्षा एवं विकास के लिए अनेक प्रावधान किए गए हैं। अनुच्छेद 14 और 15(3) के तहत यह प्रावधान किया गया है कि राज्य किसी भी व्यक्ति को कानून के समक्ष समानता से वंचित नहीं करेगा। राज्य को यह शक्ति प्राप्त है कि वे बच्चों के कल्याण के लिए कोई विशेष कानून बना सकता है। अनुच्छेद 23 'क' मानव व्यापार का निषेध करता है, बलपूर्वक श्रम का उन्मूलन करता है तथा इस प्रावधान के उल्लंघन को एक दंडनीय अपराध घोषित करता है। इसी प्रकार, अनुच्छेद 24 'क', 14 वर्ष से कम उम्र के बच्चे को किसी कारखाने या अन्य खतरनाक काम में नियोजित करने पर प्रतिबंध लगाता है। अनुच्छेद 39 के अनुसार राज्य अपनी नीति का संचालन इस प्रकार करेगा कि बालकों की सुकुमार अवस्था का दुरुपयोग न हो। साथ ही उसे आर्थिक रूप से मजबूत होकर ऐसे रोजगारों में न जाना पड़े जो उसकी आयु या शक्ति के अनुरूप न हो। अनुच्छेद 45 'क' के अंतर्गत 14 वर्ष तक के बच्चों के लिए निःशुल्क एवं अनिवार्य शिक्षा की व्यवस्था की गई है।

कन्या शिशुओं (0–6 वर्ष) की दर भारतीय जनगणना के अनुसार 2001 में 927 थी, जबकि 1991 में यह दर 945 थी। कन्या शिशुओं की उपेक्षा, कन्या शिशु हत्या में वृद्धि, कन्या मृत्यु–दर एवं माता मृत्यु दर का उच्च स्तर और कन्या शिशु हत्या से स्त्री और पुरुष के अनुपात में असंतुलन पैदा हो गया है। 1993 में 'सेक्स दर का पतन' नाम से कराए गए एक सर्वेक्षण से यह बात सामने आई कि शहरी क्षेत्रों में कन्या शिशुओं की हत्या एक सामान्य लक्षण है। आंध्रप्रदेश, गुजरात, पंजाब, हरियाणा, राजस्थान, मध्यप्रदेश और बिहार जैसे राज्यों के कुछ समुदाय में कन्या शिशुओं की हत्या (गर्भपात) एक आम बात है। बच्चे देश के भविष्य होते हैं। अतः उनके जीवन, सुरक्षा एवं विकास पर ज्यादा ध्यान दिया जाना चाहिए। सामुदायिक संस्थाएँ लड़कियों एवं महिलाओं के जीवन, वृद्धि एवं विकास में महत्त्वपूर्ण भूमिका निभा सकती हैं। सरकारी संगठनों के साथ–साथ निजी एवं गैर–सरकारी संगठन भी इस दिशा में महत्त्वपूर्ण भूमिका निभा सकते हैं और महिलाओं की स्थिति में सुधार लाने में सहायता कर सकते हैं।

अध्याय–11

भारतीय राज्य का बदलता स्वरूप

प्रश्न 1. आधुनिक राज्य के विकास की समीक्षा कीजिए।

उत्तर– आधुनिक राज्य का विकास एक महत्त्वपूर्ण स्थिति के रूप में देखा जाना चाहिए क्योंकि यह मानव की सभी प्रकार की क्रियाओं में प्रत्यक्ष और अप्रत्यक्ष रूप से भागीदार होता है। जब आधुनिक राज्य का यूरोप में प्रादुर्भाव हुआ, तब उसकी अवधारणा बहुत सीमित थी और इसलिए वह सामाजिक निर्माण या अभियांत्रिकीकरण में व्यवस्थित रूप से सहभागी नहीं रह सका। भारत में औपनिवेशिक राज्य आधुनिक राज्य का प्रथम रूप था और इसने स्वामित्व की उपाधि धारण की। परंतु ब्रिटिश भारत के समाज और राज्य के संबंध को लेकर इसकी स्थिति अस्पष्ट थी। मुख्य रूप से, राज्य की अनुक्रिया एक विदेशी समाज के मामलों में दखल की स्थिति और इसके विपरीत एक क्रियाशील सुधारवाद के साथ झूलती रही, लेकिन इसने जातिगत समाज की संरचना में सीधी दखलंदाजी नहीं की। यद्यपि स्वतंत्रता के पश्चात् का भारतीय राज्य इस समान दूरी की प्रवृत्ति को नहीं बनाए रख सका। भारतीय राज्य सामाजिक सुधार के लिए वचनबद्ध था, जैसा कि स्वयं संविधान ने समाज निर्माण के कई कार्यक्रम प्रस्तुत किये और इनको राज्य को सौंपा, जोकि इनके कार्यान्वयन का मुख्य साधन था। इसलिए राज्य ने गंभीर विधि निर्माण किये, जिसने समाज के पिछड़े समुदायों की भलाई के लिए सकारात्मक भेदभाव प्रस्तुत किए और उनको राज्य में रोजगार और शिक्षा में सापेक्ष रूप से लाभ प्रदान किया। इसने एक अत्यधिक हस्तक्षेप करने वाले राज्य को आगे बढ़ाया।

भूतकाल से विशेष निरंतरता बनाए रखने के बावजूद सरकारी ढाँचों ने, जोकि ब्रिटिश शासन के बाद स्थापित किये गये थे, राज्य के भीतर और राज्य व समाज के बीच जटिलता को जन्म दिया। जैसे कि, भारतीय राज्य की अखिल भारतीय सेवाएँ ब्रिटिश औपनिवेशिक राज्य की मुख्य संस्थागत संपत्ति थी, फिर भी वह एक मुख्य साधन बना, जिसने आने वाले नौकरशाही और प्रबंधकीय राज्य की नींव रखी। इस राज्य के कार्य, शक्तियाँ और कर्मचारी वर्ग 1980 के दशक तक अकल्पित रूप से बढ़े, जब भारत ने योजनागत आर्थिक प्रगति की नीति पर जोर दिया। सार्वजनिक क्षेत्र के नौकरशाह अपने ही स्तर के वृहद् निजी औद्योगिक घरानों के अफसरों से कहीं अधिक प्रभावशाली थे, क्योंकि वे संगठित औद्योगिक क्षेत्र में अर्थव्यवस्था का प्रबंधन कर रहे थे और एक विकट नियंत्रण संबंधी उपकरण का संचालन कर रहे थे, यह नियंत्रण उपकरण निजी उद्यमों को विस्तार और अभिपत्र (लाइसेंस) देने, पूँजीगत समान के आयात–निर्यात, विदेशी मुद्रा विनिमय का निर्धारण और पूँजी उगाही के मार्ग प्रशासन से संबंधित है।

इस प्रकार राज्य, अर्थव्यवस्था का प्रबंध करने के लिए असंगत रूप से भूमिका, निभाने लगा। भारतीय राज्य केवल एक बड़े नियोक्ता के रूप में ही नहीं उभरा, वरन् इसने अंतर्राष्ट्रीय, ऋण और विदेशी पूँजी निवेश के प्रबंधन में भी मुख्य भूमिका निभाई। राज्य पूँजी का मुख्य स्रोत एक बन गया और उसने इस पूँजी के उपयोग को नियंत्रित किया। राज्य द्वारा इन जिम्मेदारियों को निभाने में सहायता करने के लिए एक वृहद् राज्य ढाँचे को विकसित करना था। सार्वजनिक क्षेत्र का प्रबंधन, ऊर्जा आपूर्ति व परिवहन; वाणिज्यिक वित्तीय लेन–देन के लिए एक कानूनी ढाँचा बनाना; निवेशकों के मध्य विश्वास बढ़ाने के लिए राजनीतिक स्थायित्व को बनाए रखना–ये सभी राज्य की जिम्मेदारियाँ थी। यह आधुनिक राज्य प्रतिरोधी अभिकरण के एकाधिकार के वेबेरियन सिद्धांत का रूप है, जिसने सामाजिक वर्गों के मध्य संदेश दिया कि वे एक–दूसरे के लिए माँगों को राज्य की एजेन्सियों द्वारा आगे बढ़ाएँ।

रुडोल्फ के विचार में माँग की राज्यव्यवस्था (Demand Polity) अल्पकालीन उद्देश्यों, नीतियों और जनसाधारण के हितों को सुनिश्चित करने वाले प्रतियोगी प्रक्रमों और निजी सामान की व्यवस्था करने की ओर उन्मुख रहती है। इस माँग की नीति सीमित रहती है और यह निर्वाचनीय अभिनिर्णय और संगठित हित व वर्गों, राजनीतिक दलों, सामाजिक आंदोलन व आंदोलनकारी राजनीति द्वारा निर्देशित व सीमित होती है। यह वृद्धिकारी नीति की प्राथमिकता की 'तर्कसंगतता' की ओर भी झुकी होती है। वहीं दूसरी ओर, 'आदेश' की राज्यव्यवस्था राज्य निर्धारित दीर्घकालीन उद्देश्यों और जनता के हितों के निर्माण व सार्वजनिक तथा सामूहिक सामान की व्यवस्था की ओर झुकी होती है। राजनीतिक नेताओं व नौकरशाहों की प्राथमिकता निवेश संबंधित क्षेत्र व नीति विकल्प को बहुत अधिक प्रभावित करते हैं। वे आर्थिक वर्गों, संगठित हितों व उत्कृष्ट वर्गों की तरफदारी, नियंत्रण, अनुज्ञा अथवा सहयोजन करते हैं। आदेश की राज्यव्यवस्था में राज्य की भूमिका उसी प्रकार की होती है, जिस प्रकार एकाधिकार रखने वाले उत्पादक की होती है, जोकि यह निर्धारित कर सकता है, कि क्या और कितना उत्पादित किया जाए, क्योंकि वे अपने निवेश संबंधी निर्णयों के अनुसार निवेश को नियंत्रित कर सकते हैं और उपभोक्ताओं की वरीयताओं को निर्धारित करते हैं। इस प्रकार रुडोल्फ ने भारतीय स्वतंत्रता के बाद से चार कालों की पहचान की, जिन्हें उन्होंने दो चरणों में वर्गीकृत किया 'आदेशात्मक राज्यव्यवस्था' (1956–66 और 1975–77) तथा 'माँग की व्यवस्था' (1966–1975 और 1977–1980)।

स्वतंत्र भारत में सरकारी प्रशासनिक ढाँचा आधारभूत रूप से औपनिवेशिक शासक से ही लिया गया, हालाँकि वह कुछ ही समय में बढ़ता चला गया। इसमें शामिल थे कुछ उच्च अधिकारी, जोकि अखिल भारतीय सेवाओं का हिस्सा थे और बड़े पैमाने पर भारतीय सिविल सेवाओं की श्रेणी में आते थे। भारतीय सिविल सेवाओं के भारतीय सदस्य, जिन्हें कि 'स्टील फ्रेम' (Steel-frame) का दर्जा दिया गया था, स्वतंत्रता के बाद, 'भारतीय प्रशासनिक

सेवाएँ' नवीन रूप से उभरकर सामने आई, जिसका गठन 1947 के बाद किया गया। सरकारी ढाँचे की निर्णायक इकाई जिला प्रशासन थी, जोकि जिला अधिकार के साथ–साथ सरकार के लिए, औपनिवेशिक समय से शासन एवं कानून व्यवस्था बनाए रखने की मुख्य जिम्मेदारी थी, परंतु साथ ही वह विकासात्मक कार्यों की मुख्य इकाई भी बन गई थी।

प्रश्न 2. भारत में राज्य के समक्ष मुद्दों का विश्लेषण कीजिए।

[June 2009, Q. 10. (a)]

उत्तर– पिछले 50 दशकों में भारत की जनता में लोकतांत्रिक व्यवस्था के प्रति जागरूकता में वृद्धि हुई है। इस दौरान समाज के अलग–अलग वर्गों द्वारा सामाजिक, आर्थिक, राजनीतिक एवं सांस्कृतिक विकास की माँग की जाती रही। पिछड़े एवं उपेक्षित वर्ग, निर्धन किसान, मजदूर और महिलाओं में लोकतांत्रिक अधिकारों के प्रति जागरूकता आई है। उदारीकरण, वैश्वीकरण और निजीकरण के दौर में भारतीय राज्य के सामने अनेक ऐसे मुद्दे हैं जिन्हें नए तकनीकी कौशल से निपटने की जरूरत है। भारतीय राज्य के समक्ष समस्या यह है कि इसको नए तकनीकी युग की सभी चुनौतियों का सामना करने को कहा जा रहा है, वह भी उस उत्तर–औपनिवेशिक राज्य के पुराने उपकरणों द्वारा जो राजस्व संग्रह और नियमों के प्रशासन से अधिक आगे प्रगति नहीं कर सकता। **प्रदीप एन. खंडवाला** के अनुसार चुनौती का सामना करने के लिए भारतीय राज्य को कुछ अति–आवश्यक कदम उठाने होंगे। जैसे–नौकरशाही को तकनीकी शाही में परिवर्तित करना तथा नई कार्य–संस्कृति का निर्माण करना, जो अनुक्रियाशील हो, दक्ष हो और तकनीकी युग की समस्याओं की जटिलता को समझने में सक्षम हो।

भारत विविधताओं से परिपूर्ण एक विशाल देश है। महाद्वीपीय आकार और भौगोलिक विभिन्नता के साथ–साथ यह अनेक धर्मों, संप्रदायों, जातियों एवं राजनीतिक समूहों का सम्मिश्रण है। **ऑर्टन और विक** (Orton and Weick) का मानना है कि इस प्रकार के देश में प्रशासनिक तंत्र प्रायः अत्यधिक वर्गीकृत, ढीले रूप से संयोजित और अराजकता के स्तर तक नरम होते हैं। राजनीति समाजवादियों के अनुसार भारतीय राज्य नाममात्र के लिए दिखाई देता है और यह प्राच्य निरंकुशता (Oriental Despotism) का एक कमजोर रूप प्रतीत होता है, जिसका उसी प्रकार लुप्त होना तय है जिस प्रकार अकस्मात इसका उदय हुआ था। इन समाजवादियों मे **वेबर, हेनरी मैन** और **लुई डूमो** प्रमुख हैं। मार्क्स का कहना था कि ''राज्य तो आते और जाते हैं लेकिन ग्रामीण समुदाय सदा स्थिर रहता है।'' इस प्रकार मार्क्स ने भारतीय ग्रामीण समुदायों को प्राच्य निरंकुशतावाद में ठोस आधार के रूप में वर्णित किया है।

भारत को एक सांस्कृतिक देश के रूप में देखा जाता है। जहाँ पर अनेकता को एक सभ्यात्मक एकता के रूप में ग्रहण किया गया है न कि आधुनिक राष्ट्रीय राज्यों के रूप में। आधुनिक राज्य बहुलवादी संस्कृति और एकता का विरोध करता है और उसकी जगह एकल

राजनीतिक सत्ता स्थापित करने का समर्थन करता है। **प्रदीप खंडवाला** की दृष्टि में भारतीय राज्य की स्थिति एक प्रकार का विरोधाभास उत्पन्न करती है, जो एक रूप में तो संकट है और दूसरे रूप में विश्व का सर्वाधिक प्रभावशाली विकासशील राज्य है।

अतुल कोहली का कहना है कि ''एक लोकतांत्रिक विकासशील देश सुचारु रूप से शासित किया जा सकता है, यदि वह निरंतर वैधता बनाए रखे, सामाजिक–आर्थिक विकास को बढ़ावा दे और बल प्रयोग के बिना शांति बनाए रखे। इस बढ़ती अक्षमता ने भारत को शासन की भयंकर परेशानी में लाकर खड़ा कर दिया है।''

भारत के इस संकट को विभिन्न विचारकों ने अपने–अपने ढंग से विश्लेषित करने का प्रयास किया है। मदन और नंदी का कहना है कि यदि हम एक वाक्य में परिभाषित करें तो आधुनिक भारतीय राज्य उसके विदेशी उद्‌गामी प्रभाव के कारण संकटग्रस्त है, कार्य और कार्यप्रणालियाँ भी आम भारतीयों के साथ तालमेल नहीं बैठा पाई हैं और इसके हल हमें राजनीतिक परिदृश्य से प्रभावित हुए बिना ही ढूँढने होंगे। **रजनी कोठारी** के अनुसार यह संकट सहभागिता की संकीर्णता के कारण दिखाई देता है, जो पाश्चात्य राजनीतिक दलों की पदसोपान उन्मुख संरचना से पुनः लागू हुई है। मार्क्सवादियों का मानना है कि यह उपनिवेशवाद का प्रतिफल है जिसके मतभेद राजनीतिक मतभेदों के कारण उत्पन्न होते हैं और भारतीय आधुनिक राज्यों को भी प्रभावित करते हैं। **कविराज** के अनुसार इसकी जड़े लोकतांत्रिक समाज की उत्पत्ति के साथ देखी जा सकती है, जो लोकतांत्रिक सरकारों के कार्यों को प्रभावित कर रही हैं।

धार्मिक दृष्टिकोण से भारतीय राज्य दोहरी नीति अपना रहे हैं। भारत में विकसित धर्म विशेष रूप से हिंदू धर्म के प्रति राज्य एक सुधारवादी तंत्र की तरह व्यवहार करता है और अल्पसंख्यक धर्म के प्रति यह एक लाभकारी एवं पीछे हटने वाली संस्था के रूप में कार्य करता है। यह ठीक है कि राज्य के पास देशीय धर्मों में हस्तक्षेप करने का नैतिक अधिकार है और इस प्रकार का हस्तक्षेप उन्हें स्वीकार भी है लेकिन यह भी सत्य है कि दोनों ही धारणाएँ दोषपूर्ण हैं।

20वीं शताब्दी के उत्तरार्द्ध में अर्थात स्वतंत्रता प्राप्ति के बाद भारतीय राज्यों की कार्यप्रणाली में गुणात्मक परिवर्तन आए हैं। चीन तथा कुछ पूर्वी एशियाई देशों को छोड़कर भारत ने अनेक विकासशील देशों को पीछे छोड़ दिया है। **प्रदीप खंडवाला** के अनुसार ''लोकतंत्र का संगठनात्मक ढाँचा शासन के विभिन्न चरणों एवं स्तरों के साथ एक संघीय व्यवस्था, एक स्वतंत्र न्यायपालिका, एक मिश्रित अर्थव्यवस्था, आर्थिक नियोजन जो निर्धनता उन्मूलन, मानव संसाधन विकास, संगठन के आंतरिक विकास और आर्थिक लचीलेपन को बढ़ावा देता है।' यह सभी भारत की शक्ति को प्रतिबिंबित करते हैं। वस्तुतः न्यूनतम राज्य जैसी अवधारणा के बावजूद भारतीय राज्य स्वयं को पुनः स्थापित कर रहा है और सही आकार के नौकरशाही तंत्र, सामाजिक न्याय, आर्थिक समानता और मानव अधिकार पर बल दे रहा है।

प्रश्न 3. प्रशासन एवं सामाजिक संरचना को स्पष्ट कीजिए।

उत्तर— लोक प्रशासन किसी राष्ट्र की सामाजिक संरचना जैसे कि, मूल्यों, परंपराओं, संस्कृति एवं आकांक्षाओं आदि को बहुत अधिक प्रभावित करता है। प्रशासक अपने सामाजिक–सांस्कृतिक परिवेश की उपज होते हैं। जीवन और कार्य के प्रति उनका रवैया वर्तमान सामाजिक रुखों एवं विचारों से ढला होता है जो बदले में उनके प्रशासनिक व्यवहार और कार्य को आकार प्रदान करते हैं। चेतन या अचेतन रूप से प्रत्येक प्रशासक के निर्णयों पर उसके वातावरण, सामाजिक दर्शन सांस्कृतिक पूर्वाग्रहों एवं विचित्रताओं की छाप होती है। विकासशील देशों की अधिकांश प्रशासनिक समस्याएँ उनके सांस्कृतिक परिवेश में जमी होती हैं। जब ये देश पश्चिम की सफल प्रशासनिक प्रक्रियाओं या संस्थाओं को अपनाने की कोशिश करते हैं तो उन्हें अक्सर सांस्कृतिक अवरोधों का सामना करना पड़ता है। जनता संदेह या उदासीनता का रुख अख्तियार कर सकती है एवं नये या आधुनिक कार्यक्रमों के कार्यान्वयन में प्रशासकों के साथ सहयोग करने से इंकार कर सकती है। प्रत्येक नये कार्यक्रम, भले ही वह कल्याणकारी हो, का सहजता से विरोध किया जा सकता है क्योंकि वह लोगों के लिए परकीय है। संयुक्त राज्य अमेरिका का समाज बाजार उन्मुख, अत्यधिक प्रतिस्पर्धात्मक एवं व्यक्तिवादी है। इस तरह के समाज में जीवित रहने के लिए यह आवश्यक है कि प्रत्येक व्यक्ति अपनी अधिकतम क्षमता का प्रयोग करे। लोग कुशलता के प्रति जागरूक होते हैं क्योंकि उनका वातावरण इसकी माँग करता है। भारत में जीवन के प्रति दैववादी विचार अधिकांश लोगों में काम के प्रति निरुत्साह रवैया पैदा करता है। पारंपरिक समाजों, जो अपने विशिष्ट सामाजिक–सांस्कृतिक अनुभव और वातावरण की उपज है में प्रशासन की अन्य विचित्रताएँ हैं : एक व्यवसाय के तौर पर सिविल सेवा को निजी नौकरी से अधिक सामाजिक प्रतिष्ठा प्राप्त है; अधिकांश शिक्षित युवक एक आजीविका के तौर पर सरकारी नौकरी को वरीयता देते हैं, तथापि चयन पूर्णतया प्रतिभा या योग्यता के आधार पर नहीं होता क्योंकि बेरोजगारी की विकट समस्याओं के कारण चयन प्राधिकारियों पर तरह–तरह के दबाव डाले जाते हैं; सरकारी नौकरियों में स्थायी कार्यकाल एवं रोजगार सुरक्षा होती है यद्यपि इससे काम में सुस्ती, लाल फीताशाही एवं अकर्मण्यता आती है; प्रशासन के विभिन्न स्तरों पर उम्र, पदीय वरिष्ठता एवं सामाजिक प्रतिष्ठा में काफी अंतर होता है एवं मेल–जोल बहुत कम होता है; सरकारी प्रशासन तेजी से बढ़ता है क्योंकि सरकारी नौकरी बेरोजगारी कम करने का एक मार्ग बन जाती है; भाई–भतीजावाद और भ्रष्टाचार अनियंत्रित होता है; काम के प्रति रुख मुश्किल से पेशेवर होता है एवं उच्च स्तरीय पदों के लिए कुशल व्यक्तियों का आमतौर पर अभाव होता हैं।

अध्याय–12

नीति–निर्माण, कार्यान्वयन और विश्लेषण में नौकरशाही की भूमिका

प्रश्न 1. नीति–निर्माण और नीति–कार्यान्वयन में नौकरशाही की भूमिका का परीक्षण कीजिए। [June 2008, Q. 8.][June 2009, Q. 6.]

उत्तर– नीति–निर्माण प्रायः एक अनुरेखीय प्रक्रिया नहीं होती है। इसमें एक स्तर पर निरंतर बढ़ोत्तरी देखी गई है और इस पर अनेक कर्त्ताओं का प्रभाव दिखाई पड़ता है, **थॉमस आर.डाई** (Thomas R. Dye) ने लोक–नीति को परिभाषित करते हुए कहा है कि सरकार जो भी करने को या न करने को चुनती है, वही लोक–नीति होती है। हम तर्क दे सकते हैं कि सरकार की निष्क्रियता का हमारे समाज पर उतना ही बड़ा प्रभाव पड़ता है, जितना कि उसके कार्य करने की सक्रियता का।

लोक सेवा अधिकारियों को नियमों में पूर्वाभिमुखीकरण लाना चाहिए, जिससे हर दिन सार्वजनिक मसलों से जुड़े व्यवहारों को नियमबद्ध किया जा सके। इन अधिकारियों को ऐसी नीतियों के कार्यान्वयन में ही नहीं, बल्कि इनको बनाने में भी बहुमूल्य योगदान होता है।

न्यायपालिका भी अपनी महत्त्वपूर्ण भूमिका नीतियों की समीक्षा के माध्यम से निभाती है, ताकि ये संवैधानिक नियमों के विपरीत न हों। अतः नीति–निर्माण में नौकरशाही की भूमिका जानकारी प्रदान करने वाली व सलाहकारी और विश्लेषणकारी होती है।

मध्य स्तरीय (नौकरशाही की भूमिका)

उच्च पदाधिकारियों द्वारा जो राज्य–स्तरीय विभागों के मुख्य होते हैं और जो उनके निकटतम अधीनस्थ होते हैं, ये दो उच्च–स्तरीय अधिकारी वर्ग ही वास्तव में नीति से जुड़े सलाह, प्रतिपादन व प्रबोधन में अपनी भूमिका निभाते हैं। व्यवहार में यद्यपि ऊपर से तृतीय व चतुर्थ श्रेणी के पदस्थ (तथाकथित मध्य स्तर के) द्वारा भी नीति–निर्माण व कार्यान्वयन में सक्रिय होते हैं। सामान्य तौर पर ये मध्य–स्तर के पदस्थ ही बिल तैयार करने, नियम सुधार लाने, श्वेत पत्र जारी करने, निरीक्षकों को संबोधित करने, ये देखने कि तैयार नीतियाँ नियमों के अनुरूप कार्यान्वित हो रही हैं या नहीं तथा उन वैकल्पिक योजनाओं से अवगत कराने, जिनका पालन होना चाहिए, आदि में महत्त्वपूर्ण भूमिका निभाते हैं। वास्तव में, ये मध्य–स्तर के अधिकारी नीति–निर्माण, नवीकरण, प्रबोधन व परामर्श में सक्रिय रूप से शामिल होते हैं।

मध्य–स्तरीय अधिकारियों की नीति–निर्माण में ज्यादा या कम प्रभाव, मंत्री के नेतृत्व (प्रबंध) के ढंग, हाथ में आए मुद्दे की राजनीतिक संजीदगी व विभाग प्रमुखों के स्वीकार करने के स्तर पर निर्भर करती है, खासकर जब वे मंत्री तक सीधी पहुँच रखते हों।

यह पूर्णतया संभव है कि ऐसी परिस्थिति बन सकती हैं, जहाँ उच्च–स्तरीय अधिकारी वर्ग (जिनके पास अधिकारिक नीति–निर्धारण संबंधी उनके उच्च पद पर आसीन होने के

कारण यह अधिकार हों) नीति–प्रस्तावों को, जो मध्य–स्तरीय नौकरशाही द्वारा प्रतिपादित किया जाता है, मान्यता देने के लिए कुछ ज्यादा न करे। अगर जरूरी हुआ तो इन प्रस्तावों में जो उनके सामने पेश किया जाता है, उसमें थोड़ा–बहुत समायोजन करते हैं और अक्सर अपने अधीनस्थों द्वारा प्रस्तावित विकल्पों में चुनाव करते हैं, (जो जानकारी को इकट्ठा करने, व्याख्या करने के वास्तविक कार्यों के लिए उत्तरदायी होते हैं और प्रस्तावों को स्वीकार्य रूप में तैयार करने के लिए भी) संबंध मंत्री के सामने प्रस्तुत करने से पहले उनका चुनाव एक बार फिर किया जाता है।

उच्च–स्तरीय (Top-Level) नौकरशाही की भूमिका–नीति–निर्माण में उच्च–स्तरीय नौकरशाहों की भूमिका काफी महत्त्वपूर्ण होती है। इसका आशय यह नहीं कि उच्च–स्तरीय नौकरशाह, मंत्री और मध्य–स्तरीय नौकरशाहों के बीच सिर्फ कड़ी का काम करते हैं। सच्चाई इससे बिल्कुल अलग है। उन्हें विशेष रूप से यह देखना होता है कि जो प्रस्ताव अंततः मंत्री को भेजे जाते हैं, समकालीन नीतियों के अनुरूप हैं। उच्च–स्तरीय नौकरशाही को प्रस्तावित नीति के राजनीतिक औचित्य और आर्थिक शर्तों के अनुरूप इसकी उपयोगिता को भी देखना पड़ता है। उनके पास क्या संसाधन हैं, कितने आदमी हैं और प्रशासनिक तौर पर क्या संभव हैं आदि।

यद्यपि, नीति का प्रतिपादन मंत्री और नौकरशाहों (उच्च और मध्य स्तरों के) द्वारा किया जाता है। लेकिन उनके तटस्थ होने के कारण सिद्धांत रूप में उनका ज्यादा प्रभाव नहीं होता। वे सरकार की सेवा करते हैं न कि उस पार्टी की जो सत्ता में है। इसी तरह राजनीतिक कार्यपालिका अपनी पार्टी पर ध्यान दिए बिना लोक–सेवा अधिकारियों पर निर्भर करती है। लेकिन देश या विभाग के लिए क्या जरूरी है, इसके बारे में लोक–सेवा अधिकारियों या नौकरशाहों की अपनी राय है और यह मानते हुए कि वे स्वच्छंद भाव से कार्य नहीं कर सकते, एक मजबूत मंत्री–स्तरीय नेतृत्व की जरूरत होती है। अधिकारी वर्ग उन राजनीतिक प्रमुखों को बिल्कुल पसंद नहीं करता, जो प्रभावी नहीं होते। अगर किसी मंत्री का एक खास नीति के प्रति, जो विशेषकर पार्टी विचारधारा द्वारा भी समर्थित है, झुकाव होता है, तो ऐसे में नौकरशाहों का प्रभाव बहुत कम हो जाता है।

जॉन पीयरे ने कहा है कि यह सोचना भ्रमजनक होगा कि राजनीतिज्ञों व नौकरशाहों के बीच निरंतर प्रतिकूल संबंध पाया जाता है। इसके विपरीत नीति–निर्माताओं और नौकरशाहों के बीच अक्सर एक नेटवर्क विकसित होता रहता है, जो सार्वजनिक क्षेत्रीय हितों को बढ़ावा देता है।

अभिसरण मॉडल को 'प्योर हाइब्रीड' (Pure Hybrid) मॉडल भी कहते हैं। राजनीतिज्ञों और नौकरशाहों के बीच होने वाली अंतःक्रिया सिर्फ सामुदायिक कारकों पर ही निर्भर करती है। यह विभिन्न नीति–क्षेत्रों, समय और विभिन्न वैचारिक रुझान वाले शासन–तंत्र के अनुरूप बदलती रहती है।

नीति–निर्माण में नौकरशाहों की बढ़ती भूमिका के पीछे अनेक कारक मौजूद हैं। वास्तव में, 'प्रत्यायोजित विधान' व 'प्रशासनिक अधिनिर्णय' की विशेष अवधारणाओं का प्रार्दुभाव नौकरशाही की नीति–निर्माण की भूमिका में अपने लगातार बढ़ते महत्त्व के कारण हुआ।

सूचना आधार – भारतीय संविधान के तहत नौकरशाही के ऊपरी तबके को यह संवैधानिक जिम्मेदारी दी गई है कि वे नीति के विभिन्न विकल्पों पर अपनी राय दें। उदाहरण के लिए, भारत सरकार में कार्यरत सचिव मंत्रियों को निर्णय लेने में सलाह देते हैं, जो स्थापित नीति अथवा विधि के ढाँचे के अंदर जुड़े होते हैं तथा जिनको दिनों–दिन चलने वाली कार्यविधियों से नहीं सुलझाया जा सकता।

ज्ञान और अनुभव – उच्च पदों पर आसीन लोक–सेवा अधिकारियों का अपने अर्जित शैक्षिक ज्ञान और नीतियों को लागू करने के दौरान प्राप्त अनुभवों पर करीब–करीब पूरा एकाधिकार होता है। उनका लंबा अनुभव और ज्ञान उन्हें काफी प्रभावित पदों पर बने रहकर नीति–प्रस्तावों से जुड़ी वित्तीय व प्रशासनिक समस्याओं पर तर्क प्रस्तुत करने, प्रभावित समूहों द्वारा जन्मी प्रतिक्रिया का सामना करने और नीति से जुड़ी समस्याओं के समाधान के लिए नई पद्धतियों का विकास करने आदि में सक्षम बनाता है। इसका परिणाम यह हुआ कि प्रायः नौकरशाही और सेना संरक्षण के नाम पर इस प्रौद्योगिकी को अपने अधिकार में कर लेते हैं और फिर इस पर पार्टी नेताओं और विधायकों द्वारा राजनीति की जाती है।

सेवा की स्थिरता – नौकरशाहों की स्थिति मंत्रियों की तुलना में प्रशासन में उनकी स्थिरता के कारण और सुदृढ़ होती है, जबकि मंत्री हमेशा बदलते रहते हैं, नौकरशाह किसी भी विभाग में औसतन मंत्री से ज्यादा समय व्यतीत करता है। अक्सर मंत्री अपने दफ्तर में नीति–निर्माण, कार्यान्वयन और मूल्यांकन में जितना समय लगाता है, उससे भी कम समय वह उस कुर्सी पर रह पाता है। अपने विभाग में चल रहे कार्यों की विस्तृत जानकारी, विद्यमान कार्यक्रमों व नीतियों के परिणाम और प्रभाव की जानकारी और वह समय जो वे अपने विभागों के प्रशासन में व्यतीत करते हैं, ये सभी कारण उनको निश्चित तौर पर विशेष स्थिति में लाकर खड़ा कर देते हैं। इस तथ्य से वे अच्छी तरह वाकिफ होते हैं कि क्या अच्छा है और क्या नहीं, और कहाँ नयापन और रचनात्मकता–सकारात्मकता होगी। यह उनकी स्थिति को और अधिक मजबूत करती है।

परामर्शी निपुणता – कार्यान्वयन के लिए लोक–नीति निश्चित तौर पर वास्तविकता से जुड़ी होनी चाहिए, जिसका मतलब यह हुआ कि अधिकारियों को चाहिए कि वे चुने हुए राजनीतिक पदाधारियों को पूरे आँकड़े उपलब्ध कराएँ। साथ ही साथ यह भी सलाह देनी चाहिए कि संभाव्य विशेष नीति–विकल्पों की क्या उलझनें हैं।

बी.गॉय पीटर्स (B. Guy Peters, 2001) 'एजेंसी विचारधारा' (Agency Ideology) पर बात करते हैं, जिसके माध्यम से यह समझा जा सकता है कि नौकरशाहों की नीति के प्रति क्या प्रतिक्रिया है। इस विचारधारा की सरल व्याख्या यह है कि विद्यमान कार्यक्रम ही वह

विचारधारा है जिसे नौकरशाही पहचानती है और इसलिए पसंद करती है। इस प्रकार किसी भी सरकारी संस्था के चल रहे कार्यक्रम ही 'एजेंसी विचारधारा' है। वे मंत्री जो नौकरशाहों के ऊपर सत्ता में पदासीन होते हैं, सदा शिकायत करते हैं कि प्रत्यक्ष या अप्रत्यक्ष रूप से उन्हें नौकरशाहों का विरोध झेलना पड़ता है, जो नीति से संबंधित किसी विभाग के विचार को बढ़ावा देने के कारण, मंत्रियों के प्रभाव को सीमित करते हैं। 'एजेंसी विचारधारा' की जटिल व्याख्या इस बात पर जोर देती है कि नौकरशाही को न सिर्फ मौजूदा नीतियों के संरक्षण में रुचि लेनी चाहिए, बल्कि नीतियों से संबंधित नई प्रमुखता को भी लागू करना चाहिए। इसके अलावा नौकरशाह की अच्छी नीति क्या है, इससे संबंधित अवधारणा समय के साथ अपनी कुशलता, ज्ञान, मनोवृत्ति की बनावट और एजेंसी में रहने के कारण बदलती रहती हैं।

अतः नौकरशाह को चाहिए कि वह नीति से जुड़े तथ्यात्मक मुद्दों पर ध्यान दें और यह बतलाए कि कौन–सी नीति अपनानी चाहिए। व्यवहार में, इसका मतलब यह है कि नौकरशाह नीति–प्रतिपादन के दौरान तथ्यों को खोजने, विश्लेषण और कार्यान्वयन में अपना वर्चस्व रखते हैं, जिसके परिणामस्वरूप, वह मंत्री जिसके पास कार्यकुशल नौकरशाहों की एक सलाहकार टीम होती है, उसका व्यक्तिगत प्रभाव नीति–प्रतिपादन में उतना प्रभावकारी नहीं होता और अंततः क्षमता का संतुलन ही सत्ता संतुलन में निर्णायक होता है।

नीति–कार्यान्वयन और नौकरशाहों की भूमिका इस प्रकार है–

पिफनर व प्रेसथस (Pfiffner and Presthus, 1960) ने नौकरशाही को एक सामाजिक उपकरण कहा, जोकि विधायिका का मंतव्य व उसकी पूर्ति के बीच की खाई को पाट सकता है। नीति–कार्यान्वयन में नौकरशाही का प्रभाव महत्त्वपूर्ण होता है, यह प्रभाव कुछ नीतियों के क्रियान्वयन को पूरी तरह से निष्प्रभावित कर देने से लेकर विस्तृत नियमों के कार्यान्वयन में सीमित स्वातंत्र्य तक होता है। हर केस में स्वनिर्णय (Discretion) शामिल है।

सार्वजनिक नीतियों को बनाने, लागू करने और उनका मूल्यांकन करने का कार्य जन–अधिकारियों व उन सरकारी संस्थाओं द्वारा किया जाता है, जिन्हें इन्हें करने का अधिकार प्राप्त होता है या वे इसी उद्देश्य से स्थापित की गई होती हैं। नीति निर्धारकों (विधायिका और मंत्री) और नीति कार्यान्वित करने वालों (नौकरशाहों व सरकारी और गैर–सरकारी संस्थाओं) के बीच संबंध नीति–कार्यान्वयन को प्रभावित करते हैं। जिन संस्थाओं को विशेषकर नीति–कार्यान्वयन के लिए ही स्थापित किया जाता है।

नीति–कार्यान्वयन में कई चरण आते हैं। सर्वप्रथम है, नीति के विवरण को पढ़ना या समझना और यह तय करना कि निर्धारित नीतियों को कार्यान्वित करना चाहिए या नहीं? इस प्रक्रिया में बहुत जरूरी जाँच–पड़ताल होती हैं, जैसे–क्या आवश्यक स्टॉफ या संसाधन उपलब्ध हैं, क्या यह स्टॉफ अपनी जिम्मेवारी प्रभावी तरीके से निभा पाएगा, कितने और संसाधन व सूचनाएँ जरूरी हैं तथा कौन से मापदंडों को इन नीतियों के परिणाम जानने एवं

आकलन के लिए अपनाया जाए। कार्यान्वयन का उद्देश्य तथ्यों की जानकारी के साथ–साथ समस्याओं की पहचान करना भी होना चाहिए। नौकरशाहों को कार्यान्वयन का काम दिया जाता है, जबकि राजनीतिक कार्यपालक पूरी प्रक्रिया एवं वित्त पर नियंत्रण रखते हैं।

नौकरशाह दो तरह की भूमिका निभाते हैं : कार्यकारी नीतियों एवं कार्यक्रमों के 'निर्गत प्रकार्य' अर्थात् 'आउटपुट फंक्शन' (Output Function), जिसके तहत वे नीतियों और कार्यक्रमों को लागू करते हैं, जबकि 'आगत प्रकार्य' अर्थात् 'इनपुट फंक्शन' (Input Function) में वे न सिर्फ नीति का निर्धारण करते हैं, बल्कि सरकार के प्रति जनसामान्य की मनोवृत्ति को भी बदलते हैं। नौकरशाहों के प्रमुख कार्य हैं : (1) नीतियों और अध्यादेशों को लागू करना जैसा कि सरकार निर्धारित करती है, (2) समूचे प्रशासनिक तंत्र को ठीक–ठाक बनाए रखना, जिनका कि कार्यभार उन्हें मिला हुआ है तथा (3) राजनीतिक रूप से नियुक्त कार्यपालकों को नियमों से जुड़ी कार्यप्रणाली व नियमन इत्यादि पर सलाह देना।

लोक–नीति को लेकर कानून बनाना तभी महत्त्वपूर्ण होता है, जब उसका कार्यान्वयन सामान्यतया नौकरशाह द्वारा कुशलतापूर्वक किया जाए। उसकी क्रियाशीलता या निष्क्रियता अतएव किसी भी खास नीति को गंभीरता से देखें, तो सफल बना सकती है या अवरुद्ध कर सकती है। किसी भी नीति का सफल कार्यान्वयन नौकरशाह की अंतर्दृष्टि व किस हद तक वह उस वैधानिक नीति के लक्ष्य से एकात्मक स्थापित करता है, इस पर निर्भर करता है। वास्तव में, उससे यह आशा की जाती है कि वह कुछ ऐसा न करे, जिससे मंत्री को परेशान होना पड़ें, बल्कि वह नीति के लक्ष्यों को अपना समझते हुए उन्हें प्राप्त करने की दिशा में प्रयास करे।

नीति–कार्यान्वयन से संबंधित नौकरशाहों का निर्णय मौजूदा सरकार की राजनीतिक नीतियों के अनुरूप सीमित होता है। नौकरशाहों का निर्णय अगर संभव हो तो मंत्री के निर्णय के अनुरूप होना चाहिए। ये वे निर्णय हैं, जो मंत्री व्यक्तिगत तौर पर खुद नीति कार्यान्वयन के लिए ले सकता है।

विधेयक के प्रमुख प्रतिपादकों के अलावा नौकरशाह बहुत हद तक संसद में उसे पास कराने की प्रक्रिया में मदद और सलाह देने के लिए उत्तरदायी होता है।

इस प्रकार वे इस स्थिति में होते हैं कि वे नीतियों के कार्यान्वयन के काम में देरी कर दें, या फिर उन्हें आंशिक रूप से ही लागू करें। यह अक्सर पाया गया है कि नागरिकों और राजनीतिक नेतृत्व ने हमेशा स्थायी रूप से कार्यरत कार्यपालकों (पेशेवर नौकरशाहों) पर ही नीतियों को सही प्रकार से लागू न होने पर दोषारोपण किया है। जबकि, ये नौकरशाह दूसरी तरफ यह महसूस करते हैं कि उन्हें उचित समर्थन और साधन राजनीतिक कार्यपालकों द्वारा प्रदान नहीं किए जाते। नौकरशाही नीतियों के उद्देश्यों को जनता के सामने स्पष्ट करता है और उनको नीतियों से जुड़े रहने के लिए मनाता है। इस तरह के प्रयास नीति–कार्यान्वयन के कार्य को आसान बनाते है।

नौकरशाह खासकर स्थानीय स्तर (Cutting-edge Level) पर आम आदमी के

निकट होने की कोशिश करते हैं और 'साझे समूह' को संतुष्ट करने का प्रयास करते हैं। नागरिकों और राज्य के बीच अपने स्थान के अंतरापृष्ठ होने की वजह से उन नौकरशाहों को सार्वजनिक नीतियों के वितरण को प्रभावित करने के महत्त्वपूर्ण मौके उपलब्ध रहते हैं, जो स्थानीय स्तर के हैं। ये स्थानीय स्तर के नौकरशाह अथवा अगली कतार के कर्मचारी या स्ट्रीट–लेवल नौकरशाह (Street-level Bureaucrats) बहुत से महत्त्वपूर्ण कार्य जैसे कार्यक्रमों की उपयोगिता, लाभ वितरण, अनुपालन निर्णय, दण्ड लगाना व उल्लंघन करने वालों को दण्ड से मुक्ति देने के लिए उत्तरदायी होते हैं।

नौकरशाह को इसी कारण स्थायी राजनीतिज्ञ के रूप में देखा जाता है, जिनके विचार आज की सरकार के लिए अत्यंत महत्त्वपूर्ण होते हैं, व एक विशेषज्ञ के रूप में वे प्रशासन में सह–शासक होते हैं।

प्रश्न 2. लोक–नीति प्रक्रिया पर एक नोट लिखिए।

[Dec 2008, Q. 10. (क)][June 2009, Q. 6.]

उत्तर– लोक–नीति का निर्माण और उसका क्रियान्वयन करना सरकार के दो महत्त्वपूर्ण कार्य हैं। लोक–नीति के निर्माण का दायित्व विधायिका का है। इन नीतियों को क्रियान्वित करने की जिम्मेदारी कार्यपालिका की है। इन दोनों कार्यों के बीच अंतर **वुडरो विल्सन** द्वारा प्रस्तावित राजनीतिक–प्रशासनिक अंतर को दर्शाता है। सन् 1968 में हुए मिनोब्रुक सम्मेलन तक यह अंतर कायम रहा। लेकिन उसके बाद यह महसूस किया जाने लगा कि राजनीति और प्रशासन में इस प्रकार का अंतर वास्तविक नहीं है। नीति–निर्माण में विधायिका और कार्यपालिका एक–दूसरे को पर्याप्त रूप से सहयोग करते हैं। विधायिका नीति का निर्माण करती है जिसकी अभिव्यक्ति संवैधानिक और कानूनी अधिनियमों के रूप में होती है। नीतियों में निहित प्रस्तावों को स्पष्ट करने हेतु सरकार की प्रशासनिक एवं कार्यपालिका शाखाएँ एक–दूसरे की मदद करती है। पिछले कई सालों में नीति–निर्माण अथवा नीतियों के निर्धारण में प्रशासनिक शाखा की भूमिका में वृद्धि हुई है। वर्तमान समय में नीति–निर्माण के साथ–साथ उसका क्रियान्वयन भी काफी हद तक नौकरशाही के हाथों में आ गया है। एक लोक नीति चक्र (Public Policy Cycle) सामान्य तौर पर निम्नलिखित चरणों को अपने में सम्मिलित करता है–

(1) एजेंडे का निर्माण करना अथवा विशिष्ट जन–समस्याओं की ओर लोक–प्रशासकों का ध्यान आकृष्ट करना,

(2) नौकरशाही, सार्वजनिक व्यय और कार्यकारिणी अभिकरणों के क्रियाकलापों द्वारा नीतियों को क्रियान्वित करना।

(3) नीति के कार्यान्वयन और उसके प्रभाव का मूल्यांकन एवं विश्लेषण करना।

(4) नीति में निहित समस्याओं की पहचान करना और उस पर सरकार से उचित

कार्यवाही की माँग करना,

(5) नीति से संबंधित प्रस्तावों का प्रतिपादन करना और उन प्रस्तावों का नीति–योजना संगठनों, कार्यपालिका, विधायिका और अधिकार समूहों के माध्यम से विकास करना।

भारत में संसदीय लोकतांत्रिक व्यवस्था के अंतर्गत लोक सेवकों पर राजनीतिक कार्यपालिका का औपचारिक नियंत्रण स्थापित किया गया है। इसके बावजूद नीति–निर्धारण में सिविल सेवकों की भूमिका निरंतर बढ़ती जा रही है। एक ओर इस बात का समर्थन किया जा रहा है कि सिविल सेवकों का कार्य नीतियों का निर्माण करने वालों की इच्छाओं को लागू करना और उनको बढ़ावा देना है। दूसरी ओर यह तर्क दिया जा रहा है कि सिविल सेवक राजनीतिक दलों एवं दबाव समूहों की तरह नीति–निर्धारण के प्रारंभिक एवं द्वितीय स्तरों पर महत्त्वपूर्ण भूमिका निभा रहे हैं। वस्तुतः लोक क्रियाकलापों की संख्या एवं जटिलता को देखते हुए सिविल सेवकों को विवेकाधीन शक्तियाँ प्रदान की जाती हैं, ताकि वे नीतियों का उचित तरीके से कार्यान्वयन कर सकें। इस प्रकार व्यावहारिक तौर पर लोक नीति का कार्यान्वयन नौकरशाही के सहयोग पर निर्भर करता है। यह नौकरशाही राजनीतिक पदाधिकारियों के साथ मिलकर अपने उद्देश्यों में सफलता प्राप्त करती हैं।

प्रश्न 3. नीति विश्लेषण के लिए संस्थायी उपागम को स्पष्ट कीजिए।

उत्तर– अनेकवादी समाज में व्यक्तियों एवं समूहों के क्रियाकलाप सामान्यतः विधानमंडल, प्रशासक, न्यायपालिका, राजनीतिक दलों इत्यादि जैसी सरकारी संस्थाओं की ओर निर्देशित होते हैं। दूसरे शब्दों में यह नीति का आकार तब तक नहीं लेती है जब तक सरकारी संस्थाओं द्वारा अपनायी एवं लागू नहीं की जाती है। सरकारी संस्थाओं ने लोक–नीति की तीन भिन्न विशिष्टताएँ बतायी हैं।

(1) सरकार नीति को वैधानिक प्राधिकार प्रदान करती है। लोकनीति विधानमंडल का ही प्रतिपादन है तथा इसे वैधानिक अनुमोदनों द्वारा विशिष्ट बनाया गया है। इसे ऐसी वैधानिक बाध्यता के रूप में माना गया है जो लोगों की आज्ञाकारिता को नियंत्रित करता है।

(2) राज्य में समस्त नागरिकों के लिए इसके विस्तार करने से लोक–नीति को लागू करना सार्वजनिक हो गया है।

(3) केवल राज्य इसकी नीतियों का उल्लंघन करने वालों पर इसे वैधानिक रूप से लागू कर सकता है।

इस तरह लोक–नीति और सरकारी संस्थाओं के बीच घनिष्ठ संबंध होता है। यह आश्चर्य की बात तब तक नहीं है जब तक राजनीतिक विज्ञान सरकारी संरचनाओं और संस्थाओं के अध्ययन पर प्रकाश डालें। संस्थावाद को संस्थाओं के संरचनात्मक और

वैधानिक पहलुओं पर इसके संकेन्द्रण के कारण नीति विश्लेषण में प्रयुक्त किया जा सकता है। संरचनाएँ और संस्थाएँ तथा उनकी व्यवस्थाएँ और अन्त:क्रियाएँ लोक–नीति पर महत्त्वपूर्ण प्रभाव डाल सकती हैं।

परंपरागत रूप से इस अध्ययन का केंद्र–बिंदु सरकारी संरचनाओं एवं संस्थाओं का वर्णन था। सरकारी संरचनाओं एवं नीति के परिणामों को मध्य सहलग्नता का अध्ययन मुख्यतया अविश्लेषित एवं उपेक्षित ही रहा।

नीति विश्लेषण के संस्थायी उपागम का मूल्य यह प्रश्न पूछने में कि संस्थागत विन्यासों एवं लोक–नीति के विषय वस्तु के बीच क्या संबंध होते है तथा तुलनात्मक तरीके से इन संबंधों की जाँच–पड़ताल में निहित है। यह मानना सही नहीं होगा कि संस्थाओं संरचना में हुआ कोई विशेष परिवर्तन लोक–नीति में परिवर्तन ले आएगा। संरचना और नीति के बीच वास्तविक संबंध की जाँच–पड़ताल किए बिना लोकनीतियों पर संस्थायी विन्यासों के प्रभाव का मूल्यांकन करना मुश्किल है।

प्रश्न 4. लोक नीति से आप क्या समझते हैं?

उत्तर– अकादमिक रूप में लोक प्रशासन की परिभाषा एक प्रक्रिया के रूप में की जाती है जो कि नीतियों द्वारा निर्धारित उद्देश्यों को सार्वजनिक संगठन के माध्यम से प्राप्त करता है जो दूसरे शब्दों में, लोक प्रशासन में नीति निर्माण की अपेक्षा नीति क्रियान्वयन पर ही ध्यान केन्द्रित किया जाता है। यद्यपि नीति निर्माण और नीति क्रियान्वयन सरकार के दो भिन्न कार्य है परन्तु दोनों घनिष्ठ रूप से संबंधित हैं। व्यवस्थापिका या राजनीतिक सत्ता में नीति निर्धारण की वैधनिक सत्ता निहित होती है। यह नीति को कानून या अधिनियम के रूप में प्रकट करती है। इन अधिनियमों और कानूनों को मूर्तरूप देने के लिए प्रशासन नीति निर्माण के कार्य प्राप्त नहीं होते। उल्लेखनीय है कि पिछले कुछ वर्षों से नीति निर्माण के क्षेत्र में लोक प्रशासन की भूमिका में बहुत अधिक वृद्धि हुई है और यह कहना अतिशयोक्तिपूर्व न होगा कि कार्ल जे. फ्रेडरिक ने दो कारणों को उत्तरदायी माना है– (1) कई नीतियाँ व्यवस्थापिका द्वारा एक ही समय पर बैठकर नहीं लिखी जाती बल्कि यह दीर्घकालिक विकास का परिणाम होती है (Public Policy : 1940 : 7)। (2) प्रशासनिक कार्यकर्ता नीति के निर्माण में निरंतर और सक्रिय रूप से भाग लेते हैं। वे राजनीतिक सत्ता को परामर्श प्रदान करते है और सत्ता इस परामर्श को स्वीकार या अस्वीकार करने के लिए स्वतंत्र होती है, फिर भी प्रशासक नीति–निर्माण में महत्वपूर्ण भूमिका रखते है क्योंकि वे व्यवस्थापिका द्वारा विचार करने के लिए छोटे से प्रश्न को विस्तृत रूप में परिवर्तित करने का सामर्थ्य रखते हैं।

निम्नलिखित बातें लोक–नीति के स्वरूप को और भी अधिक स्पष्ट बनाती है–

1) लोक–नीतियाँ लक्ष्य प्राप्ति की ओर अभिमुख होती है। लोक–नीतियों का सूत्रीकरण

एवं कार्यान्वयन सामान्यतः जनसमूह के परम हित के लिये सरकार के विचाराधीन उद्देश्यों की पूर्ति के लिये किया जाता है। यह नीतियाँ सरकार की योजनाओं के बारे में स्पष्ट रूप से बताती है।

2) लोक–नीति से अभिप्राय उस नीति से है जो सरकार वास्तव में करने का निश्चय करती है अथवा करना पसंद करती है। यह एक निश्चित प्रशासनिक प्रणाली में सरकारी वर्ग का राजनीतिक वातावरण के विशिष्ट कार्यक्षेत्र से संबंध है। इसके अनेक रूप हो सकते हैं जैसे कानून, अध्यादेश, न्यायालय के फैसलें, कार्यकारिणी आदेश निर्णय आदि।

3) लोक–नीति सरकार के सामूहिक कार्यों का परिणाम है अर्थात् यह सामूहिक रूप से अधिकारियों एवं कार्यकर्त्ताओं के क्रियाकलाप का प्रतिरूप अथवा प्रक्रिया है न कि उनका पृथक निर्णय।

4) लोक–नीति सकारात्मक है क्योंकि वह सरकार की उद्विग्नता चित्रित करती है तथा सरकार को उस विशिष्ट समस्या के समाधान के कार्य में शामिल करती है जिसके लिये लोक–नीति का निर्माण किया गया है। लोक–नीति को कानून एवं सत्ता का समर्थन प्राप्त है। लोक–नीति नकारात्मक है क्योंकि इसमें सरकारी कर्त्ताओं का एक विशिष्ट मुद्दे पर कार्यवाही न लेने का निर्णय शामिल होता है।

प्रश्न 5. लोक–नीति निर्माण की विशेषताएँ बताइए।

उत्तर– *लोक नीति निर्माण की महत्त्वपूर्ण विशेषताएँ निम्नलिखित हैं–*

(1) लोक नीति परिवर्तनोन्मुखी है। बदलती हुई सामाजिक, आर्थिक, राजनैतिक एवं सांस्कृतिक परिस्थितियों में यह भी परिवर्तित होती है। मुद्दे, समय और समाज मुख्यरूप से नीति निर्माण की प्रक्रिया को प्रभावित करते हैं।

(2) लोक नीति निर्माण जटिल प्रक्रिया है, इसमें कई तत्त्व सम्मिलित होते है जो परस्पर संबंधित होते हैं। इसमें से कुछ का आसानी से पता चल जाता है लेकिन कुछ कार्यशील तत्त्वों का पता लगाना नीति निर्धारकों के लिए भी मुश्किल है।

(3) लोक नीति का मुख्य आधार निर्णय प्रक्रिया है। प्रत्येक लोक नीति कुछ महत्त्वपूर्ण निर्णयों पर आधारित होती है। निर्णय नीति निर्माण का चरण है।

(4) नीति निर्माण विभिन्न सामाजिक, आर्थिक, राजनैतिक उपसंचरना पर आधारित होती है। प्रत्येक उप–सरंचना की नीति निर्माण में अलग–अलग भूमिका होती है।

(5) लोक नीति कार्यरूप में परिणति से संबंधित है। कोई निर्णय लेने के परिणामस्वरूप कुछ कार्य सामने आते है। कभी–कभी निर्णय को बदलना भी पड़ सकता है, कभी–कभी किए गये कार्य और निर्णय दोनों को बदलना पड़ सकता है।

(6) लोक नीति भविष्योन्मुखी होती है। नीति निर्माण में भविष्य पर नजर रखी जाती है। भविष्य की अनिश्चितता शंका ओर अनुमान को ध्यान में रखकर नीतियाँ निर्धारित की जाती है। यह प्रायः प्रत्येक नीति का आधार होता है। भविष्य की अनिश्चितता के कारण नीति – निर्धारण में बहुत कुछ बाद के लिए छोड़ दिया जाता है ताकि बाद में घटाया–बढ़ाया जा सके।

(7) नीति– निर्धारण में सरकारी संस्थाओं की प्रमुख भूमिका होती है नीतियाँ भले ही जनता तथा गैर सरकारी, अभिकरणों को ध्यान में रखकर निर्धारित की जाती है, लेकिन इसके निर्माण में मुख्य रूप से सरकारी संस्थान सम्मिलित होते हैं।

(8) लोक नीति, लोकहित की परिपूर्ति से संबंधित होती है। लोकहित की अवधारणा द्वारा लोक नीति प्रभावित होती हैं।

(9) लोक नीति के निर्धारण में कार्यकुशलता तथा मितव्ययितता का ध्यान दिया जाता है। कम से कम खर्च पर अधिक से अधिक लोगों को लाभ प्रदान करने के लिए उचित साधनों पर विशेष ध्यान दिया जाता है। इस प्रकार लोक नीति के निर्धारण में परिमाणात्मकता के बजाय गुणात्मकता पर विशेष ध्यान दिया जाता है।

प्रश्न 6. लोक नीति के प्रकारों का वर्णन करों।

उत्तर– *लोक नीति पाँच प्रकार की होती है–*

(क) **तात्विक** – समाज के सामान्य कल्याण और विकास से संबंधित नीतियाँ इसके अंतर्गत शामिल की जाती है। इन नीतियों का कार्यक्षेत्र बहुत बड़ा होता है, जिससे कि समस्त समाज का सामान्य कल्याण प्रभावित होता है। शिक्षा का प्रबंध, रोजगार के अवसर उपलब्ध कराना, विधि और व्यवस्था आदि कार्यक्रम इसके अंतर्गत आते हैं।

(ख) **नियंत्रक** – व्यवसाय, व्यापार, सुरक्षा उपाय, जनोपयोगी सेवाओं आदि के नियंत्रण से संबंधित नीतियाँ इसके अंतर्गत आती हैं। सरकार की ओर से काम करने वाली स्वतंत्र संस्थाएँ; जैसे – एल.आई.सी., आर.बी.आई. आदि इस प्रकार के कार्य करती हैं।

(ग) **वितरक** – वितरक नीतियाँ समाज के विशिष्ट वर्ग के लिए होती है, जो लोक कल्याण, स्वास्थ्य आदि के क्षेत्र में होती हैं।

(घ) **पुनःवितरक** – यह नीतियों की पुनः व्यवस्था से संबंधित है, जिसके अंतर्गत मौलिक रूप से सामाजिक – आर्थिक परिवर्तन लाने का प्रयास होता है। ऐसी सार्वजनिक माल एवं कल्याण सेवाओं का वितरण जो समाज के विशिष्ट वर्गों में बेमेल होता है, उसे पुनः वितरक नीतियों द्वारा सीमित किया जाता है।

(ङ) **पूँजीकरण** – इस नीति के अंतर्गत केन्द्र सरकार द्वारा राज्यों एवं स्थानीय सरकारों को आर्थिक सहायता प्रदान की जाती है। पूँजीकरण नीतियाँ अन्य नीतियों

से भिन्न होती हैं, क्योकि पूँजीकरण नीतियों के द्वारा लोक–कल्याण की कोई व्यवस्था नहीं की गयी है।

प्रश्न 7. लोक नीति के महत्त्व पर चर्चा कीजिए।

उत्तर– *लोक नीति के महत्त्व की चर्चा हम निम्न प्रकार से कर सकते हैं–*

1. लोक–नीति का विस्तार एवं कार्यक्षेत्र का निर्धारण समाज में राज्य जो अपने लिये भूमिका चुनते है उसके द्वारा होता है।
2. लोक–नीतियों ने अपना कार्यक्षेत्र केवल नियंत्रण से बढ़ा कर विकास तक फैला लिया हैं,
3. बहुत सी नीतियों को कानूनी अधिनियमों में परिवर्तित कर दिया गया है।
4. बहुत से पहलू जैसे सामाजिक आर्थिक विकास, राष्ट्रीय अखंडता की रक्षा, राजनीतिक स्थायित्व भारत में लोक–नीति का एक मुख्य भाग बन गए हैं।
5. नीति–विश्लेषण ने लोक–प्रशासन के अध्ययन के क्षेत्र में बहुत महत्त्व प्राप्त कर लिया है,
6. हमारी पंचवर्षीय योजनाओं की असफलता ने सरकार एवं शोध–संस्थाओं को नीति–विश्लेषण पर गहराई से शोध करने के लिये मजबूर कर दिया।
7. इस बात का बोध हो गया है कि जब नीतियाँ असफल हो जाती है, तब केवल नीति–कार्यान्वयन को ही दोषी नहीं ठहराना चाहिए।
8. नीति के सूत्रीकरण व कार्यान्वयन को अब दो अलग–अलग क्रियाएँ नहीं समझा जा सकता।

अध्याय–13

भारतीय नौकरशाही का समकालीन संदर्भ

प्रश्न 1. वेबर द्वारा प्रतिपादित नौकरशाही की विशेषताओं का वर्णन कीजिए।

उत्तर– समकालीन समय में नौकरशाही की भूमिका में कई कारणों से बदलाव आया है। राज्य की बदलती भूमिका ने आज के संदर्भ में नौकरशाही की रूपरेखा में एक महत्त्वपूर्ण बदलाव दिखाई देता है। **हरमन फाइनर** (Herman Finer) के विचार अनुसार "नौकरशाही अधिकारियों की पेशेवर इकाई है जो स्थायी, वेतनभोगी और कुशल होते हैं।" **आर्थर के. डेवीस** (Arthur K. Davis) का मानना है कि ''नौकरशाही एकबद्ध निपुंजक कार्यभारों का संस्तरण है, जिसे व्यवस्थित नियमों के द्वारा परिभाषित किया गया है, जिसकी अवैयक्तिक व परिभाषित संरचना होती है, जिसमें कानूनी सत्ता ऑफिस में निहित होती है न कि उस व्यक्ति में जो ऑफिस का मुलाजिम है।''

हरोल्ड लास्की (Harold Laski) ने नौकरशाही शब्द का प्रयोग सरकार की उस व्यवस्था के लिए किया है ''जहाँ पूर्ण नियंत्रण उन अधिकारियों के हाथों में होता है, जो सामान्य नागरिकों की आजादी को संकट में डाल देते हैं।'' मार्शल इ. डिमौक (Marshall E. Dimock) नौकरशाही की तुलना समाज की संस्थाओं या बड़े संगठनों से करते हैं। वे नौकरशाही को परिभाषित करते हुए कहते हैं 'समाज की ऐसी अवस्था जिसमें संस्थाएँ व्यक्तियों या सामान्य पारिवारिक संबंधों पर आच्छादित रहती हैं; विकास का ऐसा स्तर जिसमें श्रम–विभाजन, विशेषज्ञीकरण, संगठन, संस्तरण, योजना व व्यक्तियों के बड़े समूह का वर्गीकरण स्वैच्छिक या अस्वैच्छिक तरीके से किया जाना एक व्यवस्था बन जाती है, नौकरशाही सामान्य रूप से विस्तृत संस्थावाद है।''

एक परिप्रेक्ष्य नौकरशाही को सामान्य संगठनात्मक स्वरूप के रूप में देखता है। वेबर के द्वारा परिभाषित अवधारणा के अनुसार, यह परिप्रेक्ष्य के लिए नौकरशाही–लोक व निजी (Public and Private) दोनों है। नौकरशाही विकृति (Bureaucratic Pathology) का मत भी लोक तथा निजी के मध्य कोई अंतर नहीं मानता। इसका मानना है कि नौकरशाही समतावादी भावनाओं की शत्रु है और यह खामियों व व्याधिकी से भरी हुई है।

मैक्स वेबर के विचार से जिन्हें नौकरशाही के सिद्धांत का श्रेय जाता है वे तीन तरह के तर्क और उनमें से प्रत्येक एक खास तरह के वर्चस्व से जुड़ा है; वे हैं : करिशमाई, प्रत्यात्मक व वैधानिक (Charismatic, Traditional and Legal)। उनकी नौकरशाही से जुड़ी संरचना को 'आदर्श रूप' कहा गया है, जो एक वैधानिक, तर्कसंगत प्राधिकारिक व्यवस्था है। वेबर ने नौकरशाही संगठन के विवरण में कार्य के विभाजन, नियमों व नियंत्रण, पदसोपान, लोक व निजी में अंतर, लिखित दस्तावेज और कानूनी अधिकार व्यवस्था पर जोर दिया। वेबर की अवधारणा के अनुरूप नौकरशाही की निम्नलिखित विशेषताएँ हैं–

(1) **व्यावसायिक योग्यता (Professional Qualities)** - सभी अधिकारियों में योग्यता होती है और उन्हें वस्तुनिष्ठ कसौटी के आधार पर चुना जाता है। वे अत्यधिक व औपचारिक तौर पर व्यवहार करते हैं। खासकर, दूसरे से अपने संबंधों व अपने खर्चों को लेकर। उनकी जीविका में स्थायित्व होता है, व उन्हें तरक्की के पर्याप्त अवसर उपलब्ध होते हैं तथा सेवा की पर्याप्त सुरक्षा उपलब्ध होती है।

(2) **नियम व प्रक्रिया (Rules and Procedures)** - नौकरशाही में निर्णयों को संगत व अमूर्त नियमों की व्यवस्था, नियमन और प्रक्रिया के द्वारा निर्धारित व शासित किया जाता है, जो लिखित, तार्किक व अवैयक्तिक होते हैं। एक नौकरशाह के व्यवहार को अनुशासन व व्यवहार के तरीकों द्वारा मार्गदर्शन दिया जाता है।

(3) **विशेषज्ञीकरण (Specialisation)** - नौकरशाही के कार्य प्रकार्यात्मक रूप से कई भागों में बँटे होते हैं तथा प्रत्येक को जरूरी अधिकार व समर्थन प्राप्त होता है; यहाँ पर कार्यों का विशेष प्रकार्यात्मक विभाजन होता है।

(4) **संगठनात्मक संसाधन (Organisational Resources)** - संगठन के संसाधन नौकरशाहों से भिन्न होते हैं, जिन्हें नौकरशाह व्यक्तिगत तौर पर उपयोग नहीं कर सकते। आधिकारिक कर व व्यक्तिगत आमदनी पूर्ण रूप से अलग होती है।

वेबर के द्वारा नौकरशाही के बारे में उल्लिखित विशेषताओं को 'आदर्श' माना गया है, परंतु उन्हें पूर्ण रूप से लागू नहीं किया जा सकता। नौकरशाही के आदर्शों के लागू न होने की जाँच के अलावा इस प्रश्न को भी उठाया गया है कि क्या नौकरशाही प्रबंधन के विकास की जरूरतों के मुताबिक उचित सिद्ध होती है। विशाल नौकरशाही के कारण राज्य के संचालन में आये संकटों व इसके वित्त, संसाधनों और विकास के लक्ष्यों पर दुष्प्रभावों ने सुधार की आवश्यकता पर ध्यान आकर्षित किया है। सेवाओं के कुशल व प्रभावकारी निष्पादन की अवधारणा ने, खासतौर पर नागरिकों को संतुष्टि की दृष्टि से, कई प्रकार के सुधार के प्रयासों की ओर प्रेरित किया है, जिन्हें नव लोक प्रशासन, नव लोक प्रबंधन, सरकार का पुनःनिर्माण और सुशासन के रूप में जाना जाता है। यद्यपि पश्चिमी देशों में कुछ प्रशासनिक बदलावों के चलते इसका दुष्प्रभाव भारतीय प्रशासनिक स्थितियों पर भी पड़ रहा है।

(5) **पदसोपान (Hierarchy)** - नौकरशाही में विशिष्ट कार्य, विशेष पदों को ही दिए जाते हैं। यहाँ कार्य, योग्यता, अधिकार, उत्तरदायित्व व कार्य के अन्य अंगों में स्पष्ट अंतर है। प्रत्येक अधीनस्थ कार्यालय अपने ऊपर के कार्यालय के नियंत्रण व देख–रेख में होता है।

प्रश्न 2. भारतीय नौकरशाही की बदलती अवधारणा पर एक टिप्पणी लिखिए।

[Dec 2009, Q. 6.]

उत्तर— भारत में नौकरशाही की स्थिति संतोषजनक नहीं रही है। यह अभी भी औपनिवेशिक मानसिकता से उबर नहीं पाई है और संकुचित सामाजिक आधार पर खड़ी है। **मोहित भट्टाचार्य** के अनुसार सामान्यतः इसने रूढ़िवादी उदासीनता के आश्रित रहने की प्रवृत्ति

अपनाई हुई है। **पाई पानान्डेकर** (Pai Panandiker) और **शीरसागर** (Kshir Sagar) ने नौकरशाही और विकास प्रशासन के बीच के संबंध में कुछ रोचक एवं महत्त्वपूर्ण निष्कर्ष निकाला है। ये निष्कर्ष आज के संदर्भ में भी पर्याप्त रूप से प्रासंगिक हैं। ये निष्कर्ष निम्नलिखित हैं–

(1) नियमकारी एवं अन्य गैर–विकासात्मक कार्यों से संबंधित नौकरशाही की प्रवृत्ति संरचनात्मक रूप से ज्यादा उद्दंड और व्यावहारिक रूप से कम लचीली होती है।

(2) क्षेत्रीय स्तर होने वाले विकासात्मक कार्यों से संबंधित नौकरशाही की प्रवृत्ति मुख्यालय की नौकरशाही की अपेक्षा संरचनात्मक रूप से ज्यादा लचीली और संवेदनशील होती है।

भारतीय नौकरशाही में कुछ विचित्र विरोधाभास देखने को मिलता है। इसमें आत्ममुग्धता, उदासीनता तथा अधिकारों के प्रति अतिरेकता देखने को मिलती है। विभागीय निर्णयों, पूर्वाग्रहों और कार्यविधियों के प्रति नौकरशाही अधिक मोहग्रस्त होती है। गोपनीयता बरतने की बात कर नौकरशाही अपनी गलतियों को छुपाती है और भ्रामक जानकारियाँ प्रदान करती हैं।

दुर्भाग्यवश भारतीय नौकरशाही उन समस्याओं से भी ग्रसित है, जिसने विश्व भर की नौकरशाही को परेशान कर रखा है। नौकरशाही के कार्यों पर विभिन्न अंतर्राष्ट्रीय अध्ययनों में निम्नलिखित बातों की ओर संकेत किया गया है–

(i) नौकरशाही की अधिकता और असंतोषजनक एवं अपर्याप्त सेवा, साथ ही असंतोषजनक कर्मचारी व्यय।

(ii) कार्य संस्कृति एवं प्रदर्शन मूल्यांकन की कमी।

(iii) पदोन्नति और सूचीबद्धता में विसंगति।

(iv) पारदर्शिता एवं प्रक्रियागत उत्तरदायित्व की कमी।

(v) राजनीतिक हस्तक्षेप, जिसके परिणामस्वरूप अनवरत एवं असंगत स्थानांतरणों में अप्रत्याशित वृद्धि।

(vi) लोक सेवा मूल्यों एवं नैतिकता में निरंतर गिरावट की प्रवृत्ति।

प्रशासन में सुधार हेतु समय–समय पर कई प्रयास किए जाते रहे हैं–

(1) भारत में प्रशासनिक सुधारों पर विचार करने एवं भारतीय प्रशासन का निष्पक्ष अध्ययन करने के सन् 1950 में अमेरिकी विशेषज्ञ **पॉल एच. एपलबी** (Paul H. Appleby) ने रिपोर्ट प्रस्तुत की। इन्होंने सन् 1953 और 1956 में दी गई अपनी दो रिपोर्टों में भारतीय प्रशासनिक व्यवस्था के सुधार हेतु सरकार में संगठन एवं पद्धति (O&M) विभाग की स्थापना की सिफारिश की।

(2) के. संथानम समिति द्वारा भ्रष्टाचार के उन्मूलन के लिए कुछ महत्त्वपूर्ण सुझाव दिए गए थे।

(3) सन् 1954 में **अशोक चंदा** ने परियोजनाओं के कार्यान्वयन में होने वाले विलंब और व्यय की समस्या से निजात पाने के लिए कई सुझाव दिए गए थे।

(4) 1966 में मोरारजी देसाई की अध्यक्षता में देश की प्रशासनिक व्यवस्था का परीक्षण करने के उद्देश्य से प्रशासनिक सुधार आयोग का गठन किया गया।

(5) केन्द्र सरकार के पुनर्गठन का अध्ययन करने के लिए 1949 में गोपालस्वामी आयंगर की अध्यक्षता में एक समिति गठित की गई है। इसने केन्द्र सरकार में संगठन एवं पद्धति (Organisation and Method) विभाग स्थापित करने की माँग की।

(6) नियोजित विकास के संदर्भ में तत्कालीन प्रशासन एवं प्रणालियों की उपयुक्तता की जाँच के लिए सन् 1951 में **ए.डी. गोरवाला** की अध्यक्षता में एक आयोग का गठन किया गया था। इस आयोग ने लोकतांत्रिक नियोजन की सफलता के लिए स्वच्छ, निष्पक्ष और सक्षम प्रशासन को पहली शर्त माना। इसने त्वरित, प्रभावकारी एवं उत्तरदायी प्रशासन को सुनिश्चित करने हेतु प्रशासनिक तंत्र के पुनर्गठन की सिफारिश की।

1996 में पाँचवे वेतन आयोग ने प्रशासनिक व्यवस्था का सूक्ष्म विश्लेषण किया और लोक–सेवकों की कार्यप्रणालियों, भर्तियों, पदोन्नति प्रक्रियाओं एवं वेतनमानों के संबंध में कई महत्त्वपूर्ण प्रस्ताव पेश किए। आयोग ने यह प्रस्ताव रखा कि सरकार के समुचित आकार एवं नौकरशाही में सरंचनात्मक सुधार के लिए सरकार को सार्वजनिक क्षेत्र की कंपनियों एवं विभागीय उपक्रमों दोनों को निश्चित समय–सीमा के अंदर निजीकरण करने का निर्णय लेना चाहिए। आयोग ने कागजी कार्यवाही के बढ़ते बोझ को कम करने के लिए कम्प्यूटरीकरण पर बल दिया। उसने जनता को सूचनाएँ प्राप्त करने का भी प्रस्ताव रखा।

वैश्वीकरण, उदारीकरण और निजीकरण के दौर में नव लोक प्रबंधन, ई–शासन, नव लोक–सेवा, सुशासन आदि की अवधारणाओं ने भारतीय नौकरशाही की सोच में परिवर्तन ला दिया है। प्रतिबद्धता और तटस्थता के सिद्धांतों में परिवर्तन आया है। लोक–सेवकों की आवश्यकताओं के अनुसार तटस्थता के सिद्धांत को परिभाषित किया जा रहा है। अब तटस्थता का तात्पर्य राजनीतिक अनभिज्ञता नहीं है बल्कि इसका अर्थ है राजनीतिक परिवेश में बिना किसी दल से संबंध स्थापित किए कार्य करने की क्षमता। **मैरिना पिन्टो** के अनुसार लोक–सेवकों को सरकार में अधिक पारदर्शिता लाने एवं उत्तरदायित्व पर बल देने की आवश्यकता है।

सुंघन इम (Sunghan Im) का कहना है कि 'यह केवल सरकार तक सीमित नहीं है। यह एक वैश्विक परिघटना है जिसकी उपस्थिति सरकार और वाणिज्य दोनों में है।' अतः यह आवश्यक है कि सिविल सेवा की क्षमता, तटस्थता तथा उत्तरदायित्व में विभिन्न उपायों से सुधार लाया जाए। विशेष रूप से इस संबंध में निम्नलिखित बातें पर ध्यान दिया जाए–

(1) भ्रष्टाचार पर अंकुश लगाने तथा दोषी अधिकारियों को त्वरित रूप से दंडित करने वाले उपायों को सुनिश्चित करना, साथ ही सिविल सेवाओं के लिए आचार–संहिता लागू करने हेतु ठोस प्रयास करना।

(2) नौकरशाहों के कार्य–कारण और नियोजन की स्थिरता के लिए संस्थागत व्यवस्था पर राजनैतिक नेतृत्त्व के साथ समझौता करना।

(3) पाँचवें वेतन आयोग (1956) की अनुशंसाओं के आधार पर सिविल सेवाओं की उत्पादकता, कार्य तथा प्रेरणास्रोतों को प्रभावित करने वाले महत्त्वपूर्ण कारकों का विस्तृत एवं गहन विश्लेषण करना।

प्रश्न 3. विकास के विभिन्न पहलुओं में नौकरशाही के योगदान का वर्णन कीजिए।

उत्तर– *विकास के विभिन्न पहलुओं में नौकरशाही के योगदान का वर्णन इस प्रकार है–*

1) **आर्थिक विकास में अधिकारी तंत्र (नौकरशाही) की भूमिका**–अठारहवीं और उन्नीसवीं शताब्दियों में ऐसा समझा जाता था कि राज्य को अपने–आप को मात्र देश की सुरक्षा तथा कानून और व्यवस्था को बनाये रखने तक सीमित रखना चाहिए और उसे अर्थव्यवस्था में यथासंभव कम से कम हस्तक्षेप करना चाहिए। खासतौर से 1930 के दशक के उस भीषण दबाव के बाद इस विचार में परिवर्तन हुआ जिसमें पूरे विश्व में लाखों लोग बेरोजगार हो गये थे। आजकल सभी सरकारों से यह अपेक्षा की जाती है कि वे अर्थव्यवस्था को विनियमित करें, जिससे कि उत्पादन में वृद्धि हो सके। भारी मात्रा में लोगों को रोजगार मिल सके, वस्तुओं की उचित कीमतें मिल सकें और एकाधिकारों तथा अस्वस्थ व्यापार कारोबारों पर नियंत्रण रखा जा सके। अर्थव्यवस्था को इस प्रकार विनियमित करने की आवश्यकता भारत जैसे विकासशील देशों में और भी अधिक है, क्योंकि यहाँ एक ओर व्यापक रूप से गरीबी और बेरोजगारी है, तो दूसरी ओर एकाधिकारवादियों की प्रबल शक्ति है। सरकार राजकोषीय नीतियों (कर लागू करके) और मौद्रिक नीतियों (मुद्रा की पूर्ति की व्यवस्था करके) के माध्यम से अर्थव्यवस्था का विनियमन करती है। नियोजन, जिसका अर्थ है–किसी केन्द्रीकृत प्रशासनिक प्रक्रिया के माध्यम से संसाधनों का विनिधान करके आर्थिक प्रगति का लक्ष्य प्राप्त करने के लिए किया जाता है। सरकार परिवहन तथा संचार के साधनों का विकास करती है। वह उद्योगपतियों और किसानों को ऋण तथा कच्चा माल उपलब्ध कराती है। ये समस्त सरकारी गतिविधियाँ सरकारी विभागों, राष्ट्रीयकृत बैंकों और अन्य सार्वजनिक उपक्रमों द्वारा अपने कर्मचारियों के माध्यम से पूरी की जाती हैं। इसलिए नौकरशाही एक बहुत महत्त्वपूर्ण नयी भूमिका है, अर्थात् आर्थिक विकास के अभिकरण के रूप में कार्य करने की भूमिका। इस भूमिका के समुचित निर्वाह के लिए अधिक से अधिक अर्थशास्त्रियों, सांख्यिकीविदों और प्रशिक्षित प्रबंधकों की आवश्यकता है।

2) **कल्याणकारी राज्य में अधिकारी तंत्र (नौकरशाही) की भूमिका**–हाल के वर्षों में, यह प्रवृत्ति रही है कि राज्य को सामाजिक सेवाओं के लिए अधिक से अधिक

दायित्व सौंपा जाए। ये सेवाएँ हैं (शिक्षा, चिकित्सा और रोजगार की व्यवस्था करना, श्रम कल्याण, नेत्रहीनों और अन्य विकलांग व्यक्तियों तथा विधवाओं और अनाथ बच्चों का कल्याण)। इन नये कर्त्तव्यों को इतना अधिक महत्व दिया गया है कि राज्य का नाम बदलकर कल्याणकारी राज्य रख दिया गया है। ऐसी विभिन्न सामाजिक सेवाओं की व्यवस्था के लिए बहुत बड़ी संख्या में विभिन्न प्रकार के विशेषज्ञों, जैसे–शिक्षकों, चिकित्सकों, नर्सों, श्रम अधिकारियों और सामाजिक कार्यकर्त्ताओं की आवश्यकता होती हैं। नौकरशाही के सदस्यों के रूप में उनकी नियुक्ति से नौकरशाही के स्वभाव में परिवर्तन की प्रवृत्ति उत्पन्न हुई है। नये दायित्व के लिये नये प्रकार की नौकरशाही की आवश्यकता है।

3) **सामाजिक परिवर्तन के अभिकरण के रूप में राज्य और अधिकारी तंत्र (नौकरशाही)**–प्राचीन समय में गौतम बुद्ध, ईसा मसीह, गुरु नानक और स्वामी दयानन्द जैसे महापुरुषों और संतों ने विभिन्न सामाजिक रूढ़ियों, मानदंडों और कर्मकांडों को बदलने का आह्वान किया था। यद्यपि आजकल ऐसे बहुत से परिवर्तनों को कानून की सहायता से प्राप्त करने की कोशिश की जा रही है। इस प्रकार, छुआछूत, बहु–विवाह, बाल–विवाह प्रथा और दहेज प्रथा गैर–कानूनी घोषित कर दिये गये हैं।

4) **राजनीतिक विकास के अभिकरण के रूप में राज्य और अधिकारी तंत्र (नौकरशाही)**–नवोदित राष्ट्रों में राष्ट्रीयता के भावनात्मक संबंध प्रायः कमजोर होते हैं। इसलिए जब तक ये संबंध मजबूत न हो जाएँ, तब तक राष्ट्र के विभाजित होने का खतरा बना रहता है। उदाहरणस्वरूप, जैसा कि पाकिस्तान में घटित हुआ, जिससे बंगला देश अलग हो गया। राज्य और उसकी नौकरशाही इन भावनात्मक संबंधों को मजबूत बनाने में महत्त्वपूर्ण भूमिका अदा करती है। इस प्रकार, राष्ट्रीय एकता को शिक्षा, आकाशवाणी और दूरदर्शन के कार्यक्रमों के माध्यम से क्षेत्रीय भाषाओं में उत्कृष्ट कोटि के साहित्य के प्रकाशन तथा सांस्कृतिक और खेल संबंधी गतिविधियों, जिनमें राष्ट्र के हर हिस्से से लोग भाग ले सकें और ऐसे ही अन्य उपायों के माध्यम से मजबूत करने का प्रयास किया जाता है। ये कार्यक्रम प्रायः नौकरशाही के सदस्यों द्वारा संचालित किये जाते हैं।

प्रश्न 4. नौकरशाही की विभिन्न भूमिकाओं का वर्णन कीजिए।

उत्तर– नीति निर्माण व क्रियान्वयन दोनों में नौकरशाही एक महत्त्वपूर्ण भूमिका अदा करती है। विकासशील देशों में यह भूमिका और भी महत्त्वपूर्ण हो जाती है, इसके कारण निम्नलिखित हैं–

(क) **संचार माध्यम के रूप में नौकरशाही**–किसी भी समाज में विभिन्न श्रेणी के लोग होते हैं–जैसे व्यापारी, श्रमिक, कर्मचारी इत्यादि। उनकी अलग–अलग आवश्यकताओं के कारण उनके हितों में टकराव की संभावना बनी रहती है। जनता

व सरकार के हितों की पूर्ति तभी संभव है, जब उनमें विचारों का आदान–प्रदान (संचार) हो। यह संचार केवल नौकरशाही द्वारा ही संभव है। जनता अपनी समस्याएँ लेकर नौकरशाही (संबंधित अधिकारी) के पास जाती हैं तथा वे समस्या को अपने उच्च अधिकारी तक तथा बदले में उनके संदेश जनता तक पहुँचा देते हैं। अधिकारी जनता की आवश्यकताओं के आधार पर ही नीतियाँ बनाते हैं। सरल शब्दों में, नीति–निर्माण के लिए संचार के माध्यम का कार्य नौकरशाही ही करती है।

(ख) सूचना संग्रह के रूप में नौकरशाही–नीति–निर्माण एक जटिल व दुष्कर कार्य है। इसके लिए काफी तैयारी करनी पड़ती है तथा काफी सूचनाएँ भी इकट्ठी करनी पड़ती है। यह सूचनाएं पुरानी नीतियों की असफलताओं के बारे में भी हो सकती हैं तथा नई आवश्यकताओं के बारे में भी। सूचनाओं से नीति–निर्माण में सहायता मिलती है। नौकरशाही अपने कार्यानुभव व दस्तावेजों के आधार पर सूचनाओं का भंडार होती है। इसीलिए नौकरशाही की भूमिका काफी महत्त्वपूर्ण हो जाती है।

(ग) तकनीकी सलाहकारों के रूप में नौकरशाही–अधिकतर मंत्री अपने कार्यक्षेत्र से अनजान होते हैं। उन्हें अपने मंत्रालय के कार्यों की जटिलता व नई तकनीकों के बारे में जानकारी नहीं रहती। यह जानकारी व सलाह उन्हें नौकरशाही के माध्यम से ही उपलब्ध होती है। इस तरह नौकरशाही नीति–निर्माण के साथ–साथ तकनीकी सलाहकार के रूप में भी कार्य करती है।

(घ) महत्त्वपूर्ण सलाहकार के रूप में–समाज की रचना पूँजीपतियों व श्रमिकों आदि घटकों को मिलाकर हुई हैं। एक अच्छी सरकार से यह अपेक्षा की जाती है कि वह ऐसी नीतियों का निर्माण करे जिससे समाज के हर वर्ग का हित हों। इसलिए नीति–निर्माण के लिए ऐसे व्यक्तियों की आवश्यकता होती है जो निष्पक्ष, तटस्थ तथा अपने विषय के विशेषज्ञ हों। राजनीतिज्ञ चुनावों के साथ आते हैं और चले जाते हैं व उन्हें क्षेत्र के वर्ग–विशेष का समर्थन हासिल होता है, परंतु नौकरशाही के साथ ऐसा नहीं होता, इसीलिए उनके ज्यादा तटस्थ व निष्पक्ष रहने की संभावना होती है। वे अपने विषय के कुशल जानकार भी होते हैं। कुल मिलाकर वे एक सरकार के एक महत्त्वपूर्ण सलाहकार के रूप में भी कार्य करते हैं।

प्रश्न 5. नीति क्रियान्वयन में नौकरशाही की भूमिका का वर्णन कीजिए।

उत्तर– नौकरशाही का मुख्य कार्य नीतियों का कार्यान्वयन है अर्थात् सरकार की कार्यपालिका और विधायी शाखाओं द्वारा अनुमोदित हो जाने के बाद नीतियों को लागू करना। यह कार्य भी कार्यपालिका और विधायी शाखाओं में राजनीतिज्ञों के समग्र नियंत्रण एवं देख–रेख में किया जाता है, तथापि नौकरशाही के सदस्यों को कार्यान्वयन के लिए काफी जिम्मेदारियाँ वहन करनी पड़ती हैं–

1) परियोजनाओं और कार्यक्रमों की तैयारी,
2) परियोजना की योजना बनाना,
3) पंचवर्षीय योजना और बजट में प्रावधान करना, और
4) कार्यक्रमों का निष्पादन।

1) **परियोजनाओं और कार्यक्रमों की तैयारी**–कार्यान्वयन के लिए नीति को परियोजनाओं में विभाजित करना होगा और प्रत्येक परियोजना को कार्यक्रमों में विभाजित करना होगा। उदाहरण के लिए, ग्रामीण विकास की नीति के कार्यान्वयन के लिए सामुदायिक विकास जैसी परियोजनाएँ हैं। सामुदायिक विकास की परियोजना के अंतर्गत विभिन्न कार्यक्रम आते हैं। इसी प्रकार नई शिक्षा नीति के अंतर्गत नवोदय विद्यालय की परियोजना है। प्रत्येक नवोदय विद्यालय एक कार्यक्रम के रूप में है। परियोजनाओं और कार्यक्रमों के आकारों में भिन्नता हो सकती है: कुछ बहुत बड़े हैं तो कुछ छोटे। तथापि, जो बात ध्यान देने योग्य है वह यह है कि किसी नीति के कार्यान्वयन के लिए विभिन्न प्रकार की गतिविधियों की आवश्यकता होती हैं। इनमें से कुछ को चुन लिया जाता है और उन्हें परियोजनाओं का नाम दे दिया जाता है। इसके अतिरिक्त, प्रत्येक परियोजना के लिये, विभिन्न शीर्षों के अंतर्गत और विभिन्न स्थानों पर कार्यों की आवश्यकता होती हैं। इनमें से कुछ को चुन लिया जाता है और उन्हें कार्यक्रमों का नाम दे दिया जाता है। इनमें से कौन पहले हो और कौन बाद में–इस बात का निर्णय मुख्य रूप से विशेषज्ञ सिविल कर्मचारियों द्वारा तकनीकी आधार पर किया जाता है, जैसे–सिंचाई सुविधाओं को उर्वरकों की तुलना में प्राथमिकता दी जाती है।

2) **परियोजना की योजना बनाना**–परियोजना की योजना आर्थिक योजना से भिन्न होनी चाहिए। जहाँ आर्थिक योजना विभिन्न सेक्टरों और क्षेत्रों में संसाधनों के बँटवारे का निर्देश करती है, वहीं परियोजना की योजना का अभिप्राय किसी एक कार्यक्रम को लागू करने से संबंधित प्रशासनिक योजना से है, जैसे–किसी निर्दिष्ट क्षेत्र में मलेरिया उन्मूलन की योजना अथवा किसी अस्पताल की स्थापना। किसी परियोजना की योजना तैयार करने में पहला कदम है, क्षेत्र से आवश्यक सूचना और सांख्यिकीय आँकड़े एकत्र करना। जैसे किसी अस्पताल अथवा विद्यालय की स्थापना करते समय हमें यह निश्चित करना होगा कि यह कहाँ पर स्थापित किया जाए। इसके लिए आबादी के केन्द्रीय स्थान के बारे में जानकारी आवश्यक होगी, ताकि विद्यालय का निर्माण उस स्थान पर हो जो अधिकांश बच्चों के निवास के समीप हो, क्षेत्र की सड़कों के बारे में भी जानकारी आवश्यक होगी, जिससे कि विद्यालय पर सरलता से पहुँचा जा सके, उस क्षेत्र की भूमि के उपयोग के बारे में भी जानकारी आवश्यक होगी, ताकि कृषि–योग्य अच्छी भूमि के स्थान पर अनुपजाऊ

भूमि का विद्यालय के प्रयोजन के लिए उपयोग किया जा सके और इसी तरह की अन्य बातों की भी जानकारी आवश्यक है। ऐसे आँकड़ों की सहायता से क्षेत्र में कार्यक्रम की साध्यता अथवा व्यावहारिकता के बारे में अध्ययन किया जाता है। उदाहरण के लिए, इसका लागत लाभ विश्लेषण किया जाता है। दूसरे शब्दों में विभिन्न स्थानों, आकारों और कार्यों की लागत और लाभ की गणना की जाती है और उनमें तुलना की जाती है। एक बार कार्य, आकार और स्थान निश्चित हो जाने के बाद, भूमि और भवनों, आवश्यक उपकरणों, अतिरिक्त अपेक्षित कार्मिकों और स्थापना में लगने वाले समय आदि की लागत का अनुमान तैयार किया जाता है। इन विश्लेषणों और अनुमानों के लिए सुविज्ञ और विशेषज्ञ सिविल कर्मचारियों की आवश्यकता होती है। इसके आधार पर एक प्रस्ताव तैयार किया जाता है और शीर्षस्थ एजेंसियों, जैसे—योजना और वित्त मंत्रालयों को जाँच तथा अनुमोदन के लिए प्रस्तुत किया जाता है।

3) **योजना और बजट तैयार करना**—अर्थव्यवस्था को कृषि, उद्योग और सेवाएँ (जैसे—स्वास्थ्य और शिक्षा) सेक्टरों में विभाजित किया जा सकता है। यह निश्चित करना होगा कि प्रत्येक सेक्टर के विकास पर कितनी धनराशि और कितने अन्य संसाधन खर्च करने होंगे। संसाधनों के बँटवारे के लिए विस्तृत निर्णय पाँच वर्ष की अवधि के लिए किये जाते हैं। क्योंकि बहुत—सी परियोजनाओं और कार्यक्रमों में कई वर्ष का समय लगता है। जैसे—किसी बाँध के निर्माण में कई वर्ष लग सकते हैं। इसलिए विभिन्न सेक्टरों में तथा विभिन्न क्षेत्रों में संसाधनों के बँटवारे के लिए एक पंचवर्षीय योजना तैयार की जाती है। इनमें से कुछ अन्यों की अपेक्षा कम विकसित हो सकते हैं। संसाधनों का और अधिक ब्यौरेवार विभाजन प्रत्येक विभाग की परियोजना और कार्यक्रम के लिए प्रति वर्ष बजट के माध्यम से किया जाता है। प्रत्येक विभाग की गतिविधियाँ महत्त्वपूर्ण होती हैं और उनमें से प्रत्येक अधिक से अधिक धनराशि की माँग करते हैं। फिर भी, सरकार के पास उपलब्ध कुल राशि सीमित होती है। चूँकि सभी विभागों की सभी माँगें पूरी नहीं की जा सकती हैं, इसलिए अपेक्षाकृत अधिक महत्त्वपूर्ण परियोजनाओं और कार्यक्रमों के लिए धन उपलब्ध कराया जाता है और कम महत्त्वपूर्ण परियोजनाओं और कार्यक्रमों को छोड़ दिया जाता है। चयन की इस प्रक्रिया में परियोजनाओं का और प्रत्येक परियोजना के अंतर्गत कार्यक्रमों का तुलनात्मक मूल्यांकन करना होता है। इस चयन के अतिरिक्त कार्यक्रम के अंतर्गत प्रत्येक व्यय शीर्ष की विस्तृत जाँच—पड़ताल की जाती है। योजना और बजट तैयार करने से संबंधित ये कार्य योजना आयोग, योजना मंत्रालय और वित्त मंत्रालय जैसी एजेंसियों द्वारा किये जाते हैं। विभिन्न विभागों, परियोजनाओं और कार्यक्रमों से संबंधित प्रस्तावित खर्च के विश्लेषण,

मूल्यांकन, तुलना और जाँच–पड़ताल की गतिविधियों के लिए बहुत अधिक विशेषज्ञता और अनुभव की आवश्यकता होती है। इसलिए सिविल कर्मचारियों, जिन्हें यह विशेषज्ञता और अनुभव प्राप्त है, पर इन गतिविधियों के निष्पादन तथा पंचवर्षीय योजना और वार्षिक बजट तैयार करने के लिए निर्भर रहना पड़ता है। फिर भी, यह बात ध्यान देने योग्य है कि ये मंत्रियों के समग्र नियंत्रण और देखरेख में तैयार किये जाते हैं। अंत में, योजना और बजट के लिए संसद का अनुमोदन आवश्यक होता है। संसद सदस्य और मंत्री जनता के चुने हुए प्रतिनिधि होते हैं। वे योजना और बजट की तैयारी के कार्य पर नियंत्रण रखते हैं, जिससे कि इनमें जनता की जरूरतें और आकांक्षाएँ प्रतिबिंबित हो सकें। यह नियंत्रण प्रजातंत्र की एक शर्त है। इसके साथ ही प्रशासन में नौकरशाही के विशेष ज्ञान और अनुभव का उपयोग करके दक्षता प्राप्त की जा सकती है।

4) **कार्यक्रमों का निष्पादन**–निष्पादन का अभिप्राय किसी कार्यक्रम को लागू करने से है। यह कार्य चरणों में किया जाता है। जैसे–यदि कोई विद्यालय बनाया जाना है तो सबसे पहला चरण भूमि प्राप्त करना तथा भवन का निर्माण करना होगा। इसके बाद अध्यापकों और स्टाफ के अन्य सदस्यों की भर्ती करनी होगी। उन्हें अन्य विद्यालयों से स्थानांतरित भी किया जा सकता है। उनमें से कुछ को प्रशिक्षण के लिए भेजना पड़ सकता है। कक्षाओं और प्रयोगशालाओं के लिए उपकरण भी प्राप्त करना होगा। भूमि और उपकरण प्राप्त करने, भवनों का निर्माण कराने और प्रशिक्षित अध्यापकों की व्यवस्था करने से संबंधित ये सभी गतिविधियाँ विशेषज्ञ और अनुभवी सिविल कर्मचारियों द्वारा पूरी की जाती हैं। जैसे–भवन निर्माण की जिम्मेदारी लोक निर्माण विभाग के इंजीनियरों की हो सकती है और उपस्थिति रजिस्टर उपलब्ध कराने की जिम्मेदारी मुद्रण एवं लेखन सामग्री विभाग के अधिकारियों की हो सकती है। इन मूल आवश्यकताओं की पूर्ति के बाद शिक्षा विभाग के अधिकारी अध्यापकों की व्यवस्था करेंगे। इस प्रकार, विभिन्न विभागों के सिविल कर्मचारियों को विभिन्न कार्यक्रमों को पूरा करने के लिए समन्वित रूप में कार्य करना पड़ता है। ऐसा समन्वयन और निर्धारित समय सीमा में कार्यक्रमों का निष्पादन सुनिश्चित करने के लिए, सभी अधिकारियों से यह अपेक्षा की जाती है कि वे अपनी उपलब्धियों के बारे में समय–समय पर अपने वरिष्ठ अधिकारियों को रिपोर्ट प्रस्तुत करें। रिपोर्टों की जाँच करके, उच्च स्तरों के अधिकारी कार्यक्रमों के निष्पादन पर नियंत्रण रख सकते हैं। निष्पादन मुख्य रूप से नौकरशाही की जिम्मेदारी है।

अध्याय–14

प्रशासन पर वैश्वीकरण का प्रभाव

प्रश्न 1. वैश्वीकरण की अवधारणा और लोक–प्रशासन पर इसके प्रभाव की चर्चा कीजिए। [June 2009, Q. 7.]

उत्तर– वैश्वीकरण की प्रक्रिया निश्चित रूप से अपरिवर्तनीय है। वैश्वीकरण, उदारीकरण और निजीकरण की प्रक्रियाओं ने राज्य और प्रशासन को प्रत्यक्ष और अप्रत्यक्ष रूप से प्रभावित किया है। वैश्वीकरण के कारण पूरे विश्व के राजनीतिक, सामाजिक एवं आर्थिक परिवेश में बुनियादी परिवर्तन आए हैं। वैश्वीकरण की अवधारणा उन तथ्यों को उजागर करती है, जिसके आधार पर विश्व के एक भाग में लिए जाने वाले निर्णयों, गतिविधियों एवं घटनाओं का प्रभाव विश्व के दूसरे भागों पर पड़ता है। **मैकग्रू** और **लेविस** (McGrew and Lewis) के अनुसार वैश्वीकरण को दो संदर्भों–विस्तार (Scope) और सघनता (Intensity) के परिप्रेक्ष्य में समझा जा सकता है। एक तरह से यह उन प्रक्रियाओं के समुच्चय को निर्दिष्ट करता है, जो समस्त विश्व व्यवस्था को समाहित करता है। दूसरी तरफ, यह राज्यों और समाजों के बीच बढ़ती सघनता को व्यक्त करता है। इस प्रकार, वैश्विक प्रक्रियाओं के विस्तार के साथ–साथ उसका संघनीकरण भी होता रहता है।

वैश्वीकरण प्रक्रियाओं, अंतर्संबंधों तथा अंतर्क्रियाओं का एक प्रभाव क्षेत्र है, जिसमें आर्थिक, राजनीतिक, विधिक, सैनिक, सांस्कृतिक तत्त्व एवं वातावरण सम्मिलित हैं। यह प्रौद्योगिकीय विकास एवं बाजार आधारित विकास को अपने में समेटे हुए है। आर्थिक दृष्टिकोण से इसका तात्पर्य व्यापार बाधाओं को हटाने तथा प्रत्यक्ष विदेशी निवेश में संलग्न अंतर्राष्ट्रीय कंपनियों के विस्तृत कार्यकलापों से है। समाजशास्त्रियों की दृष्टि में वैश्वीकरण एक बहुआयामी अवधारणा है। इसमें आर्थिक, राजनीतिक, सांस्कृतिक एवं तकनीकी आदि अनेक आयामों का विस्तार शामिल है। एंथोनी गिडेंस (Anthony Giddens) ने वैश्वीकरण को नवीन और क्रांतिकारी के रूप में परिभाषित किया है।

आर्थिक सहयोग एवं विकास संगठन (Organisation for Economic Coorperation and Development-OECD) के अनुसार वैश्वीकरण राष्ट्रीय अर्थव्यवस्थाओं से वैश्विक अर्थव्यवस्था में रूपांतरण है, जिससे उत्पादन का अंतर्राष्ट्रीयकरण होता है और राष्ट्रों के बीच वित्तीय पूँजी की स्वतंत्र एवं अनवरत रूप में प्रवाह होता है।

वैश्वीकरण के कारण व्यापार उत्पादन–बाजार, विनिवेश और प्रौद्योगिकी का विस्तार हुआ है। इससे अर्थव्यवस्था में प्रगति आई है। रोजगार के अवसरों में वृद्धि हुई है और जीवन स्तर ऊँचा उठा है। राज्यों और समाजों के बीच बेहतर तालमेल संभव हुआ है और उनके बीच आदान–प्रदान में बढ़ोतरी हुई है। लेकिन वैश्वीकरण के आलोचकों का मानना है कि इसकी

वजह से संपूर्ण विश्व में गरीबी बढ़ी है, रोजगार के अवसरों में कमी आई है, आर्थिक असमानता में बढ़ोतरी हुई और पर्यावरणीय समस्याओं ने गंभीर रूप धारण कर लिया है। संयुक्त राज्य अमेरिका और संयुक्त राष्ट्र विकास कार्यक्रम (UNDP) के अनुसार संयुक्त राज्य अमेरिका के 400 सर्वाधिक धनी व्यक्तियों की आय 20 अफ्रीकी देशों (30 लाख से अधिक लोग) की कुल आय अथवा पाकिस्तान के 14 करोड़ 60 लाख लोगों की कुल राष्ट्रीय आय से अधिक है। इन आँकड़ों से यह स्पष्ट होता है कि वैश्वीकरण के कारण आर्थिक असमानता तेजी से बढ़ रही है। आने वाले समय में यह गंभीर रूप धारण कर सकती है।

वैश्वीकरण के कारण नई सामाजिक अपेक्षाओं का उदय हुआ है मूल्यों में परिवर्तन आए हैं, और राज्य एवं शासन–व्यवस्था के स्वरूप बदल रहे हैं। इसका सीधा प्रस्ताव लोक–प्रशासन पर पड़ा है और उस पर परिस्थितियों के अनुसार प्रतिक्रिया व्यक्त करने के लिए दबाव डाला जा रहा है। सूचना प्रौद्योगिकी में आई क्रांति ने प्रशासनिक प्रक्रियाओं के स्वरूप को पूरी तरह बदल दिया है। व्यापार के मार्ग में आने वाली रुकावटों को हटाने में कॉरपोरेट जगत ने महत्त्वपूर्ण भूमिका निभायी है। **पी.सर्नी** (P. Cerny) के अनुसार 'बदलते वैश्वीकृत, अंतर्राष्ट्रीय एवं बहुराष्ट्रीय परिवेश में राज्य अपने खुद के परिवर्तन का अभिकर्त्ता मात्र ही नहीं, वरन् वैश्वीकरण के विकास का मुख्य स्रोत भी है।' नव–उदारवाद की अवधारणा निजीकरण, आर्थिक उन्मुखीकरण और सार्वजनिक वस्तुओं पर सरकारी व्यय में कमी आदि का समर्थन करती है। ये सभी तत्त्व वैश्वीकरण की प्रक्रिया को उत्प्रेरित करने में सहायक हैं।

वैश्वीकरण के कारण व्यापार, वित्त और निवेश में व्यापक विस्तार हुआ है। तकनीकी एवं प्रौद्योगिकी के क्षेत्र में क्रांति आई है और उच्च–स्तरीय उपभोक्ता की माँग में गणनात्मक एवं गुणात्मक दोनों ही रूपों में वृद्धि हुई है।

जमिल जेसाट *(Jamil Jreisat, 2004) के अनुसार, लोक–प्रशासन, वैश्वीकरण के कारण नवीन चुनौतियों का सामना कर रहा है, जोकि निम्न हैं–*

(1) प्रबंधकीय नेतृत्व तथा विशेषता पर बल जिसकी आवश्यकता वार्त्ता, मध्यस्थता, मौलिक अधिकारों की रक्षा एवं सांस्कृतिक विविधता के प्रति संवेदनशीलता की माँगों के कारण अनिवार्य हो गई है।

(2) संगठनात्मक प्रबंधकीय संस्कृति, जिसमें प्रदर्शन तथा परिणामोन्मुखी मानव संसाधन प्रबंधन जोर (अनुकूलता, सहयोग तथा रचनात्मकता के प्रबंधकीय कौशलों की माँग है)

(3) प्रबंधकर्त्ता से लेकर गतिविधियों के सुसाध्यकर्त्ता के रूप में, नौकरशाही की परिवर्तित हो रही भूमिका

(4) एक तुलनात्मक परिदृश्य की आवश्यकता, जहाँ नवीन वैश्विक वास्तविकता का स्वरूप, लोक–प्रशासन एक ऐसी तुलनात्मक दृष्टिकोण का प्रभावी इस्तेमाल कर सकें, जो गैर–पाश्चात्य तथा अधिक विकसित व्यवस्थाओं को समाहित करता हो।

(5) प्रभुसत्ता–संपन्न राज्यों के बीच विचार–विमर्श व बातचीत के कौशल की बढ़ती आवश्यकता।

(6) ई–गवर्नमेंट का उदय, जहाँ सभी राष्ट्र, सूचना व प्रसार क्रांति जैसे इंटरनेट (Internet) के द्वारा अपनी शासनात्मक प्रक्रियाओं को समृद्धतर व तीव्रतर बनाने के लिए कार्यरत हैं अतः, वैश्वीकरण का प्रभाव मिला–जुला रहा है, **अली फराजमन्द** (Ali Farazmand,1999) के विचार में, वैश्वीकरण के कारण लोक–प्रशासन एक ओर तो नागरिक–अधिकार, पारदर्शिता, जिम्मेदारी, नैतिक मूल्यों, शोध तथा प्रशिक्षण का संरक्षक नजर आता है, वहीं दूसरी ओर, वैश्वीकरण, लोक स्थान (Public Space) के संकुचीकरण, मानवीय अधिकारों के उल्लंघन तथा मानवीय मूल्यों का हनन करने वाला प्रतीत होता है।

राज्य की बदलती भूमिका – वैश्वीकरण के कारण राज्य की पारंपरिक भूमिका में महत्त्वपूर्ण बदलाव आए है, राज्य हमेशा से सामाजिक–शासन का केंद्र बिंदु रहा है। पारंपरिक तौर पर, कई राष्ट्रों ने लोक कल्याणकारी राज्य की अवधारणा को अपनाया, जोकि एक ऐसी राजनीतिक व्यवस्था है, जिसमें जन कल्याण के प्रति उच्च स्तर की जिम्मेदारी का बोध होता है। लोक प्रशासन का बाजारोन्मुखी अभिगम एक 'प्रतिस्पर्द्धी राज्य' की ओर अग्रसर हो रहा है, जो स्थानीय, राजनीतिक तथा प्रशासनिक संस्कृतियों से अलग, लोक–चयन, विनियमीकरण तथा निजीकरण को प्रोत्साहित करता है। पी. सर्नी (1997) प्रतिस्पर्द्धी–राज्य (Competition State) को एक मुख्य रूप से पदानुक्रमिक व गैर–वस्तुतीकरण (Decommodifying) अभिकर्त्ता से, प्रमुखतः एक बाजार–आधारित वस्तुतीकरण (Commodifying) अभिकर्त्ता के रूप में परिवर्तन के तदत परिभाषित करते हैं।

राज्य की इस परिवर्तित भूमिका की प्रचारक व हितैशी 1980 तथा 1990 के दौरान, जोकि राज्य की शक्ति न्यूनीकरण (Roll Back the State) के रूप में जानी जाती है, जोकि विशेषकर यू.एस.ए. तथा यू.के. में नव–उदारवाद के प्रभाव के कारण हुई, जिसके परिणामस्वरूप, विनियमीकरण, निजीकरण तथा राज्य सेवाओं में बाजारोन्मुखी सुधारों को क्रियान्वित किया गया। फलस्वरूप, 'निजी अच्छा' तथा 'सार्वजनिक खराब' (Private Good and Public Bad) के एक बाजारोन्मुखी तथा राज्य विरोधी दर्शनशास्त्र का आविर्भाव हुआ। विकास की नवीन राजनीतिक अर्थव्यवस्था बाजार–आधारित है तथा इसमें राज्य की केन्द्रीय भूमिका नहीं रह जाती है, क्योंकि निजीकरण वैयक्तिक स्वतः प्रेरणा को प्रोत्साहित करता है, इसके लिए अवसर खोलता है।

सरकार की संभावनाओं तथा सीमाओं को निर्धारित करने वाले एक प्रभावी नव–प्रतिमान के विचार में, जो पाश्चात्य लोकतांत्रिक व्यवस्थाओं में प्रभावी है, सरकार को–

(1) अपने कार्यों को सीमित करना चाहिए

(2) पूर्व जिम्मेवारियों, जो अत्यधिक बोझिल हों, उनको कम करना या छोड़ देना चाहिए

(3) जहाँ कहीं भी गुंजाइश हो, वहाँ लोक सेवाओं का निजीकरण करना चाहिए तथा

(4) अपने खुद के कार्यों को प्रतिस्पर्द्धिता तथा प्रभावोत्पादकता की बाजार–अवधारणाओं के अनुरूप ढालने का प्रयास करना चाहिए।

'बाजार द्वारा सरकार' की इस सोच के प्रस्तावक **पीटर सेल्फ** (Peter Self, 1993) इस अवधारणा को इस तर्क पर आधारित करते हैं कि सरकारी तंत्र की अपेक्षा बाजारी तंत्र मानवीय जरूरतों तथा इच्छाओं को संतुष्ट करने वाला बेहतर व प्रभावी तरीका है।

इसमें कोई शक नहीं कि वैश्वीकरण ने राज्य, उसकी नीतियों, संस्थानों तथा कार्मिकों पर गहरा प्रभाव डाला है। 'सार्वजनिक क्षेत्र' तथा 'नागरिकों के लिए स्थान' आदि जैसे तत्त्वों की संलग्नता में लगातार कमी हो रही है तथा कॉरपोरेट राज्य के प्रभाव में इनकी अपेक्षा में वृद्धि हो रही है। प्रशासन के लिए सबसे बड़ी चुनौती है, राज्य की भूमिकाओं को नव–परिस्थितियों के अनुरूप ढालना। इसके अनुरूप एक नवीन नियमनकारी राज्य के विकास की जरूरत है। जैसा कि राज्य की प्रकृति नियमनकर्त्ता की होनी चाहिए, इसमें ऐसे तौर–तरीकों का प्रावधान बनाया जाना चाहिए, जो कार्यकुशलता, सेवा मानक, बाजार के खिलाड़ियों के लिए समुचित नियमनकारी/विधिक ढाँचा आदि को सुनिश्चित कर सकें तथा बाजार की विकृतियों को दूर कर सके। साथ ही उपभोक्ताओं, नियोक्ताओं, कर्मचारियों तथा अन्य हिस्सेदारों के हितों को सुरक्षित करने का प्रयास भी राज्य की भूमिका में शामिल होना चाहिए।

ओसबोर्न तथा गैबलर (Osborne and Gaebler) ने अपनी कृति 'रिइनवेटिंग गवर्नमेन्ट' (Reinventing Government) में बाजार को विनियमित करने में राज्य की भूमिका को रेखांकित किया। राज्य अपनी इस भूमिका को निम्न तरीकों से निभा सकते हैं–

(1) बाजार स्थान में नियमों को तय करके

(2) सूचना का प्रबंध करके

(3) बाजारोन्मुख प्रेरणात्मक उपायों के द्वारा विनियमन करके

(4) निजी क्षेत्र आपूर्तियों तथा नव बाजार क्षेत्रों को उत्प्रेरित करके

(5) बाजार संस्थानों को स्थापित करके

(6) जोखिम आबंटन करके; तथा

(7) माँग में वृद्धि करके

प्रभावी आर्थिक शासन के लिए आवश्यक है कि राज्य बाजार संस्थानों के प्रभावी संचालन के लिए प्रेरक परिवेश का निर्माण करे।

बाजार अर्थव्यवस्था के प्रभावी संचालन के लिए एक मजबूत व प्रभावी राज्य की जरूरत है, जो एक विधिक तथा नियमनकारी तंत्र के माध्यम से परिणामोन्मुखता, स्थायित्व स्पष्टता तथा प्रवर्तनीयता को सुनिश्चित कर सके। बाजार–आधारित प्रक्रियाओं को आर्थिक के साथ–साथ सामाजिक विकास की उपलब्धि के लिए निर्देशित करने की जरूरत है। जापान में सरकार के निम्न उपायों के द्वारा, जैसा कि ओकिमोतो (Okimoto, 1989) ने कहा है,

बाजार में प्रत्यक्ष हस्तक्षेप हुआ है–

(1) विदेशी विनिमय साख को आबंटित करना

(2) जापान के अंदर तथा बाहर प्रौद्योगिकीय प्रवाह को नियमित करना

(3) योक्तिकीकरण तथा मंदी–विरोधी उत्पादन–संघों को संगठित करना

(4) निवेश स्तर पर निर्देशन करना

(5) नए उद्योगों को संरक्षण प्रदान करना

(6) क्षेत्रीय प्राथमिकताओं को तय करना

(7) उसके विकास को उत्प्रेरित करने के लिए संसाधनों की समुचित आपूर्त्ति करना

(8) विदेशी प्रत्यक्ष निवेश को नियंत्रित करना

(9) 'प्रशासनिक निर्देश' जारी करना तथा

(10) जापान के भविष्य की औद्योगिक संरचना के मध्यकालीन तथा दीर्घकालीन दृष्टिकोण पर श्वेत–पत्र प्रकाशित करना।

राज्य संस्थानों की जवाबदेही – वैश्वीकृत राज्य के बारे में यह आशंका व्यक्त की जाती है कि यह अपने कुलीन तंत्रीय नीतियों के द्वारा आम आदमी पर नकारात्मक प्रभाव डालने वाला है, लेकिन राज्य संस्थान लोगों की जरूरतों के प्रति अपनी जिम्मेदारी को सुनिश्चित कर इस आशंका को खत्म कर सकता है। 'गरीबी पर आक्रमण' (Attacking Poverty) शीर्षक से प्रकाशित विश्व विकास रिपोर्ट – World Development Report 2000/2001 में यह रेखांकित किया गया है कि लोक प्रशासन को नीतियों को प्रभावी तरीके से लागू करना चाहिए, लोगों की जरूरतों के प्रति जिम्मेदार व जवाबदेह होना चाहिए तथा वंचित व जरूरतमंद लोगों के बीच संसाधनों का पुनर्वितरण करने का प्रयास करना चाहिए।

'बाजार के लिए संस्थानों का निर्माण' (Building Institutions for Market) नाम से प्रकाशित विश्व विकास रिपोर्ट (2002) ने विचार व्यक्त किया है कि कमजोर संस्थान, विकृत कानून, भ्रष्ट न्यायालय, पूर्वाग्रहों से ग्रसित उधार–व्यवस्था तथा लालफीताशाही आदि ऐसे कारक हैं, जो गरीब लोगों को चोट पहुँचाते हैं तथा विकास को बाधित करते हैं। इन समस्याओं से प्रभावित देशों ने इन समस्याओं के हल हेतु सूक्ष्म आवश्यकता पूर्ति हेतु संस्थानों को स्थापित कर लिया, जो आय में बढ़ोतरी करते हैं तथा गरीबी को कम करते हैं। विश्व बैंक ने 1993 में उन नीतिगत उपायों की ओर संकेत किया है, जो लाभ के समुचित व व्यापक वितरण को सुनिश्चित करने वाला है; ये हैं–

(1) माध्यमिक तथा उच्चतर शिक्षा तथा संवर्द्धित पहुँच व प्राथमिक शिक्षा का व्यापक व विस्तृत प्रावधान।

(2) जापान, कोरिया तथा ताइवान के भूमि सुधार उपायों ने जमीनों के समतावादी वितरण, घरेलू उपभोग तथा निर्यात प्रोत्साहन के लिए कृषि उत्पादन में सहयोग तथा समान व व्यापक बँटवारे का प्रावधान है।

(3) लघु तथा मध्यम आकार के उपक्रमों को प्रोत्साहन (विशेषकर ताइवान में तथा सामान्यतः जापान में); और

(4) गरीब लोगों के लिए आवास निर्माण में निवेश जैसे कल्याणकारी उपायों (हांगकांग, सिंगापुर तथा इंडोनेशिया) का गरीबी उन्मूलन में महत्त्वपूर्ण योगदान।

वैश्वीकरण के नकारात्मक नतीजों से झूझने के लिए सबसे बड़ी चुनौती है सार्वजनिक संस्थानों को इस तरीके से मजबूत तथा पुनर्जीवित करना, ताकि लोकहितों के संरक्षण में उसकी वैधता तथा प्रभावकारिता को सुनिश्चित किया जा सके। विकासशील देशों के लिए उस दिशा में प्रभावी कदम उठाने की जरूरत है। विश्व बैंक के पूर्व प्रमुख (1999) जेम्स वोल्फेंसन (James Wolfensohn) के अनुसार, विकास को सुशासन की जरूरत है, जिसका मतलब है, खुले पारदर्शी तथा जिम्मेदार सार्वजनिक संस्थानों की जरूरत है। बाजार अर्थव्यवस्था में वृद्धि को बनाए रखने के लिए यह जरूरी है कि इसे नियमित किया जाए।

लोक प्रशासन में प्रबंधोन्मुखता – पारंपरिक रूप में कहें तो लोक–प्रशासन का मुख्य लक्ष्य लोकहित का संरक्षण होता था। इसे लोगों के प्रति प्रतिनिधित्वता तथा जिम्मेवारिता को सुनिश्चित करना होता था। प्रबंधकीय उन्मुखता कोई नई अवधारणा नहीं है तथा यह पहले भी विविध रूपों में अस्तित्त्व में रही है।

एफ.डब्ल्यू.टेलर (F.W. Taylor) के वैज्ञानिक प्रबंधन सिद्धांत, जिसमें संगठन को ग्राहकोन्मुखता तथा अवैयक्तिकता आदि की विशेषताओं वाले एक औपचारिक तंत्र के रूप में देखा गया, यह इस बात की ओर संकेत करते हैं कि पारंपरिक रूप से भी कार्यकुशलता, सक्षमता तथा प्रभावकारिता के उन्नयन के लिए प्रबंधकोन्मुखता आवश्यक समझी जाती थी।

1980s में जन्मे नव लोक प्रबंधन के रूप में लोक प्रशासन के नव सुधारीकृत रूप ने एक बार फिर पारंपरिक लोक प्रशासन की जमकर निंदा की। इसमें कहा गया कि पारंपरिक लोक प्रशासन के तौर–तरीके जन विश्वास से विश्वासघात करने वाले होते हैं। **ऐल गोर** (Al Gore) के शब्दों में यह 'खाली' तथा 'टूटा हुआ है' (Broke and Broken)। अनेक वर्षों से आलोचना का शिकार बने लोक प्रशासन ने अचानक एक नव उन्नत प्रतिस्थापन पा लिया है। जैसा कि एडवर्ड जेनिंग्स (Edward Jennings) ने उल्लेख किया है कि सरकारी कार्यों में सुधार की प्रक्रिया का निर्माण अवधारणाओं के साझे समुच्चय के इर्द–गिर्द हुआ है। सरकार को अब प्रदर्शनोन्मुख होना चाहिए।

नव–सुधार प्रक्रिया, जिसे नव लोक प्रबंधन भी कहा जाता है, कुछ तत्त्वों पर आधारित है, जिसमें शामिल है–

(1) प्रक्रियागत–उन्मुखता के बजाय परिणामोन्मुखता पर जोर

(2) प्रतिस्पर्द्धा तथा वस्तुओं व सेवाओं के प्रावधान में लागत, कार्यकुशलता तथा सक्षमता पर ध्यान देने वाले बाजार सिद्धांतों को लागू करना।

(3) सेवा उन्मुखता तथा कार्यकुशलता में वृद्धि के लिए लोक प्रशासन को ग्राहकोन्मुख बनाना
(4) सरकार की भूमिका सुसाध्यकर्ता की बनाना
(5) नीतियों के कार्यान्वयन में गैर–लाभकारी संगठनों, जैसे तीसरे पक्षों तथा सरकार के अन्य स्तरों पर भरोसा
(6) सरकारी गतिविधियों को परिणामोन्मुख बनाने के लिए उसे विनियमित करना
(7) कर्मचारियों को ग्राहकोन्मुख बनाना, क्योंकि यह टीम भावना को प्रेरित करती है तथा
(8) नियमबद्ध तथा प्रक्रिया–उन्मुख लोक प्रशासन को लोचशील, नवाचारी तथा पेशेवर संस्कृति में ढालना (रोसेनब्लूम –Rosenbloom, 2002)।

नव लोक प्रबंधन निश्चित रूप से एक प्रतिस्पर्द्धी राज्य को स्पष्ट अभिव्यक्ति प्रदान करता है। पुनरान्वेषण, पुनःसंरचना, गुणवत्ता प्रबंधन, उदारवादी प्रबंधन आदि जैसे प्रतीकों को क्रियात्मक रूप प्रदान करने वाले, इस नए प्रतिमान का मुख्य लक्ष्य सरकार की संरचनागत तथा प्रक्रियागत तंत्र में रद्दोबदल होता है।

राज्य–बाजार सहयोग – प्रकार्यात्मक हस्तक्षेपों के द्वारा बाजार असफलताओं को दूर करने का प्रयास किया जाता है जैसा कि मूल्यों (Prices) से गलत संकेत मिलता है। संस्थागत हस्तक्षेपों के द्वारा बाजार को नियम कायदों के द्वारा नियमित करने का प्रयास किया जाता है। रणनीतिक हस्तक्षेप के द्वारा बाजार के मार्गदर्शन का प्रयास किया जाता है, ताकि विकास के संपूर्ण चेहरे को उजागर किया जा सके।

1994 में भारत में कुछ अर्थशास्त्रियों ने 'सामाजिक रूप से जिम्मेदार बाजार अर्थव्यवस्था' के विकास का सुझाव दिया, जो राज्य की भूमिका तथा उसके योजनागत तत्त्वों को सार्वजनिक उद्यम तथा संयुक्त उद्यम, मानवीय संसाधनों के बेहतर प्रबंधन, कौशल विकास तथा रोजगार सृजन के द्वारा आर्थिक तथा सामाजिक सेवा गतिविधियों के सुदृढ़ीकरण तथा निजी व विदेशी निवेश से अछूत क्षेत्र में आधारभूत संरचना के विकास के द्वारा पुनर्परिभाषित करती है।

'सामाजिक रूप से जिम्मेदार बाजार अर्थव्यवस्था' (Socially Responsible Market Economy - SRME) का मॉडल आत्मानुशासन उपयुक्त दबाव तथा आचार संहिता के अनुपालन पर जोर देता है।

राष्ट्रीय संदर्भ में, राज्य को ऐसे तौर तरीकों को अपनाने का प्रयास अवश्य करना चाहिए, जो समतावादी विकास की अवधारणा के अनुरूप हो। इसके लिए उसे बहुराष्ट्रीय कंपनियों के साथ बेहतर सौदेबाजी करनी चाहिए तथा अर्थव्यवस्था के वृहत्–प्रबंधन में समझदारी का परिचय देना चाहिए तथा वैश्वीकरण के नकारात्मक प्रभावों को न्यूनीकृत करने के लिए उपयुक्त कदम उठाने चाहिए। बदलते परिदृश्य में, इस विचार का भी धीरे–धीरे उदय हुआ है कि 'व्यक्तिवाद' का दर्शन, जोकि बाजार तथा बाजार ताकतों द्वारा निर्देशित सरकार में निहित है, किसी समाज के पक्ष में नहीं है।

एक पूरक लोकतांत्रिक मॉडल के रूप में नागरिक समाज – हेरी ब्लेयर (Harry Blair, 1998) के शब्दों में नागरिक समाज संगठन विशिष्ट हितों की खोज में रत समूहों का ऐसा नेटवर्क है, जिसमें स्थानीय, खैराती, समाज सेवोन्मुख, विकासात्मक तथा पेशेवर कई तरह के संगठन शामिल होते हैं। नागरिक समाज संगठनों के विकास को 'समुदायवाद' (Communitarianism) का विकास माना जाता है। राजनीतिक वामपंथ से संबंध हो या दक्षिण पंथ से संबंध हो, समुदायवाद के बारे में माना जाता है कि यह तृतीय क्षेत्र के, जिसका मतलब गैर–लाभकारी संगठन होता है, जो सार्वजनिक क्षेत्र से अलग होता है, व जिसका लक्ष्य समकालीन समाज की कई समस्याओं का हल ढूँढना होता है, उस पर बल देता है। अतः नागरिक समाज अपने भागीदारीपूर्ण लोचशील लागत–प्रभावकारी, सुगम्य तथा जन–हितैशी विशेषताओं के कारण महत्त्वपूर्ण स्थान बनाने में सफल रहा है।

लैरी डायमण्ड (Larry Diamond, 1991) लोकतंत्र को आकार देने वाले नागरिक समाज के कम से कम छह कार्यों को रेखांकित करते हैं, जोकि निम्न हैं–

(1) नागरिक समाज राज्य की प्रक्रिया का निरीक्षण करने वाले राजनीतिक, आर्थिक, सांस्कृतिक तथा नैतिक संसाधनों का एक संग्रह है।

(2) नागरिक समाज की विविधता इस बात को सुनिश्चित करती है कि राज्य पर कुछ ही वर्गों को एकाधिकार नहीं हो।

(3) सहचार्यत्मक जीवन के विकास के माध्यम से राजनीतिक दलों को राजनीतिक भागीदारी को सुनिश्चित करने में सहुलियतें प्राप्त होती हैं।

(4) नागरिक समाज राज्य को स्थिरीकृत करेगी, क्योंकि सामाजिक व्यवस्था में नागरिकों का व्यापक हित निहित होता है। इसके अलावा जहाँ नागरिक समाज राज्य की माँगों को बहुगुणित कर सकता है, वहीं यह समूह को अपने खुद के कल्याण के लिए सशक्त व प्रेरित कर सकता है।

(5) नागरिक समाज नई राजनीतिक नेतृत्व के चयन का एक आधार उपलब्ध कराता है तथा

(6) नागरिक समाज सत्तावाद का प्रतिरोध करता है।

नागरिक समाज, जोकि एक विशिष्ट तथा एकल नागरिक पहचान उपलब्ध कराता है तथा विभिन्न समूहों का प्रतिनिधित्व करता है, राज्य तथा बाजार के बीच पुल का कार्य करता है; **एंथोनी गिडेन्स** ने अपनी पुस्तक 'द थर्ड वे : रिन्यूवल ऑफ सोशल डेमोक्रेसी' (The Third Way : The Renewal of Social Democracy) में भी इस बात को रेखांकित किया है कि लोकतंत्र को व्यापक आधार तथा अर्थ प्रदान करने के लिए राज्यों को नागरिक समाज एजेन्सियों से बेहतर तथा सहयोगात्मक संबंध बनाना चाहिए। भागीदारीपूर्ण नियोजन तथा सामुदायिक विकास की स्थापित परंपराओं को प्रत्यक्ष लोकतंत्र के प्रयोगों के साथ अनुपूरित किया जा सकता है। जैसा कि कहा गया है, नागरिक समाज का संपोषण राज्य का एक महत्त्वपूर्ण कार्य है।

वैश्वीकरण के मुख्य तत्त्व के रूप में अपनाए जा रहे निजीकरण की आलोचना **पीटर ड्रकर** (Peter Drucker) ने की है। उनका कहना है, 'हमें इस बात को बोध तेजी से हो रहा

है कि यह सोच कि स्वतंत्र बाजार एक बोधशील व रचनाशील समाज या अर्थव्यवस्था को अभिव्यक्त करता है, केवल एक भ्रम है। विशेषकर विकासशील देशों में, केन्द्रीकृत योजनाबद्ध अर्थव्यवस्था से बाजार अर्थव्यवस्था के पारगमन ने राज्य की प्रभावकारिता तथा प्रासंगिकता, बाजार तत्त्वों के बीच संतुलन साधने के तौर तरीकों के संबंध में कई संदेहों को जन्म दिया है। यहाँ तक कि पाश्चात्य उदारवादी विचारों, जिन्होंने पहले राज्य की महत्ता को नकारा था, ने भी अब शासन के सकारात्मक पक्षों जैसे पारदर्शी व सक्षम विधिक, न्यायिक तथा नियमनकारी तंत्र की स्थापना, राज्य का बाजार हितैशी हस्तक्षेप तथा लोकनीतियों तथा कार्यक्रमों के लिए सामाजिक पूँजी का प्रबंध जैसे तत्त्वों की महत्ता को स्वीकार करना शुरू कर दिया है।

पीटर इवान्स (Peter Evans, 1998) ने पूर्वी एशियाई अर्थव्यवस्था के अपने विश्लेषण में 'सन्निहित स्वायत्तता' के सिद्धांत को एक नया अभिविन्यास (Orientation) प्रदान किया है, जहाँ ये रेखांकित करते हैं कि उनके आर्थिक विकास में उत्तरदायी सबसे महत्त्वपूर्ण तत्त्व यह रहा है कि उन्होंने राज्य के सामाजिक संबंध के मजबूत आधार को कायम किया, जिसने राज्य को समाज से जोड़ने का काम किया। राज्य–समाज अंतर्संबंधों में नीतियों के प्रति समाज की प्रतिक्रिया तथा सोच का काफी महत्त्व होता है। अतः वह राज्य तंत्र तथा सामाजिक संघटनों के बीच एक प्रभावी व सहयोगात्मक संबंधों की जरूरत पर जोर देते हैं।

आर्थिक सहायता के क्रम में दाता एजेन्सियों द्वारा विकासशील देशों पर थोपी गई शर्तों से यह जाहिर होता है कि इनके फलस्वरूप हुए संरचनात्मक नीतिगत परिवर्तनों ने असमानता, बेरोजगारी, असुरक्षा आदि जैसे तत्त्वों को जन्म दिया है। इन सबके परिणामस्वरूप होने वाली सामाजिक क्षति की गति में लगातार वृद्धि हो रही है।

अतः इन दुष्प्रभावों को न्यूनीकृत करने के लिए 'वैश्विक स्तर पर समुदायों के पुनर्निर्माण के माध्यम से स्थानीय अर्थव्यवस्था में मजबूती लाने के प्रयास किए जा रहे हैं।

भारत में, आंध्र प्रदेश राज्य में सूक्ष्म–वित्तीकरण (Micro-financing) ने कई परिवारों को गरीबी रेखा से ऊपर उठाने में महत्त्वपूर्ण योगदान दिया है। यह विशेषकर गरीबी की मार से ग्रस्त क्षेत्रों में अत्यंत उपयोगी साबित होता है। राज्य सरकार सूक्ष्म–वित्तीय प्रबंधन की इस प्रक्रिया में पहले से ही अग्रिम पंक्ति में खड़ी है। इन गतिविधियों में सामाजिक वानिकी कार्यक्रम, बहुफसली खेती, बीज बैंक की स्थापना, नर्सरियों को स्थापित करना आदि, भिन्न–भिन्न तरह के जनोपयोगी व उत्पादनकारी कार्यक्रम शामिल किए जा रहे हैं।

राज्य व समाज के एक समन्वित व पारस्परिक संबंधों के विकास की जरूरत है, ताकि–

(1) सहयोगपूर्ण व भागीदारीपूर्ण प्रक्रियाओं को विकसित व मजबूत किया जा सके

(2) संस्थागत विकास का पोषण किया जा सके और उसके माध्यम से संसाधन जुटाने, समन्वयन करने तथा नेटवर्किंग के कार्य को सुनिश्चित किए जा सके

(3) पारदर्शिता, सशक्तीकरण तथा जिम्मेवारिता को सुनिश्चित किया जा सके तथा

(4) मानवीय क्षमताओं में अभिवृद्धि की जा सके।

प्रश्न 2. विकासशील देशों पर वैश्वीकरण के प्रभावों की चर्चा कीजिए।

उत्तर– विकासशील देशों के लोक प्रशासन पर वैश्वीकरण का गंभीर प्रभाव पड़ा है। बाजार अर्थव्यवस्था ने लोक सेवाओं पर नकारात्मक प्रभाव डाला है। निजीकरण के बढ़ते प्रभाव का परिणाम यह हुआ है कि घाटे वाली सार्वजनिक इकाइयों का कोई उपयुक्त खरीददार नहीं मिल रहा है। मुख्यतः इन्हें काफी कम कीमत पर बेचा जा रहा है। भारत भी निजीकरण के नकारात्मक प्रभावों से अछूता नहीं रहा है। पीटर सेल्फ (Peter Self) के शब्दों में, 'निजीकरण का कार्य बढ़ती बेरोजगारी, आर्थिक असमानता, प्रतिकूल मानवीय प्रभाव तथा कल्याणकारी बजट में लगातार कमी जैसे तत्त्वों की कीमत पर हो रहा है।''

वैश्वीकरण ने अनुबंधन की प्रक्रिया को बढ़ावा दिया है। फलतः भ्रष्टाचार और कुप्रबंधन में वृद्धि हुई है। अनुबंधन की प्रक्रिया के तहत लगातार पर्यवेक्षण एवं निरीक्षण होते रहने से कार्यभार अधिक और बोझिल हो जाता है। इससे सार्वजनिक अधिकरणों की लागत बढ़ जाती है। इसके अलावा, उपभोग शुल्क (User-fee) के कारण भुगतान करने की क्षमता प्रभावित होती है। उपभोक्ता शुल्क के कारण विकासशील देशों में आवश्यक सेवाओं के मूल्य में बढ़ोतरी हुई है, जिसे खरीदना निर्धन लोगों की विक्रय शक्ति के बाहर की बात होगी।

अहमद शफीकुल हक *के अनुसार विकासशील देशों में सार्वजनिक क्षेत्र के बाजारीकरण की प्रक्रिया ने निम्नलिखित तीन समस्याओं को जन्म दिया है–*

(1) हक का कहना है कि उत्पादकता में वृद्धि और सार्वजनिक खर्च में कमी का सिद्धांत अत्यधिक उच्च स्तर की अप्रत्यक्ष लागतों एवं उत्पादकता में कृत्रिम वृद्धि के बोझ तले दम तोड़ देता है। इसी प्रकार, लोक सेवा के सिद्धांतों एवं सरकार तथा उनकी एजेन्सियों के प्रति लोगों के विश्वास में कमी के मूल्य पर मानवशक्ति तथा मुद्रा के रूप में अपेक्षाकृत अल्प बचत ही देखने को मिलती है।

(2) सरकार और उसकी एजेन्सियों की शक्ति, विश्वसनीयता और वैधता में लगातार गिरावट देखने को मिल रही है। विकासशील देशों की कमजोर सरकारों के पास प्रभावी, संगठित एवं शक्तिशाली निजी क्षेत्र में सेवा प्रदाताओं के साथ–साथ प्रभावी कंपनियों की सौदेबाजी के न तो कोई अवसर उपलब्ध होते हैं और न ही उसमें अपेक्षित आत्मविश्वास ही होता है।

(3) हक का कहना है कि सरकार द्वारा अपर्याप्त संरक्षण तथा नियम–विनियमों के सेवा प्रवक्ताओं के पक्ष में झुके रहने के कारण विकासशील देशों के उपभोक्ता पहले से ही कमजोर स्थिति में होते हैं। ऐसी स्थिति में लोक प्रशासन में बाजार अर्थव्यवस्था के उदय के कारण सर्वाधिक नुकसान उपभोक्ताओं का हुआ है, जो अपनी कमजोर स्थिति के कारण कुछ करने की स्थिति में नहीं है।

इस प्रकार, विकासशील देशों में लोक प्रशासन के बाजारीकरण ने जहाँ एक तरफ सरकार एवं उपभोक्ताओं की शक्ति को कम किया वही दूसरी तरफ, निजी क्षेत्र एवं अंतर्राष्ट्रीय एजेन्सियों को अधिक मजबूत स्थिति में ला दिया है।

जोसेफ स्टिगलिट्स (Joseph Stiglitz) का कथन है कि 'यदि वैश्वीकरण के तौर–तरीके उसी तरह ही जारी रहे तथा हम अपनी गलतियों से सबक सीखने में नाकाम रहे तो वैश्वीकरण न केवल विकास को प्रोत्साहित करेगा वरन् निर्धनता एवं अस्थिरता को भी जन्म देगा।'

2003 में ब्राजील के साओ पालो (Sao Paulo) शहर में आयोजित एक सम्मेलन में एक प्रस्ताव पारित किया गया, जिसमें उन सभी प्रयासों की निंदा की गई, जिनके तहत वैश्विक शासन के सभी रूपों को समाप्त करने का प्रयास किया जा रहा है। इस प्रस्ताव में इस बात पर चिंता व्यक्त की गई कि संयुक्त राष्ट्रसंघ की शक्ति को कम किया जा रहा है, बहुपक्षीय संस्थानों को कमजोर किया जा रहा है, एक पक्षीयवाद को बढ़ावा दिया जा रहा है और बाजार व्यवस्था को अलंकृत किया जा रहा है। सकारात्मक बात यह है कि विश्व भर में इस बात पर आम् सहमति बन रही है कि नीतियों एवं संस्थानों में मौलिक परिवर्तन लाकर विकास की अवधारणा को सशक्त रूप से लागू किया जाए। हाल के वर्षों में विश्व बैंक, अंतर्राष्ट्रीय मुद्राकोष और विश्व व्यापार संगठन द्वारा निर्धनता उन्मूलन, समानता, सहभागिता, मानवाधिकार एवं भागीदारी पर बल दिया जा रहा है। इस नए सुझाव को व्यावहारिक नव–उदारवादी मॉडल (Pragmatic Neo-liberal Development Model) की संज्ञा दी गई है। यह मॉडल ऐसे बाजारोन्मुख सुधारों की पहल करता है जिसमें मानवीय पूँजी, आधारभूत संरचना, सुरक्षा जाल, लोकतंत्रीकरण तथा कानून के शासन में निवेश सुनिश्चित हो। सैद्धांतिक नव–उदारवादी विकास मॉडल को रेखांकन के माध्यम से निम्नलिखित रूप से व्यक्त किया जा सकता है–

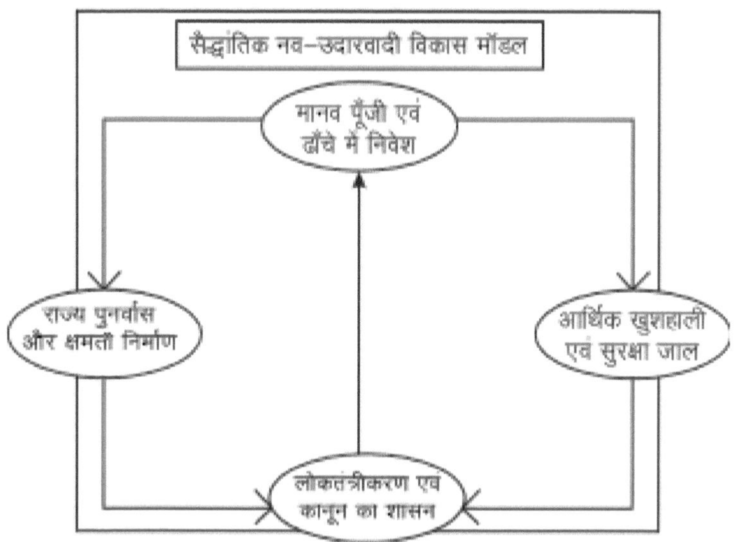

यह मॉडल बाजार आधारित रणनीति में विश्वास करता है। इसकी मुख्य विशेषताएँ निम्नलिखित हैं–

(1) सैद्धांतिक नव–उदारवादी विकास मॉडल एक संतुलित एवं समन्वित मॉडल है। यह परंपरागत विस्तृत आर्थिक आयामों के साथ–साथ सामाजिक एवं राजनीतिक आयामों को भी सम्मिलित करता है।

(2) यह एक गतिशील एवं उत्साहवर्द्धक मॉडल है। इसके विविध आयाम एक–दूसरे के पूरक एवं प्रेरक है।

(3) यह एक जटिल मॉडल है, क्योंकि इसमें प्रभावकारी एवं सक्षम बाजार–व्यवस्था के लिए राष्ट्र राज्य की ओर से समर्थन की जरूरत पड़ती है।

जोसेफ स्टिगलिट्ज के अनुसार विकास के नए प्रतिमान का उद्देश्य ऐसे उपायों को खोजने का होना चाहिए जो समाज को प्रभावी एवं उत्पादनशील दृष्टिकोण से बदलने के लिए पहल कर सकें। उनके अनुसार सरकार को ऐसी निर्णायक भूमिका निभानी चाहिए जो प्रतिस्पर्द्धा को प्रोत्साहित करती हो, बाजार अर्थव्यवस्था में रेफरी की भूमिका निभाती हो और लोक उत्पादों के लिए निजी क्षेत्रों को प्रेरित करने की क्षमता रखती हो। इस प्रकार विकासशील देशों में वैश्वीकरण की प्रक्रिया को स्थानीय स्तर पर अपनाने की जरूरत है ताकि राजनीतिक, सामाजिक एवं आर्थिक सशक्तीकरण को आधारभूत स्तर पर सुनिश्चित किया जा सके।

अध्याय–15

पारंपरिक नौकरशाही प्रतिमान को चुनौतियाँ

प्रश्न 1. 'समकालीन नौकरशाही प्रतिमान को नव लोक प्रशासन, नव लोक प्रबंधन, संगठनात्मक मानववाद और नव लोक सेवा से परिभाषित किया जाता है' चर्चा कीजिए। **[June 2008, Q. 10. (क)][Dec 2009, Q. 7.]**

उत्तर– समकालीन नौकरशाही प्रतिमान के इन नए उपागमों ने नौकरशाही में जन–विश्वास व सार्वजनिक उत्तरदायित्व की संस्कृति के पुनर्निर्माण व पुनःस्थापना की विशेष संभावनाओं को पैदा किया है। इन प्रतिमानों में प्रमुख हैं–नव लोक–प्रशासन, नव लोक–प्रबंधन, संगठनात्मक मानववाद और नव लोक सेवा।

(1) नव लोक प्रशासन– 1968 में आयोजित मिनोब्रुक सम्मेलन (Minnowbrook Conference) के उपरांत नव लोक–प्रशासन का उदय हुआ है। नव लोक–प्रशासन से तात्पर्य लोक प्रशासन की परंपरागत विचारधारा में संशोधन करने एवं कुछ नए विचारों का समावेश करने से है। नव लोक–प्रशासन के अनुसार नौकरशाही में गुणात्मक परिवर्तन लाने के लिए उनमें निम्नलिखित विशेषताओं का होना आवश्यक है–

(क) **प्रासंगिकता (Relevance)** – परंपरागत लोक प्रशासन के लक्ष्य थे–कार्यकुशलता और मितव्ययिता, जबकि नव लोक–प्रशासन का लक्ष्य है प्रासंगिकता। कहा गया कि लोक प्रशासन को बदलते परिवेश के साथ ढलना चाहिए। लोक प्रशासन उन मुद्दों की अनदेखी नहीं कर सकता जिसका सामना समाज कर रहा है। वस्तुतः लोक प्रशासन को परिवर्तित परिस्थितियों के अनुरूप बनाने के उद्देश्य से नव लोक–प्रशासन का जन्म हुआ।

(ख) **मूल्य–आधारित प्रशासन (Value-based Administration)** – नौकरशाही को नैतिक मूल्यों पर आधारित होना चाहिए। चूँकि लोक प्रशासन के कार्यों का विस्तार हो रहा है, अतः यह जरूरी है कि सार्वजनिक अधिकारियों के क्रियाकलापों में नैतिकता के प्रति चेतना लाई जाए। नैतिक मूल्यों पर बल देने से लोक प्रशासन में उत्तरदायित्व एवं नियंत्रण की भावना के प्रति फिर से अभिरुचि बढ़ाने में मदद मिली है। जॉर्ज फ्रेडरिक्सन (George Frederickson) का कहना है कि एक प्रशासक को अधिक लोकोन्मुख और कम सामान्य, अधिक आदेशात्मक और कम वर्णात्मक, अधिक जन–परक और कम संस्थानोन्मुख तथा अधिक आदर्शी और कम उदासीन होना चाहिए।

(ग) **समता (Equity)** – परंपरागत लोक प्रशासन यथास्थितिवादी स्वरूप का था, जबकि नव लोक–प्रशासन समता के सिद्धांत पर बल देता है। नौकरशाही को पक्षपात, रिश्तेदारी और भाई–भतीजावाद से दूर रहना चाहिए। उन्हें सामाजिक मुद्दों के प्रति अधिक

संवेदनशील रहना चाहिए। नव लोक–प्रशासन का एक मुख्य उद्देश्य विशेषाधिकार प्राप्त वर्ग को समाप्त कर सामाजिक समता पर बल देना है।

(घ) **परिवर्तन (Change)** – सामाजिक समता की प्राप्ति हेतु नव लोक–प्रशासन परिवर्तन पर जोर देता है। यह समाज में यथास्थितिवाद, शोषण, सामाजिक एवं आर्थिक विषमता को समाप्त कर समतायुक्त एवं शोषणविहीन नए समाज की स्थापना करता है। नव लोक–प्रशासन लोक सेवकों को अपनी अति उदारवादी एवं विस्तारवादी प्रवृत्तियों को त्यागने के लिए कहता है। लोक–प्रशासन में सुधार लाने एवं उसे बेहतर बनाने के लिए लोक सेवकों को अपने ज्ञान एवं कौशल को आधुनिक बनाने हेतु खुला एवं लोचशील होना चाहिए।

(2) नव लोक–प्रबंधन – नव लोक–प्रबंधन एक सुधारवादी आंदोलन है, जो सरकारी संस्थानों में प्रबंधन के सुधार पर जोर देता है। ब्रिटेन, न्यूजीलैंड और ऑस्ट्रेलिया जैसे विकसित देशों में इस आंदोलन को व्यापक समर्थन मिला। जिससे यह शीघ्र ही विकासशील देशों तक फैल गया। नव लोक–प्रबंधन का उद्देश्य आकार में कमी और खुलेपन के द्वारा प्रशासनिक संगठन का पुनर्गठन करना है। इसका उद्देश्य लोक–सेवकों को ग्राहकों के प्रति उत्तरदायी बनाना है। इसके अंतर्गत लोक–सेवकों की व्यावसायिक क्षमता को बढ़ाने एवं मजबूत करने के लिए, उनके उचित प्रशिक्षण पर बल दिया जाता है। नव लोक–प्रबंधन को लागू करते वक्त, नौकरशाही द्वारा पाँच महत्त्वपूर्ण कार्य संपादित किए जाते हैं। ये कार्य निम्नलिखित हैं–

(i) सोच अथवा दृष्टिकोण का विकास (Development of Vision) – नौकरशाही में दिशा दृष्टि का विकास निम्नलिखित बातों के संदर्भ में मददगार साबित होगा–

(क) बदलते वातावरण के अनुरूप कार्य करना।

(ख) सरकार के लक्ष्यों को स्पष्ट रूप से समझना।

(ग) राष्ट्रीय उद्देश्यों की प्राप्ति के लिए निभाई जाने वाली भूमिका को समझना।

(घ) स्वविवेक एवं क्रियान्वयन की स्वतंत्रता के साथ एक व्यावसायिक प्रबंधक के रूप में काम करना।

नए दृष्टिकोण के तहत नौकरशाही को अपने ग्राहकों के प्रति जवाबदेह होना होगा और उन्हें अधिकतम संतुष्टि प्रदान करने के लिए कार्य करना होगा।

(ii) प्रशासनिक संरचना का विभाजन (Disaggregation of Administrative Structure) – नव लोक–प्रबंधन बड़े प्रशासनिक संगठनों को कई विकेन्द्रीकृत इकाइयों में विभाजित करने हेतु प्रेरित करता है, ताकि आवश्यक स्वायत्तता, स्वतंत्र बजट और एक–दूसरे से उचित दूरी बनाए रखे। उदाहरण के लिए, भारत सरकार के कार्मिक, लोक शिकायत, पेंशन और कल्याण मंत्रालय के कार्मिक एवं प्रशिक्षण–विभाग को नियुक्ति एवं पदोन्नति का कार्य सौंपा जा सकता है जबकि सचिव स्तर में अधिकारियों को पदस्थापित करने की जिम्मेदारी संघ लोक सेवा आयोग को सौंपी जा सकती है। सतर्कता से संबंधित मामलों में

केन्द्र या राज्य सर्तकता आयोगों के बीच बाँटा जा सकता है। इस प्रकार कार्मिक एवं प्रशिक्षण–विभाग अधिकारियों से संबंधित नीतिगत कार्यों के लिए एक प्रमुख केन्द्र होगा। यह अधिकारियों की भूमिकाओं को और भी अधिक स्पष्ट करेगा तथा उनके कार्यों से संबंधित उत्तरदायित्व को सुनिश्चित करेगा।

(iii) लोक सेवा का आकार कम करना (Downsizing Civil Services) – नव लोक–प्रबंधन का एक महत्त्वपूर्ण उद्देश्य लोक सेवा के आकार को कम करना है। उदाहरण के तौर पर, भारतीय प्रशासनिक सेवा के अधिकारियों को सचिवालय में पदस्थापित होने के लिए कम–से–कम 1 5 वर्षों का अनुभव क्षेत्र में कार्य करने का होना चाहिए। सचिवालय के विभिन्न स्तरों में कमी लानी चाहिए। इससे कार्य के निष्पादन में होने वाली अनावश्यक देरी की समस्या समाप्त होगी। स्वैच्छिक सेनानिवृत्ति को भी लागू किया जाना चाहिए। इससे युवा अधिकारियों को लोक व्यवस्था में सम्मिलित होने का मौका मिलेगा।

(iv) शक्तियों का विकेन्द्रीकरण (Decentralisation of Powers) – शक्तियों के विकेन्द्रीकरण के तहत नौकरशाह द्वारा स्थानीय कार्यों को राज्य एवं स्थानीय सरकारों को सौंप दिया जाएगा। इससे निर्णय–निर्माण इकाई आम जनता के निकट संपर्क में आएगी और नागरिक समस्याओं का समाधान करने में स्थानीय प्रशासन को सहूलियत होगी। साथ ही, इससे राजनीतिक हस्तक्षेप की संभावना कम होगी और प्रशासनिक लक्ष्यों के प्रति लोक सेवकों की प्रतिबद्धता बढ़ेगी।

(v) सेवा–पूर्ति करना (Service Delivery) – नव लोक–प्रबंधन के अंतर्गत सेवा–पूर्ति पर बल दिया जाता है। यह जन शिकायतों में निवारण तंत्र के कम्प्यूटरीकरण पर बल देता है। इससे जनता के सीधे संपर्क में कार्य करने वाले नौकरशाहों को औपचारिक या अनौपचारिक साधनों द्वारा ग्राहकोन्मुख प्रशिक्षण दिया जा सकता है। फलतः नौकरशाहों तक जनता की पहुँच आसान हो जाएगी, लोक सेवकों की गुणवत्ता एवं कुशलता में सुधार आएगा और उनमें उत्तरदायित्व की भावना बढ़ेगी। नव लोक–प्रबंधन यह मानता है कि सेवा प्रदान करने वाले नौकरशाहों में निर्णय क्षमता और मूल्यों को स्थापित करने की शक्ति होनी चाहिए।

नव लोक–प्रबंधन के अंतर्गत, सूचना एवं संचार प्रौद्योगिकी को सेवा पूर्ति का एक क्रांतिकारी साधन माना जाता है। इंटरनेट, इंट्रानेट, एक्स्ट्रनेट और इंटरएक्टिव ऑनलाइन सेवा (Interactive Online Service) एवं डिजिटल यंत्रों के माध्यम से नौकरशाही की संगठनात्मक क्षमता में सुधार लाया जा सकता है। सेवा–पूर्ति को सुधारने के लिए सार्वजनिक कार्यालयों में नागरिक घोषणा–पत्रों का सहारा लिया जा सकता है।

प्रबंधन सूचना व्यवस्था के माध्यम से कार्यों के निष्पादन के निम्नलिखित परिणाम निकलने की आशा की गई है–

(क) नागरिकों एवं प्रशासन के मध्य बेहतर संबंध,

(ख) सूचना पर आधारित निर्णय एवं सेवा आपूर्ति में सुधार,

(ग) उपयोगी एवं आवश्यक सूचनाओं तक तेज पहुँच,

(घ) नागरिकों का सशक्तीकरण और सुनिश्चित जनभागीदारी,

(ङ) प्रशासन में पर्याप्त खुलापन और पारदर्शिता,

(च) उचित निगरानी एवं उत्तरदायित्व,

(छ) स्वच्छ एवं प्रभावी प्रशासन।

(3) संस्थागत मानववाद – क्रिस आरगाईरिस (Chris Argyris) के अनुसार संस्थागत मानववाद नौकरशाहों को अपने ज्ञान एवं समझ में कौशल को विकसित करने एवं उसका उचित प्रयोग करने पर बल देता है। यह व्यक्तियों को अपनी सृजनात्मक क्षमता में वृद्धि करने पर जोर देता है। रॉबर्ट वी. डेनहार्डट एवं जेनेट बी. डेनहार्डट का कहना है कि लोक सेवकों द्वारा खुले विचार एवं बातचीत के लिए संस्थागत वातावरण प्रदान करना जरूरी है। नौकरशाही को इस बात का ध्यान रखना होगा कि मानव व्यवहार में भिन्नता आ सकती है।

(4) नव लोक–सेवा – 2003 में रॉबर्ट वी. डेनहार्डट और जेनेट बी. डेनहार्डट ने नव लोक–सेवा के आधारभूत सिद्धांतों का प्रतिपादन किया। उन्होंने आर्थिक सिद्धांत एवं निजी हित पर आधारित प्रचलित मान्यताओं के विकल्प के रूप में नव लोक–सेवा का प्रतिपादन किया है। यह सिद्धांत इस बात पर जोर देता है कि लोक सेवकों को अपनी अभिजनवादी प्रवृत्तियों को त्यागकर आम लोगों के साथ जुड़कर काम करना होगा। इस उपागम के अनुसार लोक सेवकों का प्राथमिक कर्त्तव्य जनकल्याण से संबंधित उद्देश्यों को पूरा करना है। नव लोक–सेवा के मुख्य सिद्धांत निम्नलिखित हैं–

(i) सामुदायिक दृष्टिकोण (Community Approach) – डेनहार्डट एवं डेनहार्डट का मानना है कि मानव जाति समुदाय के वे समूह हैं, जिनमें प्रत्येक व्यक्ति में साझे हित के लिए एक–दूसरे के साथ जुड़ने की प्रवृत्ति पाई जाती है। समुदाय व्यक्ति को निजी हित की पूर्ति करने के साथ–साथ सामाजिक व्यवस्था के साथ सामंजस्य बैठाने हेतु भी सक्षम बनाता है। सामुदायिक दृष्टिकोण के कारण व्यक्ति में टीम के रूप में कार्य करने की प्रवृत्ति जगती है, आपसी सहयोग एवं विश्वास का वातावरण बनता है और खराब एवं संघर्ष की स्थिति समाप्त होती है।

नौकरशाहों को समुदायों के निर्माण के लिए कार्य करना चाहिए। वे समुदायों के अंतर संबंधों को विकसित करने में महत्त्वपूर्ण भूमिका निभा सकते हैं। वे वार्ता एवं विचार–विमर्श द्वारा समुदाय की भागीदारी को बढ़ावा दे सकते हैं। समुदाय द्वारा प्रस्तुत किया गया परामर्श प्रशासनिक नीतियों के निर्माण में लाभदायक सिद्ध हो सकता है। इसके अलावा सामाजिक पूँजी का विकास करने और नेटवर्क का विस्तार करने पर भी ध्यान देना होगा। सूचना एवं सहायता केन्द्रों की स्थापना भी करनी होगी। आपसी तालमेल स्थापित करने में सामुदायिक केन्द्रों की भूमिका महत्त्वपूर्ण साबित होगी।

(ii) लोकतांत्रिक नागरिकता (Deomoratic Citizenship) – लोकतांत्रिक नागरिकता का सिद्धांत लोकहित पर आधारित है। यह समुदाय और लोकतांत्रिक मूल्यों पर बल देता है। यह सिद्धांत इस विश्वास पर आधारित है कि मनुष्य आत्मकेन्द्रित नहीं होते हैं, बल्कि सामाजिक मूल्यों की भावनाओं से निर्देशित होते हैं। वे जिस समुदाय के भाग होते हैं, उसके प्रति एक प्रकार का नैतिक बंधन एवं जुड़ाव महसूस करते हैं। इस अर्थ में, लोकतांत्रिक नागरिकता इस बात पर बल देती है कि नौकरशाही को ईमानदारी, समानता, न्याय, सहयोग, भागीदारी और सशक्तीकरण आदि जैसे लोकतांत्रिक मूल्यों को बढ़ावा देना चाहिए। साथ ही, नौकरशाही को नीति–निर्माण में जनसहभागिता को बढ़ाने के लिए उचित माहौल तैयार करना चाहिए। **किंग और स्टीवर्स** (King and Stivers) का कहना है कि प्रशासकों को यह देखना होगा कि नागरिक एक नागरिक ही है न कि वह एक मतदाता, ग्राहक अथवा खरीददार है। प्रशासकों को नागरिकों के साथ सत्ता में भागीदारी करनी चाहिए और उन पर से नियंत्रण कम करना चाहिए। प्रशासकों को साझी भागीदारी की सफलता में दृढ़ विश्वास होना चाहिए। साथ ही, प्रशासकों को समस्या के समाधान हेतु संयुक्त उत्तरदायित्व में भी विश्वास रखना चाहिए। लोगों में प्रशासनिक गतिविधियों के प्रति जागरूकता लाने और सहयोगपूर्वक काम करने हेतु लोगों को प्रशिक्षित करने का काम भी प्रशासकों को करना चाहिए।

प्रश्न 2. नौकरशाही प्रशासन की विशिष्टता पर एक विस्तृत नोट प्रस्तुत कीजिए।

उत्तर– नौकरशाही की पारंपरिक विशेषताओं पर और इसके प्रतिमानों के परिवर्तन के मूल कारणों को व्यक्त किया जा सकता है, नौकरशाही एक प्रतिरूप में व्यक्तियों और कार्यों का क्रमानुसार संगठन है, जिससे सामूहिक प्रयासों का वांछनीय उद्देश्य प्राप्त किया जा सकता है। यह एक नियमित प्रशासनिक प्रणाली है जो अत:संबंधित कार्यालयों पर संगठित है। इस संकल्पना की शुरुआत 1765 में विसेन्ट डी गोरने (Vincent de Gournay) ने की थी। बाद में इसे मैक्स वेबर ने विकसित किया और इसे समाजशास्त्र की अवधारणा माना। मैक्स वेबर ने इसे समाजवाद तथा पूँजीवाद, दोनों ही संदर्भों में बुद्धिसंगत माना और इसके कई नए तथ्यों को उजागर किया। उनके अनुसार, नौकरशाही सामूहिक क्रियाकलापों का युक्तिकरण है। वेबर ने प्रशासन के कई संरचनात्मक तथा व्यावहारिक तथ्यों को प्रस्तुत किया।

(i) लक्ष्य प्राप्ति के लिए कार्य का विशिष्टीकरण तथा श्रमिक विभाजन

(ii) समानता तथा समन्वयन के लिए अमूर्त नियमों की संगत संरचना

(iii) पदसोपान सिद्धांत जिसके द्वारा उच्च पदाधिकारी के प्रति स्वयं तथा अपने अधीनस्थ पदाधिकारियों के कार्यों की जवाबदेही

(iv) अवैयक्तिक व औपचारिक व्यवहार

(v) तकनीकी योग्यता के आधार पर नौकरी तथा मनमाने ढंग से अपदस्थ करने के विरुद्ध संरक्षण

(vi) वरीयता तथा योग्यता के आधार पर पदोन्नति

इस तरह प्रशासनिक संस्था निम्नलिखित संरचनात्मक नियमों पर आधारित है–

(i) श्रम विभाजन,

(ii) पदसोपान

(iii) नियम प्रणाली तथा

(iv) विशिष्ट भूमिका

नौकरशाही निम्नलिखित व्यवहार प्रतिरूपों को दर्शाती है–

(i) तर्कसंगतता

(ii) अवैयक्तिकता

(iii) नियमोन्खता

(iv) तटस्थता

इन तथ्यों के आधार पर वेबर ने नौकरशाही संगठनों को अन्य संगठनों से तकनीकी रूप से बेहतर माना है। श्रम विभाजन ने संगठन में विशिष्टता और व्यावसायिकता को जन्म दिया। तकनीकी योग्यता से कार्य में गति और विश्वसनीयता, पदसोपान से दायित्व एवं सत्ता का बेहतर बँटवारा संभव हुआ तथा प्रभावी पर्यावेक्षण भी संभव हुआ। नियमबद्धता से व्यक्तिगत पक्षपात, भाईभतीजावाद, व रिश्तेदारी के लिए कोई स्थान नहीं रहा। पदसोपान के सिद्धांतों ने बड़े संगठनों और परिणामस्वरूप कार्य में देरी को जन्म दिया।

वेबर ने इसी प्रकार से तर्कशीलता के आधार पर एक आदर्श नौकरशाही स्थापित की। वेबर द्वारा स्थापित की गई विशेषताओं के बावजूद भी आलोचकों ने व्यवहार में पाए जाने वाले दुष्प्रभावों या दुष्कार्यों की ओर ध्यान दिलाया।

सेल्जनिक (Selzinck) के अनुसार, नौकरशाह नियमों से ग्रसित होते जा रहे हैं। नौकरशाहों ने अपना साम्राज्य स्थापित करना प्रारंभ कर दिया। नियमों के कठोर पालन के कारण उनमें लोचशीलता नहीं रहीं। **रॉबर्ट मर्टन** (Robert Merton) ने पूर्ण रूप से नियम क्रियान्वयन में दोष पाया।

नौकरशाह लोगों के प्रति जिम्मेदार नहीं होते, क्योंकि वे कार्यपालिका के प्रति उत्तरदायी होते हैं। अनौपचारिक संगठन के महत्त्व को स्वीकारने में नौकरशाही की असमर्थता की भी आलोचना की गई है। प्रशासनिक अधिकारी नीति बनाते समय सामाजिक मूल्यों को महत्त्व नहीं देते। इससे लोगों के बीच नौकरशाही की छवि बिगड़ी है। वे नौकरशाह को भ्रष्टाचारी तथा अविश्वासी मानने लगे। इससे स्वामित्व तथा भ्रष्टाचार को बढ़ावा मिला। नियमों में दुष्क्रियाओं के उत्पन्न होने से आदर्श नौकरशाही के सभी गुण नियमों के इर्द–गिर्द उलझ कर रह गए।

नव लोक–प्रशासन, नव लोक प्रबंधन, संस्थागत मानववाद तथा नव लोक सेवा विशिष्टताओं में अलग–अलग होते हुए भी सार तत्त्व में एक ही है। ये सभी नौकरशाही के

असीमित ताकतों को कुछ हद तक सीमित कर उसे जरूरत के आधार पर उसके चरित्र तथा एकरूप व्यवहार में परिवर्तन लाता है। ये स्वार्थ की धारणा के बजाय प्रशासकों को लोकहित में कार्य के लिए प्रेरित करता है। ये तत्त्व अभिवृत्तियों और धारणाओं में परिवर्तन करने की अपील करता है।

प्रश्न 3. 'लोक सेवा' का अर्थ बताइए।

उत्तर– 'लोक सेवा' (सिविल सर्विस) शब्द का प्रचलित अर्थ राज्य की प्रशासकीय सेवा की असैनिक शाखाएँ हैं। इस शब्द की ब्रिटेन में यह परिभाषा की गई है–'राजनीतिक या न्यायिक पदाधिकारियों के अतिरिक्त ताज (क्राउन) के वे सेवक जो असैनिक रूप से सेवायोजित हों और जिनका पारिश्रमिक पूर्णतः तथा प्रत्यक्षतः उस धनराशि में से दिया जाता है जो संसद द्वारा इस हेतु स्वीकृत की गई हो।' इस परिभाषा के विश्लेषण से यह प्रकट है कि लोक सेवा में उन लोगों को शामिल नहीं किया गया जो प्रतिरक्षा सेनाओं के सदस्य होते हैं। राजनीतिक या न्यायिक पद तथा सरकार के लिए अवैतनिक रूप में कार्य करने वाले, सार्वजनिक राजस्व से वेतन प्राप्त करने वाले अधिकारियों को लोक सेवा का सदस्य नहीं माना जाता। अतः लोक सेवा 'अधिकारियों का एक ऐसा पेशेवर निकाय है जो स्थायी, वेतनभोगी तथा कार्यकुशल या दक्ष होता है।' **–(हर्मन फाइनर)**। हाल में ही लोक सेवा में एक नया प्रवर्ग–औद्योगिक कर्मचारी–जोड़ा गया है। जैसे–जैसे अधिकाधिक उद्यम–औद्योगिक तथा व्यापारिक – सार्वजनिक क्षेत्र के अंतर्गत आते जाते हैं, ऐसे कर्मचारियों की संख्या बढ़ती जा रही है। **फाइनर** ने ब्रिटिश लोक सेवा को तीन प्रवर्गों में वगीकृत किया हैः प्रशासकीय, प्राविधिक तथा प्रहस्तनीय (manipulative)। प्रशासकीय पदाधिकारी नीतियों के निर्धारण तथा उनके निष्पादन में मदद देने के सामान्य कार्य में संलग्न होते हैं। प्राविधिक अधिकारी विशिष्ट वैज्ञानिक ज्ञान तथा शिक्षण में योग देते हैं, जैसे डॉक्टर तथा इंजीनियर। प्रहस्तनीय अधिकारी पहले दो वर्गों द्वारा दिये गये आदेशों का निष्पादन करते हैं।

अध्याय–16

उभरती अवधारणाएँ : नव लोक प्रबंधन, सरकार का पुनः निर्माण तथा व्यावसायिक प्रक्रिया पुनः अभियांत्रिकीकरण

प्रश्न 1. नव लोक प्रबंधन व व्यावसायिक प्रक्रिया पुनः अभियांत्रिकीकरण की अवधारणाओं पर चर्चा कीजिए। [June 2008, Q. 9.]

उत्तर– नव लोक प्रबंधन का अभिप्राय उस प्रबंधन संस्कृति को व्यक्त करता है, जिसमें नागरिक को केन्द्रीय महत्त्व दिया जाता है तथा संयुक्त राष्ट्र संघ के प्रथम दो दशकों की असफलता में तीसरी दुनिया के देशों में विकास पर प्रतिकूल प्रभाव डाला। इन देशों की नौकरशाही तंत्र में व्याप्त भ्रष्टाचार एवं भाई–भतीजावाद ने विकास के मार्ग को अवरुद्ध कर दिया। बाजार में आने वाली लगातार मंदी ने इन देशों के बाजारों को बुरी तरह प्रभावित किया। यद्यपि विश्व बैंक और संयुक्त राष्ट्र विकास कार्यक्रम जैसे अंतर्राष्ट्रीय वित्तीय संस्थाओं द्वारा इस दिशा में प्रयास किए गए और वित्तीय सहायता की रणनीति अपनाई गई।

विश्व बैंक के अनुसार, 'नव लोक–प्रबंधन को राजनैतिक नेताओं को कार्यकुशलता और उत्तरदायित्व में सुधार लाने के एक यंत्र के रूप में समझा गया था। इस प्रबंधन के उदय को सुदृढ़ कार्यपालिका शक्तियों सहित संसदीय प्रजातंत्र, केन्द्रीय सरकारों और प्रशासनिक कानून में खोजा जा सकता है।' नव लोक–प्रबंधन कमजोर सरकारों और आर्थिक रूप से जर्जर शासन–व्यवस्था के लिए आशा की नई किरण प्रदान करता है। इसके प्रयोग से नागरिक के अधिकारों में वृद्धि होती है, राज्य का हस्तक्षेप कम होता है और सरकार अधिक उत्तरदायी एवं लोकहितकारी हो जाती है। शासकीय कार्यों में सहभागिता बढ़ती है, जिससे नागरिकों को बेहतर सुविधाएँ उपलब्ध हो पाती हैं। नव लोक–प्रबंधन यह प्रयास करता है कि कम लागत में शासन अधिक कुशलतापूर्वक काम कर सके। इस प्रकार यह कार्यकुशलता, उत्तरदायित्व, जनसहभागिता, सार्वजनिक निजी भागीदारी और नौकरशाही–विहीनीकरण पर बल देता है। इस अर्थ में यह कहा जा सकता है कि नव लोक–प्रबंधन वैज्ञानिक प्रबंधन और मानवीय संबंधों जैसी प्रारंभिक प्रबंधकीय अवधारणाओं और आधुनिक कल्याणकारी राज्य की अवधारणाओं का मिश्रित रूप है।

नव लोक–प्रबंधक का आधार बाजार आधारित आर्थिक प्रबंध में निहित है और इसी वजह से यह लोक चयन, एजेंसी लागत और निष्पादन लागत के आर्थिक सिद्धांतों के बल पर टिका है। नव दक्षिणपंथी साहित्य का उदय एवं विकास इस बात की ओर संकेत करता है कि राज्य की गतिविधियों पर कड़े प्रहार हो रहे हैं। राज्य को बाजार की तरह कार्य करने पर जोर देकर उसकी गतिविधियों के बोझ को कम करने की निरंतर कोशिश की जा रही है। **बूचानन** (Buchanan) ने सरकार के नौकरशाही मॉडल की कड़ी आलोचना करते हुए कहा

है कि यह फिजूलखर्ची को बढ़ावा देती है, क्योंकि राजनेताओं और सार्वजनिक नौकरशाही में इस खर्च को रोकने के लिए कोई प्रोत्साहन नहीं दिखाई देता है।

विलियमसन ने निष्पादन लागत विश्लेषण (Transaction Cost Analysis) की व्याख्या करते हुए कहा है कि संस्थागत शासन का अत्यधिक कुशल रूप वह है जिसमें निष्पादित लागत नियंत्रित एवं न्यूनतम रहती है। एक निष्पादित लागत अनिश्चितता, जटिलता, अवसरवाद, सीमित तार्किकता और वस्तु–विशेष पर निर्भर करती है।

1980 के दशक में सरकार की असफलता का सिद्धांत (Theory of Government Failure) सामने आया। वुल्फ (Wolf) ने सरकार की असफलता के सिद्धांत को बाजार की असफलता के सिद्धांत की तरह ही विकसित करने का प्रयत्न किया। उनका मानना था कि इससे सार्वजनिक सेवाओं में कार्यकुशलता का अभाव और फिजूलखर्ची को उजागर किया जा सकेगा। वैश्वीकरण के दौर में नए ज्ञान आधारित समाज के कारण लोक सेवाओं की माँग में वृद्धि हुई है। फलतः सार्वजनिक वस्तुओं के उत्पादन में भी बढ़ोतरी हुई है। इससे सार्वजनिक सेवाओं की क्षति–पूर्ति होगी, उनका अनियंत्रित रूप से विस्तार होगा, निष्पादन के मूल्यांकन करने की व्यवस्था का अभाव होगा और इसके परिणामस्वरूप अंततः नौकरशाही राज्य का पतन हो जाएगा। वस्तुतः बाजार व्यवस्था पर आधारित लोक सेवाओं के प्रबंध द्वारा लोक प्रशासन में उस प्रबंधकीय परंपरा को फिर से महत्त्व दिया जाने लगा है, जिसके विचारक एफ. डब्ल्यू. टेलर, लूथर गुलिक, उर्विक, हर्बर्ट साइमन और जे. मार्च हैं।

मैक्स वेबर के नौकरशाही मॉडल के प्रति असंतोष ने नव लोक प्रबंधन को जन्म दिया।

होर्थोन (Hawthorne) प्रयोगों के पश्चात् मानव संबंध साहित्य को आगे बढ़ाने वाले संगठनात्मक सिद्धांतकारों जैसे आर.एम. साइर्ट और जे.जी. मार्च (R.M. Cyert and J.G. March) ने बी.पी. आर. की एक विरोधाभासी अवधारणा कहकर आलोचना की है। इसका कारण यह है कि एक ओर तो यह मजदूरों के सशक्तीकरण और स्थानीय पहल को बढ़ावा देता है, तो दूसरी ओर उस सर्वशाक्तिशाली टीम प्रबंधक की अवधारणा को बढ़ावा देता है, जिसमें प्रबंधक सर्वशक्तिमान हो सकता है और अपनी टीम के सदस्यों के भविष्य के साथ क्रूरता से पेश आ सकता है।

सन् 1995 में थॉमस एच. डेवेनपोर्ट (Thomas H. Davenport) ने एक महत्त्वपूर्ण प्रश्न उठाया है, 'जहाँ पुनः निर्माण असफल सिद्ध हुए हैं, क्या वहाँ व्यावसायिक प्रक्रियाओं को सहयोगात्मक ढंग से सौंपना सफल हो पाएगा?' डेवेनपोर्ट ने इसके संगठन व सूचना तकनीकी पक्ष की आलोचना की है और यह सुझाव दिया है, कि व्यवसाय के लिए अधिक उपयुक्त अवधारणा वह हैं, जो संगठन के लिए मानव के परस्पर संबंध से जुड़ी हो और सूचना पद्धतियों के लिए पारिस्थितिकी हो। इसका अर्थ यह है कि अगर मानवीय व पारिस्थितिकी संदर्भ परिप्रेक्ष्यों में लागू किया जाए, तब व्यवसाय टीम के सदस्यों के बीच संचार और समझदारी बढ़ाकर भागीदारी की आवश्यकता को पूरा किया जा सकता है। व्यापार व सूचना

का ढाँचा संदर्भ से जुड़ा होना चाहिए और किसी विशेष व्यवस्था की आवश्यकताओं व माँगों के अनुरूप होना चाहिए।

वेबर के नौकरशाही राज्य मॉडल के प्रति असंतोष के कारण एन.पी.एम. का जन्म हुआ। इस असंतोष के बहुत से कारण हैं : योजना नीतियों की लगातार असफलताएँ, उच्च–लागत क्रियान्वयन, बेहिसाब खर्चा, बढ़ता भ्रष्टाचार और बढ़ता हुआ घाटा। बहुत से रोग–लक्षणों या विकृतियों (Pathologies) ने नौकरशाही व्यवस्था में ही अपनी जड़ें जमा ली थी। ये लक्षण थे गोपनीयता, केन्द्रीकरण, लाइसेंस–पद्धति व्यवस्था को बढ़ा देने वाली एकाधिकार व्यापार पद्धतियाँ, आत्मकेन्द्रित (Inward-looking) प्रशासनिक व्यवस्था, अलग–अलग मानसिकता वाली नौकरशाही। यह नौकरशाही लोगों के साथ तालमेल नहीं बना सकी थी।

1980 और 1990 के दशक में प्रशासनिक साहित्य में नौकरशाही की आलोचना छाई रही। इंग्लैंड में मारग्रेट थैचर और अमेरिका में रोनाल्ड रीगन ने प्रशासन में व्यवसाय की भाँति व्यवहारों को अपनाने का व्यापक प्रयास किया और इस परिवर्तन का बिगुल बजाया। यहाँ पर दो क्रांतिकारी परिवर्तन हुए प्रथम प्रशासनिक उत्तरदायित्वों को बाहरी संस्थाओं को सौंपना (आउटसोर्सिंग - Outsourcing) और द्वितीय प्रतियोगिता को लागू करना। अचानक ही नौकरशाही ने स्वयं को क्रमिक समाप्ति से बचाने के लिए, निष्पादन व कार्यकुशलता को बढ़ाया। प्रशासक गति पारदर्शिता, जन सहभागिता, नवीन तकनीक और ग्राहक उत्तरदायित्व, जिनका पूर्व व्यवस्था में अभाव था, उनके प्रति जागरूक हो गए।

मुख्यत:, इन परिवर्तनों के द्वारा लोगों के लिए सुविधा आबंटन में सुधार और लोगों के विश्वास को फिर से प्राप्त करने के लिए प्रयास किया गया था। इस प्रकार से जहाँ कहीं भी प्रशासकीय विभागों में प्रशिक्षण व तकनीकी प्रयोगों की कमी थी, वहाँ सेवा को निजी हाथों और निजी – सार्वजनिक क्षेत्रों की भागीदारी में सौंपा गया और ये सुशासन का नया प्रतीक बन गए। नव लोक प्रशासन ने सुशासन और सुव्यवसाय के लिए संकेतक स्थापित किए। चूँकि नव लोक प्रशासन ने कम लागत पर टिके क्रियान्वयन को प्रेरित किया, इसलिए सरकार के लिए तकनीक में निवेश करना एक नई मुहिम बन गया। सार्वजनिक जीवन में प्रतियोगिता को प्रोत्साहित करने के लिए विदेशी प्रत्यक्ष निवेश को बढ़ावा दिया गया और बहुराष्ट्रीय कंपनियों से बोली लगवाकर उन्हें बीमार सार्वजनिक परिसंपत्तियों को बेचा गया। उदारीकरण से सार्वजनिक संपत्तियों का निजीकरण हुआ और नव लोक प्रशासन ने उस एक 'नई व्यावसायिक प्रक्रिया पुन: अभियंत्रिकीकरण (बी.पी.आर.) की ओर संकेत किया, जिससे प्रशासन में नए प्रतिमान के परिवर्तित होने वाले उद्देश्य को प्राप्त करने में सहायता मिली।

हालाँकि, नव लोक प्रबंधन की तरह के परिवर्तन न तो नए थे और न ही लोगों के भले के लिए थे। इनमें भी बहुत सारे ऐसे विरोधाभास भरे पड़े थे, जिन्होंने लोक प्रशासन और व्यावसायिक प्रशासन की समझ को उलझा दिया। बी.पी.आर. का प्रयोग एफ. डब्ल्यू. टेलर और हेनरी फैयोल के समय से ही किया जा रहा है। अमेरिका में जैफर्सनवादियों और

हेमिल्टनवादियों (Jeffersonians and Hamiltonians) दोनों की ही यह मुख्य माँग थी कि व्यावसायिक सिद्धांत को अपनाया जाए, परंतु वास्तव में इन दोनों में से किसी ने भी नागरिक को ग्राहक और राज्य को एक व्यापारिक प्रतिष्ठान समझने का भ्रम नहीं किया था। नव लोक प्रबंधन सरकार के कार्य को व्यवसाय की भाँति संपन्न करने पर बल देता है। इससे गरीब, उपेक्षित और विकलांग नागरिक छूट जाते हैं। ये नागरिक न तो प्रतियोगिता में ठहरने की शर्तें पूरी करते हैं और न ही इनके पास ग्राहक बनने के लिए परिसंपत्तियाँ ही होती हैं। जो सेवाएँ इन नागरिकों को सस्ती दर पर मिलती थी, जैसे शिक्षा, स्वास्थ्य और खाद्य सामग्री, वे अब राज्य की जिम्मेदारियाँ पार–राष्ट्रीय (Transnational) कंपनियों द्वारा लिए जाने के कारण महँगी हो गई हैं।

इसके अतिरिक्त, बी.पी.आर. विकासशील और संक्रमणकालीन देशों के उद्देश्य को भी पूरा नहीं कर पाया है। इसका साधारण–सा कारण यह है कि वे गरीबी रेखा से नीचे जीवन यापन पर काबू पाने के लिए यह प्रतीक्षारत विशाल मानव समूह के प्रति उन्मुख नहीं है। गरीबी उन्मूलन कार्यक्रम अब दाता एजेंसियों पर आधारित हैं और कल्याणकारी योजनाओं से लाभ लेने वाले नागरिकों की अपेक्षा दाता एजेंसियाँ अपना हित ही साधती हैं। बी.पी.आर. कार्य पद्धति में तकनीकी सुधार ने तकनीकी हस्तांतरण करने वाले, न कि लेने वाले, देशों को ही लाभ पहुँचाया है। अतः इस प्रकार से राज्य का विरोध नव लोक प्रबंधन और व्यावसायिक प्रक्रिया पुनः अभियांत्रिकीकरण के विरोध में परिवर्तित हो गया है।

प्रश्न 2. व्यावसायिक प्रक्रिया पुनः अभियांत्रिकीकरण के संदर्भ में राज्य व बाजार के बीच संबंध को स्पष्ट कीजिए।

उत्तर– वर्तमान समय में, राज्य व बाजार के बीच संबंध अत्याधिक उलझाने वाला बन गया है। कल्याण–उन्मुख केन्द्रीकृत व नौकरशाही एकाधिकारीवादी व्यवस्था से एक प्रतियोगी बाजार कार्यप्रणाली की ओर सुधार व्यवस्था में शासन की संहिताओं में एक बुनियादी परिवर्तन है। यह भी बहुत अधिक स्पष्ट नहीं है कि क्या इस प्रकार की कार्यप्रणाली को अपनाकर सार्वजनिक क्षेत्र के संगठनों में निहित समस्याओं को दूर किया जा सकेगा।

व्यावसायिक प्रक्रिया पुनः अभियांत्रिकीकरण या बी.पी.आर (BPR-Business Process Reengineering) सदैव ही घाटे में जा रही फर्म या कंपनी के लिए पुनर्जीवन का साधन रहा है। पुनः अभियांत्रिकीकरण के केन्द्र में लागत में कटौती और क्षमता निर्माण को रखा जाता है। यह व्यावसायिक प्रक्रिया पुनः अभियांत्रिकीकरण एक ऐसा यंत्र है, जिसके द्वारा वैश्विक आवश्यकताओं के संदर्भ में, निष्पादित वस्तुओं के गुणवत्ता सुधार व स्तरीकरण के द्वारा बाजार में बढ़ती प्रतियोगिता का सामना किया जाता है। वर्तमान संदर्भ में, व्यावसायिक प्रक्रिया पुनः अभियांत्रिकीकरण वैश्वीकरण और बढ़ते अंतर्राष्ट्रीय व्यापारों के साथ आगे बढ़ा है। सूचना तकनीक की सफलता को पहले से ही मान लिया गया है और पुनः अभियांत्रिकीकरण

के प्रयास बिना किसी उद्देश्य के इस सफलता से जोड़ दिए गए हैं। अधिकतर अंतर्राष्ट्रीय कंपनियों, जैसे फोर्ड, आई.बी.एम. ने सूचना तकनीकों के प्रयोग के द्वारा आकार को घटाया है और अपव्यय (Expenditure) को रोका है। इस प्रकार से बी.पी.आर. को गलती से साइबर तकनीक के विस्तार से जोड़ दिया गया है। यद्यपि बी.पी.आर. प्रबंधन सिद्धांतकारों द्वारा मान्य अवधारणा से कहीं व्यापक और विस्तृत अवधारणा है।

बी.पी.आर. का प्रयोग एफ.डब्ल्यू. टेलर के समय से ही किया जा रहा है। अपनी मुख्य कृति 'द आर्ट ऑफ कटिंग मेटल्स' (The Art of Cutting Metals) में टेलर ने बेहतर तरीका बताने का प्रयास किया है और अपनी दूसरी पुस्तक साइंटिफिक 'मैनेजमेंट' (Scientific Management) में उन्होंने व्यावसायिक प्रक्रियाओं के पुनः निर्माण के लिए एक बेहतर ढंग बताया है। इस प्रकार से 'पुनः अभियांत्रिकीकरण शब्द का प्रयोग 'व्यवसाय को चलाने के लिए सर्वोत्तम या सर्वाधिक कुशल मार्ग' का समानार्थी बन गया है। एन.पी.एम. भी अधिक कुशलता व उत्पादकता लाने हेतु सरकारी कार्यों के प्रबंधन के इस उद्देश्य से सहमत है।

हेनरी फेयोल (Henri Fayol) 'पुनः निर्माण' के वास्तविक जन्मदाता थे और उन्होंने 'सभी उपलब्ध स्रोतों से अधिकतम लाभ' की अवधारणा से जोड़ने का प्रयास किया। इस अवधारणा ने लागत–लाभ दृष्टिकोणों के शीर्षक के तहत व्यवसाय के लिए आधुनिक प्रभाव मूल्यांकन पद्धतियों में स्थान पाया है। **लिंडाल उर्विक और लूथर गुल्लिक** (Lyndall Urvick and Luther Gullick) ने इस अवधारणा में कुछ सुधार किया। उन्होंने मजदूरों के सशक्तीकरण के विषयपरक मानवीय संसाधन तत्त्व को इसमें जोड़ दिया। उन्होंने लिखा कि, ''निश्चित गतिविधियों के लिए व्यक्तियों को उत्तरदायी ठहराना पर्याप्त नहीं है, बल्कि यह भी आवश्यक है कि उन्हें अपने उत्तरदायित्वों के निर्वहन के लिए आवश्यक सत्ता भी सौंपी जाए। बी.पी.आर. की निम्नलिखित मूलभूत बातें एन.पी.एम. में भी शामिल हैं–

(1) ग्राहक को केन्द्र में रखा गया है;

(2) अधिक विकेन्द्रीकरण, सार्वजनिक व निजी क्षेत्र की भागीदारी और नेटवर्क के द्वारा संगठनात्मक सीमाओं को कम किया गया है;

(3) कार्य प्रक्रियाओं को संगठनात्मक उद्देश्यों के अनुरूप बनाया गया है न कि इसके उलट;

(4) नेता या प्रबंधक की भूमिका एक ऐसे दिशा–निर्देशक के रूप में प्रोत्साहित की गई है, जो सहायता करे, समन्वय करे और कर्मचारियों के बीच उद्यमशीलता को बढ़ावा दें;

(5) स्थानीय स्तर पर निर्णय–निर्माण के लिए जाए, ताकि निचले स्तर की मौलिक खोजें ऊपर तक पहुँचाई जा सकें;

(6) चूँकि स्थानीय स्तरों से पहल के उभरने की आशा की जाती है, इसलिए ऐसी उपयुक्त सूचना व्यवस्था को संवर्धित किया जाए, ताकि प्रत्येक व्यक्ति को सूचना प्राप्त हो सके;

(7) निष्पादन मूल्यांकन पद्धतियों का इस प्रकार से पुनर्निर्माण करना कि बोनस के साथ उत्पादकता और लाभों को जोड़ा जा सके।

प्रश्न 3. प्रशासकीय अधिनिर्णय के दो मुख्य प्रकार बताइए।

उत्तर– किन्हीं दो देशों में प्रशासकीय अधिनिर्णय की एक जैसी प्रणाली नहीं है। प्रशासकीय न्यायाधिकरणों का उन देशों को अपनी राजनीतिक संस्थाओं तथा जीवन–प्रणाली के ढाँचे के अनुकूल होना आवश्यक है। फिर भी चूँकि मूल समस्या, अर्थात् व्यक्ति तथा प्रशासन के मध्य संबंध एक से ही हैं, अतः विभिन्न देशों के प्रशासकीय न्यायाधिकरणों का तुलनात्मक अध्ययन लाभकारी है। प्रशासकीय न्यायाधिकरणों को सामान्यतः दो मुख्य प्रकारों में विभाजित कर सकते हैं–आंग्ल–सेक्सन तथा महाद्वीपीय (अर्थात् यूरोपीय)। प्रशासकीय अधिनिर्णय की भारतीय प्रणाली आंग्ल–सेक्सन प्रणाली पर आधारित है।

आंग्ल–सेक्सन नमूने के प्रशासकीय अधिनिर्णय की मुख्य विशेषताएँ निम्नलिखित हैं–

(1) न्यायाधिकरणों में योग्यता प्राप्त न्यायाधीश के स्थान पर बहुधा ऐसे सरकारी कर्मचारी काम करते हैं, जिन्हें न्याय संबंधी कार्यों का न तो प्रशिक्षण प्राप्त होता है और न उसका अनुभव ही होता है।

(2) इनमें प्रक्रिया की प्रणाली का अभाव होता है।

(3) इनमें अपील के लिए कोई निश्चित पद–सोपान नहीं है।

(4) अपीलें प्रायः साधारण विधि न्यायालयों में होती हैं।

(5) प्रशासकीय न्यायाधिकरण किसी निश्चित व्यवस्था या प्रणाली में संगठित नहीं किये जाते हैं।

(6) प्रशासकीय न्यायिक कार्य प्रायः सरकार के विभागों द्वारा ही सम्पन्न किये जाते हैं।

(7) विनियामक (Regulatory) प्रशासकीय तथा न्यायिक कार्य प्रायः एक ही अभिकरण में केन्द्रित होते हैं।

इन विशेषताओं के प्रतिकूल महाद्वीपीय (अर्थात् यूरोपीय) देशों के न्यायाधिकरणों की मुख्य विशेषताएँ निम्नलिखित हैं–

(1) प्रशासकीय न्यायाधिकरण एक निश्चित प्रणाली में संगठित होते हैं।

(2) अपीलों संबंधी एक सुनिर्धारित पद–सोपान होता है।

(3) न्यायाधिकरण नियमित प्रशासन से प्रायः अंशतः या पूर्णतः पृथक होते हैं। कम से कम उच्चतर स्तरों पर तो ऐसा होता है।

(4) न्यायाधिकरण एक सुनिर्धारित प्रक्रिया का अनुगमन करते हैं।

(5) उनमें प्रशिक्षित जज तथा अनुभवी प्रशासक भर्ती किये जाते हैं और उनकी पदावधि निश्चित होती है।

(6) वे साधारण विधि न्यायालयों के नियंत्रण से मुक्त होते हैं। उच्चतम न्यायाधिकरणों के निर्णय अंतिम होते हैं।

अध्याय–17

सुशासन की अवधारणा

प्रश्न 1. सुशासन से आप क्या समझते हैं? भारतीय संदर्भ में सुशासन में प्रारंभिक प्रयासों की चर्चा कीजिए। [Dec 2009, Q. 8.]

अथवा

सुशासन के आविर्भाव और महत्त्व की व्याख्या कीजिए। [June 2009, Q. 8.]

अथवा

भारत में सुशासन के लिए प्रारंभिक कदम पर प्रकाश डालिए।

[June 2008, Q. 7.]

उत्तर– सुशासन के अंतर्गत प्रशासन में गुणवत्तापरक सुधार पर बल देकर शासन को प्रभावी एवं सक्षम बनाया जाता है। सरकार का अर्थ स्पष्ट करते हुए **रोसेनाऊ** ने कहा है कि शासन सरकार की अपेक्षा सम्मिलित करने वाला तत्त्व है। कई विद्वानों के मत में सुशासन की अवधारणा, जिसका महत्त्व सन् 1989 में विश्व बैंक की वकालत के बाद कायम हुआ, कोई नया पद नहीं है। **पियेरे व पीर्टस** (Pierre and Peters, 2000) का मानना है कि इस पद का सर्वप्रथम उपयोग 14वीं शताब्दी में फ्रांस में हुआ, जहाँ इसका अर्थ 'सरकार का एक समुच्चय' कक्ष था। विश्व बैंक के बारे में कहा जाता है कि इसने विकास के एक नवीन उपागम के रूप में भिन्न परिप्रेक्ष्य में इसकी पुनः खोज की है।

संरचनात्मक समायोजन कार्यक्रम की असफलता, लोक संसाधनों का अप्रभावी उपयोग, बढ़ता भ्रष्टाचार, कुछ नियोजित अर्थव्यवस्थाओं का ध्वंस, राजकोषीय कर्जों में बेतहाशा बढ़ोतरी आदि ने शासन तंत्र की सक्षमता पर कई प्रश्नचिन्ह खड़े किए हैं। इन सबके परिणामस्वरूप, विश्व बैंक ने 1989 में, सब–सहारीय अफ्रीका के अनुभवों पर आधारित पहली वृहत् विश्लेषणात्मक समीक्षा प्रस्तुत की है। बैंक ने ''सब–सहारीय अफ्रीका : संकट से सतत् विकास की ओर'' (Sub-Saharan Africa : From Crisis to Sustainable Growth) नाम से इस प्रलेख को प्रकाशित किया, जिसमें उन कारकों पर विस्तृत चर्चा की गई है, जिसकी वजह से बाजारोन्मुखी सुधारों के कार्यान्वयन में गतिरोध सामने आ रहा है। इसके तहत लोक संस्थानों की असफलता को प्रमुख कारक के रूप में चिन्हित किया गया है। इसके परिणामस्वरूप सुशासन की जरूरत पर बल दिया गया है। विश्व बैंक ने सुशासन के एक प्रभावी विकास प्रबंधन के रूप में चार मुख्य आयामों को रेखांकित किया–

(i) सार्वजनिक क्षेत्र प्रबंधन

(ii) उत्तरदायित्व

(iii) विकास का वैधानिक ढाँचा तथा

(iv) पारदर्शिता और सूचना अधिकार।

पहली बार सुशासन की अवधारणा को 1992 में विश्व बैंक ने परिभाषित किया। इसे परिभाषित करते हुए कहा गया, 'सुशासन का अभिप्राय उन तौर–तरीकों से है, जिसके द्वारा शक्ति का प्रयोग विकास हेतु देश के आर्थिक तथा सामाजिक संसाधनों के प्रबंधन में किया जाता है।' 'शासन और विकास' (Governance and Development) नामक रिपोर्ट में सुशासन को एक ऐसे परिवेश का प्रेरक माना गया, जहाँ प्रभावी आर्थिक नीतियों के द्वारा प्रभावी, पूर्ण तथा समतामूलक विकास को सुनिश्चित करने का एक ईमानदार प्रयास किया जाता है।

शासन की तीन मुख्य विशेषताओं को चिन्हित किया गया–

(i) राजनीतिक शासन का स्वरूप (संसदीय, अध्यक्षीय, सैनिक या नागरिक)

(ii) देश के आर्थिक तथा सामाजिक संसाधनों के प्रबंधन के तौर–तरीके तथा

(iii) नीतियों के अभिकल्पन, निर्माण तथा कार्यान्वयन के लिए सरकार की आवश्यक क्षमता विशेषकर विकासशील देशों की शासन–प्रक्रिया की खामियों को रेखांकित किया गया, जिनमें शामिल हैं–

(i) नियम–कानूनों का अनुपयुक्त प्रबंधन

(ii) नीतियों, कार्यक्रमों तथा परियोजनाओं के क्रियान्वयन में अनावश्यक विलंब

(iii) निजी उद्यमियों के नियमों, अधिनियमों के बारे में अस्पष्टता

(iv) प्रभावी लेखाकरण व्यवस्था की अनुपस्थिति; तथा

(v) संबंधित पक्षों की अपर्याप्त भागीदारी

विश्व बैंक ने सुशासन की जरूरत को रेखांकित किया है, जोकि आर्थिक, मानवीय तथा संस्थागत विकास के लिए आवश्यक है। इसे कुछ प्रमुख शासकीय गतिविधियों व प्रक्रियाओं के द्वारा प्राप्त किया जा सकता है। इसके सुशासन के अवधारणा में शामिल हैं–

(i) राजनीतिक उत्तरदायित्व;

(ii) संगठन या एसोसिएशन (Association) की आजादी तथा शासन प्रक्रिया में विभिन्न पक्षों की पर्याप्त व उपयोगी भागीदारी;

(iii) मानवीय अधिकारों की रक्षा, सामाजिक न्याय की स्थापना तथा शोषण का प्रतिकार करने के लिए कानून के शासन पर आधारित एक वैधानिक तंत्र तथा स्वतंत्र न्यायपालिका की स्थापना;

(iv) नौकरशाहीमूलक उत्तरदायित्व, जिसमें प्रशासकीय पारदर्शिता तथा खुलेपन पर जोर;

(v) लोक नीतियों के निर्माण तथा सरकारी प्रदर्शन के पर्यवेक्षण व मूल्यांकन के लिए आवश्यक सूचना तथा अभिव्यक्ति की आजादी;

(vi) कार्यकुशलता तथा सक्षमता पर आधारित एक प्रभावी प्रशासनिक व्यवस्था तथा

(vii) सरकार तथा नागरिक समाज संगठनों के बीच समन्वयकारी सहयोग।

'शासन' तथा 'सुशासन' की अवधारणा का महत्त्व लगातार बड़ा है तथा समकालीन संदर्भ में संपूर्ण विकास के प्रेरक के रूप में इसकी भूमिका काफी महत्त्वपूर्ण हो गई है।

सुशासन का लक्ष्य आर्थिक तथा वित्तीय संसाधनों या लोक सेवाओं के सक्षम प्रबंधन से कहीं अधिक व्यापक होता है। यह सरकार को अधिक खुला, जिम्मेदार, पारदर्शी, लोकतांत्रिक तथा संवेदनशील बनाने के साथ–साथ नागरिक समाज संगठनों को मजबूत तथा निजी क्षेत्र को नियमित करने वाली एक व्यापक सुधार नीति है।

सुशासन के निम्नलिखित लक्ष्य होते हैं–

(i) लोगों के जीवन स्तर में सुधार;

(ii) प्रशासनिक दक्षता तथा कार्यकुशलता में सुधार;

(iii) संस्थानों की विश्वसनीयता तथा वैधानिकता की स्थापना;

(iv) सूचना व अभिव्यक्ति के अधिकार की स्थापना;

(v) लोकोन्मुख तथा लोक–देखरेख प्रशासन का संबंध

(vi) जिम्मेदार तंत्र की स्थापना;

(vii) नागरिक–सरकार संवाद में सुधार के लिए सूचना प्रौद्योगिकी आधारित सेवाओं का उपयोग तथा

(viii) शासन के लिए राज्य, बाजार तथा नागरिक समाज संगठन की व्यापक भागीदारी वाले संगठनिक बहुलतावाद (Organisational Pluralism) को बढ़ावा।

इस प्रकार, सुशासन एक ऐसे गुणवत्तापूर्ण शासन को सूचित करता है, जिसका स्वरूप समतामूलक, न्यायूपर्ण, जिम्मेदार, भागीदारपूर्ण तथा लोकोन्मुख होता है। इन मापदंडों के प्रबंध से नागरिकों, विशेषकर वंचित तथा गरीब तबकों को अपने हित, अपने अधिकार तथा अपना जीवन–स्तर खुद तय करने का मौका मिलता है। सुशासन में लोकोन्मुख नीतियों के निर्माण तथा उसके प्रभावी कार्यान्वयन पर बल दिया जाता है। शासन को इसलिए छह तत्त्वों के अंतर्गत विवेचित किया जा सकता हैं। ये हैं–(1) आवाज (Voice) तथा उत्तरदायित्व, जिसमें नागरिक स्वतंत्रता तथा प्रेस की आजादी शामिल है, (2) राजनीतिक स्थिरता, (3) सरकारी प्रभावशीलता, जिसमें नीति–निर्माण प्रक्रिया तथा लोक सेवा प्रबंध की गुणवत्ता शामिल है, (4) अधिनियमों की गुणवत्ता, (5) कानून का शासन, जिसमें संपत्ति के अधिकारों का संरक्षण तथा एक स्वतंत्र न्यायपालिका की स्थापना शामिल है तथा एक स्वतंत्र न्यायपालिका की स्थापना शामिल है तथा (6) भ्रष्टाचार पर नियंत्रण।

टोनी बोर्वाड तथा **लॉफलर,** (Tony Bovaird and Loffler, 2003) ने सुशासन को समुन्नत लोकनीति, निष्कर्ष तथा सम्मत शासन सिद्धांतों के मुद्दों पर सभी हिस्सेदारों का मोल–तोल (Negotiation) बताया है, जिसका कार्यान्वयन तथा मूल्यांकन सभी हिस्सेदारों द्वारा नियमित अंतराल पर किया जाता है। वर्तमान संदर्भ में, सुशासन के मूल्यांकन के अनेक मापदंडों पर विश्व स्तर पर काम हो रहा है।

सरकारी मशीनरियों में सुधार के प्रयास किये गए, जब भारत ने स्वतंत्रता प्राप्त की थी। प्रशासनिक तंत्र को लोकोन्मुखी एवं लोक–कल्याणकारी स्वरूप प्रदान किया गया। संविधान को अंगीकृत करने, मौलिक अधिकार, राज्य के नीति–निर्देशक तत्त्व और पंचवर्षीय योजनाओं आदि के माध्यम से सामाजिक एवं आर्थिक लक्ष्यों की प्राप्ति के लिए प्रशासनिक तंत्र में आमूल–चूल परिवर्तन किए गए। सरकारी तंत्र का काम कर–संग्रह करने और कानून बनाए रखने के साथ–साथ आर्थिक विकास, सामाजिक कल्याण और जन–संतुष्टि पर भी ध्यान देना था। 1950 और 1960 के दशकों में उत्तरदायित्व को सुनिश्चित करने हेतु अनेक समितियाँ गठित की गई। इन समितियों में सचिवालय पुनर्गठन समिति, 1947; सरकारी तंत्र के पुनर्गठन पर गोपालस्वामी आयंगर समिति, 1949 और गोरवाला समिति, 1951 प्रमुख थी। 1953 में भारतीय प्रशासन में सुधार के संबंध में अमेरिकी विद्वान पॉल. एच. एपलबी की रिपोर्ट आई। इन संस्तुतियों के आधार पर 1964 गृह मंत्रालय के अधीन प्रशासनिक सुधार पर एक अलग मंत्रालय का गठन किया गया।

जनवरी, 1966 में गठित प्रशासनिक सुधार आयोग के केन्द्र और राज्य स्तर की समस्त प्रशासनिक मशीनरी की गहन छानबीन की और जून 1970 तक इस संबंध में 20 बड़ी रिपोर्ट पेश की। प्रशासनिक सुधार आयोग की सिफारिशों के आधार पर 1970 में एक कार्मिक विभाग का गठन किया गया। आगे चलकर इस विभाग में कार्मिक एवं प्रशिक्षण, प्रशासनिक सुधार, लोक शिकायत, पेंशन एवं पेंशनभोगी कल्याण को पूर्ण विकसित मंत्रालय में तब्दील कर दिया गया। भारतीय प्रशासन में सुधार लाने के लिए केन्द्रीय सर्तकता आयोग, केन्द्रीय अन्वेषण ब्यूरो (Central Bureau of Investigation) तथा लोकपाल एवं लोकायुक्त जैसे संस्थानों का भी गठन किया गया। आगे चलकर यह महसूस किया जाने लगा कि सरकारी तंत्र को अपने सीमित दायरे को बढ़ाना चाहिए और उससे आम जनता, उपभोक्ता समूह और स्थानीय निकाय आदि को शामिल किया जाना चाहिए। इसी परिप्रेक्ष्य में 1996 और 1997 में सभी राज्यों एवं केन्द्रशासित प्रदेशों के मुख्य सचिवों एवं मुख्यभोगियों का सम्मेलन आयोजित किया गया। इस सम्मेलन में इस बात पर बल दिया गया है कि उत्तरदायी एवं जनहितकारी सरकार के मार्गदर्शन के लिए एक कार्य–योजना तैयार की जाए। नई कार्य योजना के तहत केन्द्र एवं राज्य स्तर पर सरकार की ओर से अनेक कदम उठाए गए। उनमें से कुछ महत्त्वपूर्ण कदम इस प्रकार हैं–

(1) **सूचना पाने का अधिकार (Right of Information)** – प्रशासनिक व्यवस्था में खुलापन और पारदर्शिता लाने के लिए लोगों को सूचना पाने का अधिकार प्रदान किया गया है। 11 मई, 2005 को संसद द्वारा सूचना के अधिकार अधिनियम को पारित किया। यह अधिनियम अक्तूबर, 2005 से पूरे देश में लागू हो गया। इस अधिनियम का उद्देश्य सार्वजनिक प्रतिष्ठानों के अंतर्गत आने वाली सभी सूचनाओं तक जनता की पहुँच को सुनिश्चित करना है।

(2) **नागरिक घोषणा–पत्र (Citizens's Charters) –** सर्वप्रथम ब्रिटेन में नागरिक घोषणा–पत्र की अवधारणा का विकास हुआ। इस घोषणा–पत्र के अंतर्गत संगठन द्वारा उपलब्ध कराई जा रही सभी सेवाओं का स्वरूप, कार्यप्रणालियों, लागत एवं शिकायत निवारण तंत्र आदि से संबंधित जानकारी शामिल होती है। भारत में केन्द्र सरकार के स्तर के लगभग 68 संगठनों द्वारा नागरिक घोषणा–पत्र जारी किया गया है। अब राज्य सरकारें भी इस दिशा में प्रयास कर रही हैं।

(3) **नागरिकों की शिकायतों का निवारण (Redressal of Citizens' Grievances) –** 1988 में भारत के विविध मंत्रालयों एवं विभागों से संबंधित लोक शिकायतों की समीक्षा के लिए कैबिनेट सचिवालय में लोक शिकायत निदेशालय (Directorate of Public Grievances) की स्थापना की गई है। भारत सरकार के विभिन्न मंत्रालयों, विभागों एवं संगठनों के कम्प्यूटरीकृत सूचना और सुविधा काउंटर स्थापित किए गए हैं। इन काउंटरों पर "क्या मैं आपकी सहायता कर सकता हूँ?" लिखा हुआ देखा जा सकता है। ये काउंटर नागरिकों को जरूरी सूचनाएँ उपलब्ध कराने के साथ–साथ उनकी शिकायतों का भी निवारण करते हैं।

(4) **जन–भागीदारी और विकेन्द्रीकरण (People's Participation and Decentralisation) –** 73वें तथा 74वें संविधान संशोधन के माध्यम से शासन प्रक्रिया में आम जनता की सीधी भागीदारी को सुनिश्चित करने का प्रयास किया गया है।

(5) **सूचना प्रौद्योगिकी का उपयोग (Information Technology) –** वर्तमान में सक्षम एवं प्रभावी सेवाएँ उपलब्ध कराने के लिए सूचना प्रौद्योगिकी की तकनीकों का उपयोग किया जा रहा है। रेल, हवाई और बस के आरक्षणों से लेकर ग्रामीण स्तर पर भूमि के रिकॉर्ड और जन्म–मृत्यु के पंजीकरण तक को कम्प्यूटरीकृत कर दिया गया है। सूचना प्रौद्योगिकी के उपयोग से लोगों का कार्य अत्यंत सरल हो गया है। इसका एक श्रेष्ठ उदाहरण मध्य प्रदेश में एक कार्यक्रम चलाया जा रहा है, जिसका नाम 'ज्ञानदूत' है। इसे 2000 में स्टॉकहोम पुरस्कार से पुरस्कृत किया जा चुका है। इस कार्यक्रम के तहत ग्राम पंचायतों को कम्प्यूटर की सुविधा प्रदान की गई है, जिसके माध्यम से जनता को उपभोक्ता शुल्क आधारित सेवाएँ उपलब्ध करायी जाती हैं। इसी प्रकार, आंधप्रदेश में ई–सेवा केन्द्र और महाराष्ट्र में सेतु परियोजना आरंभ की गई है।

प्रश्न 2. सुशासन की मुख्य विशेषताओं को बताइए। **[June 2010, Q. 8.]**

उत्तर– आज वैश्वीकरण के दौर में विभिन्न देशों में इस बात के प्रयास तेज किए जा हे हैं कि शासन व्यवस्था के अवरोधक विचारों का पुनः परीक्षण, मूल्यांकन एवं उन्मूलन

सुनिश्चित किया जाए। शोधकर्त्ताओं, नीति–निर्माताओं और अंतर्राष्ट्रीय संस्थाओं ने शासन की अवधारणा को संकल्पनात्मक करने का प्रयत्न किया है और इसकी मुख्य विशेषताओं की पहचान की है। सुशासन की मुख्य विशेषताएँ निम्नलिखित रूप में व्यक्त की जा सकती हैं–

(1) **पारदर्शिता** – यह सूचना के मुक्त प्रवाह और शासनात्मक प्रक्रियाओं से प्रभावित होने वाले लोगों तक सूचनाओं की पहुँच के सिद्धांत पर आधारित है। लोग सरकारी एवं अन्य लोगों के क्रियाकलापों का पर्यवेक्षण एवं मूल्यांकन कर सकें, इसके लिए यह जरूरी है कि उन तक अपेक्षित सूचनाओं की पहुँच को सुनिश्चित किया जाए।

(2) **जिम्मेवारिता** – सुशासन की अवधारणा के तहत इसे केन्द्रीय महत्त्व प्रदान किया गया है। जिम्मेवारिता के मानकों के अनुपालन का अर्थ है शासन को अपने कार्यों के प्रति जिम्मेदार बनाना। न सिर्फ सार्वजनिक संस्थान बल्कि निजी क्षेत्र के नागरिक समाज संगठन को भी लोगों एवं संबंधित पक्षों के प्रति जिम्मेदार बनाया जाना चाहिए।

(3) **सहभागिता** – इसे सुशासन का आधार माना जाता है। सरकारों द्वारा नागरिकों को अपेक्षित स्वतंत्रताएँ प्रदान की जाती हैं, जिससे कि नीति–निर्माण एवं विकास प्रक्रियाओं में उनकी व्यापक एवं उपयोगी भागीदारी को सुनिश्चित किया जा सके।

(4) **उत्तरदायित्व** – इसके अंतर्गत ऐसे संस्थानों पर ध्यान दिया जाता है, जो सभी संबंधित व्यक्तियों की आवश्यकताओं के प्रति जिम्मेदार हैं।

(5) **प्रभावशीलता और कार्यकुशलता** – सुशासन की स्थापना के लिए यह जरूरी है कि उपलब्ध संसाधनों का सर्वोत्तम तरीके से इस्तेमाल किया जाए। इसके लिए प्रभावशीलता और कार्यकुशलता पर जोर देना आवश्यक है।

(6) **समता** – किसी भी समाज के सर्वांगीण विकास हेतु यह आवश्यक है कि उसमें समाज के प्रत्येक वर्ग की। भागीदारी को सुनिश्चित किया जाए। शासन में समता को स्थापित करके इस जरूरत को पूरा किया जा सकता है।

(7) **कानून का शासन** – शासन के किसी भी स्वरूप के प्रभावी कार्यान्वयन के लिए एक समुचित वैधानिक संरचना होना आवश्यक है। लोगों में विश्वास को बनाए रखने के लिए एक प्रशासनिक क्रियान्वयन तंत्र एवं स्वतंत्र न्यायपालिका की स्थापना करना जरूरी है।

विश्व बैंक ने भी सुशासन के कुछ आधारभूत तत्त्वों को चिन्हित किया है। इनके मुख्य तत्त्व निम्नलिखित हैं–

(1) उपेक्षित एवं निर्धन वर्गों को विशेष उपायों द्वारा संरक्षण प्रदान करना तथा उन्हें विकास के माध्यम से समाज की मुख्य धारा से जोड़ने का प्रयत्न करना।

(2) आधारभूत संरचना और लोक कल्याण, विशेष रूप से स्वास्थ्य एवं शिक्षा के क्षेत्र में निवेश की वृद्धि पर ध्यान देना।

(3) पर्यावरणीय सुरक्षा को सुनिश्चित करने वाले नीतिगत उपायों को प्रभावी तरीके से लागू करने पर बल देना।

(4) कानून के शासन का संचालन – इसके अंतर्गत व्यक्तिगत सुरक्षा और बाजार में सामान्य संचालन को सुनिश्चित करने हेतु पर्याप्त एवं प्रभावी कानूनों का प्रावधान सम्मिलित है। इन कानूनों को प्रभावी तरीके से लागू करने के लिए स्वतंत्र एवं प्रभावी न्यायपालिका तथा भ्रष्टाचार मुक्त कार्यपालिका की स्थापना करना आवश्यक है।

(5) नीतिगत वातावरण का सृजन – इसके अंतर्गत आर्थिक विकास एवं निर्धनता उन्मूलन कार्यक्रम पर जोर दिया जाता है। इन नीतियों के तहत आर्थिक एवं राजकोषीय नीतियों, बजट संबंधी संस्थानों, सरकारी व्ययों का बेहतर प्रबंधन और वित्तीय क्षेत्र का प्रभावी नियमन शामिल है।

विश्व बैंक के अनुसार शासन एक निरंतर चलने वाली प्रक्रिया है, लेकिन यह अनिवार्य रूप से एक दिशा में नहीं चलता। यह समय के साथ स्वतः ही अपना सुधार नहीं करता है। इसे सतत् रूप से देखभाल की आवश्यकता होती है। नागरिकों द्वारा सुशासन की आवश्यकता पर बल दिया जाना चाहिए।

प्रश्न 3. लोक संबंध की आवश्यकता का विवरण दीजिए।

उत्तर– लोक संबंध की आवश्यकता – द्वितीय महायुद्ध के पश्चात् सरकारी सूचना तथा प्रचार के अभिकरणों की बाढ़–सी आ गई है और उनकी संख्या में निरंतर वृद्धि होती जा रही है। श्रेष्ठ लोक संबंध अथवा जन संपर्क (Public Relations) आज नेतृत्त्व का महत्त्वपूर्ण गुण माना जाने लगा है और इसके महत्त्व पर कदाचित ही प्रकाश डालने की आवश्यकता है। कुछ महत्त्वपूर्ण तत्त्व, जिन्होंने इसके महत्त्व में योग दिया है, निम्नलिखित हैं–

(1) **सार्वजनिक तथा निजी अन्याय पर ध्यान देना –** सरकार लोक आलोचना से अपनी रक्षा करने का निरंतर प्रयास करती रहती है। यदि सरकारी कर्मचारी जरा भी गलती करते हैं तो जनता तनिक भी सहन नहीं कर पाती, जबकि निजी संगठनों के निकृष्ट दोषों की ओर भी वह ध्यान नहीं देती। इस प्रकार यदि जीवन बीमा निगम कोई निजी व्यापारिक संस्था रही होती तो मूँदड़ा काण्ड का कदाचित ही इतना प्रचार हुआ होता। सरकारी कार्यों के विषय में इतना ही काफी नहीं कि वह अच्छी तरह किया गया हो, बल्कि जनता को यह विश्वास भी होना चाहिए कि वह अच्छी तरह से किया गया है। एक स्वतंत्र समाज में सरकार को प्रचार की चकाचौंध में कार्य करना चाहिए।

(2) **वर्तमान में लोक सेवा के शासकीय कर्मचारी के कार्य बदल गये हैं –** अब

किसी भी अधिकारी के लिए नीतियों का परिपालन ही पर्याप्त नहीं है उसे सरकारी नीतियाँ जनता को समझाकर उनके लिए लोकप्रिय समर्थन प्राप्त करना भी आवश्यक हो गया है। एक अमरीकी कहावत के अनुसार उसे अपने अभिकरण के कार्यक्रम तथा नीतियों को 'बेचना' पड़ता है। इससे उसके कृत्यों को 'राजनीतिक' स्वरूप प्राप्त होता है।

(3) **सरकारी कार्यों में अत्यधिक वृद्धि** – आधुनिक कल्याणकारी राज्य, जिसका उद्देश्य 'जन्म से मृत्यु तक नागरिकों की देखभाल करना है, जनता की अनेक प्रकार से सेवाएँ कर रहा है। इन सेवाओं के विस्तार तथा उनकी जटिलताओं ने जनता के साथ संचार संबंध आवश्यक कर दिये हैं। जनता को उन सुविधाओं से परिचित कराना आवश्यक है जो सरकार ने विभिन्न रूपों में उसे प्रदान की हैं। लोक संबंधों का यह सूचनाकारी रूप विशाल आकार धारण कर रहा है।

अध्याय–18

सरकारी संस्थाएँ : सुधार की ओर

प्रश्न 1. विधायी सुधार के लिए सांविधानिक समीक्षा पर राष्ट्रीय आयोग द्वारा सुझाए गए उपायों पर चर्चा कीजिए। [Dec 2008, Q. 9.]

उत्तर– भारत में सरकार के तीन अंग हैं–विधायिका, कार्यपालिका और न्यायपालिका। भारतीय संविधान द्वारा इन तीनों सरकारी संस्थानों को विशिष्ट एवं स्वतंत्र क्षेत्राधिकार प्रदान किए गए हैं। भारत की विधायी व्यवस्था में विद्यमान दोषों को दूर करने हेतु कुछ सुधारात्मक कदम उठाने की आवश्यकता महसूस की जा रही है। विधायिका के सदस्यों को अधिक पेशेवर और जिम्मेदार बनाने, शासन प्रक्रिया को प्रभावी रूप से संचालित करने और राजनीति को अपराधीकरण से मुक्ति दिलाने के लिए निम्नलिखित सुधार प्रक्रियाओं की पहल की जा सकती है।

(1) **राज्य द्वारा राजनीतिक दलों की धन आपूर्ति (State Funding of Political Parties) – पी.एन. खंडवाला** के अनुसार राज्य द्वारा पंजीकृत राजनीतिक दलों के खर्चे का वहन चुनावी खर्चे की सब्सिडी के स्वरूप वाला हो सकता है। राज्य द्वारा जारी फंड में स्थानीय कार्यों की स्थापना लागत, जमीनी स्तर पर कार्य की लागत, कार्यकर्त्ता प्रशिक्षण, मीडिया खर्च और बैठक एवं रैली आयोजित करने में किए गए खर्च शामिल हो सकते हैं। इस फंड का प्रावधान चुनाव आयोग के निर्देशानुसार किया जा सकता है। राजनीतिक दलों के लिए यह जरूरी होगा कि वे अपने खातों का ब्यौरा रखें, उसका लेखा परीक्षण कराएँ और लेखा परीक्षित खातों की फाईलों को चुनाव आयोग के समक्ष प्रस्तुत करें, ताकि चुनाव आयोग उसे जनता के समक्ष रखने का प्रबंध करा सके। राजनीतिक दलों के लिए यह भी जरूरी है कि वे अपने कार्यालय प्रतिनिधियों और चुनाव प्रतिनिधियों का चयन पारदर्शी एवं लोकतांत्रिक तरीके से करें। उन्हें प्राप्त होने वाले विभिन्न प्रकार के चंदों का ब्यौरा देना होगा। इन उपायों से राजनीति के अपराधीकरण पर अंकुश लगेगा, वित्त के संबंध में पारदर्शिता आएगी और लोकतांत्रिक मूल्यों की रक्षा की जा सकेगी।

(2) **प्रतिनिधि विधायिका (Representative Legislature)** – वर्तमान समय में, प्रति चुनावी क्षेत्र उम्मीदवारों की संख्या में उल्लेखनीय वृद्धि हो रही है। ऐसी स्थिति में खंडित जनादेश (Fractured Votes) की संभावना बढ़ गई है। आज एक संसदीय सीट के लिए 15–20 उम्मीदवार होते हैं। पहले यह संख्या 2 या 3 हुआ करती थी। यही कारण है कि आज बहुमत की सदा अभिव्यक्ति नहीं हो पाती है और यह उम्मीदवारों की बड़ी संख्या के बीच बँट जाती है। इसके अलावा चुनाव में

भाग लेने वाले दलों की संख्या में भी तेजी से बढ़ोतरी हो रही है। अतः किसी एक दल को बहुमत मिलने की संभावना काफी कम हो जाती है। उदाहरणस्वरूप, 9वें, 10वें, 11वें 13वें और 14वें लोक सभा चुनावों में किसी भी दल को स्पष्ट बहुमत नहीं मिला। दलों की संख्या अधिक होने के कारण वोट इनके बीच बँट गए। भारत में पिछले दो दशकों से मिली–जुली सरकारें अर्थात गठबंधन सरकारें बनती रही है। इस संबंध में **पी.एन. खंडवाला** ने समानुपातिक प्रतिनिधित्व (Proportional Representation) अपनाने का सुझाव पेश किया है। इसके तहत प्रत्येक चुनाव क्षेत्र से एक से अधिक विधायी सदस्यों का निर्वाचन किया जाएगा जो उस चुनाव क्षेत्र के आकार पर निर्भर करेगा। अतः प्रत्येक राजनीतिक दल एक चुनाव क्षेत्र में एक से अधिक उम्मीदवार खड़ा कर सकता है। ऐसी स्थिति में विजयी उम्मीदवारों की संख्या उस चुनाव क्षेत्र के लिए निर्धारित संख्या में एक से अधिक भी हो सकती है। इस प्रकार के विजयी उम्मीदवार लोगों की पसंद की अभिव्यक्ति कर सकते हैं। यदि किसी चुनाव क्षेत्र में तीन उम्मीदवारों के चुनाव की आवश्यकता है तो सर्वाधिक मत प्राप्त करने वाले प्रथम तीन उम्मीदवारों को विजयी घोषित किया जाएगा। इस प्रकार एक की जगह तीन उम्मीदवारों को विधायी सदस्य बनने का अवसर मिलेगा और वे बहुमत के मत का प्रतिनिधित्व कर सकेंगे।

(3) **स्थायी गठबंधन (Stable Coalitions) –** वर्तमान समय में गठबंधन सरकार भारतीय राजनीतिक व्यवस्था की विशेषता बन गई है। गठबंधन सरकार को मजबूत बनाने और उसे स्थायित्व प्रदान करने के लिए यह जरूरी है कि अवसरवादी तत्त्वों पर अंकुश लगाया जाए। इसके लिए दल–बदल विरोधी कानून के दोषों को दूर करना होगा। किसी भी दल द्वारा बिना किसी उपयुक्त कारण के गठबंधन से संबंध तोड़ लेने पर उसके खिलाफ कानूनी कार्रवाई की व्यवस्था होनी चाहिए। गठबंधन का कामकाज सर्वसम्मति और पारस्परिक विचार–विमर्श के आधार पर होना चाहिए। गठबंधन सरकार को साझा न्यूनतम कार्यक्रम (Common Minimum Programme) का निर्माण करना चाहिए। वर्तमान में मनमोहन सिंह के नेतृत्त्व में संयुक्त प्रगतिशील गठबंधन सरकार कायम है, जो गठबंधन सरकार की सफलता का द्योतक है।

पी.एन. खंडवाला के अनुसार विशेष उपलब्धि प्राप्त करने वाले राजनीतिज्ञों को सम्मान या पुरस्कार देने की व्याख्या की जानी चाहिए। जो राजनीतिज्ञ बैठकों एवं सभाओं में नियमित रूप से भाग लेते हैं, उचित एवं प्रभावी परामर्श देते हैं और जिनके कामकाज प्रभावी एवं परिणामोन्मुख हैं, उनके लिए सेवा मूल्यांकन और प्रोत्साहन की समुचित व्यवस्था होनी चाहिए। इसी प्रकार उन सदस्यों को, जो सदन की बैठकों एवं कार्यवाहियों में नियमित रूप से भाग नहीं लेते, उनके लिए दंड की

व्यवस्था होनी चाहिए। इसके अलावा संसदीय समितियों के कार्यकलापों के मूल्यांकन हेतु एक समूह का गठन किया जाना चाहिए, जिससे वरिष्ठ विधायी सदस्यों, न्यायविदों और नागरिकों को शामिल करना चाहिए।

(4) **उत्तरदायी संसदीय प्रक्रियाएँ (Responsive Parliamentary Procedures)** – वर्ष 2000 में भारतीय संविधान की समीक्षा हेतु पूर्व मुख्य न्यायाधीश **एम.एन. वेंकटचलैया** की अध्यक्षता में गठित राष्ट्रीय आयोग ने विधायिका, कार्यपालिका और न्यायपालिका की कार्यप्रणाली में सुधार के लिए कई संस्तुतियाँ प्रस्तुत कीं। राष्ट्रीय आयोग के अनुसार यदि संसद जनकल्याण के प्रति उत्तरदायी बने रहना चाहती है तो उसके पास प्रस्तुत करने हेतु एक निर्णायक भूमिका है। संसद इस ऐतिहासिक भूमिका का ईमानदारीपूर्वक निर्वाह तभी कर सकती है जब वह अपनी कार्यप्रणाली एवं तौर–तरीकों में अपेक्षित सुधार लाए। 1997 में गठित राज्य सभा की आचार या नैतिकता समिति (Ethics Committee) ने भी संसद के कामकाज में आई गिरावट पर गहरी चिंता प्रकट की और इसमें सुधार लाने हेतु कई संस्तुतियाँ प्रस्तुत कीं। आचार समिति ने राजनीतिक दलों के नेताओं से यह आग्रह किया कि वे सभापति के साथ सहयोग कर सदन के कामकाज को प्रभावी बनाने में मदद करें। समिति ने यह सुझाव दिया कि सत्ताधारी दल को अधिक जिम्मेदारी की भावना से काम करना चाहिए। विरोधी दलों को चाहिए कि वे सदन की कार्यवाही में अनावश्यक बाधा उपस्थित न करें।

(5) **प्रभावी समिति व्यवस्था (Strong Committee System)** – विभागीय स्थायी समितियाँ (Departmental Standing Committees) संसद की समितियों में सर्वप्रमुख हैं। संविधान की समीक्षा हेतु गठित राष्ट्रीय आयोग ने संसद की समिति व्यवस्था को मजबूत बनाने का सुझाव दिया था। इन समितियों का गठन जटिल सामाजिक एवं आर्थिक मामलों पर संसद की सहायता करने के उद्देश्य से किया जाता है। इन समितियों द्वारा ही विभिन्न मंत्रालयों एवं विभागों को आबंटित भागों की जाँच सहजता एवं निष्पक्षता से की जाती है। संसद के प्रभावी संचालन में इन समितियों के अत्यधिक महत्त्व को देखते हुए यह जरूरी है कि समिति व्यवस्था में सुधार के लिए ईमानदारीपूर्वक प्रयास किए जाए। इस संबंध में राष्ट्रीय आयोग ने निम्नलिखित सुझाव दिए हैं–

(क) कैबिनेट के संसदीय एवं विधायी मामलों की समितियों के कामकाजों को सुव्यवस्थित एवं कारगार बनाना।

(ख) विधि आयोग के बेहतर तरीके से इस्तेमाल करने की कोशिश करना।

(ग) विधायी योजना के निरीक्षण के लिए संसद की एक नई विधायी समिति की

स्थापना करना।

(घ) जनता के मत सहित सभी टिप्पणियों, सलाहों और प्रतिवेदनों को ग्रहण करने के पश्चात् सभी विधेयकों को विचार एवं समीक्षा हेतु विभागीय संसदीय स्थायी समितियों के पास भेजना।

(ङ) अगर जरूरी हो तो लोक सुनवाईयों की फिर से सूची तैयार करना और विशेषज्ञों की सहायता से विधेयक के द्वितीय व्याख्या स्तर (Second Reading Stage) का प्रबंध करना।

प्रश्न 2. राजनीतिक कार्यपालिका में सुधारों की समीक्षा कीजिए।

उत्तर— वर्तमान में राजनीतिक कार्यपालिका में व्यापक स्तर पर सुधार की आवश्यकता है। मंत्रियों के भ्रष्टाचार में लिप्त रहने के कारण शासन मूल्यों में उल्लेखनीय गिरावट आई है। नागरिक समाज की तरफ से उठने वाला दबाव निरंतर बढ़ता जा रहा है। अतः इस पर दृष्टि डालने की आवश्यकता है। इस परिस्थिति में यह जरूरी है कि कुछ आवश्यक निम्न कदम उठाए जाएँ—

(1) **विधायकों की शैक्षणिक योग्यता –** विधायी सदस्यों के पास समसामयिक घटनाओं की आधारभूत जानकारी होनी चाहिए। खंडवाला के अनुसार उनके पास न्यूनतम शैक्षणिक योग्यता होनी चाहिए, जैसे संसदीय चुनावों को लड़ने के लिए स्नातक डिग्री, विधान मंडलीय चुनावों में भाग लेने के लिए दसवीं कक्षा या मैट्रिकुलेशन (Matriculation) तथा स्थानीय चुनावों में भाग लेने के लिए प्राथमिक स्कूली शिक्षा। इससे विधायिका में शिक्षित व जागरूक उम्मीदवारों के लिए रास्ता खुलेगा। एक बार निर्वाचित होने के बाद उन्हें उनके दायित्वों व जिम्मेदारियों, अधिकार व कर्त्तव्यों, संवैधानिक प्रावधानों, सरकार के कामकाजों, विधि प्रक्रियाओं तथा महत्त्वपूर्ण राजनीतिक, सामाजिक, आर्थिक संस्थानों या एजेंसियों में समुचित जानकारी प्रदान करने के लिए उचित प्रशिक्षण की व्यवस्था होनी चाहिए। इस उद्देश्य के लिए एक राष्ट्रीय प्रशिक्षण एकेडमी की स्थापना भी की जा सकती है। यह विधायी सदस्यों में कार्य संबंधी वातावरण (Culture) का बीजारोपण कर सकता है।

(2) **निर्वाचित उम्मीदवारों के लिए मानक –** राष्ट्रीय आयोग के अनुसार, संसद सदस्यों को संसदीय आचार समिति के माध्यम से अपने आज को जन–संवीक्षा के लिए स्वैच्छिक रूप से अवश्य प्रस्तुत करना चाहिए। आचार समिति में उपयुक्त व नैतिक आचरण को सुनिश्चित करने के लिए सदस्यों द्वारा किए गलत आचरणों के लिए दण्डात्मक कार्यवाहियों की अनुशंसा की जिसमें प्रतिबंध, संसद के कार्यवाही में

भाग लेने पर रोक, निंदा तथा इसी तरह के अन्य उपयुक्त दंड, जो उचित माने जाए, शामिल हैं।

राष्ट्रीय आयोग के सुझावों के अनुसार, अपराधियों को चुनाव लड़ने से प्रतिबंधित करना चाहिए। आज स्थिति यह है कि 40 प्रतिशत विधायी सदस्य अपराधी है। अपराधी उम्मीदवारों के लिए यह आवश्यक किया जाना चाहिए कि वह अपने बारे में पूरा ब्यौरा चुनाव से पूर्व दें। सौभाग्य से सर्वोच्च न्यायालय ने नागरिकों को उम्मीदवारों के पूर्वचरित्र के बारे में जानने के अधिकार कर अपनी मुहर लगायी है। नागरिक अपने इस अधिकार के द्वारा उपयुक्त व्यक्तियों का चुनाव कर पाने में समर्थ हो पाएँगे। इस अधिकार को अनुच्छेद 19 (1) (अ) में शामिल किया गया है, क्योंकि मताधिकार लोगों के भाषण व अभिव्यक्ति के अधिकार का एक हिस्सा है।

सर्वोच्च न्यायालय ने अपने निर्णय में आरोपित उम्मीदवारों के चुनाव लड़ने को प्रतिबंधित किया है, अपने फैसले में उसने कहा है कि आरोप के खिलाफ अपील अप्रासंगिक तथा असंगत है। यदि नामांकन की तारीख पर भी आरोप कामिल रह जाता है, तो उस व्यक्ति को चुनाव लड़ने से प्रतिबंधित कर दिया जाएगा, फिर चाहे वह वर्तमान एम.पी (संसद का सदस्य) या एम.एल.ए (विधान सभा का सदस्य) हो या नहीं हो, इससे कोई फर्क नहीं पड़ता। आरोप के खिलाफ किसी भी प्रकार की अपील से कोई भी आरोपित उम्मीदवार चुनाव लड़ने की योग्यता हासिल नहीं कर सकता है, यदि उसके खिलाफ नामांकन की तारीख में कोई आरोप तय हो। जन प्रतिनिधि काननू की धारा 8 (4) के तहत यह प्रावधान है कि यदि किसी वर्तमान सांसद या विधायक को आरोपित किया गया हो तथा उस पर दो या दो से अधिक साल की सजा सुनाई गई हो, तो भी वह सांसद या विधायक अपनी उम्मीदवारी जारी रख सकता है, यदि आरोप के खिलाफ उसकी अपील किसी उच्चतर न्यायालय में विचाराधीन हो तथा इस पर रोक लगाई गई हो।

(3) **दल–बदल विरोधी उपाय** – विधायी सदस्य उस दल के आधार पर जनमत प्राप्त करते हैं, जिसके तहत वे चुनाव लड़ रहे होते हैं। लेकिन यह देखा गया है कि चुनाव परिणामों के बाद उनकी आस्था बदल जाती है। पार्टी बदलने की यह प्रथा सरकार को अस्थिर करने वाला एक प्रमुख कारक है।

2004 में पारित नये दल–विरोधी कानून को इस दिशा में उठाया गया सही कदम माना गया था, लेकिन जल्द ही इसकी कमियों को ढूँढ लिया गया, जोकि इस बात से परिलक्षित होता है कि शायद ही किसी दल–बदल को सजा मिल पाती है। कानून संविधान की 10वीं अनूसूची से संबंधित है, जिसमें यह कहा गया है कि सदन का निर्वाचित उम्मीदवार उस पार्टी विशेष का सदस्य है, जिसके अंतर्गत उसने चुनाव लड़ा है, लेकिन यदि वह पार्टी

निर्देशों के खिलाफ जाकर सदन में वोट देता है, या संसद से अनुपस्थित रहता है, तो उसकी उम्मीदवारी समाप्त हो जाएगी।

एन.डी.ए. (NDA) तथा यूनाइटिड पिपल्स इलाएन्स (United People's Alliance, UPA) दोनों ने सरकार बनाने का दावा प्रस्तुत किया, लेकिन राज्यपाल को दोनों गठबंधनों द्वारा सौंपे गए समर्थित नामों की सूची में कई नाम ऐसे मिले जो दोनों की ही सूचियों में थे। स्थिति और भी अस्पष्ट तब हो गई, जब सदस्य तो एन.डी.ए को समर्थन दे रहे थे, वहीं पार्टी नेता यू.पी.ए के समर्थन की बात कर रहे थे। सदस्य ने अपने राजनीतिक नेता के निर्णय के खिलाफ काम किया और यही पर दल–बदल विरोधी कानून अप्रभावी हो गया। विधानसभा अध्यक्ष को इस कानून के तहत संबंधित सदस्यों को अयोग्य कर देना चाहिए था।

राष्ट्रीय आयोग का यह विचार था कि लगभग सभी इस बात पर एकमत है कि दल–बदल जनादेश का अपमान है तथा इसकी अनुमति एकल या समूह, किसी भी रूप में नहीं दी जानी चाहिए तथा यह है कि उम्मीवादवार उस पार्टी के आधार पर निर्वाचित होते हैं, जिन्होंने इन्हें टिकट दिया हुआ होता है।

राष्ट्रीय आयोग ने यह संस्तुति की कि दसवीं अनुसूची के प्रावधानों में संशोधन किया जाना चाहिए, ताकि विशेषकर उन सभी सदस्यों को जो एकल या सामूहिक रूप में अपने पार्टी या गठबंधन (जिसके आधार पर उन्होंने चुनाव लड़ा हो) से नाता तोड़कर किसी दूसरे दल का दामन थाम लेते हैं।

आयोग ने आगे ताकीद की कि दल–बदल के आधार पर सदस्यता समाप्ति का अधिकार संबंधित सदन के सभापति या अध्यक्ष के बजाय चुनाव आयोग के पास होना चाहिए।

आचार संहिता – आचार समिति ने राज्य सभा के सदस्य के लिए आचार संहिता लागू करने का सुझाव दिया, समिति ने आचार संहिता के एक ढाँचे का प्रस्ताव रखा, व उसमें सदस्यों के लिए करणीय व अकरणीय बिंदुओं को रेखांकित किया। सदस्यों से यह अपेक्षा की जाती है कि वे जनहित व जनइच्छा के अनुरूप अपने कार्यों को पूरी गरिमा व ईमानदारी के साथ अंजाम दे तथा संविधान, कानून, संसदीय संस्थानों और आम जनता के प्रति पूर्ण सम्मान का भाव रखे। सदस्यों को कुछ भी ऐसा नहीं करना चाहिए, जो संसद को बदनाम करता हो तथा उसकी साख में सेंध लगाता हो। उन्हें अपनी संसद सदस्यता के पद का उपयोग जन–कल्याण के लिए करना चाहिए।

व्यक्तिगत हित तथा जनहित के बीच द्वंद्व की स्थिति होने पर इसका निराकरण इस प्रकार होना चाहिए कि व्यक्तिगत हित पर जनहित भारी हो। सदस्यों को सदन में विधेयक की प्रस्तुति, प्रस्तावों को पारित करने या विधेयकों या प्रस्तावों पर प्रश्न पूछने या प्रश्न पूछने से झिझकने अथवा संसदीय समितियों की बहस में भागीदारी के नाम पर कभी कोई धन या लाभ की पेशकश को स्वीकार या उसकी अपेक्षा नहीं करनी चाहिए।

प्रशिक्षण व प्रदर्शन समीक्षा – राजनीतिक कार्यपालिका के पास निर्णय–निर्माण के

प्रबंधकीय कौशल की क्षमता का प्रायः अभाव होता है। राजनीतिक कार्यपालिका के अधिकतर सदस्यों के पास रणनीतिक निर्णय लेने का कोई पेशेवर अनुभव नहीं होता है। खंडवाला कहते हैं कि सदस्यों को लोकनीति विश्लेषण, मानव संसाधन प्रबंधन, वित्तीय प्रबंधन, ई–गवर्नेंस तथा कानून से संबंधित विषयों का समुचित प्रशिक्षण प्रदान किया जाए। उन्हें अपने मंत्रालयों के लिए उद्देश्यपूर्ण दृष्टिकोण (Vision and Mission) पर आधारित विकास में प्रशिक्षण करने की जरूरत है। उन्हें लक्ष्य–निर्धारण, योजना निर्माण, नियंत्रण, समन्वयन, प्रयोजन, संप्रेषण तथा नेतृत्त्व कौशलों में निपुण किया जाना चाहिए। निर्णय निर्माण प्रक्रिया में पेशेवर सहायता तथा विशेषज्ञों तथा अर्थशास्त्री, सांख्यिकीविद्, वैज्ञानिक तथा तकनीकीविद् आदि की विशेषज्ञ सलाहों को शामिल किया जाना चाहिए। इसी तरह, राजनीतिक कार्यपालिका को जनसंबंधों में ढालने की भी जरूरत होती है।

सुनिर्धारित लक्ष्यों व मापदंडों के आधार पर प्रत्येक मंत्री/विभाग के कामकाज का कार्मिक मूल्यांकन किया जाना चाहिए। प्रत्येक मंत्री के लिए आने वाले वर्षों के लक्ष्यों को निर्धारित करना जरूरी बना देना चाहिए। प्रधानमंत्री तथा कैबिनेट मंत्री निर्धारित लक्ष्यों के आधार पर मंत्री के कामकाज का मूल्यांकन करेंगे। इस तरह के निदानात्मक उपायों से प्रदर्शन सुधार तथा उत्तरदायित्व, दोनों को सुनिश्चित किया जा सकेगा। कुछ समय पहले वित्तमंत्री ने 'परिणाम बजट' (Outcome Budget) प्रस्तुत किया, जिसका उद्देश्य विविध मंत्रालयों व विभागों के तहत चल रही परियोजनाओं के लिए आवंटित धन के परिप्रेक्ष्य में 'मूल्यांकनीय' तथा 'पर्यवेक्षणीय' भौतिक लक्ष्य निर्धारित करना था।

प्रश्न 3. भारत प्रशासन न्यायाधिकरणों के रूपों को स्पष्ट कीजिए।

उत्तर– भारतीय प्रशासन के अधिनिर्णयात्मक कार्यों की निम्नलिखित प्रमुख श्रेणियाँ हैं–

(1) **भूमि प्राप्ति न्यायाधिकरण/अधिग्रहण कार्य –** भूमि अधिग्रहण अधिनियम 1894 भूमि प्राप्ति एवं मुआवजा तय करने के लिए क्रियाविधियाँ बताता है। ये अधिकार जिला कलेक्टर और प्रमंडल आयुक्त में निहित है। न्यायिक प्रक्रिया की भी व्यवस्था है। दूसरी अचल संपत्तियों जैसे खान, कारखाना की प्राप्ति के लिए अलग न्यायाधिकरण एवं क्रियाविधियों की व्यवस्था विशेष अधिनियम या अध्यादेश द्वारा होती है।

(2) **औद्योगिक विवाद/मजदूर कल्याण न्यायाधिकरण –** न्यायाधिकरण जो कि औद्योगिक वाणिज्यिक मजदूर और कल्याण मामलों से संबंधित हैं। सरकारी क्षेत्र अधिकारी (केन्द्र या राज्य) से लेकर स्वाधीन न्यायाधिकरण और अर्ध–स्वायत्तशासी परिषद् तक होते हैं। जैसे–मुख्य कारखाना निरीक्षक, कारखाना निरीक्षक, औद्योगिक विवाद न्यायाधिकरण (मजदूर मुआवजा न्यायाधिकरण), रबर परिषद्, वेतन परिषद्

(जैसे कि काम करने वाले पत्रकारों के लिए)।

(3) **परिवहन प्राधिकरणों के अधिनिर्णयात्मक अधिकार** – राज्यो में इनके अधीन अधिकार हैं–मोटर गाड़ी अधिनियम; रेलवे दर न्यायाधिकरण (माल भाड़ा–संबंधित मामलों में विभेद के लिए); पोत–परिवहन महानिर्देशक और व्यापारी जहाज अधिनियम 1958 के अधीन सर्वे अदालत।

(4) **विनियामक प्राधिकरणों के अधिनिर्णयात्मक अधिकार** – केन्द्र सरकार के तहत व्यापार चिह्नों, एकस्व अधिकारों और स्वत्वाधिकारों के निबंधकों, एकाधिकार एवं प्रतिबंधित व्यापार व्यवहार आयोग (Monopolies and Restrictive Trade Practices Commission), केन्द्रीय फिल्म सेंसर बोर्ड एवं भारतीय प्रेस परिषद् के पास अपने–अपने अधिकार–क्षेत्रों में अधिनिर्णयात्मक अधिकार होते हैं। राज्य सरकारों में भी स्थानीय निकाय, सहकारी संगठनों के निबंधक एवं इसी प्रकार के अन्य अधिकारियों के पास अधिनिर्णयात्मक अधिकार होते हैं।

(5) **राजस्व–प्राधिकरणों की अधिनिर्णयात्मक शक्ति** – केन्द्रीय प्रत्यक्ष कर परिषद् और इसमें कार्यरत आयुक्त इत्यादि के पास आयकर अधिनियम, भू–शुल्क अधिनियम, संपत्ति कर अधिनियम, उपहार कर अधिनियम तथा अति–लाभ कर अधिनियम के तहत अधिनिर्णयात्मक शक्ति होती है। हाल ही में इस परिषद् ने पृथक् कर पौनर्वादिक (अपील) न्यायाधिकरणों की स्थापना की है जहाँ अपकृत करदाता आयकर अधिकारियों के आदेश के खिलाफ पुनरावेदन कर सकता है। यहाँ भी प्रक्रिया को औपचारिक रूप दे दिया गया है। केन्द्रीय सीमा–शुल्क और उत्पाद–शुल्क परिषद् को भी ऐसी शक्तियाँ प्राप्त है। राज्य स्तर पर प्रमंडल आयुक्त और राजस्व परिषद् विशाल अधिनिर्णयात्मक शक्तियों का प्रयोग करते हैं। वे वैसी ही प्रक्रियाओं का अनुसरण करते हैं जो दीवानी अदालतों की होती हैं। ये प्रक्रियाएँ सम्बद्ध राज्यों की राजस्व–संहिता द्वारा निर्धारित होती हैं। जिला स्तर के राजस्व पदाधिकारी भी इस प्रकार की विशाल शक्तियों के लिए अधिकृत होते हैं। इसी तरह, दंडाधिकारियों को भी किराया नियंत्रण एवं गृह आवंटन अधिनियम इत्यादि जैसी विभिन्न संविधियों के तहत अधिनिर्णयात्मक प्रकृति की विशाल शक्तियाँ मिली होती हैं। इसी प्रकार, बिक्री कर अधिकारी ऐसी शक्तियों का प्रयोग करते हैं।

(6) **सरकारी कर्मचारियों के विरुद्ध विभागीय कार्रवाई** – कानूनी तौर पर यह अधिनिर्णयात्मक शक्ति उस अधिकारी को दी जाती है जो उससे वरिष्ठ हो जिसके विरुद्ध आरोप लगा रहता है। किन्तु बड़े जुर्माने वाले अनुशासनिक मामलों में सिविल सेवा (वर्गीकरण, नियंत्रण और अपील) नियमों द्वारा प्रस्तावित एक औपचारिक

और सुपरिष्कृत प्रक्रिया का अनुसरण करना पड़ता है एवं नियंत्रणकारी प्राधिकारी कार्रवाई के लिए एक अलग प्रतिवेदन पदाधिकारी नियुक्त करता है। केन्द्रीय सरकार में अब केन्द्रीय सतर्कता आयोग (Central Vigilance Commission) अनुशासनिक कार्यवाहियों के लिए आयुक्तों की एक तालिका रखता है, जिनकी सेवाएँ अनुशासनिक प्राधिकारी आवश्यकता होने पर माँग लेते हैं। राजस्थान जैसे कुछ राज्यों में इन कार्रवाईयों के संचालन के लिए पृथक् सिविल सेवा न्यायाधिकरण होते हैं।

(7) **निर्वाचन न्यायाधिकरण** – राज्य और संघीय विधायिकाओं के निर्वाचन के संचालन से संबंधित मामलों में मुख्य चुनाव आयुक्त अंतिम प्राधिकारी होता है। उसके अधीन चुनाव आयुक्त होते हैं, प्रत्येक राज्य में एक चुनाव आयुक्त, जिला निर्वाचन पदाधिकारी एवं अन्य कई श्रेणियों के पदाधिकारी होते हैं। इसके अतिरिक्त, मुख्य चुनाव आयुक्त 'जन प्रतिनिधित्व अधिनियम' के तहत अपीलों एवं अन्य याचिकाओं की सुनवाई के लिए चुनाव न्यायाधिकरण से उच्च न्यायालयों एवं यहाँ तक कि सर्वोच्च न्यायालय में की जा सकती हैं।

प्रश्न 4. न्यायिक सुधार तथा उत्तरदायित्व पर एक नोट लिखिए।

[June 2008, Q. 10. (ख)]

उत्तर– आज भारतीय न्यायपालिका स्वयं नियुक्त (Self-appointing) तथा अत्यधिक शक्तिशाली हो गई है। उच्चतर न्यायालय जवाबदेह नहीं है तथा इन न्यायालयों के न्यायाधीशों के खिलाफ दुराचार व कदाचार के कई आरोप है। न्यायाधीशों के दुराचार से संबंधित शिकायतों की जाँच की कोई व्यवस्था नहीं है। अधिक से अधिक, मुख्य न्यायाधीश ऐसे मामलों की जाँच के लिए किसी समिति का गठन कर सकता है। यद्यपि इसका कोई वैधानिक समर्थन नहीं है तथा अवज्ञाकारी (Defiant) न्यायाधीश अपने आचरण की जाँच करने वाले ऐसे किसी समिति का पंजीकरण नहीं कर सकता।

भारतीय संविधान में बुरे आचरण के आरोपी न्यायाधीशों को महाभियोग (Impeachment) के द्वारा हटाने का प्रावधान किया गया है, लेकिन महाभियोग की पूरी प्रक्रिया अत्यंत जटिल है। महाभियोग प्रस्ताव को रखने के लिए यह जरूरी है कि प्रस्तावित आरोपों पर कम से कम 100 सांसदों के हस्ताक्षर हों। इसके अतिरिक्त, सांसदों को आरोपों की जाँच का अधिकार प्राप्त नहीं है। इसके लिए निश्चित सरकारी एजेन्सियाँ हैं, जिन्हें यह अधिकार प्राप्त है, लेकिन उन्हें भी इस काम को करने से पहले भारत के मुख्य न्यायाधीश से अनुमति लेने की जरूरत पड़ती है। हाल ही में न्यायपालिका ने अपने आपको लोकपाल के दायरे में लाने का विरोध किया है। यहाँ तक कि राष्ट्रीय न्यायिक आयोग के गठन का भी विरोध किया गया है। न्यायपालिका किसी बाहरी या बाह्य स्वतंत्र संस्थान के प्रति जिम्मेवार नहीं होना चाहती।

परिणामस्वरूप, भ्रष्ट जज निर्दोष बने घूमते रहते हैं। दंडात्मक कार्यवाही कठिन हो जाती है। अब तक केवल उच्च न्यायालय के दो न्यायाधीशों पर भ्रष्टाचार का अभियोग लगाया गया है, लेकिन महाभियोग की कार्यवाही पूरी होने से पहले ही उन्हें त्यागपत्र के लिए तैयार कर लिया गया था।

न्यायपालिका अभी भी उत्तरदायित्व के सिद्धांतों से दूर खड़ी है। इसकी शक्तियों व विशेषाधिकारों पर पुर्नसमीक्षा तथा पुनर्संवीक्षा की जरूरत है तथा 'अदालत की अवमानना के अधिकार की संवीक्षा की विशेष जरूरत है। संतुलन के लिए यह जरूरी है कि जिस तरह न्यायपालिका दो अन्य अंगों के अधिकार पर लगाम रखती है तथा उनके द्वारा शाक्ति के दुरुपयोग को काबू में रखती है। उसी प्रकार इन दो अंगों (कार्यपालिका तथा विधायिका) को भी न्यायपालिका के अधिकार के दुरुपयोग पर लगाम रखने का अधिकार होना चाहिए। लेकिन ऐसा बहुत कम ही होता है। समकालीन संदर्भ में भूषण का यह विचार है कि न्यायपालिका ऐसी परम सर्वोच्च संस्थान बन गई है, जिसके प्रति हर कोई जिम्मेवार है, लेकिन वह किसी के प्रति उत्तरदायी नहीं है।

न्यायिक परिषद् जैसे किसी ऐसे निकाय के गठन की जरूरत है, जो न्यायाधीशों के भ्रष्ट आचरणों पर लगाम रखे। यह परिषद् न्यायाधीशों द्वारा गठित होगा, जो भ्रष्ट न्यायाधीशों के खिलाफ कार्यवाही करेंगे। परिषद् न्यायाधीश की निंदा कर सकता है, स्वैच्छिक सेवानिवृत्ति या त्यागपत्र की संस्तुति कर सकता है तथा उक्त न्यायाधीश के द्वारा निष्पादित केसों को वापस ले सकता है। यदि वह जज की बर्खास्तगी को आवश्यक समझता है, तो वह इसके लिए आवश्यक ब्यौरों को लोक सभा के पास महाभियोग की कार्यवाही के लिए भेज सकता है। इसमें बुरे आचरण के आरोपी जजों को अपने बचाव का मौका दिया जाना भी शामिल होगा।

हाल ही में विभिन्न राज्यों के 'विधि मंत्रियों तथा विधि सचिवों के सम्मेलन (Conference of Law Ministers and Secretaries) में एक राष्ट्रीय न्यायिक आयोग की स्थापना का प्रस्ताव किया गया, जिसके अध्यक्ष भारत में मुख्य न्यायाधीशों होंगे तथा उच्च–न्यायालयों के मुख्य न्यायाधीश इसके सदस्य की भूमिका निभायेंगे। आयोग न्यायाधीशों के भाई–भतीजावाद, पक्षपात तथा भेदभाव जैसे मामलों की तहकीकात करेगा। साथ ही वह उनकी (न्यायाधीशों) सम्पत्तियों व परिसंपत्तियों की भी जाँच करेगा सम्मेलन ने 'न्यायिक सुधार तथा उत्तरदायित्व पर शिमला प्रस्ताव' (Shimla Resolution) को भी सामने रखा, जिसका उद्देश्य गरीबों तक न्याय की सरल व आसान पहुँच सुनिश्चित करना है। इस तरह के उपायों से न्यायपालिका को जनता के प्रति जिम्मेवार बनाने में मदद मिलेगी। साथ ही, यह जजों के दुराचरण व अनुचित व्यवहार पर भी लगाम रखने में सहयोग करेगा। नवम्बर 2006 में न्यायिक परिषद् बिल पारित हो गया है; यह परिषद् कितना लाभदायक साबित होगा, यह परिषद कितना लाभदायक साबित होगा, यह समय ही बताएगा।

प्रश्न 5. मिन्नोब्रुक सम्मेलन (1968) पर एक नोट लिखिए।

उत्तर– मिन्नोब्रुक सम्मेलन (The Minnowbrook Conference) के जन्म के लिए दो तत्त्व प्रधानतः उत्तरदायी हैं–(1) 1960 का दशक उथल–पुथल का काल था। अनगिनत सामाजिक समस्याएँ थीं लेकिन लोक प्रशासन द्वारा इन समस्याओं को सुलझाना तो दूर की बात थी, उसे उनका ज्ञान तक नहीं था। 1968 में प्रकाशित वाल्डो (Waldo) के एक लेख 'क्रांतिकाल में लोक प्रशासन' में, जो लोक प्रशासन रिव्यू नामक पत्रिका में प्रकाशित हुआ था, इस समस्या पर प्रकाश डाला गया था। (2) लोक प्रशासन के युवी पीढ़ी के विद्वानों की बात सुनना भी आवश्यक हो गया था क्योंकि पुराने एवं युवा विद्वान औसतन 35 वर्ष से अधिक आयु के थे। उनमें अधिकांश तो 51 से 69 वर्ष के थे। लेकिन मिन्नोब्रुक सम्मेलन में भाग लेने वाले अपेक्षाकृत कम आयु के अर्थात् युवा थे। यह लोक प्रशासन की युवा पीढ़ी का सम्मेलन था। इस सम्मेलन के परिणामों ने नवीन लोक प्रशासन को जन्म दिया।

मैथ्यू क्रेनसन (Mathew Cranson) ने निम्नलिखित शब्दों में इस सम्मेलन के निर्णयों को संक्षेप में व्यक्त किया है–

सम्मेलन के निर्णयों को दो शीर्षकों में संक्षिप्त और सार रूप में व्यक्त कर सकते हैं–

(1) इस संपूर्ण वाद–विवाद की पृष्ठभूमि में क्या कोई सामान्य विचार हैं तथा

(2) क्या विचार नवीन हैं?

प्रथम, मैं यह अनुभव करता हूँ कि कुछ सामान्य बातें हैं। प्रायः सभी गोष्ठियों का यह निष्कर्ष है कि लोक प्रशासन के आदेशात्मक पहलू पर बल दिया जाना चाहिए। दूसरी से संबंधित एक प्रश्न यह है कि समाज में प्रशासन की क्या भूमिका होनी चाहिए? क्या उसे पूरी तरह मूल्य–निरपेक्ष होना चाहिए या किसी नीति या विचारधारा के प्रति प्रतिबद्ध होना चाहिए? इसी से संबंधित एक प्रश्न और है। यदि प्रशासक किसी विचार या मूल्यों से प्रतिबद्ध है तो वह क्या करता है या करेगा? इसका उत्तर कुछ व्यक्ति यह देते हैं कि लोक प्रशासन को सामाजिक परिवर्तन के अभिकर्त्ता के रूप में कार्य करना चाहिए। एक अन्य प्रश्न इसके प्रत्युत्तर में उठता है कि परिवर्तन की अवस्था में संगठन को किन बातों या तत्त्वों के प्रति संवेदनशील होना चाहिए; उदाहरणार्थ–वातावरण। क्या वातावरण के प्रति संवेदनशील होना चाहिए? कुछ का मत हैं कि वातावरण के प्रति अधिक संवेदनशीलता के साथ प्रशासन में वातावरण के परिणामों को अधिक महत्त्व दिया जाना चाहिए। प्रश्न यह है कि इन सब बातों के संबंध में मतैक्य है अथवा नहीं? यदि मतैक्य है तो सहज रूप से यह प्रश्न उठता है कि क्या वे सर्वथा नवीन है?

नवीन लोक प्रशासन की प्रधान विशेषता यह है कि यह सामाजिक समस्याओं के प्रति अत्यधिक संवदेनशील है। इसके मुख्य तत्त्व हैं–संदर्भ (relevance), सदाचरण (morals), नीतिशास्त्र एवं मूल्य (ethics and values), नवीनता या मौलिकता (innovation), संबंधित व्यक्तियों की चिंता, सामाजिक समानता (social equality) आदि। नवीन लोक प्रशासन के पक्षधर लोक प्रशासन की वर्तमान अवस्था से संतुष्ट नहीं हैं। वे उथल–पुथल के

काल में लोक प्रशासन से यह अपेक्षा करते हैं कि वह सामाजिक समस्याओं के प्रति जागरुक हो। यही नहीं, नवीन लोक प्रशासन के पक्षधर मूल्यहीन या मूल्य–निरपेक्ष (value free and value neutral) शोध–प्रयासों के त्यागने पर जोर देते हैं तथा सामाजिक न्याय के अनुरूप उपागम को अपनाने के समर्थक हैं। सामाजिक न्याय से तात्पर्य यह है कि लोक प्रशासकों को समाज के निर्धन एवं पद्दलित वर्ग का समर्थन करना चाहिए। इसका अर्थ है कि लोक प्रशासकों को परिवर्तन के सक्रिय अभिकर्त्ता के रूप में कार्य करना चाहिए। उन्हें यथास्थिति बनाये रखने में योग नहीं देना चाहिए। शीघ्र परिवर्तित वातावरण के अनुरूप संगठन के नवीन रूपों का विकास किया जाना चाहिए। नवीन लोक प्रशासन में जनता के कल्याण एवं कार्यक्रम के प्रति निष्ठा पर विशेष बल दिया गया है।

नवीन लोक प्रशासन के चार मूलभूत प्रकरण हैं—प्रासंगिकता, मान्यताएँ, सामाजिक समदृष्टि और परिवर्तन।

मिन्नोब्रुक सम्मेलन को यह गौरव प्राप्त है कि उसके द्वारा लोक प्रशासन का व्यवस्थित व्याकरण प्रस्तुत किया गया है तथा लोक प्रशासन की वर्तमान में शोचनीय अवस्था पर सरल एवं स्पष्ट शब्दों में प्रकाश डाला गया है। इस सम्मेलन द्वारा ही लोक प्रशासन को नवीन छवि प्रदान की गयी है और समाज की समस्याओं के प्रति उसे जागरूक बनाया गया है। लोक प्रशासन ने इस सम्मेलन के बाद ही सुधारवादी प्रवृति को अंगीकार किया है।

अध्याय–19

नागरिक समाज संगठनों की बढ़ती भूमिका

प्रश्न 1. राज्य, बाजार व नागरिक समाज के मध्य संबंध का परीक्षण कीजिए।
[Dec 2008, Q. 7.]

उत्तर– राज्य, बाजार और नागरिक समाज एक–दूसरे को परिभाषित एवं सीमित करते हैं और एक–दूसरे के पूरक है। राज्य व नागरिक समाज के मध्य समकालीन संबंध परंपरागत उदारवाद की देन है। उदारवादी विचारधारा नागरिक समाज को लोकतांत्रिक राज्यों की एक आवश्यकता बताती है। उदारवाद को ध्यान में रखते हुए, यह देखा गया कि उसके साथ सरकारी और निजी क्षेत्रों के बीच का भेद भी है। लोक या सरकारी क्षेत्र प्रतिनिधि सरकार और विधि के शासन पर आधारित है। निजी क्षेत्र व्यक्तिगत कार्यों, अनुबंध और बाजार के आदान–प्रदान का वह क्षेत्र है, जोकि राज्य के सुरक्षा दायित्वों की परिधि में आते हुए भी उससे स्वतंत्र होते हैं।

जोएल मिगदल के अनुसार, 'राज्य राष्ट्रीय और अंतर्राष्ट्रीय शक्तियों से घिरा हुआ है व इनके द्वारा परिवर्तित होता है। उनके अनुसार, समाज भी राज्य के प्रभाव के कारण बदल गया है। सामाजिक संगठन और समाज का संपूर्ण ढाँचा, राज्य द्वारा दिए गए अवसर और बाधाओं द्वारा परिवर्तित हुआ है, बिल्कुल वैसे ही जैसे राज्य अन्य सामाजिक संगठनों से प्रभावित है, या विश्व की अर्थव्यवस्था द्वारा दी गई छूट या सीमा से प्रभावित है।

नीरा चन्द्रोक (1995) के विचारों में, वह क्षेत्र, जिसमें समाज राज्य से परस्पर संबंध रखता है, उसे नागरिक समाज की संज्ञा दी जा सकती है। इसके साथ ही यह एक ऐसे आम क्षेत्र के रूप में देखा जाता है, जिसमें आम जनता स्वयं द्वारा परिभाषित ध्येयों की संयुक्त क्षेत्र और एक जैसे मुद्दों के आधार पर पूर्ति करती है।

(1) ऐसा क्षेत्र, जोकि अपने में निवास करने वालों और उनके संबंधों को चर्चाओं द्वारा, ना कि नियंत्रण द्वारा संपोषित करता है।

(2) यह माना जाता है कि चर्चाएँ आम होंगी, ताकि वे सभी के लिए उपगम्य हो सके।

(3) यह क्षेत्र नियमानुसार स्थापित राज्य के दूरसंचार माध्यमों से बाहर रहकर कार्य करेगा, जिसमें 'स्वतंत्र व निष्पक्ष' चर्चाएँ हो पाएँगी। इस क्षेत्र के निवासी नए पहलुओं और नई संस्थाओं द्वारा स्थापित सामाजिक रिश्तों से जुड़े रहेंगे।

समकालीन नागरिक समाज, राज्य के साथ ज्यादा व व्यापक रूप से जुड़ा हुआ प्रतीत होता है। साथ ही, नए सामाजिक आंदोलनों द्वारा दिया गया नागरिक समाज का नया रूप भी, जैसा कि विश्लेषित किया गया है, आधुनिक राज्य उपकरण की मान्यता को गलत या कम नहीं ठहराता है।

नागरिक समाज की एक अन्य आवश्यक विशेषता के अनुसार, इन्हें गैर–सरकारी संगठनों से बदला जाता है। हालाँकि, गैर–सरकारी संगठन, नागरिक समाज का एक बहुत महत्त्वपूर्ण अंग है, पर इसके उपरांत वे नागरिक समाज के संगठनों का संपूर्ण सप्तक (Gamut) नहीं है। गैर–सरकारी संगठन, नागरिक समाज का एक मुख्य एवं वृहद् अंग है और इसी कारण इनका भी अध्ययन किया जाना चाहिए। सार्वभौमिक परिदृश्य को ध्यान में रखते हुए हमें इस बात पर जरूर गौर करना चाहिए कि ये गैर–सरकारी संस्थाएँ स्थानीय, क्षेत्रीय और अंतर्राष्ट्रीय स्तर पर किस तरह काम करती है। **जूली फिशर** (Julie Fisher, 1998) ने दो प्रकार के गैर–सरकारी संगठन बताए हैं– (1) स्थानीय स्तर पर स्थापित संस्थाएँ (Grassroots Organisations - GROs) और (2) राष्ट्रीय या क्षेत्रीय स्तर पर स्थापित विकास संबंधी सहयोग प्रदान करने वाली संस्थाएँ (Grassroots Support Organisations - GRSOs)। GRSOs आमतौर पर व्यावसायिक कर्मचारियों की भर्ती करती है, जोकि अंतर्राष्ट्रीय मुद्रा को स्थानीय स्तर तक पहुँचाते हैं और इसमें स्वयं का विकास सम्मिलित नहीं होता है। दो मुख्य प्रकार की स्थानीय संस्थाएँ हैं–स्थानीय विकास से संबंधित संस्थाएँ और लाभकारी संस्थाएँ, जोकि समाज के एक समूह का प्रतिनिधित्व करती हैं। तीसरे प्रकार के GROs में कर्ज लेने वाले समूह, सहयोगी संस्थाएँ आदि शामिल हैं, जोकि कभी–कभी लाभ के लिए कार्य कर सकते हैं।

अंतर्राष्ट्रीय या वैश्विक नागरिक समाज की विचारधारा नई नहीं है, हालाँकि यह अपने बहुव्यापक उपयोग में हाल ही में आई है। पिछले कुछ सालों से, गैर–सरकारी संगठनों के मध्य अंतर्राष्ट्रीय संबंधों पर जोर दिया जाने लगा है और यह प्रयास दूसरे सभी विकास पहलुओं के साथ–साथ काम कर रहा है, ताकि अंतर्राष्ट्रीय सरकारी संगठनों (International Governmental Organisations) की स्थापना की जा सके, जोकि विश्वीय स्तर पर कानून की स्थापना कर सकें। 1990 के शुरूआती दशक ने संयुक्त राष्ट्र अमेरिका और यूरोप में विश्वीय समाज को संस्थागत करने के प्रयास किए हैं। कुछ विचारक यह मानते हैं कि वैश्वीकरण ने राज्य की क्षमताओं को कमजोर किया है और साथ ही इसका प्रभाव शासन करने वाली सरकारी संस्थाओं पर भी पड़ा है; जिनमें आर्थिक क्षेत्र से जुड़ी इकाइयाँ प्रमुख हैं, साथ ही उनका मत है कि इसने नागरिक समाज को शक्तिशाली बनाने की नींव डाली है। नागरिक समाज के लोकतांत्रिक पहलू एवं कार्य ने एक महत्त्वपूर्ण जगह बनाई है और गैर–सरकारी संस्थाओं को उनकी नागरिक संगठनों के साथ, संपर्क का मुख्य बिंदु माना है। इसके साथ जुड़ा हुआ तथ्य यह है कि गैर–सरकारी संस्थाओं में अपनी भूमिका को लेकर चेतना जागृत हुई है, जोकि नागरिक समाज के स्वरूप के साथ जुड़ गई है।

संयुक्त राष्ट्र द्वारा इस प्रक्रिया को और प्रोत्साहन मिला है, जोकि नागरिक समाज को एक विकासात्मक मुद्दा बनाने में मदद करता है। संयुक्त राष्ट्र विकास कार्यक्रम (United Nations Development Programme - UNDP) एवं संयुक्त राष्ट्र बाल

आपातकालीन कोष (United Nations Children's Emergency Fund UNICEF) ने स्वयंसेवी संस्थाओं के लिए अपनी प्रणालियों तक पहुँच बढ़ा दी है। गैर सरकारी संगठनों के स्वरूप और पहुँच से जुड़े कुछ विचाराधीन मुद्दों को भी संयुक्त राष्ट्र ने उठाया है।

राज्य, बाजार एवं नागरिक समाज के अंतर–संबंधों की चर्चा करते समय, वैश्वीकरण के संदर्भ में, एक महत्त्वपूर्ण प्रश्न सामने उभरकर आता है। वह यह है कि नागरिक समाज अपने में क्या सम्मिलित करता है, क्या नागरिक समाज की अवधारणा में बाजारों को शामिल किया जाना चाहिए? परम्परावादी उदारवाद बाजार को नागरिक समाज में शामिल करता है। जबकि समकालीन उदारवादी वाणिज्यिक संबंधों, उत्पादकता और नेटवर्क को नागरिक समाज का अंग समझते हैं। साथ ही, वामपंथी बाजार की अर्थव्यवस्था में समानता और लोकतांत्रिक नियंत्रण की बात करते हैं। इस त्रिपक्षीय दृष्टिकोण में कई बाजार को अलग रखते हैं। साथ है, यह भी विचारणीय है कि बहुराष्ट्रीय कंपनियों को नागरिक समाजों का हिस्सा माना जाए या नहीं।

नागरिक समाज में शामिल तत्त्वों पर कोई एक मत नहीं है। यह स्थापित किया गया है कि नागरिक समाज की परिभाषा 'फिलॉसोफिकल वेनटेज पोइंट्स' पर आधारित है। नागरिक समाज को किस विचार दृष्टिकोण से देखा जा रहा है, उस पर आधारित है। इसकी परिभाषा के क्षेत्र में उसका ढाँचा, संबंध कार्य और वातावरण सभी शामिल किए जा सकते हैं। वैश्वीकरण के परिप्रेक्ष्य में इसकी परिभाषा अभी भी अनिश्चित है। आज का वर्तमान नागरिक समाज अपने पिछले ढाँचे से अलग होना चाहिए, क्योंकि वर्तमान दौर में उन्हें सिर्फ राष्ट्रीय या क्षेत्रीय समस्याओं के साथ नहीं जूझना है। आज के युग में इन्हें अंतर्राष्ट्रीय स्तर पर आ रही समस्याओं के समाधान में आगे आना है, जोकि 'चौएस' या चयन की तरह नहीं, बल्कि 'डिक्टेट्स' (Diktats) या थोपे गए निर्णय की तरह आती है। राज्य, बाजार और नागरिक समाज की अतिछापित सीमाएँ नागरिक समाज के उद्देश्य को धुंधला कर सकती है, जो अब तक निर्धारित एजेंडे के साथ निर्देशक के रूप में फिर उभरा है।

प्रश्न 2. शासन एवं विकास के सार्वभौमिक संदर्भ में नागरिक समाज की भूमिका बताइए। [June 2010, Q. 9.]

उत्तर– शासन एवं नागरिक समाज के मध्य अंर्तसंबंध नागरिक समाज की 'शासन' के लिए प्रासंगिकता से मूल्यांकित किया जा सकता है। वैश्वीकरण परिदृश्य में 'शासन' केवल राज्य या बाजार तक सीमित नहीं है, बल्कि यह दोनों कर्त्ता एक–दूसरे के साथ साधन उपलब्ध कराने एवं सेवा देने के लिए सहयोग करते हैं। नागरिक समाज के पुनर्जन्म के बाद, यह क्रिया बहुपात्र–केन्द्रित हो गई है। गैर–सरकारी संगठन, समुदाय आधारित संगठन (Community Based Organisations (CBO)) या सी.बी.ओ. स्वयंसेवी समूह (Self-help Group) आदि राज्य व बाजार के साथ शासन और विकास की प्रक्रिया में एक

जिम्मेदार साझेदारी का निर्वाह करने लगे हैं। शासन के दो प्रमुख तरीके– (1) केनिसियन का कल्याणकारी राज्य और (2) नव–उदारवाद ने अपेक्षित नतीजे नहीं दिए, **एथनी गिडन्स** के अनुसार, 'राजनीति का तीसरा रास्ता आधारभूत विषय के परिप्रेक्ष्य में सरकार की सक्रिय भूमिका की पुनः खोज कर रहा हैं और सरकारी उपक्रमों एवं संस्थाओं को पुनः स्थापित कर रहा है राज्य का सुधार सरल मार्ग नहीं हैं पर लक्ष्य, राज्य और सरकार की इकाइयों को पारदर्शी, ग्राहकोन्मुखी और शीघ्रतम बदलाव उन्मुख बनाने का होना चाहिए।'

सरकार व राज्य का सुधार प्रथम प्राथमिकता है। राज्य को अपना नियंत्रण बाजार और नागरिक समाज दोनों पर स्थापित नहीं करना चाहिए, बल्कि उन्हें कार्य करने में मदद करनी चाहिए। नागरिक समाज के आधारभूत कार्यों को समझना आवश्यक है। एक विकसित नागरिक समाज के बिना, एक प्रभावशाली बाजार–व्यवस्था या एक सुचारु रूप से काम करने वाली सरकार की कल्पना नहीं की जा सकती है। नागरिक समाज क्षेत्र में कोशिश रहनी चाहिए कि वे सरकार और विकास में मदद कर सके।

सरकार, नागरिक समाज और निजी क्षेत्र को सहभागी विकास के मुख्य क्षेत्रों में साथ मिलकर कार्य करने की आवश्यकता है। नागरिक समाज के बिना नागरिकों को पोषण देने पर यह देखा गया है कि, राजनीतिज्ञ 'पेशावरों' (Professionals) में तब्दील हो जाते हैं और अपने चयनित क्षेत्रों से दूर होकर कार्य करते हैं, इससे नागरिक या तो प्रतिद्वंद्वी या फिर कृतहन ग्राहक बन जाते हैं, जो सरकारी सेवाओं को भी बिना पैसा दिए प्रयोग करना चाहते हैं।

शॉल्ट (2000) के अनुसार, पिछले कुछ दशक, हस्तांतरण, क्षेत्रीयकरण और वैश्वीकरण की ओर अग्रसर होकर केन्द्रीकृत शासन से विमुख हुए हैं। शासन राज्यवाद के एकदिशीय रूप से बदलकर नियंत्रण की स्थानीय, राष्ट्रीय, क्षेत्रीय और विश्वीय परत की बहुदिशीयता की ओर अग्रसर हुआ है। हालाँकि, बड़े पैमाने पर वैश्वीकरण परिप्रेक्ष्य ने राष्ट्र राज्यों को खत्म नहीं किया है, बल्कि यह अनुकूल सामूहिक पहचान धीरे–धीरे अधिराज्य प्रकारों को प्रमुखता दे रहा है। वर्तमान शताब्दी में, विश्व–राजनीति अधिराज्य (Sub-statal) दृढ़ताओं से निश्चित रूप से परिवर्तित हुई है, जिसमें प्रजातीय राष्ट्र, गैर क्षेत्रीय और वर्ग, लिंग, धर्म और जेन्डर पर आधारित पार–परिधीय समुदाय आदि शामिल हैं।

मानव विकास रिपोर्ट (Human Development Report, 1999) के अनुसार, अधिकार–आधारित, वास्तविक और आम आदमी के क्षेत्र में आने वाली सभी सरकारी संस्थाओं पर जोर दिया गया है। अनौपचारिक सामुदायिक पटल को दक्षिण एशिया में पुनः व्यवस्थित किया जा रहा है, सरकारी मदद के साथ या उसके बिना और यह कई बार उन क्षेत्रों में सफलता हासिल करने में सक्षम हुए हैं, जहाँ पर सरकार पहुँच भी नहीं पाती है। नागरिक सम्मेलन के लिए जगह बनाने के बाद, नागरिक समाज समूह, घरेलू संस्थाएँ और

छोटी व्यापारिक संस्थाएँ, मीडिया के साथ मानवीय विकास के लिए, व्यापक तौर पर मददगार साबित हो सकती हैं और निजी स्तर पर वे समुदाय में रहने वाले नागरिकों की जिंदगी पर भी प्रभाव डाल सकती हैं। स्वामियुक्त नागरिक समाज एक स्वतंत्र सामाजिक साथी के रूप में, औपचारिक, राजनीतिक व आर्थिक संरचना को ध्यान में रखते हुए शासन व्यवस्था को परिवर्तित करने की क्षमता रखता है।

जुलाई 2002 में, विश्वीय नागरिक समाज मंच का जिनेवा में सम्मेलन (World Social Forum in Geneva) नागरिक समाज और अंतर्राष्ट्रीय संगठनों के बीच आपसी सहयोग जैसे अंतर्राष्ट्रीय मुद्दों पर चर्चा करने के लिए हुआ। ऐसी विश्वीय नागरिक समाज में निहितार्थ भाव प्रकट नहीं हो पाए, पर यह तय है कि जो मुद्दे उठे, वे भी कम उत्साहवर्धक नहीं है। कुछ विचारयोग्य मुद्दे निम्नलिखित हैं–

(1) क्या वृहत् नेटवर्क तथा नागरिक कार्यकर्त्ताओं के समूह अंतर्राष्ट्रीय सरकारी संगठनों के प्रतिद्वंद्वी बनकर उभरेंगें;

(2) क्या नई लोकतांत्रिक प्रक्रिया विश्वीय स्तर पर उभरेगी व विश्वीय पूँजी की अवधारणा का प्रतिकार करेगी; और

(3) क्या राष्ट्रीय नीति पर वाद–विवाद वैश्विक सामाजिक और आर्थिक मुद्दों से प्रभावित होगा।

नागरिकों के कार्यों और ग्रामीण तकनीकी उन्नति परिषद् (Council for Advancement of People's Action and Rural Technology - CAPART) एक सहयोगी की भूमिका अदा कर रही है और साथ ही पारदर्शिता, शीघ्र निराकरण, लचीलापन और खोजी अभिगम पर जोर दे रही है। ये गैर–सरकारी संस्थाएँ, राष्ट्रीय, राज्य और जिले के स्तर पर नागरिकों का प्रतिनिधित्व कर रही है। कई देशों में, नागरिकों के लोक प्रशासन के साथ संबंधों को पुनः स्थापित करने के लिए शक्तिशाली राजनीतिक कदम उठाए जा रहे हैं।

एक नया लोकतांत्रिक क्षेत्र खोलने के लिए, केन्द्रीय सिद्धांत में सामाजिक आर्थिक और राजनीतिक शक्ति के कार्यक्षेत्रों को काम में लाया जाए (आम नागरिकों के ऊपर स्थापित सत्ता और शक्ति, जोकि समाज को एक रूपरेखा देती है) और उसे 'लोकतांत्रिक उत्तरदायित्व का सिद्धांत' बनाया जाए। यह वह उत्तरदायित्व है, जोकि बाध्यता और जिम्मेदारी के प्रारूप या ढाँचे को स्वीकार करता है, हिस्सेदारों की वैधता को पहचानता है और ऐसे मार्ग प्रशस्त करता है, जिसमें कि वे अपने प्रतिभाशाली अस्तित्व या आवाज को दर्शा सके।

इस नई विचारधारा को राज्य से नागरिक समाज की ओर शक्ति का हस्तांतरण नहीं समझा जाना चाहिए, बल्कि इसे एक प्राकृतिक विकास की संज्ञा दी जानी चाहिए, जोकि शासन करने वाले और शासित होने वाले के संबंधों को समझाता है। सकारात्मक शब्दों में व्यक्त करें तो सरकार आम आवाजों पर ध्यान देकर शासन करना सीख रही है और

नागरिक समाज के अनावरित एवं रोजमर्रा के नियमों का पालन कर बेहतर नागरिक बन रहे हैं। निजी क्षेत्र की इस संदर्भ में एक बहुत बड़ी भूमिका है, क्योंकि नागरिक समाज आर्थिक विकास को भी स्थापित करते हैं। वे सहक्रियाएँ जोकि राज्य निजी क्षेत्र और नागरिक समाज से निकली हैं, उन्हें इस्तेमाल में लाया जाना चाहिए। यह एक प्रासंगिक अपितु मुश्किल लक्ष्य है। नागरिक समाज के महत्त्व को नकारा नहीं जा सकता। नागरिक समाज संगठनों की पारदर्शी, उत्तरदायी, और कार्यकुशल शासन स्थापित करने में अनुकूल भूमिका हो सकती है, लेकिन उसके सामने अभी कई चुनौतियाँ हैं।

प्रश्न 3. व्यवस्था विचारधारा पर एक नोट लिखिए।

उत्तर– 'व्यवस्था' शब्द का प्रयोग भौतिक, जीव–वैज्ञानिक तथा सामाजिक क्षेत्रों में होता है। उदाहरण के लिए, मनुष्य का शरीर एक प्रधान व्यवस्था है तथा उसमें अनेक उप–व्यवस्थाएँ होती हैं, जैसे–संचार तंत्र, कंकाल तंत्र, तंत्रिका तंत्र।

व्यवस्था सिद्धांत संगठन का एक आधुनिक सिद्धांत है। निकाय सिद्धांत में प्रशासन को एक निकाय माना जाता है जिसमें उप–निकाय, संरचना, जनता, क्रियाएँ और अंतरप्रतिक्रियाएँ संलग्न होती हैं। निकाय सिद्धांत तालकोट पारसन्स के संरचनात्मक प्रकार्यवाद, डेविड ईस्टन के निकाय सिद्धांत तथा रॉबर्ट मर्टन और ग्रेब्रील आमंड के प्रकार्यात्मक सिद्धांत से प्रभावित है। एक व्यवस्था में वे सब अंग (भाग) सम्मिलित होते हैं जो परस्पर निर्भर हुआ करते हैं। इसका अर्थ यह हुआ कि यदि कहीं एक स्थान पर कोई परिवर्तन या रूपांतर हुआ तो अन्य भागों में तदनुरूप परिवर्तन हो जाते हैं। दूसरे शब्दों में, व्यवस्था का लक्षण यह है कि उसके अंगों या भागों में पारस्परिक निर्भरता और अंतर–संबद्धता होती है। दूसरे, कोई व्यवस्था अलग–अलग स्थिति में रहकर कार्य नहीं करती। वह एक पर्यावरण के अंतर्गत कार्य करती है और उसके साथ उसका सामंजस्य रहता है। इसका अभिप्राय यह है कि जब किसी व्यवस्था की क्रिया में कोई व्यवधान पड़ता है तो वह अनेक प्रक्रियाओं के द्वारा अपना अनुरक्षण करती है। तीसरे, हर व्यवस्था की सीमा होती है जो उसको परिसीमित (मर्यादित) करती है। वह उसे उसके पर्यावरण से भी पृथक् करती है।

संगठन के व्यवस्था सिद्धांत की मान्यता है कि संगठन एक व्यवस्था है और उसके अंतर्गत तकनीकी, आर्थिक तथा सामाजिक उप–व्यवस्थाएँ होती हैं। किसी संगठन को प्रभावित करने वाले परिवर्तनशील तत्त्वों की पाँच शीर्षकों के अंतर्गत व्याख्या की जा सकती है–औपचारिक संरचना, अनौपचारिक संरचना, पृथक् परिवर्तनशील तत्त्व, तकनीकी व्यवस्था तथा बाह्य पर्यावरण।

सामान्यतः औपचारिक संरचना को संगठन समझा जाता है, किंतु व्यवस्था सिद्धांत के अनुसार वह संगठन को प्रभावित करने वाला केवल एक परिवर्तनशील तत्त्व होता है। औपचारिक संरचना संगठन के लक्ष्यों को निर्धारित करती है, उसके कार्यकलाप को उपयुक्त

इकाइयों में विभक्त करती है और उस कार्यकलाप को समन्वित तथा नियंत्रित करती है। संगठन अपने आप में सामाजिक व्यवस्थाएँ होते हैं और उनकी एक अनौपचारिक संबंध संरचना भी होती है। लोगों का हर समूह उनके व्यवहार को नियंत्रित करने के लिए कुछ नियम और विनियम बनाता है और उस समूह का हर सदस्य न्यूनाधिक सीमा तक उनका पालन करता है।

किन्तु संगठनों का संचालन करने वाले पृथक व्यक्ति होते हैं और हर व्यक्ति दूसरों से भिन्न होता है और परिवर्तनशील तत्त्व के रूप में कार्य करता है। उनके बीच अंतर बहुत गहरे भले ही न हो, किंतु हर एक का अपना व्यक्तित्त्व होता है और हर एक के पीछे विशिष्ट संस्कारों की एक परंपरा होती है। हर प्रशासक को इस बात का ध्यान रखना है, अन्यथा उसे दुष्परिणाम भुगतने के लिए तैयार रहना चाहिए।

तकनीकी व्यवस्था में मशीनरी तथा उपकरण सम्मिलित होते हैं जिनके द्वारा वस्तुओं का उत्पादन किया जाता है। वह बढ़ई के हथौड़े के समान सरल अथवा कारों निर्माण करने वाले स्वचालित कारखाने के समान जटिल हो सकती है। किसी भी प्रौद्योगिकी (टैक्नोलॉजी) को क्यों न अपनाया जाये, लोगों को अपने व्यवहार, ज्ञान और कौशल का उसके साथ तालमेल बैठाना पड़ता है।

प्रौद्योगिकी संगठन की औपचारिक संरचना को प्रभावित करती है, यही नहीं वह उन तरीकों को भी प्रभावित करती है जिन्हें प्रबंध तंत्र उस संगठन के संचालन के लिए अपनाता है–वे तरीके चाहे लोकतांत्रिक हो, चाहे सत्तावादी।

व्यवस्था सिद्धांत सभी तत्त्वों को समग्र रूप से देखने तथा समस्याओं के समाधान के लिए उनका प्रयोग करने हेतु एक उपयोगी निर्देश तंत्र प्रदान करता है। द्वितीय विश्व युद्ध के बाद जटिल तथा अति गतिशील प्रशासनिक समस्याओं के फलस्वरूप नयी प्रबंध तकनीकों का विकास हुआ। युद्ध ने प्रशासकों को पहले के सैद्धांतिक प्रतिरूपों (मॉडलों) से अधिक व्यापक दृष्टिकोण अपनाने को विवश किया और उन्हें अनुभव से सत्यापित प्रतिरूपों का प्रयोग करने हेतु विवश किया। गणित पर आधारित प्रतिरूपों का उदय हुआ। इस प्रकार के काम को संक्रिया अनुसंधान (ऑपरेशन्स रिसर्च – ओ. आर.) कहा जाता है।

प्रश्न 4. संघीय लोक सेवा आयोग को स्पष्ट कीजिए।

उत्तर– संघीय लोक सेवा आयोग (Union Public Service Commission) केन्द्र की सेवाओं में नियुक्ति के लिए परीक्षाओं का संचालन करता है। इस संबंध में शासन को निम्नलिखित बातों के संबंध में आयोग से परामर्श लेना आवश्यक होता है–

(1) लोक सेवाओं तथा पदों के लिए नियुक्ति करने तथा एक सेवा से दूसरी सेवा के लिए पदोन्नत तथा स्थानांतरण करने तथा ऐसी नियुक्तियों, पदोन्नतियों या

स्थानांतरणों के लिए अभ्यर्थियों की उपयुक्तता के विषय में अपनाये जाने वाले सिद्धांत;

(2) केन्द्रीय सरकार के किसी कर्मचारी को कोई शारीरिक हानि होने पर उसकी निवृत्ति हेतु वेतन संबंधी कोई दावा।

(3) केन्द्रीय सरकार के किसी कर्मचारी द्वारा या उसके संबंध में यह दावा कि अपने कर्त्तव्य के निष्पादन में किये गये कार्यों के संबंध में उसके विरुद्ध की गयी कानूनी कार्रवाई से अपने बचाव के लिए व्यय किये गये धन को भारत की संचित निधि से चुकाया जाना चाहिए तथा

(4) केन्द्रीय सरकार के कर्मचारियों से संबंधित सभी अनुशासनात्मक विषय;

(5) लोक सेवाओं तथा लोक पदों के लिए भारतीय प्रणाली से संबंधित सभी बातें;

संघीय लोक सेवा आयेग के सदस्यों की नियुक्ति राष्ट्रपति द्वारा 6 वर्ष के लिए या सदस्य के 65 वर्ष की आयु प्राप्त होने तक के लिए की जाती है। अध्यक्ष सहित इस आयोग के सदस्यों की अधिकृत संख्या नौ है।

अध्याय–20

संघर्ष समाधान : पुनः व्याख्या

प्रश्न 1. संघर्ष के बदले स्वरूप का विश्लेषण कीजिए।

उत्तर– संघर्ष के विश्लेषणात्मक सिद्धांत का उद्देश्य परिवर्तन विधि, नीति और तकनीक के मध्य संघर्ष निवारण की समझ का विकास करना है। लूमिस और लूमिस के अनुसार,"'संघर्ष मानव संबंधों में सदैव रहने वाली एक पद्धति है।" संघर्ष सामाजिक गति, सामाजिक विकास अभिन्न तत्त्व होता है। वैश्वीकरण के परिप्रेक्ष्य में, बहुर्राष्ट्रीय विचार निर्णय की संरचना बढ़ रही है। प्रशासकीय और व्यापार नीति की नई व्यवस्था इस बदलाव को दृढ़ करती है। इससे पहले इस प्रकार की कोई संरचना नहीं थी। हमारे संयुक्त राष्ट्र जैसे संस्थान अंतर्राष्ट्रीय वैचारिक सहमति को संघर्ष समाधान के रूप में प्रस्तुत करते हैं। जबकि, बहुत सारे संघर्ष राजनीति या सेना के मुद्दों के साथ जुड़ जाते हैं। लेकिन बढ़ती हुई पारस्परिक निर्भरता और अर्थ तथा पर्यावरण जैसे मुद्दों और मानव विकास जैसे संघर्ष क्षेत्र के साथ–साथ पारस्परिक सहयोग की भावना में बढ़ोतरी हो रही है।

नीतियों को तटस्थता में निर्मित नहीं किया जाता। अंतर्राष्ट्रीय समुदाय की संलग्नता किसी भी देश की नीति को प्रभावित करती है। उदाहरण के लिए, भारत का कालीन उद्योग पश्चिमी देशों में सामान को निर्यात करने के लिए अधिकारिक तौर पर प्रमाण खोजता है, जो बल मजदूर के उन्मूलन से संबंध रखता है। इसलिए, अगर देश दलों से समझौता करता है, तो वह नीति से संलग्नता रखते हुए भी अपने एक विशेष समूह या समुदाय में उतनी रुचि नहीं रख पाता है। देश का हित दूसरे देशों के समूह से भी प्रभावित हो सकता है। उदाहरण के लिए, आर्थिक विचारों के जोर से राष्ट्रों ने जी–20 या बीस का समूह, जी–8 या आठ का समूह, आसियान और सार्क (G-20, G-8, ASEAN and SAARC) जैसे संगठन बनाए हैं, जहाँ सदस्यों को कुछ मूलभूत लाभ उन देशों की अपेक्षा मिले हैं, जो सदस्य नहीं हैं। फलस्वरूप, एक वर्ग का दूसरे से परस्पर संघर्ष हो सकता है। राष्ट्रीय स्तर पर भी विभिन्नताएँ संघर्ष को उत्पन्न कर सकती हैं।

संघर्ष की संभावना – संघर्ष बड़े स्तर पर और छोटे स्तर पर हो सकते हैं; ये समूहों, समुदायों, राष्ट्रों के अंतर्गत व आपस में हो सकते हैं। संघर्ष कई तरह के भेदभाव व अंतरों से शुरू हो सकते हैं। नीति, रंगभेद, धार्मिक या आर्थिक विभिन्नता या मूल्यों, दृष्टिकोण व विचारों में अंतर जैसे मुद्दों से प्रभावित होते हैं। संघर्ष की संभावना आवश्यक संसाधनों के बँटवारों पर निर्भर करती है। व्यक्ति और समूहों की एक दूसरे पर निर्भरता और लक्ष्य के अंतर पर भी 'संघर्ष की व्यपकता' बदलती रहती है, क्योंकि लक्ष्य की प्रकृति नियमित रूप से बदलती रहती है। सोचने योग्य प्रश्न यह है: कि किस प्रकार इन प्रतिकूल संबंधों को

मिटाया जा सकता है। किसी भी व्यवस्था को समझने के लिए संघर्ष के रूपों और परिणामों को समझना होगा।

संघर्ष के परिमाण – जेरी रॉबिनसन ने संघर्ष के परिमाण को दो रूपों में पहचानाः (1) राज्य–क्षेत्र के लिए विवाद या धमकी, चाहे राज्य की सीमा भौतिक, सामाजिक या कार्य सीमा हो, (2) मूल्यों, लक्ष्य और नीति के साथ–साथ व्यवहार की भर्त्सना। **ई. औस्ट्रॉम** ने इस बात का समर्थन किया कि राज्य–क्षेत्र एक स्पष्ट परिभाषित सीमा होनी चाहिए। औस्ट्रॉम के अनुसार, विभिन्न समूहों के संपत्ति विवाद या प्राकृतिक स्रोतों के उपयोग पर विवाद द्वारा उत्पन्न होते है। सामाजिक सीमा कुछ हद तक खास स्रोतों को स्थापित करने में मदद करती है।

'कार्य सीमा', 'कार्य विवरण' और उसकी क्षमता में उठती हुई समस्याओं पर निगरानी रखती है। कार्य जिम्मेवारियों की असंगत और अस्पष्ट रेखा संगठन के भीतर संघर्ष पैदा करती है। कार्य सीमा पर विवाद तब उत्पन्न होता है, जब सेवाओं और एजेंसियों में एक दूसरे को आच्छादित करने की प्रवृत्ति होती है। न्यायिक विवाद भी संघर्ष के लिए उत्तरदायी होता है। समूह, अपने क्षेत्र और उसकी सीमा को व्यवस्थित करता है और समूह को रक्षा प्रदान करता है। समूह सदस्यों को समूह मूल्यों का पालन करने के लिए बाधित करता है व नृजातीयवाद को बढ़ावा देता है।

नीतियों पर भी संघर्ष हो सकता है। उदाहरण के लिए, संरक्षणवादी जंगलों के क्षरण और समाजवादी सामाजिक बँटवारे को लेकर चिंतित है। यह विवाद उनमें अनुसूचित जनजाति से संबंधित नियमों (जंगल अधिकार अधिनियम) के ऊपर है। उसके साथ ही आदिवासी मंत्रालय आदिवासियों के जीवनयापन और उसके लिए भूमि के मुद्दों पर घोषणा पत्र जारी करता है। रॉबिनसन का विचार है, "जब मूल्यों, नीतियों और लक्ष्यों में बदलाव आता है, राज्य–क्षेत्रों को पुर्नपरिभाषित किया जाता है, तब व्यावहारिक कौशल में बदलाव आना बहुत ही आवश्यक है।"

संघर्ष एक चक्रीय पुनरावृत्ति है, जो उच्च और निम्न रूपों की विविधिताओं को दिखाता है। इन विभिन्न रूपों को समझना संघर्ष के प्रतिबंध के लिए उपयोगी है। एक बार जब प्रतिबंधित कार्य परिभाषित हो जाता है, तब संघर्ष के रूपों का ज्ञान होना, जिसमें नीति और विचारों की महत्ता को लागू किया जाता है, बहुत ही आवश्यक है। डोनाल्ड रोथचाइल्ड और चन्द्रा लेखा श्रीराम ने संघर्ष के चार रूपों या चरणों को पहचाना।

संघर्ष के प्रमुख चरणों का वर्णन निम्नलिखित है–

(1) परिवर्तनोमुखी व ताव्रीकरण चरण (Triggering and Escalation Phase) – एक वास्तविक या प्रतीकात्मक परिवर्तन समूह के आर्थिक, सामाजिक या राजनीतिक स्थितियों में संघर्ष की प्रबलता को बढ़ा सकता है। विशेष वर्गों का आंतरिक बंधन टूट जाता है और सामाजिक संबंध का कार्य संगठनात्मक प्रतिक्रिया पर केन्द्रित हो जाता है, क्योंकि

राजनीतिक आदान–प्रदान फीका पड़ जाता है। संघर्ष में संलग्न दल एक दूसरे पर से विश्वास खो देते हैं और वे महसूस करते हैं कि समझौता नहीं हो सकता। इस स्थिति में मध्यस्थता घातक और महँगी हो जाती है।

(2) संघर्ष–उपरांत चरण (Post-conflict Phase) – संघर्ष के बाद की स्थिति में, प्रतिबंधित मध्यस्थता का उद्देश्य संघर्षात्मक समूहों के बीच संचार की पुनर्स्थापना करना होता है, ताकि नए संघर्ष को पनपने से रोका जा सके।

(3) संभावित संघर्ष का चरण (Potential Conflict Phase) – इस रूप में, संघर्ष बहुत निम्न स्तर की तीव्रता में विद्यमान रहता है। संरचनात्मक कारक और निम्न कारणों से समूहों के बीच व साथ–साथ सामाजिक–आर्थिक, सांस्कृतिक और राजनीतिक सेवाओं के बीच विभाजन निर्मित होता है। सामूहिक असंतोष की प्रवृत्ति का प्रारंभ होता है, लेकिन इस स्थिति में संगठित नहीं होता है। इस चरण में, प्रतिबंधक कार्य संकटमय नहीं होता है और अधिक अच्छे नतीजे देता है।

(4) वहनीय चरण (Gestation Phase) – एकीकरण को गतिमान करना इस रूप का सर्वसामान्य गुण है। अंतर–समूह संबंधों को राजनीतिकृत किया जाता है और लोकप्रिय गतिमान निर्णय लेने वाले लोक समूह पर लोकप्रिय अंसतोष के लिए दबाव बनाता है। समूहों में ध्रुवण (Polarisation) बढ़ता है, लेकिन मुद्दे अभी भी समझौते के योग्य होते हैं। प्रतिबंधक कार्यों के मूल्यों में वृद्धि होती है, लेकिन संभावित लाभ अभी भी सकारात्मक होता है।

प्रश्न 2. व्यापक स्तर पर संघर्ष समाधान पर एक संक्षिप्त टिप्पणी कीजिए।

[June 2009, Q. 10. (b)]

उत्तर– विशिष्ट रूप से कार्यरत व व्यवस्थित संरचना विकास की प्रक्रिया में शामिल है।

(1) **संघर्ष समाधान के रूप में नीति–निर्माण (Policy-making as Conflict Resolution)** – व्यापक स्तर पर संघर्ष का प्रबंधन काफी महत्त्वपूर्ण होता है। अतः नीति के स्तर पर हस्तक्षेप करना आवश्यक हो जाता है। कुछ विद्वानों के विचार में, लोकतंत्र का पोषण सर्वश्रेष्ठ विकल्प है। लोकतंत्र की कार्य–प्रणाली से संबंधित सिद्धांत, संस्थाएँ और नियम–कानून समाज के न सुलझने वाले संघर्षों को सुलझाने में समर्थ होते हैं। नीति–निर्माण प्रक्रिया समूह के हित को ध्यान में रखती है। इस प्रकार, लोकतंत्र एक राजनीतिक पद्धति है, जो संघर्ष को समाप्त कर मौलिक कानूनों को लागू करती है।

(2) **पूर्व–सक्रिय संघर्ष प्रबंधन (Pro-active Conflict Resolution) – बॉल्डिन** (Boulding) के अनुसार, "संस्थाओं को विकसित करने में संघर्ष एक बहुत बड़ी समस्या है। संघर्ष की स्थिति तब विकसित होती है जब अनियंत्रित तरीके से कुछ

भी किया जाता है। उस समय प्रायः समस्याओं का शांतिपूर्ण और नीतिगत तरीके से समाधान करना चाहिए।" इस प्रणाली में लोग व्यक्तिगत या विभागीय लक्ष्यों की प्राप्ति के लिए संघर्ष का मार्ग भी अपनाते हैं। अतः एक ऐसी प्रक्रिया अपनाने की आवश्यकता है, जिससे लोगों के बीच के संघर्ष को समाप्त किया जा सके। इस संदर्भ में **मैरी पार्कर फॉलेट** (Mary Parkar Follet) का कहना है कि "संघर्ष किसी भी संगठन के कार्य में एक सामान्य विधि है, जो व्यक्तिगत एवं सामाजिक विभिन्नताओं के साथ जुड़ा हुआ है।" इस तरह लक्ष्य को निर्धारित करने के लिए यह न तो अच्छा है और न बुरा।

समायोजित संघर्ष प्रबंधन पद्धति के पाँच प्रभावशाली गुण का वर्णन निम्नलिखित हैं–

(1) शीघ्र पहचान में आने वाले कर्मचारियों को अपने प्रकार के संघर्ष के तरीके उपलब्ध करवाना, जिससे वे किसी योग्य एवं विश्वसनीय व्यक्ति से संघर्ष प्रबंधन पद्धति के संबंध में परामर्श ले सकें।

(2) कर्मचारियों को संघर्ष का समाधान करने वाले बहु–विकल्प उपलब्ध कराना, ताकि समस्याओं का समाधान करने वाले अवसर को पहचान कर उसे ग्रहण किया जा सके।

(3) जरूरी एवं व्यवस्थित समर्थन और संरचनात्मक सुविधाएँ उपलब्ध करवाना, जो विकल्पों तक पहुँचने में सहायक हो और व्यवस्था के अंतर्गत संघर्ष के समाधान हेतु योग्यता को प्रोत्साहित करे।

(4) प्रबंधकों अथवा कर्मचारियों के बीच ऐसे विकल्पों को उपलब्ध कराया जाए जहाँ सभी प्रकार की समस्याओं यहाँ तक कि गैर–सोपानक्रम आधारित विवादों (Nonhierarchical Disputes) का समाधान करने की कोशिश करते हैं।

(5) ऐसे वातावरण को प्रोत्साहित करना, जो निम्न स्तर पर उत्पन्न संघर्ष को समझौते के माध्यम से समाधान करने की विधि को प्रेरित करता है।

(3) संस्थाओं का दृढ़ीकरण (Strengthening Institution) – संस्थाओं को औपचारिक नियम और अनौपचारिक विवशता के साथ ही उनकी क्षमता को लागू करने के द्वारा चिन्हित किया जाता है। उनकी स्पष्ट परिभाषित भूमिकाएँ और दायित्व यह सुनिश्चित करते हैं कि वे एक–दूसरे के कार्य में हस्तक्षेप न करे। कमजोर संस्थाओं की उपेक्षा करना संघर्ष में वृद्धि का कारण बन सकता है। अतः संस्थाओं में दृढ़ीकरण की जरूरत होती है जो भागीदारों को उनके कार्यों की वैधता को मजबूत आधार प्रदान करता है।

(4) केन्द्रीय संयोजनात्मक बिंदु (Central Coordinating Point) – प्रधानमंत्री का कार्यालय संयोजनात्मक बिंदु का अच्छा उदाहरण प्रस्तुत करता है। मंत्रियों के

बीच विवाद उत्पन्न होने की स्थिति में यह संघर्ष का समाधान करता है। इसी प्रकार, संयुक्त परामर्श तंत्र (Joint Consultative Machinery) एक संयोजनात्मक बिंदु है जो ब्रिटेन की व्हेटले काउंसिल पर आधारित है। यह सरकार और कर्मचारियों के बीच संघर्ष का निराकरण करता है। यह प्रणालियों को लागू करने तथा विकसित करने में सहयोग करता है। यह सुनिश्चित करता है कि किस तरह से प्रबंधक और कर्मचारियों के बीच के संघर्ष को प्रभावी तरीके से निपटाया जाए।

(5) **व्यवस्था मूल्यांकन और निरीक्षण प्रणाली (System Evaluation and Mechanism)** – ऊपर नीचे रैखिक संचार संगठन के लिए बहुत जरूरी होता है। सामंजस्यपूर्ण व्यवस्था के द्वारा प्रत्येक मध्यस्थ व्यक्ति संपूर्ण व्यवस्था और व्यवस्था में होने वाले बदलाव की जानकारी ले सकता है। किसी पद्धति की सफलता की कुँजी उसका मूल्यांकन है। यह संगठन के कमजोर एवं मजबूत पहलुओं को उजागर करता है।

(6) **क्षमता निर्माण (Capacity Building)** – क्षमता आवश्यक वृद्धि मूल्यांकन (Capacity Need Enhancement Assessment) समय–समय पर प्रबंधकों को शेयरधारकों या भागीदारों की क्षमता विकसित करने के लिए समर्थन करता है। उदाहरण के तौर पर, कृषि मंत्रालय को किसी भी आर्थिक सहायता के अवलोकन से पहले विश्व व्यापार संगठन (WTO) में उस सहायता के निहितार्थ से जागरूक होना चाहिए।

(7) **जनसहभागिता (People's Participation)** – सक्रिय सहभागिता से संघर्ष की स्थितियों से निपटने में मदद मिलती है। सहभागिता विकेन्द्रीकरण को बढ़ावा देती है। विकेन्द्रीकरण की पद्धति केवल लोकतंत्र पर आधारित नहीं है, बल्कि एक ऐसी नीतिगत व्यवस्था है, जो जनता की आवाज को बुलंद करती है। यह समुदाय को पहचान प्रदान करती है और संघर्ष को दूर करने की कोशिश करती है।

(8) **नागरिक समाज संगठन (Civil Society Organisation)** – विश्व भर में क्षेत्रीय एवं राष्ट्रीय स्तर पर हजारों लोक–सामाजिक संगठन कार्यरत हैं। इन नागरिक समाज संगठनों में गैर–सरकारी संगठन, व्यापारिक संगठन, स्वयंसेवी समूह, स्वदेशी जन आंदोलन और संगठन आदि शामिल होते हैं। वन–संरक्षण, एड्स–उन्मूलन, ग्रामीण स्तर पर निर्धनता, सूक्ष्म स्तर पर कार्य और विकास के अन्य स्वरूप नागरिक समाज संगठन के कार्यालय क्षेत्रों को दर्शाते हैं। मुख्य भागीदार के रूप में ये संगठन संघर्ष को दूर करने और संघर्ष को उत्पन्न करने की शक्ति रखते हैं। इस प्रकार ये संगठन केवल नीतिगत दृष्टि से मजबूत ही नहीं होते, बल्कि विभिन्न समुदायों को विभिन्न मुद्दों पर एकजुट भी करते हैं।

(9) **अंतर्राष्ट्रीय संगठन (International Organisation)** – अंतर्राष्ट्रीय स्तर पर

संघर्ष केवल हिंसा तक ही सीमित नहीं है। सामाजिक, आर्थिक एवं पर्यावरण संबंधी समस्याएँ भी इस संघर्ष के अंग होते हैं। ऐसे संघर्षों के समाधान में अंतर्राष्ट्रीय संगठनों की महत्त्वपूर्ण भूमिका होती है। उदाहरण के रूप में, मॉण्ट्रियल प्रोटोकॉल (Montreal Protocol) के तहत ओजोन क्षरण पदार्थों का व्यापार प्रतिबंधित किया गया है। इसी प्रकार, बहुस्तरीय पर्यावरणीय समझौतों पर विभिन्न देशों द्वारा हस्ताक्षर किए गए हैं। निर्यात अधिकार का उल्लंघन होने पर विश्व व्यापार संगठन के विवाद निपटान समिति (Dispute Settlement Committee) की मध्यस्थता ली जा सकती है।

वैश्वीकरण के दौर में एक कंपनी का हित दूसरे कंपनी के विवाद के साथ जुड़ सकता है। उदाहरण के तौर पर, दाभोल विद्युत निगम ने महाराष्ट्र में विद्युत प्लांट स्थापित किया था। लेकिन तीन शेयरधारकों ऍनरान कंपनी (Enron Company), महाराष्ट्र सरकार और केन्द्रीय सरकार के बीच विवाद उत्पन्न हो जाने के कारण यह असफल हो गया। अंततः विवाद का निर्णय निर्णयक्ता के माध्यम से किया गया।

उपर्युक्त विश्लेषण से यह स्पष्ट होता है कि तीन मुख्य तंत्र है जो संघर्ष के समाधन में सहायक होते हैं। ये तंत्र हैं–

(1) **मध्यस्थता (Mediation)** – जब आपसी मध्यस्थता सफल या असफल हो जाती है तो स्वतंत्र रूप से मध्यस्थता करने वाले को आमंत्रित किया जाता है। मध्यस्थ सलाहकार समिति की भूमिका निभाता है और संघर्ष के निवारण में मदद करता है। लेकिन मध्यस्थ के पास निर्णय–निर्माण की शक्ति नहीं होती है। इसके कारण वह संबद्ध दल को अपने निर्णय मानने के लिए बाध्य नही कर सकता है।

(2) **निर्णयक्ता (Arbitration)** – इसका अर्थ है एक स्वतंत्र व्यक्ति को न्यायाधीश के रूप में नियुक्त करना जो विवाद के समाधान में सहायक होता है और एक व्यवस्था के तहत फैसला सुनाता है। निर्णयक्ता दोनों तरफ की माँगों को सुनता है और उस पर विचार करते हुए निर्णायक की भूमिका निभाता है। इस संदर्भ में व्यक्ति या संगठन को छूट होती है कि वह चाहे एक निर्णायक का चुनाव करे या निर्णायक पैनल का।

(3) **भाव–तौल (Negotiation)** – इस विधि द्वारा संगठन के प्रतिनिधि संघर्ष की स्थिति में विभिन्न उपायों द्वारा समझौतों तक पहुँचते हैं। यह विधि समूह के उन प्रतिनिधियों द्वारा बनाई जाती है जो विभिन्न तरीकों द्वारा समझौतों तक पहुँचते हैं। इसमें परिणाम प्रायः समूह के बीच शक्ति संबंधों पर निर्भर करता है।

संयुक्त राष्ट्र संघ, विश्व स्वास्थ्य संगठन और अंतर्राष्ट्रीय न्यायालय जैसे अनेक अंतर्राष्ट्रीय संगठनों की स्थापना की गई है, जिनका मुख्य काम विभिन्न राष्ट्रीय सरकारों के बीच उत्पन्न संघर्ष का समाधान करना है।

अध्याय–21

लोक प्रशासन के नैतिक मुद्दे

प्रश्न 1. नीतिशास्त्र का अर्थ बताइए तथा प्रशासन में नैतिक मुद्दों के विकास की समीक्षा कीजिए। [Dec 2009, Q. 10. (b)]

उत्तर– 'नीतिशास्त्र' को लोक प्रशासन का एक अभिन्न अंग माना जाता है। लोक प्रशासन में नीति की अहम् भूमिका होती है। शासन व्यवस्था में नीति का स्तर सामाजिक, आर्थिक, राजनीति, सांस्कृतिक विधिक–न्यायिक और ऐतिहासिक संदर्भ पर निर्भर करता है।

नैतिकता (Ethics) शब्द का उद्‌भव 'एथिकस' (Ethicus) शब्द से हुआ है, जिसका अर्थ होता है चरित्र। 17वीं शताब्दी से ही नीतिशास्त्र को 'नैतिकता के विज्ञान, आचार संबंधी नियमों, मानव कर्त्तव्य के विज्ञान' के रूप में स्वीकार्य किया गया है। यदि साधारण शब्दों में कहें तो नीतिशास्त्र, नैतिक सिद्धांतों का एक समूह है, जो व्यक्तिगत या सामूहिक व्यवहारों को संचालित व नियंत्रित करता है।

शासन में नीति संबंधी मुद्दों को भारतीय शास्त्रियों तथा रामायण, महाभारत, भगवद् गीता, बुद्धा चरित्र, अर्थशास्त्र, पंचतंत्र, मनुस्मृति, कुरल, शुक्रनीति, कादम्बरी, राज तरंगिनी तथा हितोपदेश जैसे अन्य महत्त्वपूर्ण ग्रंथों में व्यापक रूप से रेखांकित किया गया है। इसी प्रकार हम लाओत्से, कन्फ्यूशियस और मेनशियस जैसे चीनी दार्शनिकों के नैतिक शासन संबंधी मुद्दों पर दिए गए महत्त्वपूर्ण सिद्धांतों को अनदेखा नहीं कर सकते।

पाश्चात्य दर्शनशास्त्र में, नीतिशस्त्र की तीन प्रमुख शाखाएँ हैं : प्रथम शाखा अरस्तू से प्रेरित है। इसके अनुसार, न्यायप्रियता, दानप्रियता तथा उदारता जैसे गुण न केवल इसके धारक को लाभ पहुँचाते हैं, वरन् समाज के लिए भी व्यापक परिप्रेक्ष्य में लाभदायक होते हैं। द्वितीय इमानुएल कान्ट से मुख्यतः प्रेरित है, यह कर्त्तव्य की अवधारणा को नैतिकता का केन्द्रीय तत्त्व मानता है : मानव एक सचेत, संबुद्ध व तार्किक प्रणाली के रूप में अन्य प्राणियों के साथ उपयुक्त व संगत व्यवहार करने के लिए बाध्य है। तृतीय दृष्टिकोण उपयोगितावाद है, जिसके तहत यह माना जाता है कि आचार–विचार का संचालक सिद्धांत महत्तम लोगों के लिए महत्तम खुशियाँ जुटाने पर केन्द्रित है।

रॉल्स का न्याय सिद्धांत (Rawls' Theory of Justice) भी है, जो न्याय के आधारभूत सिद्धांतों के अंगीकरण के इर्द–गिर्द घूमता है। यह एक न्यायपूर्ण तथा नीतिगत समाज की गारंटी प्रदान कर सकता है। पहला सिद्धांत प्रत्येक व्यक्ति को अन्य व्यक्तियों के अधिकारों के आदर के साथ आजादी का व्यापक व आधारभूत अधिकार प्रदान करता है, दूसरा सिद्धांत यह घोषित करता है कि सामाजिक व आर्थिक स्थितियाँ (क) प्रत्येक के लाभ में निहित हों तथा (ख) सबके लिए खुली हों।

रॉल्स के लिए एक मुख्य मुद्दा यह दिखाना है कि कैसे ये सिद्धांत वैश्विक फलक पर स्वीकार्य हो सकते हैं और यहाँ उसकी कार्य सीमाएँ सामान्य नैतिक मुद्दों पर केन्द्रित है। वह एक सैद्धांतिक 'अनभिज्ञता का पर्दा' हमारे सामने रखता है, जिसमें सामाजिक खेल के सभी खिलाड़ियों को एक ऐसी स्थिति में रखा जाएगा, जो 'वास्तविक स्थिति' कहलाएगी। 'जीवन व समाज' के बारे में मात्र सामान्य तथ्यात्मक जानकारी के वाहक के रूप में प्रत्येक खिलाड़ी को सामाजिक संस्था, जिसके साथ वह जुड़ेगा, का युक्तिसंगत व बुद्धिसंगत चुनाव करना होगा।

प्रशासनिक नैतिकता का सार यह है कि लोक प्रशासक प्रशासनिक राज्य के संरक्षक होते हैं। उनसे यह अपेक्षा की जाती है कि वे लोक विश्वास का सम्मान करें, न कि उसका उल्लंघन। इस परिप्रेक्ष्य में दो महत्त्वपूर्ण प्रश्न उठते हैं : 'संरक्षकों का पर्यवेक्षण क्यों किया जाना चाहिए, तथा संरक्षकों का पर्यवेक्षण कौन करता है?' प्रशासकों के पर्यवेक्षण की जरूरत इसलिए पड़ती है, ताकि प्रशासक लोकहित व राष्ट्रहित को छोड़कर अपने स्वार्थ की पूर्ति में तल्लीन न हो जाए।

प्रारंभ में राजनीति विज्ञान को नैतिक दर्शनशास्त्र और राजनीतिक अर्थव्यवस्था के रूप में पढ़ाया जाता था। लेकिन 20वीं शताब्दी के प्रारंभिक वर्षों में संयुक्त राज्य अमेरिका में राजनीतिक विज्ञान को एक शुद्ध विज्ञान के रूप में पुनः स्थापित करने की कोशिश की गई। 1960 के मध्य तक व्यवहारवाद की अवधारणा ने राजनीति विज्ञान एवं लोक प्रशासन के अध्ययन ने नैतिक मुद्दों को परिधि पर ला दिया। लोक प्रशासन के वर्तमान स्वरूप के अंतर्गत समानता, न्याय, मानवतावाद, जेंडर समानता और संवेदना के सिद्धांत को प्राथमिकता के आधार पर महत्त्वपूर्ण स्थान दिया गया है। जहाँ नव लोक–प्रबंधन आंदोलन प्रशासनिक कार्यकुशलता से अधिक जुड़ा हुआ है, वहीं नव लोक–प्रशासन प्रशासनिक नैतिकता को उसकी व्यापक अभिव्यक्ति में रेखांकित और सारगर्भित करता है। दोनों ही आंदोलन एक–दूसरे के पूरक है। **जॉन केनेडी** (John Kennedy) ने इस संदर्भ में कहा था, ''नैतिक आचार–विचार में उच्चतर मूल्यों के संपोषण की जिम्मेदारी मौलिक एवं महत्त्वपूर्ण नहीं है।'' यद्यपि मैक्स वेबर द्वारा प्रतिपादित नौकरशाही के आदर्श रूप में व्यावहारिकता पर ध्यान नहीं दिया गया है। फिर भी, वेबर का कहना था कि ''अपने व्यक्तिगत हितों के लिए सांगठनिक संपत्ति का दुरुपयोग मत करो।'' यहाँ तक कि हैराल्ड लॉस्की, कार्ल फ्रेडरिच, विक्टर थॉम्पसन और वारेन वेनिस जैसे नौकरशाही के आलोचकों ने भी नैतिकता की आचार संहिता का अनुपालन करने पर बल दिया है।

प्रश्न 2. नैतिकता के मुद्दे के मूल महत्त्व व विशेषता पर चर्चा कीजिए।

[Dec 2008, Q. 8.]

उत्तर– नैतिक राजनीतिक दर्शनशास्त्रियों का कहना है कि शासकों को केवल नैतिक ही नहीं होना चाहिए, बल्कि उन्हें सामाजिक नैतिकता का संरक्षक भी होना चाहिए। लेकिन नैतिकता के संरक्षक होने से पहले नैतिक होना एक पूर्व शर्त है। अतः दोनों ही एक–दूसरे के

पूरक हैं। **वुडरो विल्सन** ने अपने प्रारंभिक भाषण 'प्रशासन का अध्ययन' (The Study of Administration) में न्याय को सहानुभूति से अधिक महत्त्व प्रदान किया है। इस प्रकार उन्होंने शासक व्यवस्था के मूल्य पदानुक्रम में न्याय को सबसे ऊँचा स्थान दिया है। वस्तुतः निर्णय–निर्माण प्रक्रिया में नैतिकता का होना ही प्रशासनिक नैतिकता का मूल तत्त्व है। प्रशासकों से अपेक्षा की जाती है कि वे निजी स्वार्थों, लोभ, भाई–भतीजावाद अथवा किसी अन्य अनैतिक तत्त्वों से दूर रहेंगे। लोक प्रशासन में नीति संबंधी महत्त्वपूर्ण पहलुओं को निम्नलिखित रूप में व्यक्त किया जा सकता है–

(1) **सत्यनिष्ठा (Integrity)** – प्रशासकों को अपने कार्यों के प्रति ईमानदारी और निष्ठा रखनी चाहिए।

(2) **संवेदना (Compassion)** – प्रशासकों को चाहिए कि वे निर्धारित नियम–कानूनों का उल्लंघन किए बिना उपेक्षित एवं निर्धन वर्गों के प्रति संवेदना का भाव दिखाए।

(3) **राष्ट्रीय हित (National Interest)** – प्रशासकों को हमेशा सजग रहना चाहिए, ताकि उनके कार्यों से देश की शक्ति, समृद्धि एवं सम्मान में वृद्धि हो सके।

(4) **उपयोगितावाद (Utilitarianism)** – नीतियों के निर्माण के समय प्रशासकों को यह ध्यान रखना चाहिए कि अधिकतम लोगों को उसका अधिकतम लाभ मिल सके।

(5) **सर्वोत्कृष्टता का सिद्धांत (Principle of Excellience)** – वर्तमान समय के वैश्विक प्रतिस्पर्द्धात्मक वातावरण में प्रशासकों को गुणवत्ता प्रबंधन को सुनिश्चित करने का श्रेष्ठतम प्रयत्न करना चाहिए।

(6) **पारदर्शिता (Transparency)** – प्रशासकों को चाहिए कि वे निर्णय प्रक्रिया और उसके कार्यान्वयन में पारदर्शिता लाए, जिससे कि निर्णयों एवं कार्यों से प्रभावित होने वालों को सभी जरूरी सूचनाएँ सरल एवं सहज रूप में प्राप्त हो सकें।

(7) **कार्य प्रतिबद्धता (Principle of Work Commitment)** – इसका तात्पर्य यह है कि प्रशासक कार्य को भार न समझकर समाजसेवा के भाव से कार्य करे।

(8) **जवाबदेही और जिम्मेदारी (Responsibility and Accountability)** – प्रशासकों से यह अपेक्षा की जाती है कि वे अपनी जवाबदेही से पीछे नहीं हटेंगे और जनता के प्रति पूर्णरूप से उत्तरदायी होंगे।

(9) **वैधानिकता और तर्कसंगतता (Legality and Rationality)** – प्रशासकों से यह अपेक्षा की जाती है कि वे नियमों एवं कानूनों का पालन करेंगे और नीतियों एवं निर्णयों में तर्कसंगत कदम उठाएँगे।

(10) **न्याय (Justice)** – नीति–निर्माण एवं उसके कार्यान्वयन में प्रशासकों को समानता, निष्पक्षता एवं वस्तुनिष्ठता का ध्यान रखना चाहिए। पद, प्रतिष्ठा, धन और वर्ग के आधार पर कोई अनैत्तिक कदम नहीं उठाना चाहिए।

प्रश्न 3. नैतिक उत्तरदायित्व के मार्ग में विभिन्न बाधाओं का विश्लेषण कीजिए।
[June 2008, Q. 6.]

उत्तर– नैतिक उत्तरदायित्व की भावना शासनतंत्र में उच्च नैतिक स्तर को प्राप्त करने में सहायक होती है। संसदीय शासन प्रणाली में जनप्रतिनिधियों के प्रश्नों, वाद–विवाद अथवा आयोगों के माध्यम से नीतिगत मामलों को उठाने का पर्याप्त अवसर उपलब्ध होता है। भारत में विशेष रूप से लोक लेखा समिति, भारत में नियंत्रक एवं महालेखा परीक्षक की रिपोर्ट पर विचार–विमर्श करती है और प्रत्यक्ष अथवा अप्रत्यक्ष रूप से नैतिक एवं सार्मथवान शासन के मुद्दे को उठाती है। अमेरिका में सरकार का नैतिक विभाग, सीनेट को राष्ट्रपति द्वारा दी गई नियुक्तियों को विशेष रूप से वित्तीय मुद्दों में, अनुमोदित करने अथवा अस्वीकृत करने में सहायता करता है। निश्चित रूप से आंतरिक एवं बाह्य जाँच ही प्रशासनिक नैतिकता को निर्धारित करती है। मैक्स वेबर का कहना है कि ''लोक प्रशासन की बाहरी जाँच उचित नहीं है। इसलिए आंतरिक जिम्मेदारी एवं उत्तरदायित्व काफी महत्त्वपूर्ण है। अपने काम में नैतिक रहने की इच्छा मनुष्य के अंदर से आती है।' जॉन गॉस (John Gaus) के अनुसार लोक कर्मचारियों से यह अपेक्षा की जाती है कि वे प्रशासन में स्थापित व्यावसायिक मानकों के प्रति जिम्मेदारी को समझे। प्रशासकीय तंत्र की कुछ आंतरिक विशेषताएँ होती हैं जो बाहरी नियंत्रण द्वारा प्रशासन को नियंत्रित करने और इसकी जिम्मेदारी को निश्चित करने में बाधा उत्पन्न करती है। इस तरह की कुछ विशेषताओं को निम्नलिखित रूप में व्यक्त किया जा सकता है।

(1) **समन्वय का अभाव (Lack of Coordination)** – भारत जैसे देश में राज्य लोक आयुक्त, राज्य स्तरीय सर्तकता आयोग और भ्रष्टाचार विरोधी विभाग के साथ–साथ काम कर रहे हैं। लेकिन इनके बीच समन्वय का अभाव है। अभी तक राष्ट्रीय स्तर लोकपाल की नियुक्ति नहीं हो पाई है और न्यायपालिका की प्रक्रिया भी विलंबकारी है। भ्रष्टाचार जैसे मामले के शीघ्र निपटारे के लिए कोई अलग व्यवस्था नहीं है।

(2) **अधिक सुरक्षा (Excessive Security)** – भारतीय संविधान के अनुच्छेद 311 के तहत लोक सेवकों को अधिक सुरक्षा प्रदान की गई है। अधिक सुरक्षा प्रदान किए जाने के कारण उन्हें किसी तरह की जाँच का भय नहीं होता। फलतः उनमें भ्रष्टाचार तेजी से फैलता है। जब कभी स्तर के प्रशासक भ्रष्टाचार में संलिप्त हो जाते हैं तो आतंरिक नियंत्रण की संभावित क्षमता घटती जाती है।

(3) **भूमिका एवं कर्त्तव्य की भ्रामक व्याख्या (Minister-pretation of Role and Obligation)** – प्रायः सिविल सेवक ऐसे कार्यों में लिप्त पाए जाते हैं जो अनैतिक और जनहित के प्रतिकूल होते हैं। उनकी भूमिका आत्मकेन्द्रित, समूह केन्द्रित अथवा संगठन केन्द्रित हो जाती है, लेकिन जनकेन्द्रित कभी नहीं होती।

प्रशासकों में जनहित की उपेक्षा करने की प्रवृत्ति पाई जाती है। उदाहरणस्वरूप, सरकार का कर विभाग अधिक–से–अधिक शराब की दुकानों को खोलने पर बल देता है ताकि अधिक–से–अधिक कर वसूल किया जा सके लेकिन इन प्रक्रिया में जनता की शारीरिक एवं मानसिक हानि को नजरअंदाज कर दिया जाता है। इसी प्रकार प्रशासकों को राजनीतिक दबावों के अंतर्गत काम करना पड़ता है। ईमानदार अधिकारियों को प्रोत्साहित नहीं किया जाता है।

(4) **तुच्छ और ठोस नीतिशास्त्र (Trivial and Substantive Ethics)** – सामान्य तौर पर सरकारी संपत्ति, उपकरणों और संसाधनों का उपयोग व्यक्तिगत उद्देश्यों के लिए नहीं किया जाता है, जो हास्यास्पद स्थिति को उत्पन्न करता है। इस तरह के नियम–कानून केवल दिखावे के लिए होते हैं, व्यावहारिक तौर पर इसका कोई विशेष महत्त्व नहीं होता है। इसका तात्पर्य यह है कि प्रशासनिक नैतिकता के मामले में छोटी–छोटी बातों में उलझकर बड़ी एवं महत्त्वपूर्ण बातों को अनदेखा करना उचित नहीं है। इस तरह की प्रवृत्ति पर रोक लगाने की जरूरत है।

(5) **कर्मचारी संघ (Employee's Union)** – नैतिक आचार संहित और अनुशासन के अनुपालन में एक बड़ी बाधा कर्मचारी संघों द्वारा किया जाने वाला विरोध है। ये संघ अपने सदस्यों के गलत आचरणों अथवा अनैतिक कार्यों पर भी प्रबंधकीय कार्यवाही का व्यापक स्तर पर विरोध करते हैं। परिणामस्वरूप, सार्वजनिक व्यवस्था में पर्यवेक्षण का कार्य कमजोर हो जाता है। जहाँ कर्मचारी संघ किसी सत्ता या विपक्ष के राजनीतिक दलों से जुड़े होते हैं वहाँ प्रशासनिक नेतृत्त्व कर्मचारियों के दुराचरण के खिलाफ बड़े कदम उठाने से डरते हैं। उन्हें इस बात का भय होता है कि कहीं उसे राजनीतिक अवमानना का सामना न करना पड़े। न्यायपालिका भी इस संबंध में उदार रुख अपनाती है।

(6) **भ्रष्टाचार (Corruption)** – वर्तमान समय में भ्रष्टाचार को एक वैश्विक यथार्थ माना जाता है। राजनीतिज्ञों एवं नौकरशाहों का गठबंधन भ्रष्टाचार को बढ़ावा देता है। मीडिया भी इससे अछूता नहीं है। मध्य एशिया और मुगलकालीन भारत में बख्शीश (Bakhsheesh) की प्रथा रही है। पश्चिमी–उत्तरी अफ्रीका में इसे डैश (Dash) कहा जाता है। भारत में स्पीड मनी (Speed Money) का प्रयोग सरकारी प्रक्रिया को तेज करने वाली फीस के रूप में किया जाता है। लैटिन अमेरिका देशों में ला मोर्डिडा या बाइट (La mordida or bite) लोकप्रिय घूस है। रूस में 'श्ट्राफ' (Shtraff) इटली में ला बसट्रेला (La Bustarella) और इजराइल में प्रोटेक्जी (Protekzi) प्रचलित है। संयुक्त राज्य अमेरिका में वाटरगेट, ईरान कॉण्ट्रागेट और व्हाइट वाटरगेट जैसे शब्द घूस एवं अनैतिक कार्यों के प्रतीक

हैं।

प्रशासनिक भ्रष्टाचार का मुख्य कारण है लोक प्रशासकों से अपेक्षित जन इच्छाओं एवं आकाँक्षाओं की पूर्ति का अभाव और प्रशासनिक निर्णय–प्रक्रिया के तौर–तरीकों में मौजूद असुविधाओं का होना। माइकल जॉनसटन (Michael Johnston) के अनुसार, 'सरकारी विचारशीलता की माँग अक्सर पूर्ति को बढ़ाने वाली होती है तथा रोजमर्रा की निर्णय–निर्माण प्रक्रियाएँ प्रायः लंबी, उबाऊ और अनिश्चित परिणाम वाली होती है। इन कारणों के फलस्वरूप, वैधानिक रूप से स्वीकृत निर्णय–निर्माण प्रायः उन जन जरूरतों एवं जनप्राप्तियों के बीच अस्पष्टता एवं अवरोधन की दीवार खड़ी करती है। इन प्रक्रियागत कार्यविधियों को शीघ्र एवं अपने पक्ष में करने के लिए लोग शॉर्टकट (Shortcut) रास्ता अपनाते हैं और अनुचित राजनीतक या प्रशासनिक पक्षपात की आशा करते हैं।' भारत में बोहरा समिति की रिपोर्ट (1995) शासन व्यवस्था में व्याप्त नैतिक संकट को परिलक्षित करता है। भारत में राजनीतिज्ञ अपने निर्वाचन के लिए वोटों की राजनीति पर आश्रित रहते हैं। अतः उनकी प्रवृत्ति अपने समर्थकों को अनुचित तरीके से खुश करने की होती है। अधिकांश मामलों में राजनीतिज्ञ प्रशासकों पर अपना प्रभाव स्थापित कर लेते हैं और उनके साथ भ्रष्टाचार में गठबंधन कायम कर लेते हैं।

(7) उच्छेदन (Subversion) – उच्छेदन भी प्रशासनिक व्यवस्था में व्याप्त भ्रष्टाचार का एक रूप हैं। धन के लोभ में अथवा अन्य सुविधाओं की प्राप्ति की चाह में कर्मचारी महत्त्वपूर्ण एवं गोपनीय सूचनाओं को दुश्मनों के साथ विनिमय कर सकते हैं। वैश्विक प्रतिस्पर्द्धा के वर्तमान युग में आर्थिक व्यस्थाभंजन भी संभव है। सरकार के अंदर ऐसे तत्त्व शामिल हो सकते हैं जो अपने हितों की पूर्ति के लिए विदेशों के साथ मैत्रीपूर्ण संबंधों को घृणा एवं द्वेष में बदलने का काम कर सकते हैं। लोक सेवक अतिवादी मामलों; जैसे–परिवार नियोजन, अवैध घुसपैठ आदि में सरकारी लक्ष्यों को उच्छेदित करके उसे नाकाम बना सकते हैं।

(8) प्रशिक्षण (Training) – प्रशासकीय सेवा में आने के बाद प्रशासक तीन प्रकार के प्रशिक्षण प्राप्त करते हैं–

पहला प्रशिक्षण, प्रेरक प्रशिक्षण होता है, जो प्रशासक अपने कैरियर के प्रारंभिक समय में प्राप्त करता है। इसके आधारभूत, संस्थागत और क्षेत्रीय प्रशिक्षण शामिल होता है।

दूसरा प्रशिक्षण, रिफ्रेशर कोर्स, ओरिएंटेशन कार्यक्रम, संगोष्ठी और सम्मेलन आदि के माध्यम से दिया जाता है।

तीसरा प्रशिक्षण, प्रशासकों को सेवा के दौरान किए गए प्रदर्शन द्वारा

अतिसूक्ष्मता से दिया जाता है।

लेकिन उपर्युक्त प्रशिक्षणों में नैतिक प्रशिक्षण पर कोई ध्यान नहीं दिया जाता है। अतः नैतिक प्रशिक्षण के लिए पर्याप्त उपाय किए जाने चाहिए। ईमानदार अधिकारी ही अपने समकक्षों अथवा अधीनस्थों के बीच नैतिकता को बढ़ावा देते हैं। भारत में कई ऐसे विभाग हैं जो निम्न नैतिक स्तर के लिए बदनाम हैं। इनका मुकाबला करने वाली ताकतें कमजोर एवं अपर्याप्त है। ऐसी स्थिति में प्रशासकों की मानसिकता में क्रांतिकारी परिवर्तन लाने की आवश्यकता है।

(9) **जनसंचार माध्यम (The Media)** – शासन व्यवस्था के अनैतिक कार्यों एवं गतिविधियों को जनता के समक्ष लाने में जनसंचार महत्त्वपूर्ण भूमिका निभाती है। अमेरिका में 'वाशिंगटन पोस्ट' ने वाटरगेट कांड का पर्दाफाश किया था, जिसे अमेरिकी जनता ने काफी सराहा था। भारत में हिंदू, द इंडियन एक्सप्रेस जैसे समाचार–पत्रों ने जनता के पहरेदार की भूमिका निभाई है। विभिन्न टी.वी. चैनलों द्वारा चलाए गए स्टिंग ऑपरेशन (Sting Operation) ने कई भ्रष्टाचार संबंधी मामलों को जनता के समक्ष लाने में सफल रही है। महत्त्वपूर्ण एवं सकारात्मक बात यह है कि विधायिका, सरकार और प्रशासन ने भ्रष्टाचार विरोधी इस मुहिम में रुचि लेना आरंभ कर दिया है और अधिकांश मामलों में कार्यवाही शुरू कर दी गई है।

(10) **पारंपरिक निष्ठा (Orthodox Loyality)** – भारत जैसे विकासशील देशों में साार्वजनिक कर्मचारी अपने संगठन और बॉस के प्रति निष्ठा दिखाने में संलिप्त रहते हैं। इस तरह के माहौल में ईमानदारी एवं निष्ठापूर्वक काम करने वाले कर्मचारी भी अपने वरिष्ठ अधिकारियों के अनैतिक कार्यों के खिलाफ आवाज नहीं उठाते हैं। ऐसे तत्त्व भ्रामक निष्ठा एवं अनुचित महत्त्व को बढ़ावा देते हैं, जो लोक प्रशासनिक तंत्र की नैतिक व्यवस्था को छिन्न–भिन्न कर देती है।

(11) **नौकरशाही का अधिकतम विस्तार (Massive Expansion of Bureaucracy)** – भारत जैसे देशों में लोक कर्मचारियों और इनके लिए कार्य करने वाली संस्थाओं की संख्या इतनी बढ़ गई है कि जन प्रतिनिधियों के लिए इन पर नियंत्रण करना कठिन हो गया है। भौगोलिक दृष्टि से भी इनका विभाजन इतना विस्तृत हो गया है कि इन्हें प्रभावी रूप से नियंत्रित करना मुश्किल हो गया है।

(12) **नव लोक–प्रबंधन : एक प्रतिदृष्टिकोण (New Public Management : A Counterview)** – अमेरिकी राष्ट्रपति बिल क्लिंटन के कार्यकाल में उपराष्ट्रपति एल गोर (Al Gore) ने नव लोक–प्रबंधन के राष्ट्रीय प्रदर्शन समीक्षा (National Performance Review - NPR) संस्करण के माध्यम से ऐसी पद्धतियों की वकालत की, जो ग्राहक–संतुष्टि की अधिकतम उपलब्धि प्रदान करने वाले हो। इसके तहत इस बात को महसूस किया गया कि सरकार के पुनर्निर्माण हेतु नए

अन्वेषणों की जरूरत है, जिसका तात्पर्य है परंपरागत तत्त्वों से दूरी। लोगों के कामकाज के तरीके और उनकी क्षमता पर संदेह करने से उनका नवीन विचारों के प्रति उत्साह हतोत्साहित होता है। अतः उन पर भरोसा कर उनमें विश्वास को जीतकर प्रभावी प्रशासनिक व्यवस्था और स्वशासन का निर्माण किया जा सकता है। इस प्रकार, एल गोर का सिद्धांत ऐसी मानवीय प्रणाली में विश्वास व्यक्त करता है जो ईमानदार और रचनाशील है। स्वाभाविक रूप से सरकार में ऐसे व्यक्तियों के लिए बाहरी नियंत्रण एवं पर्यवेक्षण की आवश्यकता नहीं पड़ेगी, क्योंकि वह अपनी जवाबदेहियों एवं उत्तरदायित्वों के प्रति स्वयं सचेत होगा। लेकिन विश्वास का माहौल बनाने के लिए अति सर्तकता और सावधानी की आवश्यकता होती है। विश्वास पर बल और नियंत्रण पर शिथिलता, ऐसे समाजों के लिए अधिक प्रासंगिक एवं उपयुक्त है जहाँ लोक जीवन में निष्ठा और ईमानदारी उच्च स्तर की है। अतः शासन व्यवस्था पर विश्वास नहीं किया जा सकता। प्रत्येक समाज में नैतिकता के स्तर द्वारा ही यह निश्चय किया जाना संभव होगा कि वहाँ के लिए कौन–सा तरीका अधिक प्रभावी और उपयुक्त होगा।

(13) **विशेष सुविज्ञता और सूचना (Special Expertise and Information)** – किसी भी बाहरी संस्था के लिए लोक प्रशासकों के विशेषज्ञता प्राप्त क्षेत्र में उन पर हावी होना कठिन होता है। लोक प्रशासक ऐसी महत्त्वपूर्ण जानकारियों को नियंत्रित करते हैं, जिन्हें कानूनी अधिकारी भी अच्छी तरह नहीं समझ पाते हैं। अधिकांश देशों में सूचना का अधिकार लोगों को प्रदान किया गया है, लेकिन सूचना प्राप्त करने के लिए मूल्य चुकाना पड़ता है। लोक प्रशासक भी आसानी से सूचना प्रदान नहीं करते और इसे गुप्त ही रखना चाहते हैं।

(14) **पूर्णकालिक पद (Full-time Status)** – अधिकांश लोक प्रशासक पूर्णकालिक होते हैं, जबकि कोई भी अन्य व्यक्ति अपना पूरा समय इनकी क्रियाकलापों को देखने या जाँच करने में नहीं लगा सकता। विधायक, सांसद, न्यायपालिका, नियंत्रण एवं महालेखा परीक्षक और मीडिया भी ज्यादा समय तक प्रशासकों की गतिविधियों पर नजर नहीं रख सकते हैं। ये प्रशासकों से सभी तरह की जानकारी नहीं प्राप्त कर सकते हैं और यदि उन्हें किसी प्रकार की जानकारी या सूचनाएँ प्राप्त भी हो जाती हैं तो उसे प्रभावी रूप से लागू करना कठिन हो जाता है।

प्रश्न 4. लोकप्रशासन को परिभाषित कीजिए।

उत्तर– प्रशासन एक लंबा तथा अलंकारपूर्ण शब्द है, किंतु इसका अर्थ सीधा–सादा है– लोगों की देखभाल करना तथा पारस्परिक संबंधों की व्यवस्था करना। प्रशासन शब्द अंग्रेजी शब्द Administer का हिंदी रूपांतर है और यह अंग्रेजी शब्द लेटिन भाषा के Ad +

ministrate शब्दों की संधि से बनता है जिसका शब्दार्थ है 'काम करवाना' (Getting things done)। प्रत्येक प्रशासन स्वयं तो कार्य करता ही है किंतु उसे प्रशासक इसलिए कहा जाता है कि वह औरों से भी काम करवाता है।

प्रशासन की कुछ उल्लेखनीय परिभाषाएँ निम्नलिखित हैं–

"प्रशासन चैतन्य उद्देश्य की प्राप्ति के लिए (in pursuit of conscious purpose) एक संगठित प्रयत्न और साधनों का निश्चित प्रयोग है, जिनको कि हम कार्यान्वित करना चाहते हैं।"

"वांछित उद्देश्यों की प्राप्ति के लिए मानवीय एवं भौतिक साधनों का संगठन और संचालन ही प्रशासन है।" **पिफनर एवं प्रेस्थस**

"किसी उद्देश्य अथवा लक्ष्य की पूर्ति के लिए बहुमत से व्यक्तियों के निर्देशन समन्वय तथा नियंत्रण को ही प्रशासन की कला कहा जाता है।" **ह्वाइट**

राजनीति लोक प्रशासन का क्षेत्र – लोक प्रशासन की प्रकृति तथा देश के संबंध में राजनीतिशास्त्रियों में काफी मतभेद पाया जाता है। राजनीति विज्ञान के एक जमात की मान्यता है कि किसी उद्देश्य की प्राप्ति के लिये किये गये कार्यों का योग ही प्रशासन है। इस दृष्टिकोण के अनुसार एकीकृत बड़े से बड़े व्यक्ति के कार्यो को प्रशासन कहा जाता है।

राजनीतिशास्त्रियों का दूसरा जमात यह मानता है कि प्रबंध संबंधी कार्यों को करने वालों को ही प्रशासन में रखा जायेगा। प्रबंधकीय कार्य का उद्देश्य कार्य की सभी क्रियाओं का एकीकरण, नियंत्रण तथा समन्वय करना होता है। इससे सभी क्रिया–कलाप एक समन्वित प्रयत्न के समान दीख पड़ते हैं। यह प्रशासन का प्रबंधकीय दृष्टिकोण माना जाता है। इस दृष्टिकोण की मान्यता है कि किसी निश्चित उद्देश्य की प्राप्ति के लिये व्यक्तियों एवं सामग्रियों का प्रयोग ही प्रशासन है।

लोक–प्रशासन के क्षेत्र के लिये यह एक प्रचलित सिद्धांत है।

P - Planning = योजना बनाना।

O - Organising = संगठित करना।

S - Staffing = कर्मचारी वर्ग या नियुक्ति करना।

D - Directing = निर्देश करना।

Co - Co-ordibating = समन्वय करना।

R - Reporting = प्रतिवेदन देना।

B - Budgeting = बजट बनाना।

योजना बनाना– अक्षर से शुरू होता है जिसे Posdcorb में भी पहला अक्षर रखा गया है। इस शब्द का हिंदी में अर्थ होता है "योजना बनाना" योजना बनाने से तात्पर्य उन सारी बातों से है जिनके आधार पर भविष्य में काम करना है। योजना में यह निश्चित रहता है कि किसी कार्य को पूरा करने में कितना धन, कार्मिक एवं समय लगेगा। काम किस ढंग से किया

जायेगा। शुरू में काम का उद्देश्य एवं उपयोगिता बतला दी जाती है।

संगठन करना– ये O अक्षर से शुरू होता है इस कारण Posdcorb में O को लिया गया है। जिस प्रकार यह अक्षर दूसरे नंबर पर है उसी तरह प्रशासकीय प्रक्रिया की दूसरी कड़ी संगठन करने की है यानि एक संगठन को जो योजनाबद्ध कार्यो को उचित ढंग से कार्यान्वित कर सके। संगठन का यहाँ अर्थ यह है कि मानवीय शक्ति को कार्य के अनुकूल नियुक्त करना, उनको आवश्यकतानुसार विभाजित करना तथा उनके कार्यो का नियंत्रण एवं निरीक्षण की व्यवस्था करना।

कार्मिकों की व्यवस्था करना– संगठन को व्यवस्थित करने के लिये कर्मचारियों की नियुक्ति करना आवश्यक होता है। कार्मिकी व्यवस्था प्रशासन की रीढ़ है। कार्मिकी व्यवस्था में यह तय करना होगा कि कितने उच्च श्रेणी के पदाधिकारी होंगे साथ ही साथ तकनीकी योग्यता रखने वाले पदाधिकारियों की संख्या क्या होगी। इनके साथ काम करने वालों की नियुक्ति पदोन्नति एवं सेवा–शर्तों का क्या स्वरूप होगा। इनके कार्यो का विभाजन जिसके द्वारा किया जाएगा। इन तमाम बातों को ध्यान में रखते हुए कार्मिकी की व्यवस्था की जाती है।

निर्देश देना– विभाग में उच्च पदाधिकारी विभागीय कार्यो के लिये जवाबदेह होते हैं। विभाग को उचित ढंग से संचालित करना उनका उत्तरदायित्व होता है। विभाग की सफलता एवं विफलता उन पर निर्भर करता है। उनके व्यक्तित्व का विभाग पर बहुत प्रभाव पड़ता है। उनकी यह जिम्मेवारी होती है कि संगठन में लगे सभी कर्मचारियों को निर्देश दे कि काम अमुक रूप से, अमुक अवधि के अंतर्गत, अमुक उद्देश्य से समाप्त हो जाना चाहिए।

समन्वय स्थापित करना– Posdcorb को "co" दोनों अक्षर Co.ordinating के लिए लिया गया है जिसका अर्थ होता है समन्वय स्थापित करना। प्रशासकीय संगठनों के द्वारा जो कार्य किया जाता है उसमें आंतरिक समन्वय बाह्य आवश्यक है, समन्वय दो प्रकार का होता है। बाह्य समन्वय एवं आंतरिक समन्वय बाह्य समन्वय वह है जिसके अंतर्गत एक विभाग दूसरे विभाग से समन्वय स्थापित करता है जैसे कृषि विभाग का सिंचाई विभाग से समन्वय। आंतरिक समन्वय का अर्थ है विभाग के अंदर कार्य करने वाले हर इकाइयों में समन्वय।

प्रतिवेदन देना– किसी भी विभाग को अपने कार्यों का प्रतिवेदन उच्च अधिकारियों एवं प्रजातांत्रिक राज्यों में जनता के समक्ष प्रस्तुत करना आवश्यक होता है। प्रत्येक विभाग समय–समय पर अपना प्रतिवेदन तैयार करता है जिसे वह उच्च पदाधिकारियों को भेजता है जन–प्रतिनिधि अब प्रतिवेदन माँगते है तो यह उनके समक्ष प्रस्तुत करता है। कभी–कभी संगठन के पदाधिकारी अपने विभागीय प्रतिवेदन तैयार कर, टंकित कराकर या छपवाकर, प्रबुद्ध नागरिकों के यहाँ भी भेजते हैं। संगठन के पदाधिकारियों का यह उत्तरदायित्व है कि

विभागीय प्रगति एवं बाधाओं को स्पष्ट रूप से तैयार कर, टंकित कराकर, संबंधित पदाधिकारियों एवं व्यक्तियों को समय–समय पर प्रस्तुत करें।

बजट बनाना– बजट बनाने का अर्थ होता है कि किसी कार्य या योजना के लिये निश्चित अवधि के लिये आय–व्यय का लेखा–जोखा तैयार किया जाए। इसमें आय–व्यय के ब्यौरा के साथ ही साथ आय के साधन की भी चर्चा की जाती है। वित्त का मामला प्रशासन पर निर्भर है, यह आय–व्यय का ब्यौरा तैयार करना है जिसमें किस मद में, किस अवधि में, कितना व्यय होगा अंकित करता है साथ ही साथ आय के स्त्रोत कौन–कौन सा होगा इसे स्पष्ट करता है। लोक–प्रशासन के क्षेत्र के इसका बहुत ही व्यापक महत्व है क्योंकि अर्थाभाव के कारण ऊपर जितनी बातें वर्णित है उनमें से कोई भी कार्यान्वित नही हो सकता। ये सात ऐसे कार्य है जो प्रशासन के प्रत्येक अभिकरणों के द्वारा किये जाते हैं। उद्देश्य की प्राप्ति के लिये इन सातों में सामंजस्य आवश्यक है।

वर्तमान में प्रतिदिन इसका क्षेत्र बढ़ता जा रहा है। यह नीति–निर्माण से कार्यान्वयन तक का एक अंग बन गया है। पुलिस प्रशासन से विकास प्रशासन तक इसके अंतर्गत आते हैं। यह आज समस्या का ज्ञान कर उसे उन्मूलित करना चाहता है चाहे वह समस्या स्वास्थ्य संबंधी हो या कानून या व्यवस्था संबंधी। अंततः हम कह सकते है कि लोक–प्रशासन का क्षेत्र आज इतना व्यापक हो गया है कि वर्तमान में राजनीति का सम्पूर्ण अन्तर–सम्बन्ध तथा सरकार का समस्त क्रिया कलाप इसमें समाहित हो गया है।

प्रश्न 5. लोक प्रशासन और व्यापारिक प्रशासन/व्यक्तिगत प्रशासन में अंतर स्पष्ट करो।

अथवा

लोक प्रशासन और निजी प्रशासन की समानताओं और असमानताओं की चर्चा कीजिए।

उत्तर– जनसाधारण के मन में यह विश्वास समाया रहता है कि जहाँ लोक–प्रशासन की प्रकृति राजनीतिक है और वह नौकरशाही तथा लालफीताशाही का शिकार है, वहाँ व्यक्तिगत अथवा निजी–प्रशासन इन दोषों से मुक्त है। व्यक्तिगत–प्रशासन व्यावसायिक और गैर–राजनीतिक होता है जिसमें कर्मचारी जनता के साथ मनमाना अथवा निरंकुश व्यवहार नहीं कर पाते। लोक–प्रशासन में कुछ और भी तत्त्व होते हैं जो उसे व्यक्तिगत प्रशासन से अलग करते हैं, जैसे–एकता और निष्पक्षता, सेवा–भाव, उत्तरदायित्व, लोक–नियंत्रण आदि। एपलबी के अनुसार लोक–प्रशासन व्यक्तिगत–प्रशासन से तीन रूपों में भिन्न है–

(1) इसका क्षेत्र, प्रभाव और विचार अपेक्षाकृत व्यापक होते हैं।

(2) जनता के प्रति उत्तरदायी रहता है एवं

(3) इसका चरित्र राजनीतिक है।

सर जोसिया स्टाम्प की दृष्टि में लोक–प्रशासन के चार गुण उसे व्यक्तिगत–प्रशासन से अलग करते हैं–

(1) जनता के साथ समानतापूर्ण व्यवहार,

(2) बाह्य वित्तीय नियंत्रण

(3) लोक–उत्तरदायित्व एवं

(4) लाभवृत्ति का लक्ष्य न होना।

वास्तव में लोक–प्रशासन और व्यक्तिगत प्रशासन अथवा उदाहरण रूप में कहें कि भारत सरकार के लोक–प्रशासन अथवा टाटा परिवार के व्यक्ति–प्रशासन में क्षेत्र, उद्देश्य, प्रक्रिया, प्रकृति, उत्तरदायित्व और जन–दृष्टिकोण की दृष्टि से अंतर किया जा सकता है। यह अंतर निम्नलिखित रूप से व्यक्त किया जा सकता है–

(1) क्षेत्रों की भिन्नता–व्यक्तिगत–प्रशासन का क्षेत्र लोक–प्रशासन के क्षेत्र की तुलना में सीमित रहता है। सार्वजनिक क्षेत्र के बड़े उद्योगों में अरबों रुपये सुगमता से लगा दिए जाते हैं, जबकि निजी क्षेत्र में एक, दो अथवा कुछ उद्योगपति मिलकर भी इतनी विपुल धनराशि नहीं लगा पाते। इस प्रकार से लोक–प्रशासन का क्षेत्र निजी प्रशासन से व्यापक है।

लोक–प्रशासन का संपर्क बहुत कुछ उन मूल सेवाओं से है जो जन–कल्याण और संस्कृति के व्यापक विकास के लिए आवश्यक है, जैसे पुलिस, सामाजिक सुरक्षा, शिक्षा एवं लोक–निर्माण कार्य आदि। इन सेवाओं के फलस्वरूप लोक–प्रशासन का क्षेत्र और प्रभाव बहुत अधिक व्यापक हो जाता है। इसके विपरीत निजी प्रशासन, जिसका मुख्य उद्देश्य व्यापक लाभ का अर्जन होता है, स्वयं को प्रायः इस प्रकार की सेवाओं से व्यापक रूप में नहीं जोड़ता और छोटे संगठनों तक ही सीमित रहता है। रेलवे, सेना, आकाशवाणी आदि व्यापक संगठन लोक–प्रशासन के विषय हैं जबकि निजी–प्रशासन का क्षेत्र अधिकांशतः छोटे संगठनों तक ही सीमित रहता है। टाटा आईरन वर्क्स, बिड़ला टैक्सटाईल्स मिल्स जैसे बड़े निजी संगठन निजी–प्रशासन के अंतर्गत आते हैं, परंतु उनकी संख्या लोक–प्रशासन की परिधि में आने वाले बड़े पैमानों के संगठनों के आकार, पूँजी, प्रबंध आदि की दृष्टि से बहुत कम होती है। साम्यवादी राष्ट्रों में लोक–प्रशासन का क्षेत्र बहुत व्यापक होता है।

(2) उद्देश्यगत भिन्नता–निजी–प्रशासन लाभ के लिए होता है, लोक–प्रशासन सेवा के लिए। एक व्यापारी का मुख्य दृष्टिकोण होता है कि व्यापार से उसे क्या मिलेगा? इस पर पूरी तरह विचार करने के बाद ही वह किसी उद्यम को प्रारंभ करता है। लोक–प्रशासन का मापदण्ड लाभ–प्राप्ति नहीं होता। वह लोक–कल्याण के लक्ष्य से अपनी नीतियाँ निर्धारित करता है। वह लाभ की अपेक्षा अधिकाधिक जो जनता

की सुरक्षा, स्वतंत्रता, सुविधा आदि के लिए अनिवार्य है चाहे उनसे प्रशासन को आर्थिक लाभ हो अथवा न हो। लोक–प्रशासन को प्रायः उन कार्यों और सेवाओं को भी अपने हाथ में लेना पड़ता है जिनसे राजकोष में घाटा होता है लेकिन घाटा सहकर भी ऐसी सेवाएँ चालू रखी जाती है क्योंकि वे समाज के जीवन के लिए आवश्यक है। निजी–प्रशासन अथवा व्यक्तिगत–प्रशासन के अंतर्गत ऐसा नहीं होता।

(3) प्रचार की दृष्टि से–व्यक्तिगत–प्रशासन में विज्ञापनों द्वारा स्वयं की लोकप्रियता अर्जित की जाती है जबकि लोक–प्रशासन में कोई भी सदस्य, चाहे वह कितना ही विशिष्ट क्यों न हो, अपने नाम के प्रचार आदि से प्रायः बचने का प्रयास करता है। अपनी वस्तुओं के दिखावे (show and exhibition) का व्यक्तिगत–प्रशासन में जितना ध्यान रखा जाता है उतना लोक–प्रशासन में नहीं। लोक–प्रशासन में सरकार के अनियंत्रित प्रचार को ठीक नहीं समझा जाता है।

(4) प्रक्रियाओं की भिन्नता–लोक–प्रशासन कानूनों (नियमों) से जितना अधिक विनियमित होता है, उतना व्यक्तिगत–प्रशासन नहीं होता। व्यक्तिगत–प्रशासन में नियमों और प्रक्रियाओं का निर्धारण 'लाभ की वृद्धि' का ध्यान रखते हुए किया जाता है, अतः उनमें पर्याप्त लचीलापन रहता है। लोक–प्रशासन के कार्यों का औचित्य केवल परिणामों से नहीं बल्कि उचित प्रक्रिया से प्रभावित होता है। परिणाम चाहे जो भी हो, यदि गलत अथवा पक्षपातपूर्ण या नियम–विरुद्ध प्रक्रिया अपनाई जाती है तो वह गंभीर आलोचना का पात्र बन जाता है। इस प्रकार निजी क्षेत्र की तुलना में सार्वजनिक प्रशासन में स्वतंत्रता प्रायः सीमित रहती है जिनमें नियमों और प्रक्रियाओं के उल्लंघन की सुविधा नहीं होती। व्यक्तिगत–प्रशासन की तुलना में लोक–प्रशासन के अनियमित और अवैध कार्यों को न्यायालय में चुनौती दी जाने की संभावना बहुत अधिक रहती है।

दोनों प्रशासनों के व्यवहार के नियमों और आचरण के सूत्रों में स्पष्ट भिन्नता दिखाई देती है। व्यक्तिगत–प्रशासन अपने माल का जिस ढंग से प्रचार करता है, उस ढंग से लोक–प्रशासन नहीं करता। निजी–प्रशासन की तुलना में लोक–प्रशासन के कर्मचारियों के कर्त्तव्यों और अधिकारों की सीमाओं का स्पष्ट और विस्तृत वर्णन होता है, अतः वह अपनी व्यवहार की सीमाओं से बँधा रहता है, चाहे इससे प्रशासन को लाभ होता हो अथवा हानि। निजी–प्रशासन में अपनी सीमा अथवा नियम का उल्लंघन करके भी यदि अधिकारी प्रशासन को अधिक लाभ दिखाता है तो यह उसकी कुशलता है और प्रगति का चिन्ह माना जाता है, लेकिन हानि होने पर उस पर कर्त्तव्यहीनता का कलंक लगता है और गलत कार्य के कुपरिणाम उसे भुगतने पड़ते हैं।

(5) **प्रकृति के अंतर**–लोक–प्रशासन जनता के साथ समानतापूर्ण व्यवहार करता है। इसमें यह अपेक्षा की जाती है कि लोक–प्रशासकों के व्यवहार और निर्णय सभी लोगों के लिए निश्चित नीतियों, नियमों और परंपराओं के अनुकूल होंगे। व्यक्तिगत–प्रशासन में जनता के साथ समान व्यवहार को अनिवार्य नहीं माना जाता है। 'लाभ' की दृष्टि से समान–असमान कैसा भी व्यवहार किया जा सकता है।

लोक–प्रशासन में सेवाओं की प्रकृति जनसाधारण की मूल आवश्यकताओं के अनुकूल होती है जबकि व्यक्तिगत–प्रशासन में सेवाओं की प्रकृति अपने ग्राहकों अथवा अपने से संबंधित विशिष्ट क्षेत्रों के लिए ही अनुकूल रखी जाती है। दूसरे शब्दो में, लोक–प्रशासन की प्रकृति व्यापक स्तर पर उदार और सेवाभावपूर्ण होती है, व्यक्तिगत–प्रशासन की नहीं।

लोक–प्रशासन में जनता को दी जाने वाली सेवाओं और उनसे वसूल की जाने वाली धन– राशि के बीच अनुपात बना रहता है। जनता से उतना ही धन लिया जाता है जितना सेवाओं की पूर्ति के लिए आवश्यक होता है। प्रायः आय से अधिक व्यय की प्रवृत्ति पाई जाती है। व्यक्तिगत–प्रशासन में व्यय से अधिक आय की प्रवृत्ति होती है क्योंकि उसका अस्तित्व ही अधिक आय के लक्ष्य की पूर्ति पर निर्भर है।

लोक–प्रशासन की अधिकांश क्रियाएँ एकाधिकार से मुक्त होती है एवं उनमें प्रतिद्वंद्विता नहीं पाई जाती। साथ ही वे तात्कालिक प्रवृत्ति की होती हैं, अतः उनकी अवहेलना करने से जनहित का विरोध संभव है। व्यक्तिगत–प्रशासन निजी लाभ के लिए गलाकाट प्रतियोगिता में विश्वास रखता है। यद्यपि विशेष परिस्थितियों में कुछ वस्तुओं के उत्पादन का एकाधिकार निजी अथवा व्यक्तिगत अथवा दलगत–प्रशासन को दिया जा सकता है, लेकिन यह एक सामान्य प्रकृति और प्रवृत्ति नहीं है।

जन–संपर्क का सिद्धांत लोक–प्रशासन के क्षेत्र में अधिकाधिक प्रवेश करता जा रहा है, तथापि अभी तक उस सीमा तक विकसित नहीं हुआ है जितना व्यक्तिगत–प्रशासन के क्षेत्र में है। व्यक्तिगत–प्रशासन की भाँति लोक–प्रशासन जन–संपर्क बढ़ाने के लिए अथवा ग्राहकों को आकर्षित करने के लिए कलेण्डर, डायरी आदि उपहार में नहीं देता, नाच–गानों, मनमोहक विज्ञापनों आदि का आश्रय नहीं लेता और विविध प्रकार के विज्ञापन साधन नहीं अपनाता।

(6) **उत्तरदायित्व का अंतर**–लोक–प्रशासन जनता के प्रति विशेष रूप से उत्तरदायी होता है। संसदीय पद्धति में यह उत्तरदायित्व निरंतर व्यवहार में रहता है। प्रशासन को जनता के छोटे से प्रश्न का संतोषजनक उत्तर देना होता है। निर्वाचित प्रतिनिधियों के माध्यम से जनता जिन इच्छाओं को अभिव्यक्त करती है, प्रशासन

को यथाशक्ति उनका आदर कर उनके अनुरूप कार्य करना होता है। प्रशासन जनता के प्रति उत्तरदायी होता है। व्यक्तिगत–प्रशासन जनता के प्रति इस रूप में उत्तरदायी नहीं होता। वह जनता के बहुत छोटे भाग अथवा ग्राहकों के प्रति भी वहीं तक उत्तरदायित्व के निर्वाह की चेष्टा करता है जहाँ तक उसके लाभ (Profit) का लक्ष्य पूरा होता रहे।

उत्तरदायित्व के दृष्टिकोण से दोनों में एक अन्य अंतर भी है। व्यक्तिगत–प्रशासन को जनता की रुचि और माँग के अनुकूल वस्तुएँ उत्पादित करने की दृष्टि से अधिक उत्तरदायी रहना पड़ता है जबकि लोक–प्रशासन में यह सक्रियता प्रायः नहीं पाई जाती। यह कहना अनुचित न होगा कि इस दृष्टि से व्यक्तिगत–प्रशासन लोक–प्रशासन के लिए एक प्रेरक तत्त्व है।

(7) **जन–दृष्टिकोण के मान्यता संबंधी अंतर**–दोनों प्रशासनों के प्रति जन–दृष्टिकोण की मान्यताएँ प्रायः अलग–अलग हैं। लोक–प्रशासन की साधारण त्रुटि की भी जनता द्वारा कटु आलोचना की जाती है जबकि व्यक्तिगत–प्रशासन की कमियों के प्रति जनता प्रायः उदासीन रहती है। सरकारी प्रचार की ओर जनता प्रायः कम आकर्षित होती है, निजी–प्रशासन के प्रचार की ओर अधिक। दूसरी ओर यह भी तथ्य है कि लोक–प्रशासन को भ्रष्ट और अकुशल मानते हुए भी जनता उसकी आलोचना करने से अपेक्षाकृत भय खाती है। लोक–प्रशासकों की नाराजगी का भय जनता को जितना अधिक सताता है उसकी तुलना में व्यक्तिगत–प्रशासकों की नाराजगी की जनता प्रायः विशेष परवाह नहीं करती।

लोक–प्रशासन के अवैध अथवा अनियमित कार्यों को न्यायालय में चुनौती देने की जितनी आकांक्षा जनता में पाई जाती है (चाहे व्यवहार में कुछ ही व्यक्ति ऐसी चुनौतियाँ देते हों) उतनी निजी–प्रशासन के संदर्भ में नहीं पाई जाती। पर साथ ही बहुधा यह भी देखा जाता है कि लोक–प्रशासन की गलती अथवा अनियमितता को लोग चुपचाप पी जाते हैं जबकि निजी–प्रशासन में छोटे–छोटे से अधिकारी अथवा कर्मचारी की अनियमितता के खिलाफ भी संबंधित संस्थानों में ऊपर तक तुरंत शिकायत हो जाती है। वास्तव में जन–दृष्टिकोण की मान्यताएँ दोनों प्रशासनों के प्रति बहुत कुछ अस्थिर हैं, तथापि भारत में आमतौर पर लोक–प्रशासन के प्रति जनता की मनोवृत्ति उपेक्षापूर्ण और असंतोषजनक है। लोक–प्रशासन जन–विश्वसनीयता प्राप्त नहीं कर सकता है। साधारण जनता का विश्वास अर्जित करने में असफल रहा है।

(8) **वित्तीय प्रशासन की भिन्नता**–लोक–प्रशासन पर बाह्य वित्तीय नियंत्रण रहता है। लोकतंत्रीय शासन में यह एक मान्य सिद्धांत है कि करों द्वारा एकत्रित धन

जन–कल्याण पर ही व्यय किया जाना चाहिए, व्यक्ति अथवा समुदाय विशेष के लाभ में नहीं अतः धन की थैली जनता के प्रतिनिधियों अथवा व्यवस्थापिका के हाथों में रहती है। इस प्रकार की प्राथमिकता व्यक्तिगत–प्रशासन में देखने को नहीं मिलती। वित्त के संबंध में दोनों प्रशासनों के प्रति जन–दृष्टिकोण भी विचित्र है। एक पूँजीपति के उद्योग में लाखों के घोटाले पर भी संसद में कोई प्रतिक्रिया नहीं होती जबकि पाँच रुपये का गबन–काण्ड भी जन लेखा समिति के प्रतिवेदन द्वारा राष्ट्रीय स्तर तक गूँजता है।

प्रश्न 6. विकासशील देशों में लोकप्रशासन किस प्रकार महत्त्वपूर्ण है? भारत के संदर्भ में उदाहरण दीजिए।

उत्तर– विकासशील समाजों के संदर्भ में लोक–प्रशासन की भूमिका को यदि 'क्रांतिकारी' की संज्ञा दें तो कोई अतिश्योक्ति न होगी। यदि लोक–प्रशासन चुस्त, दृढ़, उत्तरदायित्वपूर्ण, जन–समस्याओं के प्रति जागरूक और प्रबल रूप से जन–हिन–आकांक्षी है तो विकासशील देशों की समृद्धि और प्रगति के द्वार खुलते जाएँगे और वे तेजी से विकसित समाजों की श्रेणी में आ खड़े होंगे। इन समाजों में लोक–प्रशासन जितना ढीला होगा, प्रगति की रफ्तार भी उतनी ही ढीली होगी और विकसित समाजों की श्रेणी में आ खड़े होने का मार्ग भी उतना ही लम्बा होगा। विकासशील देशों में गंभीर आर्थिक, राजनीतिक, सामाजिक और प्रशासनिक समस्याएँ विद्यमान हैं। विकासशील देशों की प्रमुख राजनीतिक समस्याओं में हम राजनीतिक अस्थिरता, नियोजन के प्रति उदासीनता, श्रमिकों के शोषण व बंधन आदि को ले सकते हैं। राजनीतिक अस्थिरता एक ओर तो आर्थिक–सामाजिक विकास के लिए दृढ़ और स्थायी नीतियों को अवरुद्ध करती है, दूसरी ओर राष्ट्रीय प्रतिरक्षा को निर्बल बनाती है।

विकासशील देशों में लोक–प्रशासन की भूमिका को हम अधिक स्पष्टता के साथ निम्न बिंदुओं में समाहित कर सकते हैं–

1) विकासशील देशों में प्रशासन का मुख्य कार्य आर्थिक जीवन को नियमित और अनियंत्रित करना है। वह श्रमिकों और मालिकों के संबंधों को इस प्रकार नियमित करता है कि मालिक श्रमिकों का शोषण नहीं कर सकेगा। सरकार नीति बना देती है किंतु प्रशासन उस नीति को लागू करते हैं।

2) भारत जैसे विकासशील देश में मिश्रित अर्थव्यवस्था को अपनाया गया है, अतः सार्वजनिक उपक्रमों का प्रभावी प्रशासन लोक–प्रशासन का एक गुरूत्तर दायित्व है। सार्वजनिक उपक्रमों से आशय उन औद्योगिक संस्थाओं से है जिन पर राज्य का स्वामित्व होता है और जिनका प्रबन्ध व संचालन राजकीय प्रशासन द्वारा किया जाता है। लोक–प्रशासन को सार्वजनिक उपक्रमों संबंधी नीति का ध्यान रखते हुए यह देखना होता है कि अर्थव्यवस्था के सर्वोत्तम शिखरों पर प्रभावी नियंत्रण रह

सके, एवं वाणिज्यिक अधिशेष उपलब्ध हो सके जिससे आगे आर्थिक विकास के लिए धन मिल सके। सार्वजनिक उपक्रमों के मुख्यतः चार रूप प्रचलित हैं–विभागीय उपक्रम, सार्वजनिक निगम, सार्वजनिक कंपनियाँ एवं बोर्ड द्वारा प्रबंध। इन विभिन्न प्रकार की संस्थाओं में नीति और ढाँचे के अनुरूप लोक–प्रशासन अपनी भूमिका निभाता है।

3) विकासशील देशों में यह अत्यधिक आवश्यक है कि लोक–प्रशासन चुस्त, कर्त्तव्यपरायण, और सक्रिय बना रहे। विकासशील देशों की अपनी अलग समस्याएँ हैं अतः विकसित देशों की तुलना में लोक–प्रशासन का दायित्व इन देशों में अधिक है।

4) विकासशील देशों में आर्थिक नियोजन का सर्वोपरि महत्त्व है जिसका मूल उद्देश्य लोकतांत्रिक और कल्याणकारी कार्यविधियों द्वारा तीव्र गति से प्रगति करना है और उस चुनौती का मुकाबला लोक–प्रशासन को ही करना है। इसके लिए प्रायः योजना आयोग और संबंधित मशीनरी का गठन किया जाता है जो लोक–प्रशासन का ही एक भाग है। आर्थिक नियोजन संबंधी सभी नीतियों को प्रभावकारी ढंग से लागू करना लोक–प्रशासन का ही काम है।

5) विकासशील देशों में लोक–प्रशासन को भावनात्मक रूप से जनता के निकट आकर जनता का विश्वास अर्जित करना चाहिए। प्रशासक वास्तव में एक जनसेवक है इस भावना में व्यावहारिकता की आवश्यकता है, ऐसे प्रयत्नों की आवश्यकता है जिससे जनता निःशुल्क होकर प्रशासन से लाभ उठा सकें, यह सब क्रांतिकारी परिवर्तन की अपेक्षा रखते हैं।

6) भारत विकासशील देशों में अग्रणी है जहाँ पंचायत राज की स्थापना स्थानीय शासन के विस्तार के कारण लोक–प्रशासन के प्रभाव और उत्तरदायित्वों में काफी विस्तार हुआ है। पंचायती राज संस्थाओं की सफलता में लोक–प्रशासन महत्त्वपूर्ण भूमिका निर्वाह कर सकता है।

7) भारत जैसे विकासशील देश में लोक–प्रशासन को यह समझ कर चलना चाहिए कि आर्थिक विकास किसी भी व्यवस्था में समग्र विकास की दृष्टि से केवल साधन हो सकता है, साध्य नहीं। विकास की समग्रता सामाजिक परिवर्तन की सार्थकता की अपेक्षा रखती है। इस दृष्टि से यह आवश्यक है कि योजनाबद्ध आर्थिक विकास से नियोजित किया जाए कि पूरा का पूरा समाज राजनीतिक आधुनिकीकरण के माध्यम से वांछित सामाजिक परिवर्तन की ओर अग्रसर हो सके। इन लक्ष्यों की प्राप्ति हेतु लोक–प्रशासन को नया दृष्टिकोण अपनाना होगा।

8) भारत जैसे विकासशील देश में प्रशासन में शासक मंत्री और प्रशासकीय लोक सेवक के मध्य संबंधों को इस प्रकार से विकसित करना होगा कि शासक दल के

बदलते रहने से प्रशासकीय दक्षता एवं तटस्थता में कोई गंभीर व्यवधान न पड़े। लोक–प्रशासन को किसी दल विशेष के प्रति प्रतिबद्ध नहीं रहकर संविधान के प्रति अपनी प्रतिबद्धता सिद्ध करनी चाहिए।

9) भारत जैसे विकासशील देश में समाजवाद एवं कल्याणकारी राज्य का नारा बहुत अधिक लोकप्रिय बन गया है। सामाजिक कल्याण तथा आर्थिक विकास के नए क्षेत्र विकास प्रशासन के नाम से उभर कर सामने आए हैं। इन क्षेत्रों के प्रशासन के लिए भारतीय लोक–प्रशासन को व्यक्तिगत प्रशासन की कार्य कुशलता एवं उत्पादकता के साथ प्रतियोगी बनना पड़ेगा। पुरानी विभागीय पद्धति एवं नौकरशाही का तंत्र चरमरा कर टूट रहा है और सार्वजनिक उद्यम (पब्लिक एंटरप्राइज) के क्षेत्र में नए–नए प्रशासनिक प्रयोग किए जा रहे हैं। जनतंत्र का यह समाजवादी दबाव भारतीय प्रशासन की रीति–नीतियों एवं कार्मिक वर्ग आदि के प्रबंध प्रशासन में नई चुनौतियाँ उपस्थित करता है। जनतंत्र की माँग है कि इस क्षेत्र का प्रशासन सार्वजनिक हित में सामाजिक एवं आर्थिक न्याय के सिद्धांतों के अनुरूप संचालित किया जाए।

10) विकासशील देशों में लोक–प्रशासन को अपनी औपनिवेशिक कार्य–प्रकृतियों से बाहर निकल कर जनतंत्रात्मक चुनौतियों के बीच में कार्य करने के लिए अपने को तैयार करना पड़ेगा। इसके लिए उसे बदलते समाज की बदलती आकांक्षाओं के साथ समझौता करना होगा। चुने हुए प्रतिनिधियों, राजनीतिक विरोधियों एवं उदासीनता जनसाधारण के बीच रहते हुए उसे ऐसी भूमिका निभानी होगी, जो सभी को संतुष्ट भी रख सके और साथ ही व्यवस्था एवं विकास प्रशासन में तालमेल भी बिठा सके।

11) विकासशील देश संक्रमण के दौर से गुजर रहे हैं लोक–प्रशासन संक्रमण की चुनौती को स्वीकार कर सकता है जबकि उसकी सार्वजनिक लोक–छवि जनता के साथ उसके वर्तमान शत्रुता अथवा कटुता के संबंधों को यदि भारतीय प्रशासन ठीक करना चाहता है तो उसे अपनी कार्यकुशलता एवं जन सेवा का स्तर ऊँचा करना होगा। जनसाधारण प्रशासन को अपना मित्र केवल उसी स्थिति में स्वीकार कर सकता है जबकि उसका स्वरूप एवं कार्य–प्रणाली जनतान्त्रिक उद्देश्यों की अनुरूपता में बदलें।

12) भारत जैसे विकासशील देश में विकास और आयोजन ने प्रशासन को आर्थिक–प्रशासन और विकास–प्रशासन (डवलपमेंटस एडमिनिस्ट्रेशन) के नए–नए आयाम प्रदान किए हैं। इन क्षेत्रों का प्रशासन एक ओर जबकि समाजवाद और संघवाद की चुनौतियों के साथ जुड़ा है तो दूसरी ओर उसका राजनीतिक प्रशासन जनतंत्रात्मकता के कारण काफी जटिल बनता जा रहा है। लोक–प्रशासन को देश के राजनीतिक ढाँचे में रहते हुए नए क्षेत्रों की चुनौतियों का सामना करना होगा।

सदियों से पिछड़े और रूढ़ियों से ग्रस्त विकासशील समाजों में लोक–प्रशासन को सीमित, निष्क्रिय अवस्था से निकल कर विशाल, सक्रिय और विकासोन्मुख प्रशासन का रूप लेना होगा। लोक–प्रशासन को ऐसा आकार और स्वरूप ग्रहण करने में सर्वाधिक शक्तियों को सहयोग देना होगा। यह बात ध्यान में रखनी होगी कि नए परिवेश के अनुसार लोक–प्रशासन को अग्रसर किया जाए। जहाँ राजनेताओं को लोक–प्रशासन को अनुप्रेरित करना है वहाँ यह भी आवश्यक है कि लोक–प्रशासन राजनेताओं का सहयोगी एवं अनुगामी बने। जन–प्रतिनिधियों को परामर्श देने के साथ–साथ वह उनका आज्ञाकारी भी हो और जनतंत्र के सभी उपायों के उत्तर में अनुशासित आचरण करे।

13) विकासशील समाजों में बढ़ती हुई जनसख्ंया के साथ नई–नई समस्याएँ जन्म ले रही हैं और जब तक लोक–प्रशासन सजग और प्रगतिशील नहीं होता तब तक इन समस्याओं का सामना नहीं किया जा सकता। उदाहरणार्थ, यदि पुलिस प्रशासन शिथिल और उदासीन है तो चोरियाँ, डाकेती, हत्याएँ और विभिन्न प्रकार के अपराधों का बढ़ना स्वाभाविक है। यदि पुलिस प्रशासन सजग, कर्त्तव्यपरायण और चुस्त है तो अपराधों पर प्रभावी रोक लग सकेगी और जनता में असुरक्षा की भावना नहीं पनपेगी।

उपर्युक्त विवेचन से यह स्पष्ट हो जाता है कि इस प्रकार विकासशील समाजों में लोक–प्रशासन के दायित्व गुरूत्तर हैं, उसकी भूमिका अपेक्षाकृत अधिक महत्त्वपूर्ण है।

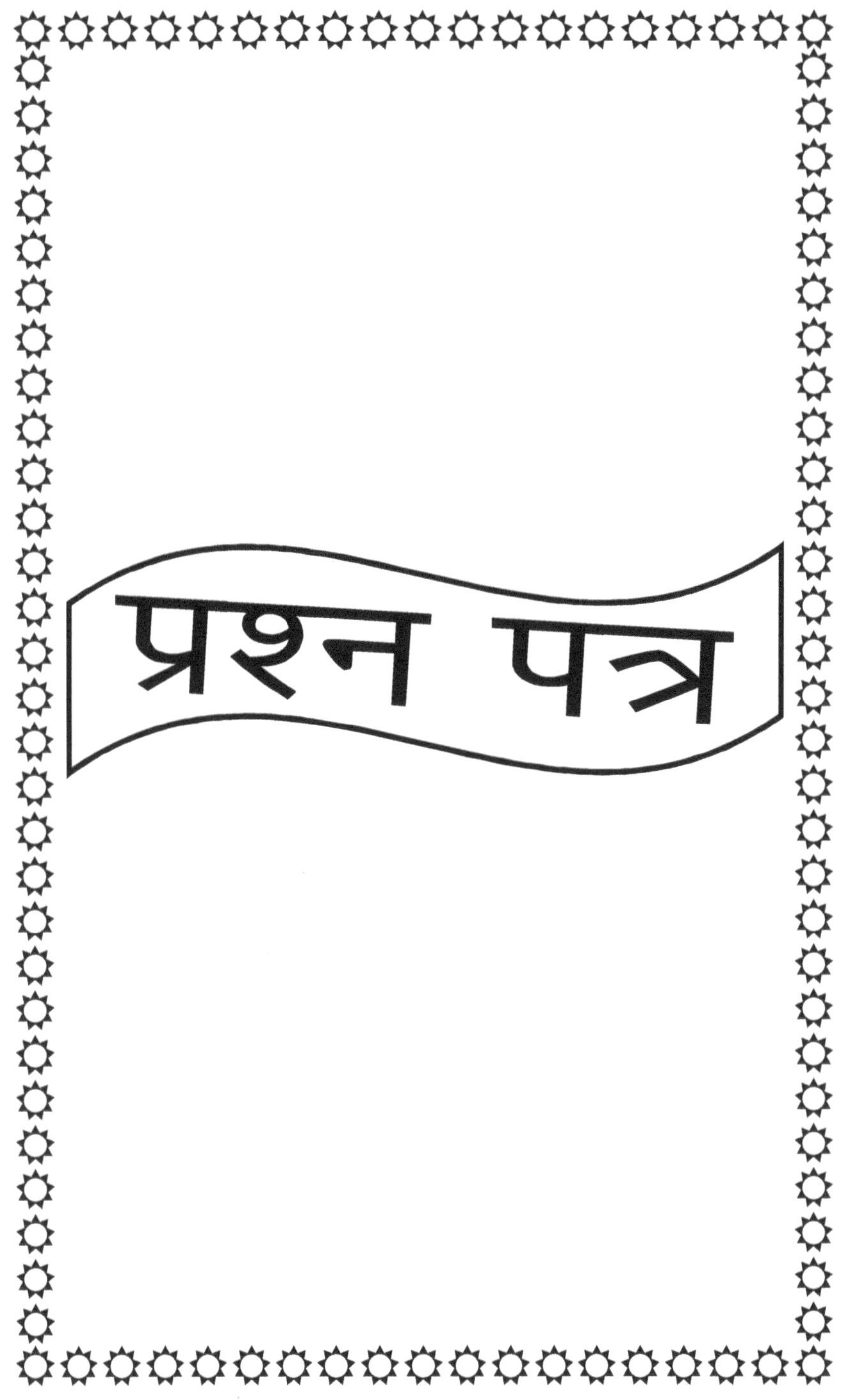
प्रश्न पत्र

एम.पी.ए–011 : राज्य, समाज और लोक प्रशासन
जून, 2008

नोट : *भाग I और भाग II में दिए गए निम्नलिखित प्रश्नों में से किन्हीं* ***पाँच*** *प्रश्नों के उत्तर* ***500*** *शब्दों (प्रत्येक) में दीजिए। प्रत्येक भाग में से कम–से–कम* ***दो*** *प्रश्न अवश्य करें। सभी प्रश्नों के* ***अंक समान*** *है।*

भाग I

प्रश्न 1. राज्य के स्वरूप के बदलते परिप्रेक्ष्य पर चर्चा कीजिए।

उत्तर– देखें अध्याय–1, प्रश्न नं–1

प्रश्न 2. समाज और प्रशासन के संबंध के संदर्भ में वेबर और रिग्स के योगदान पर चर्चा कीजिए।

उत्तर– देखें अध्याय–2, प्रश्न नं–1

प्रश्न 3. नागरिकों और प्रशासन में अंतर्संबंध के लिए संस्थागत साधनों व कार्यनीतियों पर प्रकाश डालिए।

उत्तर– देखें अध्याय–7, प्रश्न नं–2

प्रश्न 4. लोक प्रशासन में सहभागिता, स्वायत्तता व लचीलेपन के बदलते प्रतिमान पर टिप्पणी लिखिए।

उत्तर– देखें अध्याय–9, प्रश्न नं–1

प्रश्न 5. निम्नलिखित प्रत्येक पर लगभग 250 शब्दों (प्रत्येक) में संक्षिप्त टिप्पणियाँ लिखिए–

(क) आधुनिक राज्य की समीक्षा

उत्तर– देखें अध्याय–6, प्रश्न नं–1

(ख) जन आंदोलनों में नागरिक समाज की भूमिका

उत्तर– देखें अध्याय–8, प्रश्न नं–1

भाग II

प्रश्न 6. नैतिक उत्तरदायित्व के मार्ग में विभिन्न बाधाओं का विश्लेषण कीजिए।

उत्तर– देखें अध्याय–21, प्रश्न नं–3

प्रश्न 7. भारत में सुशासन के लिए प्रारंभिक कदम पर प्रकाश डालिए।

उत्तर– देखें अध्याय–17, प्रश्न नं–1

प्रश्न 8. नीति–निर्माण और नीति–कार्यान्वयन में नौकरशाही की भूमिका का परीक्षण कीजिए।

उत्तर– देखें अध्याय–12, प्रश्न नं–1

प्रश्न 9. नव लोक प्रबंधन व व्यावसायिक प्रक्रिया पुनः अभियांत्रिकीकरण की अवधारणाओं पर चर्चा कीजिए।

उत्तर– देखें अध्याय–16, प्रश्न नं–1

प्रश्न 10. निम्नलिखित प्रत्येक पर लगभग 250 शब्दों में संक्षिप्त टिप्पणियाँ लिखिए–

(क) समकालीन नौकरशाही प्रतिमान

उत्तर– देखें अध्याय–15, प्रश्न नं–1

(ख) न्यायिक सुधार तथा उत्तरदायित्व

उत्तर– देखें अध्याय–18, प्रश्न नं–4

एम.पी.ए-011 : राज्य, समाज और लोक प्रशासन
दिसम्बर, 2008

नोट : *भाग I और भाग II में दिए गए निम्नलिखित प्रश्नों में से किन्हीं* ***पाँच*** *प्रश्नों के उत्तर* ***500*** *शब्दों (प्रत्येक) में दीजिए। प्रत्येक भाग में से कम–से–कम* ***दो*** *प्रश्न अवश्य करें। सभी प्रश्नों के* ***अंक समान*** *है।*

भाग I

प्रश्न 1. राज्य की परिभाषा लिखिए और वैश्वीकरण के संदर्भ में इसकी भूमिका की विवेचना कीजिए।

उत्तर– देखें अध्याय–1, प्रश्न नं–2

प्रश्न 2. राज्य के उदारवादी परिप्रेक्ष्य पर चर्चा कीजिए।

उत्तर– देखें अध्याय–4, प्रश्न नं–1

प्रश्न 3. गाँधीवादी राज्य–व्यवस्था के मॉडल का परीक्षण कीजिए।

उत्तर– देखें अध्याय–6, प्रश्न नं–1

प्रश्न 4. नागरिकों व प्रशासन में अंतर्संबंधों के विभिन्न तरीकों पर प्रकाश डालिए।

उत्तर– देखें अध्याय–7, प्रश्न नं–1

प्रश्न 5. निम्नलिखित प्रत्येक पर लगभग 250 शब्दों में संक्षिप्त टिप्पणियाँ लिखिए–

(क) चिल्का आंदोलन

उत्तर– देखें अध्याय–8, प्रश्न नं–2

(ख) सामाजिक समता

उत्तर– देखें अध्याय–9, प्रश्न नं–2

भाग II

प्रश्न 6. व्यावसायिक प्रक्रिया पुनः अभियांत्रिकीकरण की संकल्पना का आलोचनात्मक मूल्यांकन कीजिए।

उत्तर– देखें जून–2008, प्रश्न नं–9

प्रश्न 7. राज्य, बाजार व नागरिक समाज के मध्य संबंध का परीक्षण कीजिए।

उत्तर– देखें अध्याय–19, प्रश्न नं–1

प्रश्न 8. नैतिकता के मुद्दे के मूल महत्त्व व विशेषता पर चर्चा कीजिए।

उत्तर– देखें अध्याय–21, प्रश्न नं–2

प्रश्न 9. विधायी सुधार के लिए सांविधानिक समीक्षा पर राष्ट्रीय आयोग द्वारा सुझाए गए उपायों पर चर्चा कीजिए।

उत्तर– देखें अध्याय–18, प्रश्न नं–1

प्रश्न 10. निम्नलिखित प्रत्येक पर लगभग 250 शब्दों में संक्षिप्त टिप्पणियाँ लिखिए–

(क) लोक नीति प्रक्रिया

उत्तर– देखें अध्याय–12, प्रश्न नं–2

(ख) नव लोक प्रशासन

उत्तर– देखें दिसम्बर–2009, प्रश्न नं–7

एम.पी.ए–011 : राज्य, समाज और लोक प्रशासन
जून, 2009

नोट : *भाग I और भाग II में दिए गए निम्नलिखित प्रश्नों में से किन्हीं* ***पाँच*** *प्रश्नों के उत्तर* ***500*** *शब्दों (प्रत्येक) में दीजिए। प्रत्येक भाग में से कम–से–कम* ***दो*** *प्रश्न अवश्य करें। सभी प्रश्नों के* ***अंक समान*** *है।*

भाग I

प्रश्न 1. 'राज्य' को परिभाषित कीजिए और वैश्वीकरण के संदर्भ में इसकी भूमिका का विश्लेषण कीजिए।

उत्तर– देखें दिसम्बर–2008, प्रश्न नं–1

प्रश्न 2. समाज और प्रशासन के संबंध में मार्क्स और वेबर के विचारों की चर्चा कीजिए।

उत्तर– देखें अध्याय–2, प्रश्न नं–2, देखें जून–2008, प्रश्न नं–2

प्रश्न 3. नव–उदारवाद के अर्थ और विशेषताओं की व्याख्या कीजिये।

उत्तर– देखें अध्याय–5, प्रश्न नं–1

नव उदारवाद की विशेषताएँ इस प्रकार हैं–

(1) **प्रलोभनों पर बल –** प्रलोभन बहुत ही शक्तिशाली प्रेरक होते हैं। नव–उदारवाद राज्य के अंतर्गत मुक्त बाजार अर्थव्यवस्था में भागीदारी के लिए प्रलोभनों को प्रोत्साहित करता है।

(2) **प्रभावशाली सामाजिक समन्वय –** नव–उदार राज्य मुक्त बाजार का समर्थन करता है और मुक्त बाजार सामाजिक समन्वय को जन्म देता है। एक समग्र राज्य की अपेक्षा एक नव–उदार राज्य में बाजार अर्थव्यवस्था बल प्रयोग किए बिना करोड़ों वैयक्तिक कर्त्ताओं के निरंतर मूल्य संकेतों की प्रतिक्रियात्मकता चुपचाप उदित होती है।

(3) **अधिक स्वतंत्रता –** मुक्त बाजार स्वतंत्रता को बढ़ावा देता है। नियमित समाज में स्वतंत्रता सीमित होती है और वे सामाजिक अभियांत्रिकी से संबंधित होती है। इसका सर्वश्रेष्ठ उदाहरण पूर्व सोवियत संघ है।

(4) **सामाजिक न्याय –** नव–उदार राज्य सामाजिक न्याय को सुनिश्चित करने का प्रयास करता है। लेकिन सामाजिक न्याय की स्थापना में मुख्य बाधा यह है कि

इसके अंतर्गत कुछ व्यक्तियों को वे लाभ प्राप्त हो जाते हैं जिसके वे योग्य नहीं होते; जबकि योग्य व्यक्ति लाभ से वंचित हो जाते हैं।

(5) **उपभोक्ता संबंधी दृष्टिकोण** – जब राज्य शक्ति को अनुचित तरीके से एकाधिकार प्रदान किया जाता है तब बाजार की स्वाभाविक कार्य–प्रणाली पर नकारात्मक प्रभाव पड़ता है। ऐसी राज्य शक्ति उपभोक्ताओं पर विपरीत प्रभाव डालती है। ऐसे राज्य के अंतर्गत विशेष हित समूह की हितों की पूर्ति के लिए राज्य की संस्थाओं को हस्तगत कर लिया जाता है। ऐसी स्थिति में राज्य प्राप्ति के अनुपात में अधिक मूल्य चुकाते हैं।

(6) **वैयक्तिक स्वतंत्रता पर केन्द्रित** – एक व्यक्ति दूसरे व्यक्ति को बलपूर्वक अपने अधीन नहीं कर सकता। इस सिद्धांत को राज्य तक विस्तारित करना चाहिए, क्योंकि राज्य व्यक्तियों का समूह होता है।

(7) **अधिक विशाल प्रवर्तन** – विशाल प्रवर्तन नव–उदारवादी राज्य की प्रमुख विशेषता है। जहाँ उत्पादन के साधनों पर राज्य का स्वामित्व और नियंत्रण होता है वहाँ नए प्रवर्तन नहीं होते।

प्रश्न 4. राज्य के स्वरूप पर गाँधीवादी परिप्रेक्ष्य की चर्चा कीजिए।

उत्तर– देखें दिसम्बर–2008, प्रश्न नं–3

प्रश्न 5. निम्नलिखित प्रत्येक पर लगभग 250 शब्दों में संक्षिप्त टिप्पणियाँ लिखिए–

(a) सहभागिता की ओर राज्य की प्रतिक्रिया

उत्तर– देखें अध्याय–9, प्रश्न नं–1

(b) सामाजिक सहभागिता की अवधारणा

उत्तर– देखें अध्याय–10, प्रश्न नं–1

भाग II

प्रश्न 6. नीति–निर्माण में नौकरशाही की भूमिका को रेखांकित करते हुए लोक नीति प्रक्रिया का विश्लेषण कीजिए।

उत्तर– देखें अध्याय–12, प्रश्न नं–1, 2

प्रश्न 7. वैश्वीकरण की अवधारणा और लोक प्रशासन पर इसके प्रभाव की चर्चा कीजिए।

उत्तर– देखें अध्याय–14, प्रश्न नं–1

प्रश्न 8. सुशासन के आविर्भाव और महत्त्व की व्याख्या कीजिए।

उत्तर– देखें अध्याय–17, प्रश्न नं–1

प्रश्न 9. नैतिकता के मुद्दे से संबंधित 'महत्त्व' और 'विशेषता' का विश्लेषण कीजिए।

उत्तर– देखें दिसम्बर–2008, प्रश्न नं–8

प्रश्न 10. निम्नलिखित में से प्रत्येक पर लगभग 250 शब्दों में संक्षिप्त टिप्पणियाँ लिखिए–

(a) भारतीय राज्य के समक्ष मुद्दे

उत्तर– देखें अध्याय–11, प्रश्न नं–2

(b) व्यापक स्तर पर संघर्ष समाधान

उत्तर– देखें अध्याय–20, प्रश्न नं–2

एम.पी.ए–011 : राज्य, समाज और लोक प्रशासन
दिसम्बर, 2009

नोट : *भाग I और भाग II में दिए गए निम्नलिखित प्रश्नों में से किन्हीं* **पाँच** *प्रश्नों के उत्तर 500 शब्दों (प्रत्येक) में दीजिए। प्रत्येक भाग में से कम–से–कम* **दो** *प्रश्न अवश्य करें। सभी प्रश्नों के* ***अंक समान*** *है।*

भाग I

प्रश्न 1. 'राज्य को पुनः स्थापित करना' पर समकालीन विवाद का विश्लेषण कीजिए।

उत्तर– देखें अध्याय–1, प्रश्न नं–3

प्रश्न 2. राज्य के संबंध में मार्क्सवादी विचार की चर्चा कीजिए।

उत्तर– देखें अध्याय–4, प्रश्न नं–2

प्रश्न 3. राजनीति के 'स्वराज' मॉडल के बारे में गाँधीजी के विचारों की चर्चा कीजिए।

उत्तर– देखें अध्याय–6, प्रश्न नं–2

प्रश्न 4. नागरिक प्रशासन संपर्क का निर्माण करने के लिए संस्थागत रणनीतियों और उपायों की चर्चा कीजिए।

उत्तर– देखें अध्याय–7, प्रश्न नं–3

प्रश्न 5. निम्नलिखित में से प्रत्येक पर लगभग 250 शब्दों में संक्षिप्त टिप्पणियाँ लिखिए–

(a) सामाजिक समता की अवधारणा

उत्तर– देखें दिसम्बर–2008, प्रश्न नं–5(ख)

(b) नागरिक घोषणा–पत्र प्रयास

उत्तर– देखें अध्याय–7, प्रश्न नं–4

भाग II

प्रश्न 6. भारतीय नौकरशाही की बदलती अवधारणा पर एक टिप्पणी लिखिए।

उत्तर– देखें अध्याय–13, प्रश्न नं–2

प्रश्न 7. 'समकालीन नौकरशाही प्रतिमान की नव लोक प्रशासन, नव लोक प्रबंधन, संगठनात्मक मानववाद और नव लोक सेवा से परिभाषित किया जाता है।' चर्चा कीजिए।

उत्तर– देखें अध्याय–15, प्रश्न नं–1

प्रश्न 8. सुशासन से आप क्या समझते हैं? भारतीय संदर्भ में सुशासन में प्रारंभिक प्रयासों की चर्चा कीजिए।

उत्तर– देखें जून–2008, प्रश्न नं–7

प्रश्न 9. राज्य, बाजार और नागरिक समाज में संबंध की चर्चा कीजिए।

उत्तर– देखें दिसम्बर–2008, प्रश्न नं–7

प्रश्न 10. निम्नलिखित में से प्रत्येक पर लगभग 250 शब्दों में संक्षिप्त टिप्पणियाँ लिखिए–

(a) नीति निर्माण में उच्च–स्तरीय नौकरशाहों की भूमिका

उत्तर– देखें जून–2008, प्रश्न नं–8

(b) प्रशासन में नैतिक मुद्दों का विकास

उत्तर– देखें अध्याय–21, प्रश्न नं–1

एम.पी.ए–011 : राज्य, समाज और लोक प्रशासन

जून, 2010

नोट : *भाग I और भाग II में दिए गए निम्नलिखित प्रश्नों में से किन्हीं* **पाँच** *प्रश्नों के उत्तर* ***500*** *शब्दों (प्रत्येक) में दीजिए। प्रत्येक भाग में से कम–से–कम* **दो** *प्रश्न अवश्य करें। सभी प्रश्नों के* ***अंक समान*** *है।*

भाग I

प्रश्न 1. राज्य के उदारवादी और मार्क्सवादी परिप्रेक्ष्य का आलोचनात्मक विवेचन कीजिए।

उत्तर– देखें अध्याय–4, प्रश्न नं–1, 2

प्रश्न 2. समाज–प्रशासन संबंधों के बारे में रिग्स के विचारों का वर्णन कीजिए।

उत्तर– देखें अध्याय–2, प्रश्न नं–1

प्रश्न 3. 'राज्य के नव–उदारवादी परिप्रेक्ष्य का महत्त्व वैश्वीकरण के संदर्भ में काफी बढ़ गया है।' चर्चा कीजिए।

उत्तर– देखें अध्याय–3, प्रश्न नं–2

प्रश्न 4. नागरिक प्रशासन अंतर्संबंध स्थापित करने में संस्थागत साधनों और रणनीतियों की चर्चा कीजिए।

उत्तर– देखें दिसम्बर–2009, प्रश्न नं–4

प्रश्न 5. निम्नलिखित में से प्रत्येक पर लगभग 250 शब्दों में संक्षिप्त टिप्पणियाँ लिखिए–

(a) गाँधी जी का ट्रस्टीशिप सिद्धांत

उत्तर– देखें अध्याय–6, प्रश्न नं–3

(b) नागरिक घोषणा–पत्र प्रयास

उत्तर– देखें अध्याय–7, प्रश्न नं–4

भाग II

प्रश्न 6. सामाजिक समता की अवधारणा और सहभागिता के बदलते प्रतिमानों पर उसके प्रभाव की व्याख्या कीजिए।

उत्तर– देखें अध्याय–9, प्रश्न नं–1, 2

प्रश्न 7. नीति–निरीक्षण और विश्लेषण में नौकरशाही की भूमिका का विवेचन कीजिए।

उत्तर– नीति–परीक्षण व्यवस्था लोक–नीति से संबंधित कारणों, परिणामों व जानकारी इकट्ठा करने के लिए (क्या, क्यों, कैसे) अनेक पद्धतियों का इस्तेमाल करती है और वे अक्सर उन्हीं तथ्यों से संबंधित होते हैं, जो अनुकूलन व कार्यान्वयन के तत्पश्चात् नीति से जुड़े हों। इसका मतलब यह है कि कार्यान्वयन के पश्चात् उलझनों के क्या लक्षण हैं, यह पता लग सके। नौकरशाह की नीति–प्रबोधन में अहम् भूमिका होती है, उसे यह भी देखना होता है कि राज्य प्रभावी तरीके से समाज की सेवा करे। इसका मतलब यह हुआ कि उसे नीति के परिणामों की उससे जुड़े उद्देश्यों से तुलना करे, क्योंकि विभाग के अंदर वही मंत्री के "आँख व कान" होते हैं। इसके अलावा, उच्च स्तर के नौकरशाहों का कार्य सुनिश्चित करना होता है, ताकि नीति निर्माताओं और नीति कार्यान्वयन से संबंधित स्टाफ के बीच संघर्ष की स्थिति उत्पन्न न हो।

अतः नीति–निरीक्षण का उद्देश्य यह सुनिश्चित करना होता है कि नीतियों का कार्यान्वयन उनके लक्ष्यों व उद्देश्यों के अनुरूप हो। सही प्रकार से नीति को लागू कर लक्ष्यों को पूरा करें। नीति–प्रबोधन का कार्य मंत्रियों द्वारा नौकरशाहों की सलाह, मदद व समर्थन के द्वारा होता है। यहाँ भी "स्ट्रीट–लेवल" नौकरशाहों की भूमिका काफी अहम् हो जाती है, क्योंकि वे नीतियों का कार्यान्वयन स्थानीय स्तर पर क्षेत्रीय व गैर–सरकारी और स्वयंसेवी संगठनों के साथ मिलकर देखते हैं।

नीति–निरीक्षण में पद्धतियों पर विचार किया जाता है और यह इस बात पर निर्भर करता है कि किस प्रकार की नीति कार्यान्वित की जा रही है। ये सारे आधारभूत रूप से नीति मूल्यांकन के उपागम हैं, क्योंकि नीति–प्रबोधन, नीति–मूल्यांकन का सतत् रूप अभिन्न अंग है। इनमें कुछ उपागम जैसे "फ्रंट–एंड" विश्लेषण (Front-end Analysis), प्रक्रिया मूल्यांकन (Process Evaluation) उपागम और मूल्यांकन संश्लेषण (Evaluation Synthesis) उपागम हैं। नीति–प्रबोधन टुकड़ों में होने वाला अभ्यास है, जिसका मतलब यह हुआ कि या तो इसका हर महीने या छह महीने पर निरीक्षण किया जा सकता है, या फिर साल के बाद, लंबे अंतराल पर भी किया जा सकता है। यह काम तब और भी आसान हो जाता है, जब नीति से जुड़े लक्ष्यों को मात्रात्मक एवं निश्चित रूप से तय कर लिया जाए। नीति से जुड़े

लक्ष्यों को जितना ज्यादा मात्रात्मक व वास्तविक बनाया जाएगा, उसका निरीक्षण करना उतना ही अर्थपूर्ण और स्पष्ट हो जाएगा।

जब इसका परिणाम नागरिकों से सीधा जुड़ाव होता है, तो ऐसे में निरीक्षकों के निरीक्षण व कर्मचारियों के क्रियाकलाप सिकुड़ जाते हैं। नौकरशाहों को इन अवरोधों पर काबू पाना होता है, जिससे कि नीति निरीक्षण प्रक्रिया को और अधिक सरल व कार्यकुशल बनाया जा सके। यह ऐसा क्षेत्र है, जहाँ नौकरशाहों की भूमिका पर बहुत ज्यादा शिकायत दर्ज की गई है। उन्हें नीति निरीक्षण में निश्चय ही ज्यादा सकारात्मक भूमिका निभानी चाहिए, क्योंकि इस क्षेत्र में उन्हीं की विशेष भूमिका होती है। उन्हें यह देखना चाहिए कि नीति निर्धारण के समय ही बहुत सारी समस्याओं से जूझना पड़ता है, नीति के लक्ष्य समूह का निर्धारण होता है और नीति से जुड़े प्रक्रियाओं व कर्त्ताओं की पहचान व पृथक्करण निरीक्षण व मूल्यांकन के लिए होता है।

नौकरशाही और नीति–विश्लेषण– नीति विश्लेषण के तहत सिर्फ जाँच–पड़ताल व नीति–निर्माण प्रक्रिया में सुधार ही शामिल नहीं है, बल्कि नीतियों के परिणामों व चुनावों का मूल्यांकन भी है। किन्हीं भी मौजूदा नीतियों की प्रभावित गुणवत्ता और अंततः उसकी उपयोगिता वैज्ञानिक, व्यावसायिक और विस्तृत विश्लेषण पर निर्भर करती है। जब लोकनीति निर्धारक निकायों को नीति से जुड़े कारणों, परिणामों, लागत, कार्यान्वयन क्षमता आदि से जुड़े आँकड़े उपलब्ध कराए जाते हैं, जहाँ नीति अनुकूलन में इन सबके उपयोग पर जोर दिया जाता हो, तभी नीति निर्धारण में बुद्धिमत्ता के प्रयोग को एक कदम और आगे किया जा सकता है। दुर्भाग्यवश, जानकारी की सीमित उपलब्धता व इसको इकट्ठा करने में बहुत ज्यादा खर्च, राजनीतिक प्रभाव, समाज में हमेशा बदलती जरूरतें और प्राथमिकताएँ आदि के कारण नीति का व्यवस्थित विश्लेषण भी इनकी सारी कमियों का उत्तर नहीं दे सकते। इसके बावजूद लोक–नीति मूल्यांकन के माध्यम से नीति निर्धारकों को नीति की प्राथमिकताओं और निश्चिताओं के बारे में जानकारी उपलब्ध हो जाती है, जिसके आधार पर वे नीति से संबंधित निर्णयों पर पहुँचते हैं।

नीति विश्लेषण विवरणात्मक, निर्देशात्मक या तुलनात्मक हो सकता है। इसके आयाम में हम उद्देश्यों, हस्तक्षेपों, राजनीतिक संभावनाओं, विश्वासों, अवधारणाओं व अन्य निर्धारकों को शामिल करते हैं। किसी भी अध्ययनरत नीति के बारे में व्यवस्थित व विस्तृत परीक्षण हेतु विश्लेषकों को नीति से संबंधित लक्ष्यों, अर्थों के बारे में स्पष्ट ज्ञान होना चाहिए। नौकरशाहों को यह देखना चाहिए कि किस प्रकार के नीति विकल्पों को चुना गया है और क्यों, अथवा इसकी क्या खामियाँ व लाभ हैं। पैसे का इस पर क्या असर होता है, नीति के क्या प्रभाव दिखते हैं और कैसे नीतियों का मूल्यांकन होता है। इस प्रकार, नौकरशाहों को उत्सुकता से विभिन्न संरचनाओं व प्रक्रियाओं का नीति–कार्यान्वयन में निरीक्षण व मूल्यांकन करना चाहिए। नीति–विश्लेषण उपयुक्त नीति–निर्धारण पर निर्भर होता है।

***येहेजकेल ड्रोर** (Yehezkel Dror) ने नीति–निर्धारण पद्धतियों की नौ आदर्श विशेषताओं के बारे में उल्लेख किया है, जोकि नीति–विश्लेषण में मदद कर सकती हैं। ये हैं–*

(1) नीति–निर्धारण के मूल्यों, उद्देश्यों और मानकों में कुछ हद तक स्पष्टता होनी चाहिए।

(2) नीति निर्धारण पद्धति के अंतर्गत विकल्पों की पहचान होनी चाहिए, यह प्रयास होना चाहिए कि नए विकल्पों पर विचार हो।

(3) पद्धति में यह प्राथमिक आकलन होना चाहिए कि विभिन्न स्त्रोतों से कितना पैसा खर्च होगा और यह निर्णय लेना चाहिए कि किस योजना में सबसे कम जोखिम (Risk) हैं, या किसमें नवीनता की जरूरत है।

(4) नीति की एक हद या "कट–ऑफ होराइजन" (Cut-off Horizon) को स्थापित करने की जरूरत बताई गई है, ताकि नीति–विकल्पों को संभावित परिणामों पर विचार एवं अपेक्षित परिणामों की पहचान उपलब्ध ज्ञान व अंतःकरण के आधार पर हो।

(5) विकल्पों का विश्लेषण, गुणात्मक व मात्रात्मक दोनों कारकों के आधार पर होना चाहिए, ताकि वर्तमान व्यवस्था विश्लेषण की सीमा पर काबू पा सके और नीति–विश्लेषण की तरफ बढ़ सके।

(6) पद्धति के अंतर्गत यह प्रयास भी शामिल होना चाहिए, जिससे यह तय करना संभव हो कि क्या कोई मुद्दा विस्तृत विश्लेषण करने योग्य है।

(7) एक ऐसी रचना जो अनुभव, बुद्धिमत्ता व अति बुद्धिमत्ता से मिलकर बनी हो, उस पर विश्वास व्यक्त करना चाहिए।

(8) सुस्पष्ट तकनीकों, जैसे कि "अनुकरण" (Simulation) या "डेल्फी" (Delphi) का प्रयोग होना चाहिए; और

(9) पद्धति में सुस्पष्ट व्यवस्था हो, जिससे नीति–निर्धारण में बौद्धिक प्रयासों को प्रोत्साहित कर सुधार लाया जा सके।

नीति में महत्त्वपूर्ण मुद्दों पर तत्काल ध्यान देकर उन्हें पहचाना जाता है और नौकरशाह यह सुनिश्चित करते हैं कि ये मुद्दे व्यवहार्य नीति का निर्माण करेंगे या नहीं। नौकरशाह अपने आपको इन मुद्दों के विवरण को विश्लेषित करने में लगाए रखते हैं, जो नीति–निर्धारण हेतु चुने जाते हैं। वे यह कार्य नीति से जुड़े प्रस्तावों को तैयार करके, उनमें व्यवहार्यता, आगे के परिदृश्य, उपलब्ध संसाधनों व उसकी स्वीकार्यता को देखकर करते हैं। उन्हें यह भी देखना होता है कि संवैधानिक प्रस्तावों को लोक नीति–निर्धारण के दौरान नजरअंदाज न कर दिया जाए। अतः नौकरशाह नीति–निर्धारण के समय ही नीति–विश्लेषण की तैयारी कर लेते हैं।

नौकरशाहों पर अक्सर आए दिन के मुद्दों को लेकर या काम के जोर को लेकर दबाव बनाया जाता है, ताकि वे नई नीति पर विचार कर सकें। मौजूद नीतियों के कार्यान्वयन में सामान्य रूप से ज्यादा समय व्यय होता है। खर्च का पूर्वानुमान, वर्तमान नीति पर व्याख्यात्मक

समीक्षाएँ तैयार करना, हित समूहों के साथ समझौता और अधीनस्थ कर्मचारियों का प्रबंधन अक्सर अपस्थ नौकरशाहों द्वारा नीति–निर्धारण प्रकार्य नजरअंदाज हो जाते हैं। उच्च लोक–सेवा अधिकारियों की नीति–विश्लेषण में वांछित भूमिका की ओर विकसित एवं विकासशील देशों में नीति–विशेषज्ञों का ध्यान आकर्षित हो रहा है। उच्च लोक–सेवा अधिकारियों की भर्ती, प्रशिक्षण और कैरियर के स्वीकार्य प्रतिरूप अब अनुचित बदलती जरूरतों को पूरा करने के लिए यह पूर्ण नहीं माने जा रहे।

नीति–विश्लेषण व नीति प्रबंधन जरूरी क्रियाकलाप है, जिनमें अमूर्त्त (लेकिन साक्ष्य–आधारित–Evidence-based) विचारों को जरूरी मुद्दों पर लगाना चाहिए। अतएव, नीति–विश्लेषण व प्रबंधन में नौकरशाहों के उपयुक्त प्रशिक्षण के लिए गहन प्रयासों की जरूरत होती है। यहाँ जरूरत है कि उपयुक्त पुस्तकों, प्रशिक्षण उपकरणों और कम्प्यूटर कार्यक्रमों आदि की, जिसमें विशेष रूप से जानकार और अनुभवी प्रशिक्षकों की जरूरत है। प्रशिक्षण संबंधी जरूरतें ढेर सारी गंभीर दिक्कतें पैदा करती है, अधिक इसलिए, ताकि नीति प्रबंधन में प्रशिक्षण प्रयासों से वरिष्ठ प्रशासकों को लाभ से ज्यादा नुकसान न हो। अतः उपर्युक्त नीति–विश्लेषण के, जो जरूरी प्रशिक्षण क्रियाकलापों के लिए आवश्यक है, उपाय करना निहायत जरूरी है। वरिष्ठ नौकरशाहों के निपुणता में सुधार में समय लगता है और यह सिर्फ विकास का मुद्दा ही नहीं, बल्कि कार्य–व्यवस्था व संगठनात्मक वातावरण से भी जुड़ा होता है। बिना राजनीतिक समर्थन और उच्च प्राशासकों की वांछित सहयोग के कुछ भी हासिल नहीं किया जा सकता। इसके अलावा, वरिष्ठ अधिकारियों में चौतरफा सुधार नीति–विश्लेषण का सिर्फ एक ही आयाम है।

नीति–विश्लेषक के रूप में, नौकरशाहों द्वारा नीतियों को नीति–निर्धारण में, राजनीतिक कार्यपालक की महत्त्वपूर्ण भूमिका के महत्त्व के संदर्भ में ही देखा जाना चाहिए। सत्ता में आसीन पार्टी की भूमिका, विपक्षी पाटियों व वैधानिक समितियों की भी जाँच नीति–विश्लेषकों द्वारा की जाती है, ताकि निरीक्षण किया जा सके कि नीति वस्तुतः कैसे बनती है। अगर राजनेता किसी नीति से जुड़े विचार के विशेषज्ञ हों, तब निश्चय ही, जैसा कि देखा गया है, नौकरशाही के निश्चित कार्यक्रमों एवं तकनीकों के मास्टर होते हैं। वे वास्तव में उचित साधनों को प्रस्तुत नहीं करते, बल्कि नीति में क्या उचित है, उसको इंगित करते हैं। नौकरशाही कुछ नवीन करने की इच्छा रख सकती है, पर हमेशा उसे स्वीकार्य कार्यविधि पर निर्भरता के अनुरूप ही सीमा में रहना पड़ता है और यह ध्यान में रखना होता है कि वे क्या कर सकते हैं या उन्हें क्या करना चाहिए।

अगर ज्यादा जोर, बढ़ते उत्तरदायित्वों पर होता है, तब नौकरशाह निश्चित तौर पर बचाव के लिए स्वयं को प्रक्रियाओं की आड़ में पीछे छिपा लेंगे, अंततः वांछित नवीनता व लचीलेपन का परित्याग कर देंगे (बी, गायॅ पीटर्स व अन्य)। यहाँ तक कि न्यायपालिका की नीति–निर्माण में भूमिका भी नीति–विश्लेषण की परिधि में आनी चाहिए।

प्रश्न 8. सुशासन की अवधारणा और विशेषताओं की चर्चा कीजिए।

उत्तर– देखें दिसम्बर–2009, प्रश्न नं–8 फिर देखें अध्याय–17, प्रश्न नं–2

प्रश्न 9. 'शासन' एवं 'विकास' में नागरिक समाज की प्रासंगिकता का वर्णन कीजिए।

उत्तर– देखें अध्याय–19, प्रश्न नं–2

प्रश्न 10. निम्नलिखित में से प्रत्येक पर लगभग 250 शब्दों में संक्षिप्त टिप्पणियाँ लिखिए–

(a) वैश्वीकरण की अवधारणा

उत्तर– देखें जून–2009, प्रश्न नं–7

(b) नव लोक प्रबंधन

उत्तर– देखें जून–2008, प्रश्न नं–9

एम.पी.ए–011 : राज्य, समाज और लोक प्रशासन
दिसम्बर, 2010

नोट : *भाग I और भाग II में दिए गए निम्नलिखित प्रश्नों में से किन्हीं* **पाँच** *प्रश्नों के उत्तर* ***500*** *शब्दों (प्रत्येक) में दीजिए। प्रत्येक भाग में से कम–से–कम* **दो** *प्रश्न अवश्य करें। सभी प्रश्नों के* ***अंक समान*** *है।*

भाग I

प्रश्न 1. राज्य को परिभाषित कीजिए और इसके बदलते परिप्रेक्ष्य की चर्चा कीजिए।

उत्तर– देखें दिसम्बर–2008, प्रश्न नं–1 फिर देखें जून–2008, प्रश्न नं–1

प्रश्न 2. समाज और प्रशासन के बीच संबंध के बारे में मैक्स वेबर के विचारों का विश्लेषण कीजिए।

उत्तर– देखें जून–2008, प्रश्न नं–2

प्रश्न 3. वैश्वीकरण की अवधारणा की व्याख्या कीजिए और लोक प्रशासन विषय पर इसके प्रभाव का उल्लेख कीजिए।

उत्तर– देखें जून–2009, प्रश्न नं–7

प्रश्न 4. भारत में सामाजिक सहभागिता के संदर्भ में जेंडर, मानव विकास और गरीबी के मुद्दों की चर्चा कीजिए।

उत्तर– देखें जून–2010, प्रश्न नं–6

प्रश्न 5. निम्नलिखित में से प्रत्येक पर लगभग 250 शब्दों में संक्षिप्त टिप्पणियाँ लिखिए–

(a) राज्य का गाँधीवादी मॉडल

उत्तर– देखें दिसम्बर–2008, प्रश्न नं–3

(b) नागरिकों और प्रशासन में अंतर्संबंध के विभिन्न तरीके

उत्तर– देखें दिसम्बर–2008, प्रश्न नं–4

भाग II

प्रश्न 6. नीति निर्माण में नौकरशाही की भूमिका की चर्चा कीजिए।

उत्तर– देखें जून–2008, प्रश्न नं–8

प्रश्न 7. वेबर के नौकरशाही के सिद्धांत की विभिन्न चुनौतियों का विश्लेषण कीजिए।

उत्तर– मैक्स वेबर के अनुसार, "नौकरशाही एक सर्वव्यापी सामाजिक तथ्य है, जो सामुदायिक प्रकार्यों को तर्कपूर्ण सामाजिक पद्धति के अनुरूप ढालने का साधन है।" वेबर के अनुसार, नौकरशाही तकनीकी तौर पर सबसे ज्यादा कार्यसक्षम संगठन है। कई इसे समस्यादायी मानते हैं, क्योंकि इसकी कई खामियों या विसंगतियों को वेबेरियन 'आदर्श प्रारूप' के अंदर इंगित करना संभव है। सीमित और स्थिर न्याय (Limited and Fixed Jurisdiction) का अर्थ एक खास दृष्टि से प्रेरित माना जाएगा। संस्तरण का मतलब सेवा प्रदान करने वाला व्यवहार होगा व साथ ही साथ इसका मतलब संचार व जानकारी का निरूपण होगा। फाईल के बारे में जानकारी का मतलब रोजमर्रा कानून के अनुरूप रहना है।

उच्चतम स्तर की तार्किकता का प्रतिनिधित्व करने वाली वेबरीयन नौकरशाही वास्तविक जीवन के प्रशासन से मेल नहीं खाती। रोजमर्रा का प्रशासन सिर्फ तार्किकता द्वारा संचालित नहीं होता, बल्कि इस पर कई तरह के प्रभाव होते हैं। नौकरशाही का आदर्श उदाहरण संदर्भ व उपलब्धि के उद्देश्यों के अनुरूप देखा जाना चाहिए, जिसका लक्ष्य किसी संगठन की कुशलता को बढ़ाना है। उसी समय यह भी महसूस किया गया कि इसने पूँजीवाद के विकास को बढ़ावा दिया है, क्योंकि यह विशेष प्रशासनिक प्रकार्यों के निर्वहन में मदद करता है। वेबर के आलोचकों ने आबद्ध तार्किकता को असंगत करार दिया है। वेबर के बाद आने वालों के मतों ने विकेन्द्रीकरण और निचले स्तर के उपागम पर जोर दिया है। समकालीन विचार, प्रशासन का दृढ़ नमूना नहीं है, इसके बदले यह प्रशासन के ऐसे लक्ष्य पर ध्यान केन्द्रित करता है, जो उत्तरदायी, जवाबदेह, पारदर्शी और परिणाम देने वाला हो।

वेबर के द्वारा उल्लिखित नौकरशाही के विरुद्ध की गई आलोचना इसकी संगठनात्मक कमजोरियों को इंगित करती है। प्रशासनिक विकास में इसकी भूमिका पर इस संबंध में प्रश्न उठे हैं। आलोचकों के अनुसार, वेबर का नमूना, जो संगठन व्यवस्था में काम करने वाले लोगों के व्यवहारों पर ध्यान नहीं देता, इसके अप्रकार्यात्मक (Dysfunctional) परिणामों को जन्म देगा। इस बात की ओर संकेत किया गया है कि प्रबंधन की 'मशीनी' (Mechanistic) व्यवस्था वेबेरीयन मॉडल से काफी मेल खाती है, जिसमें कार्यों के बँटवारे, पदानुक्रम, भूमिकापरक–विशिष्टता तथा ऊर्ध्वस्थ (Vertical) संवाद पर जोर दिया जाता है। वहीं दूसरी

ओर जैविक व्यवस्था (Organic System) अस्थायी वातावरणीय परिस्थितियों के अनुरूप है (भट्टाचार्य, 2003)।

विनिमय सिद्धांत (Exchange Theory) – चेस्टर बर्नाड, हर्बर्ट साईमन, एच. लेविनसन), समूह (Group) सिद्धांत (एल्टन मेयो, रेन्सिस लिकर्ट), मूल्य सिद्धांत (क्रिस आरगाइरिस, विलियम ब्लेक) तथा परिस्थितीय (Situational) सिद्धांत (डगलस मैक ग्रेगर, एच. लेविट), ये सभी वेबर के आदर्श नमूने की आलोचना करते हुए भिन्न समूह के सांगठनिक स्वरूप का विकास करना चाहते हैं, जो वैधानिक–तार्किक (Legal-rational) मॉडल का विकल्प साबित हो सके (क्रेमर–Kramer, 1973)। विक्टर थॉम्पसन ने 'ब्यूरोपैथोलॉजी' (Bureaupathology) या नौकरशाही की विकृति शब्द का उपयोग करते हुए वेबेरीयन सिद्धांत के नकारात्मक पक्षों को निष्कर्षित करने की कोशिश की है। ब्यूरोपैथोलॉजी ऐसी परिस्थिति है जिसका उदय वेबेरीयन सांगठनिक गुणों तथा पदानुक्रम सिद्धांत में अंतर्निहित तत्त्वों का नियंत्रित करने की आवश्यकता के बीच की अंतर्क्रिया से होता है। एलविन गोल्डनर (Alvin Gouldner) ने इस सिद्धांत को प्रस्तुत किया कि नौकरशाही तौर–तरीकों की प्रवृत्ति अपनी प्रतिक्रियाओं को आगे रखने की होती है। उन्होंने पाया कि सांगठनिक नियमों की प्रवृत्ति स्वीकार्य व्यवहार के न्यूनतम स्तर को परिभाषित करने की होती है। रॉबर्ट प्रेसथस (Robert Presthus) का विचार है कि वेबेरीयन मॉडल पृथक संस्कृति का उत्पाद है, जोकि विकासशील समाजों की जरूरतों के अनुरूप नहीं है।

वेबर के मॉडल को दैनिक तथा दोहराव (Routine and Repetitive) वाले कार्यों के लिए अधिक उपयुक्त माना जाता है। रॉबर्ट के मर्टन यह अनुभव करते हैं कि नौकरशाही में नियम–कायदों पर निर्भरता, लोचशीलता के अभाव तथा साधनों को साध्य या लक्ष्य (Means into Ends) में परिवर्तित करने की प्रवृत्ति होती है। पीटर सेल्जनिक (Peter Selznick) लक्ष्य विस्थापन (Goal Displacement) की बात करते हैं, जिसका नाम केन्द्रीय व्यवस्था तथा विकेन्द्रीकृत उप–इकाइयों के बीच हितों के बँटवारे से होता है। मार्क्सवादी भी वेबेरीयन मॉडल के काफी विरोधी रहे हैं, कार्ल मार्क्स के अनुसार, नौकरशाही एक ऐसी व्यवस्था है, जो निजी स्वार्थों को बढ़ावा देती है तथा वैश्विक हित को पीछे धकेलती है। मार्क्स ने यह विचार रखा कि अपने विशिष्ट चरित्रों के साथ नौकरशाही की प्रवृत्ति विशिष्ट उद्देश्य को व्यापक उद्देश्य में परिवर्तित करने की नहीं होती, राज्य व नागरिक समाज के बीच सेतु का काम करने की बजाय एक नागरिक समाज के निजीकरण तथा उदारीकरण की प्रक्रिया को तेज करती है। मार्क्स ने नौकरशाही को राज्य की न कि व्यक्ति की इच्छा को अभिव्यक्त करने वाला बताया। मार्क्स के अनुसार, नौकरशाही ज्ञान को गोपनीयता तथा कुशलता को रहस्य में परिवर्तित कर देती है। इस सबसे ऊपर नौकरशाही सरकार के मत को लोगों तक पहुँचने से रोकती है या उसमें बाधा डालती है।

वेबर के नौकरशाही की दूसरी आलोचना लोक चयन (Public Choice) सिद्धांतवादियों की तरफ से आयी है। लोक चयन अभिगम लोक वस्तुओं तथा सेवाओं के प्रबंधन में संस्थागत बहुलतावाद की संभावना तलाश करता है। उपभोक्ता चयन के आधार पर सरकार तथा लोक एजेंसियों की बहुलता का समर्थन किया जाता है। लोक चयन अभिगम के एक बहुत बड़े समर्थक विसेंट ओसट्रोम (Vincent Ostrom) प्रजातांत्रिक प्रशासन की अवधारणा को रेखांकित करता है तथा नौकरशाहों को ऐसे उपयोगिता–उच्चतमीकर्ता (Utility Maximizer) के रूप में चिह्नित किया है, जो सांगठनिक हितों को देखने से पहले निजी हितों पर नजर दौड़ाता है।

चूँकि आत्म–स्वार्थ को बढ़ावा देने वाले नौकरशाह तथा अधिक वोट प्राप्त करने की प्रवृत्ति वाले राजनीतिज्ञ, समाज के सामूहिक हित में कार्य नहीं करते, अतः समाज उसके नकारात्मक प्रभाव को झेलने के लिए विवश होता है। लोक चयन अभिगम ने इस कड़वे सत्य को सामने रखा है कि लोक एजेंसियाँ अत्यंत राजनीतिकृत परिवेश में रहती तथा कार्य करती हैं। इसके नौकरशाहीमूलक प्रशासन की उपयुक्तता पर भी प्रश्नचिह्न लगाया गया है। एक एकल केन्द्र तक सीमित नौकरशाही तथा शक्ति का स्रोत विकृति पैदा करता है और इसकी आलोचना भी हुई है। लोक चयन अभिगम राज्य को जनता के दृष्टिकोण से देखता है अर्थात् यदि लोक वस्तुओं के उत्पादन या प्रबंध की बात हो तो इसे जन पसंद या चयन पर छोड़ देना चाहिए, बजाय इसके कि इसे प्रशासक राजनीतिज्ञ द्वारा तय करने पर छोड़ा जाए।

क्लास ऑफ (Claus Offe) ने भी यह कहकर, वेबेरीयन नौकरशाही सिद्धांत की आलोचना की है कि कार्यकुशलता को अब और शासकों के मतानुसार परिभाषित नहीं किया जा सकता, वरन् इसे 'कार्य–कारण' परिप्रेक्ष्य में ही देखा जा सकता है। कल्याणकारी राज्य की प्रशासनिक नीति अतिरिक्त विधिक वैधीकरण पर आश्रित हो जाती है, डेनिस एफ. थॉम्पसन (Dennis F. Thompson) का यह विचार है कि, "कई मूल्य, जिन्हें हम लोकतंत्र से जोड़ते हैं, जैसे पदानुक्रम, विशिष्टीकरण तथा व्यक्तित्वहीनता आधुनिक नौकरशाही की विशेषताओं के बिल्कुल विपरीत है। लोक प्रशासन पर आलोचनात्मक सिद्धांत (Critical Theory) का प्रभाव उत्तर–वेबेरीयन विकास का महत्त्वपूर्ण पहलू है। यह नौकरशाही के तकनीकी–प्रशासनिक प्रभावक्षमता के दमघोंटू (Stifling) प्रभाव को हटाने की कोशिश करता है। यह संचार के माध्यम से प्रशासन का नौकरशाही विहीनीकरण तथा लोकतंत्रीकरण करने की वकालत करता है। शाह मार्टिन का 'मैनेजिंग विदाउट मैनेजर्स' (Shah Martin's Managing Without Managers) भी एक महत्त्वपूर्ण कार्य है, जिसमें प्रबंधकीय कार्यों के पुनर्वितरणीय तथा प्रकार्यात्मक कार्यों की आवृत्ति में वृद्धि की रणनीति पर काम करने की वकालत की गई है।

आश्रयीकृत (Sheltered) नौकरशाही के विचार को भी चुनौती दी गई है। वस्तुओं व सेवाओं के उत्पादन, प्रबंधन व वितरण पर संगठन के नौकरशाही स्वरूप के एकाधिकार पर

भी सवाल उठाए गए हैं, क्योंकि वर्तमान वैश्विक परिप्रेक्ष्य में सरकार के अनिवार्य रूप से प्रत्यक्ष सेवा प्रदाता की भूमिका में अपने आप को कैद करने की जरूरत नहीं है। नौकरशाही को गैर–सरकारी तथा गैर–राज्य एजेंसियों के साथ व्यापक गतिविधियों के लिए नियंत्रित किया जा सकता है।

वारेन बेनिस (Warren Bennis) जैसे विद्वान यहाँ तक भविष्यवाणी करते हैं कि नवीन सामाजिक व्यवस्था में नौकरशाही की भूमिका पूरी तरह से अप्रासंगिक हो जाने की संभावना है। यह भविष्योक्ति उन विकासात्मक सिद्धांतों पर आधारित है, जिसके अनुसार प्रत्येक युग अपनी आवश्यकताओं के अनुरूप एक सांगठनिक स्वरूप का विकास करता है। उत्पन्न हुई रिक्तता, अस्थायी कार्य–व्यवस्थाओं के माध्यम से भरी जाएगी। बेनिस के अनुसार, नौकरशाही व्यक्तिगत विकास को अवरुद्ध करती है तथा परिपक्व व्यक्तित्व के विकास में बाधा डालती है, यह समनुरूपता तथा 'समूह सोच' का विकास करती है। इसकी नियंत्रण और अधिकार की व्यवस्था अप्रासंगिक है, यह अनौपचारिक संगठनों को विश्वास में नहीं लेती तथा अवरुद्ध संवाद सूचना प्रौद्योगिकी के गैर–आत्मसातकरण तथा मानव संसाधनों के अनुप्रयोग आदि से पीड़ित रहती है।

वेबर मॉडल की व्यापक कटु आलोचनाओं के बावजूद अभी भी भारत जैसे विकासशील देशों में, जिसे अपनी परिस्थितियों के अनुरूप नौकरशाही के देशी स्वरूप का विकास करना बाकी है, इसकी मुख्य विशेषताओं की उपस्थिति देखी जा सकती है।

प्रश्न 8. सुशासन की दिशा में भारत सरकार द्वारा किए गए प्रयासों की चर्चा कीजिए।

उत्तर– देखें दिसम्बर–2009, प्रश्न नं–8

प्रश्न 9. शासन और विकास में नागरिक समाज की भूमिका की व्याख्या कीजिए।

उत्तर– देखें जून–2010, प्रश्न नं–9

प्रश्न 10. निम्नलिखित में से प्रत्येक पर लगभग 250 शब्दों में संक्षिप्त टिप्पणियाँ लिखिए–

(a) सूचना का अधिकार

उत्तर– लोक प्रशासन में पारदर्शिता लाने, उत्तरदायित्व को सुनिश्चित करने तथा भ्रष्टाचार को रोकने के लिए सूचना का अधिकर एक महत्त्वपूर्ण उपाय है। राजनीतिक लोकतंत्र को साकार करने तथा प्रशासनिक व्यवस्था की सक्रियता, प्रभावशीलता एवं पारदर्शिता में वृद्धि लाने के लिए सूचना के अधिकार को महत्त्वपूर्ण माना जाता है। सूचना के अधिकार का आशय यह है कि नागरिक इसे आधार बनाकर सरकारी गतिविधियों की जानकारी प्राप्त

कर सकते हैं। दूसरे शब्दों में, सूचना का अधिकार आम नागरिकों को प्रदत्त वह अधिकार है जिसके तहत वे प्रशासन में आर्थिक, राजनीतिक, प्रशासनिक, सांस्कृतिक एवं विकासात्मक कार्यकलापों के संदर्भ में सूचनाएँ प्राप्त करने का दावा कर सकते हैं।

सूचना का अधिकार आंदोलन 1994 में राजस्थान में शुरू किया गया था। इस आंदोलन ने लोगों को यह अवसर प्रदान किया कि वे विकास कार्य में हो रहे खर्चों के बारे में सूचना प्राप्त करें, ताकि उत्तरदायित्व को सुनिश्चित किया जा सके और समस्याओं में कमी लाई जा सके।

आधुनिक सूचना क्रांति के युग में सूचना के अधिकार के अभाव में अभिव्यक्ति की स्वतंत्रता की कल्पना करना व्यर्थ है। प्रशासकीय निर्णयों तथा कार्यक्रमों के संबंध में आम जनता को सूचना एवं जानकारी प्राप्त करने का पूरा अधिकार है। संसदीय प्रणाली की विचारधारा के अंतर्गत प्रशासन को विधायिका के माध्यम से जनता के प्रति उत्तरदायी माना गया है, ताकि जनता के हितों को सुनिश्चित किया जा सके। वर्तमान समय में सूचना के अधिकार के माध्यम से जनता के प्रति प्रशासन के इस उत्तरदायित्व को सुनिश्चित किए जाने का प्रयास किया जा रहा है। सूचना का अधिकार नागरिक एवं प्रशासन के बीच की दूरी को कम करने का एक सकारात्मक प्रयास है। इसके माध्यम से प्रशासनिक प्रक्रिया में जनता की भागीदारी को प्रोत्साहित किया जाता है जिससे कि नागरिक एवं प्रशासन के दृष्टिकोणों में एकरूपता लाई जा सके।

भारत विश्व का 55वाँ देश है जहाँ जनता को सूचना का अधिकार प्रदान किया गया है। संविधान के अनुच्छेद 19 के तहत व्यक्ति को मौलिक अधिकार के रूप में वाक् एवं अभिव्यक्ति की स्वतंत्रता प्रदान की गई है। सूचना का अधिकार भी वाक् एवं अभिव्यक्ति की स्वतंत्रता का एक अंग माना जाता है। इसी तथ्य को ध्यान में रखते हुए जून, 2005 में राष्ट्रपति ने संसद के द्वारा पारित सूचना का अधिकार विधेयक को अपनी स्वीकृति प्रदान की। सूचना का अधिकार अधिनियम देशभर में 12 अक्तूबर, 2005 से प्रभावी हो गया। इस अधिनियम के तहत सूचना प्राप्त करने की प्रक्रिया को सरल एवं स्पष्ट बनाने का प्रावधान किया गया है।

(b) सामाजिक न्याय का व्यावहारिक पहलू

उत्तर– भारत में अस्पृश्यता के उन्मूलन के लिए तथा अनुसूचित जाति एवं अनुसूचित जनजाति के विरुद्ध होने वाले अपराधों को नियंत्रित करने के लिए नागरिक अधिकारों (PCR) का संरक्षण अधिनियम, 1955 और अनुसूचित जाति एवं अनुसूचित जनजाति (POA) के प्रति क्रूर व्यवहार पर रोकथाम अधिनियम, 1989 को प्रभावशाली तरीके से क्रियान्वित किया जाना चाहिए। वर्तमान समय में मीडिया के प्रति आम जनता को जागरूक किया जा रहा है। इन जातियों के उत्थान में स्वयंसेवी संगठनों की भी मदद ली जा रही है।

कुछ गैर–सरकारी संगठन भी अस्पृश्यता, अनुसूचित जाति एवं जनजाति के विरुद्ध क्रूरता तथा आर्थिक शोषण के विरुद्ध संघर्ष में महत्त्वपूर्ण भूमिका निभा रहे हैं। शहरी क्षेत्रों के व्यावसायिक एवं प्रशासनिक विशिष्ट जनों ने भी सामाजिक–राजनीतिक परिवर्तन की प्रक्रिया को मजबूत करने में सराहनीय योगदान दिया है। उनका विचार है कि दलितों के सामाजिक उत्थान के लिए राजनीतिक शक्ति एवं संगठन की आवश्यकता पर बल दिया जाना चाहिए।

अनुसूचित जाति एवं अनुसूचित जनजाति को राष्ट्र के विकास की मुख्य धारा से जोड़ने के लिए उन्हें प्रशासन एवं निर्णय–निर्माण प्रक्रिया में भागीदार बनाया जाना चाहिए। इसी दृष्टिकोण को ध्यान में रखते हुए भारतीय प्रशासनिक सेवा, भारतीय पुलिस सेवा, भारतीय वन सेवा तथा अन्य श्रेणियों में उनके प्रतिनिधित्व में वृद्धि की गई है। समूह 'ए' की सेवाओं में अनुसूचित जनजातियों की सहभागिता 1974 में सिर्फ 0.46 थी जो 1999 के बढ़कर 3.39 प्रतिशत हो गई है। इसी प्रकार 1999 में लोकसभा में अनुसूचित जनजातियों की सहभागिता 41 थी। 2003 के आँकड़ों के अनुसार पंचायत स्तर पर अनुसूचित जातियों, अनुसूचित जनजातियों तथा महिलाओं की संख्या क्रमशः 3,46,002; 2,33,765 एवं 8,38,227 थी। प्रखंड स्तर पर इनकी जनसंख्या क्रमश : 8,219; 47,455 और 22,333 थी। जिला स्तर पर इनकी जनसंख्या क्रमशः 1,322; 4,923 तथा 2,201 थी।

जनजातियों की समस्याओं के समाधान के लिए नागरिक समाज एवं गैर–सरकारी संगठनों की सहायता ली जानी चाहिए। 5000 से अधिक वन–गाँवों एवं 2.5 लाख आदिवासी परिवारों के विकास की ओर अधिक ध्यान दिए जाने की जरूरत है। वर्तमान समय में वैश्वीकरण एवं उदारीकरण की प्रक्रिया के कारण आदिवासियों की विरासत, संसाधन और बौद्धिक संपत्ति के अधिकारों को सुरक्षित करने की जरूरत है। विशेष तौर पर चिकित्सकीय पौधों, खेती के तरीकों, परंपरागत ज्ञान एवं कौशल आदि की सुरक्षा आवश्यक है। इसके अतिरिक्त वैसे लोग जो चार प्रकार की असमर्थताओं–दृष्टि संबंधी समस्या, शारीरिक अपंगता, बहरापन एवं गूँगापन और मानसिक कमजोरी से ग्रसित हैं, पर विशेष ध्यान देने की जरूरत है। राष्ट्रीय सैंपल सर्व 2001 के अनुसार असमर्थ लोगों की कुल संख्या लगभग 20.54 करोड़ थी। भारत के संविधान में इन असमर्थ समूहों को संरक्षण प्रदान करने के लिए प्रावधान दिए गए हैं। सातवें अध्याय की दूसरी अनुसूची के अनुच्छेद 14 का भाग 9 और अनुच्छेद 41 एवं 47 असमर्थ समूहों के हित के प्रति प्रतिबद्धता व्यक्त करते हैं। साथ ही, केंद्रीय सामाजिक कल्याण बोर्ड, 'नेशनल इंस्टीट्यूट ऑफ सोशल डिफेंस' और सरकार द्वारा चलाये जा रहे अनेक कार्यक्रम इन समूहों का समर्थन करते हैं। पी.डब्ल्यू.डी (Persons with Disabilities, P.W.D.) अधिनियम, 1955 को भी 1996 से अधिक प्रभावी बनाया गया है। यह अधिनियम असमर्थ लोगों को समान अवसरों के प्रति जागरूक करने, उनके अधिकारों को संरक्षित करने तथा देश की विकास प्रक्रिया में उनकी सहभागिता को

सुनिश्चित करने में महत्त्वपूर्ण भूमिका निभाता है। असमर्थ लोगों को आत्म–सहायता समूहों में संगठित करने के लिए प्रेरित करने में गैर–सरकारी संगठन भी महत्त्वपूर्ण भूमिका निभा रहे हैं।

एम.पी.ए–011 : राज्य, समाज और लोक प्रशासन
जून, 2011

नोट : *भाग **I** और भाग **II** में दिए गए निम्नलिखित प्रश्नों में से किन्हीं* **पाँच** *प्रश्नों के उत्तर* ***500*** *शब्दों (प्रत्येक) में दीजिए। प्रत्येक भाग में से कम–से–कम* **दो** *प्रश्न अवश्य कीजिए। सभी प्रश्नों के **अंक समान** हैं।*

भाग I

प्रश्न 1. 'उदारवादी परिप्रेक्ष्य, राज्य की प्रकृति को समझने का अभिन्न पक्ष है।' व्याख्या कीजिए।

प्रश्न 2. समाज और प्रशासन के बीच संबंध की मार्क्सवादी अवधारणा का विवेचन कीजिए।

प्रश्न 3. नागरिकों और प्रशासन के बीच अंतर्संबंध सुधारने के लिए विभिन्न संस्थागत साधनों और कार्यनीतियों की चर्चा कीजिए।

प्रश्न 4. सहभागिता के बदलते प्रतिमान पर टिप्पणी लिखिए।

प्रश्न 5. निम्नलिखित पर लगभग 250 शब्दों (प्रत्येक) में टिप्पणियाँ लिखिए–

(a) मिल्टन फ्रेडमैन का राज्य के संबंध में दृष्टिकोण

(b) आधुनिक राज्य पर गाँधी की आलोचनात्मक टिप्पणी

भाग II

प्रश्न 6. नीति–निर्माण में मध्य–स्तरीय और उच्च–स्तरीय नौकरशाही की भूमिका की व्याख्या कीजिए।

प्रश्न 7. प्रशासन पर वैश्वीकरण का प्रभाव 'बदलते राज्य–बाजार–समाज संबंधों के संदर्भ में दिखता है।' विवेचन कीजिए।

प्रश्न 8. 'लोक शासन के अंतर्राष्ट्रीयकरण' से आप क्या समझते हैं?

प्रश्न 9. भारत में कार्यान्वित किए जा रहे सुशासन के पहलों की चर्चा कीजिए।

प्रश्न 10. निम्नलिखित पर लगभग 250 शब्दों (प्रत्येक) में टिप्पणियाँ लिखिए–

(a) संघर्ष समाधान की प्रमुख क्रियाविधियाँ

(b) नीतिशास्त्र का अर्थ एवं महत्त्व

एम.पी.ए–011 : राज्य, समाज और लोक प्रशासन
दिसम्बर, 2011

नोट : *भाग **I** और भाग **II** में दिए गए निम्नलिखित प्रश्नों में से किन्हीं **पाँच** प्रश्नों के उत्तर 500 शब्दों (प्रत्येक) में दीजिए। प्रत्येक भाग में से कम–से–कम **दो** प्रश्न अवश्य कीजिए। सभी प्रश्नों के **अंक समान** हैं।*

भाग I

प्रश्न 1. समाज–प्रशासन संबंध के बारे में मैक्स वेबर की अवधारणा का विवेचन कीजिए ।

प्रश्न 2. 'राज्य के बारे में मार्क्सवादी परिप्रेक्ष्य को राज्य का वर्ग सिद्धांत माना जाता है।' चर्चा कीजिए।

प्रश्न 3. राज्य के नव उदारवादी (Neo-liberal) परिप्रेक्ष्य के बारे में हॉयेक, नोजिक और फ्रैडमैन के विचारों का उल्लेख कीजिए।

प्रश्न 4. 'चिल्का आंदोलन, एक उपयुक्त लोकतांत्रिक जन–आंदोलन रहा है।' व्याख्या कीजिए।

प्रश्न 5. निम्नलिखित पर लगभग 250 शब्दों (प्रत्येक) में टिप्पणियाँ लिखिए–

(a) सामाजिक समता की अवधारणा

(b) गाँधीजी का ट्रस्टीशिप सिद्धांत

भाग II

प्रश्न 6. नीति कार्यान्वयन में नौकरशाही की भूमिका का विवेचन कीजिए।

प्रश्न 7. भारत में विधायी सुधार पर टिप्पणी लिखिए।

प्रश्न 8. राज्य, बाजार और नागरिक समाज के बीच संबंध का उल्लेख कीजिए।

प्रश्न 9. आंतरिक संगठन स्तर पर संघर्ष और अंतर–सांगठनिक स्तर पर संघर्ष की प्रकृति का विवेचन कीजिए।

प्रश्न 10. निम्नलिखित पर लगभग 250 शब्दों (प्रत्येक) में टिप्पणियाँ लिखिए–

(a) नैतिकता का महत्त्व और विशेषताएँ

(b) न्यायिक उत्तरदायित्व

एम.पी.ए–011 : राज्य, समाज और लोक प्रशासन
जून, 2012

नोट : *भाग **I** और भाग **II** में दिए गए निम्नलिखित प्रश्नों में से किन्हीं* **पाँच** *प्रश्नों के उत्तर 500 शब्दों (प्रत्येक) में दीजिए। प्रत्येक भाग में से कम–से–कम* **दो** *प्रश्न अवश्य कीजिए। सभी प्रश्नों के* ***अंक समान*** *हैं।*

भाग I

प्रश्न 1. वैश्वीकरण के संदर्भ में राज्य की बदलती भूमिका की चर्चा कीजिए।

प्रश्न 2. राज्य के मार्क्सवादी परिप्रेक्ष्य का विश्लेषण कीजिए।

प्रश्न 3. नागरिक–प्रशासन संपर्क का निर्माण करने की महत्त्वपूर्ण संस्थागत रणनीतियों और उपायों का वर्णन कीजिए।

प्रश्न 4. 'जनशक्ति सरकारी व्यवस्था में नैतिकता, पारदर्शिता और कार्य–कुशलता सुनिश्चित करने में बहुत ही महत्त्वपूर्ण होती है।' भारत में सूचना का अधिकार के संदर्भ में विवेचन कीजिए।

प्रश्न 5. निम्नलिखित में से प्रत्येक पर लगभग 250 शब्दों में संक्षिप्त टिप्पणियाँ लिखिए–

(a) सामाजिक संस्कृति और लोक प्रशासन

(b) सामाजिक समता की अवधारणा

भाग II

प्रश्न 6. भारतीय राज्य के समक्ष मुद्दों का विश्लेषण कीजिए।

प्रश्न 7. नव लोक सेवा के अभिगमों द्वारा प्रतिपादित नौकरशाही के नए कार्यों पर प्रकाश डालिए।

प्रश्न 8. भारतीय न्यायिक व्यवस्था में सुधार के लिए उठाए जा सकने वाले महत्त्वपूर्ण उपयोगी सुधारों की चर्चा कीजिए।

प्रश्न 9. संगठन में व्यापक स्तर पर संघर्ष समाधान पर एक संक्षिप्त टिप्पणी लिखिए।

प्रश्न 10. निम्नलिखित में से प्रत्येक पर लगभग 250 शब्दों में संक्षिप्त टिप्पणियाँ लिखिए–

(a) वेबर की नौकरशाही की अवधारणा को चुनौतियाँ।

(b) एक प्रशासनिक नैतिक आचार संहिता की प्रासंगिकता।

एम.पी.ए–011 : राज्य, समाज और लोक प्रशासन
दिसम्बर, 2012

नोट : *भाग **I** और भाग **II** में दिए गए निम्नलिखित प्रश्नों में से किन्हीं **पाँच** प्रश्नों के उत्तर **500** शब्दों (प्रत्येक) में दीजिए। प्रत्येक भाग में से कम–से–कम **दो** प्रश्न अवश्य कीजिए। सभी प्रश्नों के **अंक समान** हैं।*

भाग I

प्रश्न 1. राज्य को परिभाषित कीजिए और राज्य के नव–उदारवादी परिप्रेक्ष्य पर प्रकाश डालिए।

प्रश्न 2. समाज–प्रशासन संबंध के बारे में मार्क्सवादी अवधारणा का विश्लेषण कीजिए।

प्रश्न 3. राजतंत्र के गाँधीवादी मॉडल की चर्चा कीजिए।

प्रश्न 4. लोक प्रशासन और विकास को घटित करने वाले महत्त्वपूर्ण उपागमों की विवेचना कीजिए।

प्रश्न 5. निम्नलिखित में से प्रत्येक पर लगभग 250 शब्दों में संक्षिप्त टिप्पणियाँ लिखिए–

(a) स्वायत्तता और लचीलेपन के प्रतिमान

(b) नागरिक घोषणा–पत्र

भाग II

प्रश्न 6. नीति–निर्माण में नौकरशाही की भूमिका की चर्चा कीजिए।

प्रश्न 7. लोक प्रशासन पर वैश्वीकरण के प्रभाव का विश्लेषण कीजिए।

प्रश्न 8. लोक शासन के अंतर्राष्ट्रीयकरण पर प्रकाश डालिए।

प्रश्न 9. 'नागरिक समाज के बढ़ते महत्त्व ने उसके लिए दबाव और समस्याएँ भी उत्पन्न की हैं।' विवेचन कीजिए।

प्रश्न 10. निम्नलिखित में से प्रत्येक पर लगभग 250 शब्दों में संक्षिप्त टिप्पणियाँ लिखिए–

(a) आधुनिक राज्य का आविर्भाव

(b) नव लोक प्रशासन

एम.पी.ए–011 : राज्य, समाज और लोक प्रशासन
जून, 2013

नोट : *भाग **I** और भाग **II** में दिए गए निम्नलिखित प्रश्नों में से किन्हीं* **पाँच** *प्रश्नों के उत्तर लगभग* **500** *शब्दों में दीजिए। प्रत्येक भाग में से कम–से–कम* **दो** *प्रश्न अवश्य कीजिए। सभी प्रश्नों के* ***अंक समान*** *हैं।*

भाग I

प्रश्न 1. राज्य के उदारवादी और मार्क्सवादी परिप्रेक्ष्यों की चर्चा कीजिए।

प्रश्न 2. समाज और प्रशासन पर मैक्स वेबर के विचारों का विवेचन कीजिए।

प्रश्न 3. 'नव–उदारवाद' की अवधारणा और लोक प्रशासन के विषय पर उसके प्रभाव की व्याख्या कीजिए।

प्रश्न 4. "राज्य के सिद्धांत के बारे में गाँधीवादी परिप्रेक्ष्य राजतंत्र के उस मॉडल से संबंधित है, जिसे 'स्वराज' कहा जाता है।" चर्चा कीजिए।

प्रश्न 5. निम्नलिखित पर लगभग 250 शब्दों में संक्षिप्त टिप्पणियाँ लिखिए–

(a) सामाजिक समता की अवधारणा

(b) जन आंदोलन में नागरिक समाज की भूमिका

भाग II

प्रश्न 6. नागरिक–प्रशासन संपर्क के निर्माण में प्रयुक्त संस्थागत रणनीतियों और उपायों का विवेचन कीजिए।

प्रश्न 7. सामाजिक सहभागिता के बदलते प्रतिमान की व्याख्या कीजिए।

प्रश्न 8. विकासशील देशों में लोक प्रशासन पर वैश्वीकरण के प्रभाव का विवेचन कीजिए।

प्रश्न 9. सुशासन के अविर्भाव और महत्त्व की चर्चा कीजिए।

प्रश्न 10. प्रशासन में नैतिक मुद्दों के विकास की चर्चा कीजिए।

> "ऐसा व्यक्ति जो एक घंटे का समय बर्बाद करता है,
> उसने जीवन के मूल्य को समझा ही नहीं है।"

एम.पी.ए–011 : राज्य, समाज और लोक प्रशासन
दिसम्बर, 2013

नोट : *भाग **I** और भाग **II** में दिए गए निम्नलिखित प्रश्नों में से किन्हीं **पाँच** प्रश्नों के उत्तर लगभग **500** शब्दों में दीजिए। प्रत्येक भाग में से कम–से–कम **दो** प्रश्न अवश्य कीजिए। सभी प्रश्नों के **अंक समान** हैं।*

भाग I

प्रश्न 1. राज्य को परिभाषित कीजिए और राज्य के स्वरूप के बदलते परिप्रेक्ष्य की चर्चा कीजिए।

प्रश्न 2. राज्य के गाँधीवादी परिप्रेक्ष्य की चर्चा कीजिए।

प्रश्न 3. समाज और लोक प्रशासन के बीच विद्यमान अंतर्संबंध का विश्लेषण कीजिए।

प्रश्न 4. लोक प्रशासन में स्वायत्तता और लचीलेपन के बदलते प्रतिमानों पर एक टिप्पणी लिखिए।

प्रश्न 5. निम्नलिखित पर लगभग 250 शब्दों में संक्षिप्त टिप्पणियाँ लिखिए–

(a) नागरिक घोषणा–पत्र प्रयास

(b) राज्य के नव–उदारवादी परिप्रेक्ष्य के बारे में रॉबर्ट नोजिक के विचार

भाग II

प्रश्न 6. नीति–निर्माण में नौकरशाही की भूमिका की चर्चा कीजिए।

प्रश्न 7. लोक प्रशासन के सम्मुख नई चुनौतियों का विवेचन कीजिए।

प्रश्न 8. सुशासन की अवधारणा और विशेषताओं की चर्चा कीजिए।

प्रश्न 9. नीतिशास्त्र से आप क्या समझते हैं? नीतिशास्त्र के मुद्दे से संबंधित महत्त्व एवं विशेषताओं का विवेचन कीजिए।

प्रश्न 10. निम्नलिखित पर लगभग 250 शब्दों (प्रत्येक) में संक्षिप्त टिप्पणियाँ लिखिए–

(a) भारतीय राज्य के समक्ष मुद्दे

(b) न्यायिक सुधार और उत्तरदायित्व

एम.पी.ए–011 : राज्य, समाज और लोक प्रशासन
जून, 2014

नोट : *भाग* ***I*** *और भाग* ***II*** *में दिए गए निम्नलिखित प्रश्नों में से किन्हीं* **पाँच** *प्रश्नों के उत्तर 500 शब्दों (प्रत्येक) में दीजिए। प्रत्येक भाग में से कम–से–कम* **दो** *प्रश्न अवश्य चुनिए। सभी प्रश्नों के* ***अंक समान*** *हैं।*

भाग I

प्रश्न 1. राज्य को परिभाषित कीजिए और राज्य के स्वरूप के बदलते परिप्रेक्ष्यों का उल्लेख कीजिए।

प्रश्न 2. समाज–प्रशासन संबंधों के संदर्भ में रिग्स के योगदान का विश्लेषण कीजिए।

प्रश्न 3. नव–उदारवाद की मूल अभिधारणाओं पर प्रकाश डालिए।

प्रश्न 4. 'स्वराज' को परिभाषित कीजिए और भारत के स्वतंत्र राज्यतंत्र के लिए महात्मा गाँधी द्वारा प्रतिपादित दिशा–निर्देशक सिद्धांतों की चर्चा कीजिए।

प्रश्न 5. निम्नलिखित प्रत्येक पर लगभग 250 शब्दों में संक्षिप्त टिप्पणियाँ लिखिए–

(क) सूचना का अधिकार

(ख) सामाजिक सहभागिता

भाग II

प्रश्न 6. नीति–निर्माण में नौकरशाही की भूमिका का परीक्षण कीजिए।

प्रश्न 7. वैश्वीकरण को परिभाषित कीजिए और लोक प्रशासन पर इसके प्रभाव की चर्चा कीजिए।

प्रश्न 8. 'नव लोक प्रबंधन ने नौकरशाही में सार्वजनिक उत्तरदायित्व व जन विश्वास की संस्कृति के पुनर्निर्माण और पुनःस्थापना के विशिष्ट अवसरों के द्वार खोल दिए हैं।' चर्चा कीजिए।

प्रश्न 9. राजनीतिक कार्यपालिका में सुधार के महत्त्वपूर्ण उपायों की चर्चा कीजिए।

प्रश्न 10. व्यापक (मैक्रो) स्तर पर संघर्ष समाधान पर एक टिप्पणी लिखिए।

एम.पी.ए–011 : राज्य, समाज और लोक प्रशासन

दिसम्बर, 2014

नोट : *भाग **I** और भाग **II** में दिए गए निम्नलिखित प्रश्नों में से किन्हीं* **पाँच** *प्रश्नों के उत्तर* ***500*** *शब्दों (प्रत्येक) में दीजिए। प्रत्येक भाग में से कम–से–कम* **दो** *प्रश्न अवश्य कीजिए। सभी प्रश्नों के* ***अंक समान*** *हैं।*

भाग I

प्रश्न 1. वैश्वीकरण के संदर्भ में राज्य की भूमिका का विवेचन कीजिए।

प्रश्न 2. 'सामाजिक संस्कृति, प्रशासनिक कार्य–निष्पादन को प्रभावित करती है, इस कथन की समाज और लोक प्रशासन के बीच संबंधों के संदर्भ में चर्चा कीजिए।

प्रश्न 3. नव–उदारवाद के बुनियादी सिद्धांतों और उद्‌भव पर एक टिप्पणी लिखिए।

प्रश्न 4. 'प्रशासन में सुधार करने के संस्थागत उपाय विकासशील देशों के लिए व्यावहारिक रूप से प्रासंगिक हैं।' चर्चा कीजिए।

प्रश्न 5. निम्नलिखित पर लगभग 250 शब्दों (प्रत्येक) में संक्षिप्त टिप्पणियाँ लिखिए–

(a) सामाजिक समता

(b) सामाजिक न्याय के व्यावहारिक पक्ष

भाग II

प्रश्न 6. नीति विश्लेषण में नौकरशाही की भूमिका का विवेचन कीजिए।

प्रश्न 7. वैश्वीकरण को परिभाषित कीजिए और विकासशील देशों पर इसके प्रभाव की चर्चा कीजिए।

प्रश्न 8. सुशासन की अवधारणा और महत्त्व की चर्चा कीजिए।

प्रश्न 9. नागरिक समाज के समक्ष चुनौतियों का विश्लेषण कीजिए।

प्रश्न 10. लोक प्रशासन में नीतिशास्त्र के अर्थ और इसकी उपयोगिता पर एक टिप्पणी लिखिए।

एम.पी.ए.–011 : राज्य, समाज और लोक प्रशासन
जून, 2015

नोट : *निम्नलिखित में से किन्हीं* ***पाँच*** *प्रश्नों के उत्तर लगभग* ***500*** *शब्दों (प्रत्येक) में दीजिए। प्रत्येक भाग में से कम–से–कम* ***दो*** *प्रश्न अवश्य कीजिए। सभी प्रश्नों के* ***अंक समान*** *हैं।*

भाग I

प्रश्न 1. राज्य के स्वरूप के बदलते हुए परिप्रेक्ष्यों की व्याख्या कीजिए।

प्रश्न 2. 'स्वराज का मॉडल, राज्य के गाँधीवादी परिप्रेक्ष्य का केंद्र था।' चर्चा कीजिए।

प्रश्न 3. नागरिकों और प्रशासन अंतर्संबंधों के लिए संस्थागत साधनों और कार्यनीतियों का परीक्षण कीजिए।

प्रश्न 4. नीति निर्माण और कार्यान्वयन में नौकरशाही की भूमिका का वर्णन कीजिए।

प्रश्न 5. निम्नलिखित पर लगभग 250 शब्दों (प्रत्येक) में संक्षिप्त टिप्पणियाँ लिखिए–

(क) फ्रेडरिख वॉन हायेक के विचार

(ख) चिल्का आंदोलन का केस अध्ययन

भाग II

प्रश्न 6. समकालीन नौकरशाही प्रतिमान की व्याख्या कीजिए।

प्रश्न 7. व्यापक स्तर पर संघर्ष समाधान पर एक टिप्पणी लिखिए।

प्रश्न 8. राज्य, बाजार और नागरिक समाज के बीच संबंध का परीक्षण कीजिए।

प्रश्न 9. व्यावसायिक प्रक्रिया पुनःअभियांत्रिकीकरण की अवधारणा का मूल्यांकन कीजिए।

प्रश्न 10. निम्नलिखित पर लगभग 250 शब्दों (प्रत्येक) में संक्षिप्त टिप्पणियाँ लिखिए–

(क) नैतिकता के केंद्र–बिंदु और चिंताएँ

(ख) नव लोक सेवा

एम.पी.ए.–011 : राज्य, समाज और लोक प्रशासन
दिसम्बर, 2015

नोट : *निम्नलिखित में से किन्हीं* **पाँच** *प्रश्नों के उत्तर लगभग 500 शब्दों (प्रत्येक) में दीजिए। प्रत्येक भाग में से कम–से–कम* **दो** *प्रश्न अवश्य कीजिए। सभी प्रश्नों के अंक समान हैं।*

भाग I

प्रश्न 1. वैश्वीकरण के संदर्भ में राज्य की भूमिका का परीक्षण कीजिए।

प्रश्न 2. राज्य के उदारवादी परिप्रेक्ष्य की व्याख्या कीजिए।

प्रश्न 3. "महात्मा गाँधी ने आधुनिक राज्य की व्यापक आलोचना की है।" चर्चा कीजिए।

प्रश्न 4. सामाजिक समता की अवधारणा और लोक प्रशासनिक अध्ययन में इसके आविर्भाव का वर्णन कीजिए।

प्रश्न 5. निम्नलिखित पर लगभग 250 शब्दों (प्रत्येक) में संक्षिप्त टिप्पणियाँ लिखिए–

(क) मिल्टन फ्रीडमैन के विचार

(ख) नागरिक घोषणापत्र प्रयास

भाग II

प्रश्न 6. नैतिक उत्तरदायित्व के मार्ग में बाधाओं पर प्रकाश डालिए।

प्रश्न 7. सुशासन की विशेषताओं और महत्त्व की चर्चा कीजिए।

प्रश्न 8. "नागरिक समाज आज अनगिनत चुनौतियों का सामना कर रहा है।" चर्चा कीजिए।

प्रश्न 9. नीति निरीक्षण, विश्लेषण और मूल्यांकन में नौकरशाही की भूमिका की व्याख्या कीजिए।

प्रश्न 10. निम्नलिखित पर लगभग 250 शब्दों (प्रत्येक) में संक्षिप्त टिप्पणियाँ लिखिए–

(क) संस्थागत मानववाद

(ख) संघर्ष समाधान का अर्थ

बिना किताबों के कमरा बिना आत्मा के शरीर के समान है।

एम.पी.ए.–011 : राज्य, समाज और लोक प्रशासन
जून, 2016

नोट : *भाग–I और भाग–II में दिए गए निम्नलिखित प्रश्नों में से* ***किन्हीं पाँच*** *प्रश्नों के उत्तर लगभग* ***500*** *शब्दों (प्रत्येक) में दीजिए। प्रत्येक भाग में से कम–से–कम* ***दो*** *प्रश्न अवश्य कीजिए।* ***सभी*** *प्रश्नों के अंक* ***समान*** *हैं।*

भाग I

प्रश्न 1. राज्य के नव–उदारवादी परिप्रेक्ष्य का वर्णन कीजिए।

उत्तर– देखें अध्याय–1, प्रश्न सं.–1

प्रश्न 2. राज्य के उदारवादी और मार्क्सवादी विश्लेषणों की प्रवृत्तियों की चर्चा कीजिए।

उत्तर– देखें अध्याय–4, प्रश्न सं.–1 एवं प्रश्न सं.–2

प्रश्न 3. नागरिक प्रशासन अंतर्संबंधों को मजबूत करने के लिए संस्थागत रणनीतियों और उपायों की व्याख्या कीजिए।

उत्तर– देखें अध्याय–7, प्रश्न सं.–3

प्रश्न 4. जेंडर के मुद्दों के सामान्य मापदंडों का विवेचन कीजिए।

उत्तर– देखें अध्याय–10, प्रश्न सं.–2

प्रश्न 5. निम्नलिखित में से प्रत्येक पर लगभग 250 शब्दों में संक्षिप्त टिप्पणियाँ लिखिए–

(a) थैचरवाद

उत्तर– देखें अध्याय–5, प्रश्न सं.–1

(b) नागरिक घोषणापत्र प्रयास

उत्तर– देखें अध्याय–7, प्रश्न सं.–4

भाग II

प्रश्न 6. भारतीय राज्य के समक्ष मुद्दों का विश्लेषण कीजिए।

उत्तर– देखें अध्याय–11, प्रश्न सं.–2

प्रश्न 7. भारत में नौकरशाही की भूमिका की चर्चा कीजिए।

उत्तर– देखें अध्याय–12, प्रश्न सं.–1

प्रश्न 8. लोक शासन के अंतर्राष्ट्रीयकरण की व्याख्या कीजिए।

उत्तर– 1960 व 1970 के प्रथम दो विकासात्मक दशकों की असफलता के बाद 1980 के दशक के प्रारंभिक चरण में अंतर्राष्ट्रीय बाजार में वस्तुओं के मूल्य में जबर्दस्त गिरावट आई। इस प्रवृत्ति ने संपूर्ण विश्व में सरकारों के विरुद्ध असंतोष की एक लहर पैदा कर दी। विकसित देशों में यह असंतोष अधिक केंद्रित और मुद्दों पर आधारित था। इसके विपरीत विकासशील देश उस प्रबंध से बाहर आर्थिक संकट से गुजर रहे थे, जिसका जन्म महँगे लेकिन असफल गरीबी उन्मूलन कार्यक्रमों, अस्थायी राजनीति और अंतर्राष्ट्रीय बाजार में मनमानी की प्रवृत्तियों के कारण हुआ। इन प्रवृत्तियों का संदेश स्पष्ट था। राज्य इतना बड़ा है कि इसका प्रबंध नहीं किया जा सकता है और उन सभी क्षेत्रों का प्रबंध करने की स्वतंत्रता निजी क्षेत्र को होनी चाहिए जहाँ राज्य असफल हो रहा है। व्यापक उद्यमशीलता और खुली प्रतियोगिता सुधारों की प्रमुख शब्दावली बन गए। वस्तुओं और सेवाओं की पूर्ति करना अब सरकार से निजी एजेंसियों के हाथों में जाने लगा। बाजार की आवश्यकताओं और अंतर्राष्ट्रीय दाता एजेंसियों द्वारा समर्पित नीतियों के कारण परंपरागत मॉडल को पूरी तरह से नकार दिया गया।

विश्व बैंक की 1996 की रिपोर्ट शासन के दूरगामी कार्यक्रमों में परिवर्तनों की ओर इशारा करती है। प्रथम, योजना के असफल दशक बाजारीकरण के लिए तर्क प्रदान करते हैं और द्वितीय, जो कुछ भी राज्य उपलब्ध कराने में असफल रहा है, उसे बाजार उपलब्ध कराएगा।

इस प्रकार से इस नई सुधार मुहिम को दान एजेंसियों, जैसे–विश्व बैंक, अंतर्राष्ट्रीय वित्त कोष (आई.एम.एफ.) आर्थिक सहयोग व विकास के लिए संगठन (Organisation for Economic Co-operation and Development, OECD–ओ.ई.सी.डी.) और संयुक्त राष्ट्र विकास कार्यक्रम (यू.एन.डी.पी.) ने आगे बढ़ाया। लागत में बचत और अर्थपूर्ण निष्पादन ऑडिट मुख्य प्रेरक था। ऐसा महसूस किया गया कि सुधारों को शीघ्र लाया जाना आवश्यक था। इसका कारण यह था कि विकासशील देशों में प्रचलित संरक्षणवाद के कारण विकसित औद्योगिक देशों में बाजार में ठहराव की स्थिति आ गई थी। लाभप्रद निष्पादन का एक बहुत बड़ा हिस्सा अंतर्राष्ट्रीय निवेशकों और तृतीय विश्व के देशों को नहीं पहुँच रहा था। इसका कारण यह था कि बाजार के कठिन व स्वेच्छाचारी कानून नौकरशाही द्वारा नियंत्रित हो रहे थे और यह नौकरशाही अपव्यय करने और अपने हित साधने वाली थी। उनका उद्देश्य था नौकरशाही–राज्य के लोह–प्रभामंडल (Iron Halo) को हटाना, सार्वजनिक चयन को कम

करना और बाजार को इस तरह से मुक्त बनाना कि सरल व आसान बाजार के तर्क न कि बड़ी योजनाओं द्वारा पूँजी का प्रवाह एक स्थान से दूसरे स्थान के लिए हो सके।

नव लोक प्रबंधन के अंतर्राष्ट्रीय पक्ष ने इसे सुशासन की अवधारणा में आसानी से परिवर्तित होने में मदद की है। इसके बाद से ओ.ई.सी.डी. (1995, 1996 और 2000) अंतर्राष्ट्रीय विकास विभाग (डी.एफ.आई.डी.–1997) और संयुक्त राष्ट्र विकास कार्यक्रम (यू.एन.डी.पी.–1996, 1998) ने प्रबंध–उन्मुख उपागमों पर आधारित बहुत से समान सुधार पैकेज प्रचारित किए हैं। इन सुधार मुहिमों की बहुत सारी असफलताओं की कहानियों के बावजूद भी बहुस्तरीय दान एजेंसियों को "मॉरीशस : मैनेजिंग सक्सैज एंड ईस्ट एशियन मिरेकल" (Mauritius : Managing Success and East Asian Miracle) रिपोर्ट के रूप में छोटी–छोटी सफलताओं की भूली–भटकी व बहुत सारी कहानियाँ प्राप्त होती रहती हैं। यहाँ पर विलियमसन के नीति सुधारों के दस दिशा–निर्देशों का उल्लेख करना अति आवश्यक है। ये निर्देश राज्य के स्वरूप में होने वाले परिवर्तन में दृष्टिगोचर होते हैं और संपूर्ण संसार में सुधार के लिए कुख्यात वाशिंगटन सहमति (Washington Consensus) सुझाव बन गए हैं। विलियमसन द्वारा सुझाए गए ये दिशा–निर्देश निम्न बातों पर बल देते हैं–

- वित्तीय अनुशासन
- सार्वजनिक खर्च की वरीयताओं का उन क्षेत्रों की ओर पुनर्निर्देशन, जिनमें उच्च आर्थिक लाभ मिले और आय वितरण, जैसे–प्राथमिक स्वास्थ्य देखभाल, प्राथमिक शिक्षा व आधारभूत संरचना में सुधार की संभाव्यता हो
- कर सुधारों द्वारा मारजिनल (परिधीय) दरों में कमी करना और कर आधार को व्यापक बनाना
- ब्याज दर का उदारीकरण
- प्रतिस्पर्धी विनिमय दर
- व्यापार उदारीकरण
- प्रत्यक्ष विदेशी निवेश (Foreign Direct Investment) के प्रवाह के लिए उदारीकरण
- निजीकरण
- प्रवेश व निर्गमन के अवरोधों की समाप्ति के लिए विनियमन
- सुरक्षित संपत्ति अधिकार

ये दिशा–निर्देश विश्व बैंक के नव–उदारवादी एजेंडा को प्रदर्शित करते हैं और साथ ही प्रशासनिक कार्यप्रणाली में कार्यकुशलता व मितव्ययता को सुनिश्चित करते हैं।

1990 के दशक में संयुक्त राज्य अमेरिका में लोक प्रशासन के प्रति प्रबंध दृष्टिकोण ने अर्थव्यवस्था के उदारीकरण के कारण गति पकड़ी। सरकार में सुधार लाने के ऐसे प्रयास किए गए, जिनका उद्देश्य सामाजिक आवश्यकताओं की पूर्ति करने के लिए वर्तमान व्यवस्था व

परिस्थिति में परिवर्तन लाना है। नव लोक प्रबंधन में एक महत्त्वपूर्ण विकास सरकार में सुधार लाना रहा है, ताकि सरकार पूरी संभाव्यता कार्यकुशलता से कार्य करे। सरकार में सुधार लाने के कार्य को सरकार द्वारा प्रारंभ एक चेतन व नियोजित प्रक्रिया के रूप में किया गया, ताकि आंतरिक व बाह्य राजनैतिक व प्रशासकीय संगठनों व नीतियों में परिवर्तन हो और सुशासन के प्रधान मूल्यों के प्रकाश में लोक प्रबंधन की संभाव्यता में संवृद्धि हो।

सरकार के पुनः निर्माण ने 'दस विभिन्न रूप ले लिए हैं, जो इस प्रकार से हैं—उत्प्रेरणात्मक, समुदाय–उन्मुख, प्रतिस्पर्धी, मिशन–प्रेरित, परिणाम–उन्मुख, ग्राहक प्रेरित, उद्यमी, पूर्वानुमान, विकेंद्रीकृत और बाजार–उन्मुख। आस्बोर्न और गैब्लर द्वारा प्रस्तुत सरकार का पुनः निर्माण मॉडल नव लोक प्रबंधन में एक व्यापक प्रयास है। यह बढ़ती कुशलता, विकेंद्रीकरण, उत्तरदायित्व और बाजारीकरण के सुधार एजेंडा को पुनः स्थापित करता है। इन्हीं विचारों के प्रभाव से इंग्लैंड में उस समय के उप–राष्ट्रपति एल. गोर के नेतृत्व में राष्ट्रीय कार्य निष्पादन पुनरीक्षण (National Performance Review) का प्रयास हुआ।

लोक प्रशासन और प्रबंध की राष्ट्रकुल संस्था (सी.ए.पी.ए.एम. CAPAM–Commonwealth Association of Public Administration and Management) द्वारा 1994 में आयोजित 'संक्रमण काल में सरकार' (Government in Transition) विषय पर सम्मेलन और 1996 में 'नव लोक प्रशासन : वैश्विक चुनौतियाँ–स्थानीय समाधान' (The New Public Administration : Global Challenges – Local Solutions) विषय पर सम्मेलन में भी नागरिकों को उच्च गुण की सेवाओं को प्रदान करने में सार्वजनिक प्रबंधकों की नई भूमिका को बताने का प्रयास किया गया। इनके द्वारा उस खाई को भरने का प्रयास किया गया, जो वैश्विक माँग व स्थानीय अनुभवों के बीच उत्पन्न होती है। इन सम्मेलनों में नए प्रतिमान का समर्थन किया गया। इस प्रतिमान की निम्न पाँच विशेषताएँ हैं—

- उच्च गुण की सेवाओं को मुहैया करना;
- अधिक प्रबंधकीय स्वायत्तता;
- व्यक्तियों व संगठनों का गंभीर व गहन निष्पादन मूल्यांकन;
- नीतिगत लक्ष्यों की प्राप्ति आसान करने के लिए प्रबंधकीय सहायता सेवाओं को उपलब्ध करना;
- प्रतिस्पर्धा की स्वीकार्यता।

यह नया प्रतिमान सार्वजनिक व निजी क्षेत्रों के बीच दृढ़ संबंध व भागीदारी की ओर इशारा करता है।

नव लोक प्रबंधन का यह अंतर्राष्ट्रीय तत्त्व राज्य के पुराने नौकशाही मॉडल से एकदम स्पष्ट रूप से भिन्न था, जो संरक्षणवाद, नियम–उन्मुखता और निष्पादन में गुप्तता के सहारे खड़ा था। लेकिन यह कहना होगा कि नया मॉडल सामाजिक व मानवशास्त्रीय विशेषताओं, नस्लीय जटिलताओं और विभिन्न समाजों में पारिस्थितिकीय विभिन्नताओं की एक साधारण

समझ व विश्लेषण पर आधारित था।

प्रश्न 9. भारतीय न्यायिक व्यवस्था को सुधारने के लिए शुरू किए गए सक्रिय सुधारों का परीक्षण कीजिए।

उत्तर– देखें अध्याय–18, प्रश्न सं.–4

प्रश्न 10. निम्नलिखित में से प्रत्येक पर लगभग 250 शब्दों में संक्षिप्त टिप्पणियाँ लिखिए–

(a) वैश्वीकरण की अवधारणा

उत्तर– देखें अध्याय–14, प्रश्न सं.–1

(b) एक प्रशासनिक नैतिक आचार संहिता की प्रासंगिकता

उत्तर– नीतिशास्त्र की अवधारणा का लोक प्रशासन में देर से आगमन हुआ। बहुत समय तक अपने कर्त्तव्यों को सही तरीके से निभाने को प्रशासनिक नैतिकता का पर्याय माना गया। यह बड़ा रोचक तथ्य है कि संयुक्त राज्य में मूल नगर प्रबंधकों व संघीय आचार संहिता की कार्यकुशलता को नैतिक अवधारणा के रूप में रेखांकित किया गया तथा उस पर काफी जोर दिया गया। 20वीं शताब्दी की शुरुआत से परिदृश्य में बदलाव आना शुरू हो गया। 1924 में, अंतर्राष्ट्रीय नगर/देश प्रबंधन एसोसिएशन (International City/Country Management Association) ने सार्वजनिक क्षेत्र की प्रथम आचार संहिता को अपनाया, जिसने म्युनिसिपल सुधार आंदोलन के भ्रष्टाचार विरोधी व गैर–राजनीतिक पहलुओं को परिलक्षित किया।

आज यू.एस. में आचार संहिता, आचार बोर्ड (Board) तथा आचार प्रशिक्षण को लोक प्रशासन का अभिन्न अंग माना जाता है।

लोक प्रशासन के अमेरिकन समाज की आचार संहिता के कुछ प्रमुख तत्त्व निम्नलिखित हैं–

- लोकहित के उन्नयन के लिए विवेकपूर्ण अधिकार का उपयोग;
- लोक मामलों को समझने और जानने के जनाधिकार की पहचान और उनका समर्थन;
- निष्पक्षता, पारदर्शिता, सत्यनिष्ठा तथा संवेदना का व्यवहार;
- लेखा गतिविधियों के सुनियोजित व सुव्यवस्थित प्रबंधन के द्वारा लोक निधियों (Funds) के सभी प्रकार के दुरुपयोगों पर रोक;
- समता, समानता, प्रतिनिधित्व, जवाबदेही और जनाधिकार के संरक्षण के संवैधानिक सिद्धांतों का संरक्षण;
- ईमानदारी और सत्यनिष्ठा का अनुपालन और व्यक्तिगत स्वार्थ के संपोषण के

- भाई–भतीजावाद, लोक पदों का दुरुपयोग या अनुचित उपहारों की स्वीकृति जैसे अनुचित तौर–तरीकों पर प्रभावी नियंत्रण पर्यवेक्षण;
- नैतिक मूल्यों पर स्थापित आचरणों का प्रचार–प्रसार करने वाले तथा संगठनों को उनके आचरण के लिए जवाबदेह बनाने वाले तौर–तरीकों की स्थापना।

लोक प्रशासन के अमेरिकन समाज की आचार संहिता में और भी कई प्रतिबद्धताएँ शामिल हैं। यह प्रपत्र भारत और अन्य देशों के विभिन्न सार्वजनिक संगठनों के लिए एक आदर्श मॉडल का कार्य कर सकता है। वास्तव में, यदि सभी लोक प्रशासनिक एजेंसियाँ, मंत्रालय, विभाग, बोर्ड, आयोग, सार्वजनिक उद्यम, शहरी प्रशासनिक प्राधिकरण, ग्रामीण प्रशासनिक संगठन तथा अन्य लोक संस्थान, इस तरह की आचार संहिताएँ, जिनमें स्थानीय कार्य क्षेत्रों तथा सांगठनिक आवश्यकताओं के विशिष्ट स्वरूप के अनुरूप समायोजन की क्षमता हो, अपनाएँ तो यह एक आदर्श स्थिति होगी।

“ऐसा व्यक्ति जो एक घंटे का समय बर्बाद करता है, उसने जीवन के मूल्य को समझा ही नहीं है।”

एम.पी.ए.–011 : राज्य, समाज और लोक प्रशासन
दिसम्बर, 2016

नोटः *भाग–**I** और भाग–**II** में दिए गए निम्नलिखित प्रश्नों में से किन्हीं* **पाँच** *प्रश्नों के उत्तर लगभग* **500** *शब्दों (प्रत्येक) में दीजिए। प्रत्येक भाग में से कम–से–कम* **दो** *प्रश्न अवश्य कीजिए।* **सभी** *प्रश्नों के अंक* **समान** *हैं।*

भाग – I

प्रश्न 1. राज्य पर गाँधीवादी परिप्रेक्ष्य की चर्चा कीजिए।

प्रश्न 2. समाज और प्रशासन के बारे में रिग्स के विचारों का परीक्षण कीजिए।

प्रश्न 3. "चिल्का आंदोलन, आजीविका संबंधी मुद्दों के लिए लोगों के सामूहिक संघर्ष की भूमिका को दर्शाता है।" व्याख्या कीजिए।

प्रश्न 4. सहभागिता के बदलते प्रतिमान का विश्लेषण कीजिए।

प्रश्न 5. निम्नलिखित में से प्रत्येक पर लगभग 250 शब्दों में संक्षिप्त टिप्पणियाँ लिखिए:

(a) **ट्रस्टीशिप की अवधारणा**

(b) **स्वायत्तता और लचीलेपन के प्रतिमान**

भाग – II

प्रश्न 6. नीति–निर्माण में नौकरशाही की भूमिका की चर्चा कीजिए।

प्रश्न 7. नैतिक उत्तरदायित्व के मार्ग में बाधाओं का विश्लेषण कीजिए।

प्रश्न 8. सुशासन की विशेषताओं की व्याख्या कीजिए।

प्रश्न 9. व्यापक स्तर पर संघर्ष समाधान का विवेचन कीजिए।

प्रश्न 10. निम्नलिखित में से प्रत्येक पर लगभग 250 शब्दों में संक्षिप्त टिप्पणियाँ लिखिए:

(a) **नव लोक प्रबंधन की सैद्धांतिक आधारशिलाएँ**

(b) **नागरिक समाज का समकालीन संदर्भ**

●●●

एम.पी.ए.–011 : राज्य, समाज और लोक प्रशासन

जून, 2017

नोट: *भाग–**I** और भाग–**II** में दिए गए निम्नलिखित प्रश्नों में से किन्हीं* **पाँच** *प्रश्नों के उत्तर लगभग* ***500*** *शब्दों (प्रत्येक) में दीजिए। प्रत्येक भाग में से कम–से–कम* **दो** *प्रश्न अवश्य कीजिए।* ***सभी*** *प्रश्नों के अंक* ***समान*** *हैं।*

भाग – I

प्रश्न 1. राज्य के गाँधीवादी परिप्रेक्ष्य का विवेचन कीजिए।

प्रश्न 2. 'राज्य के स्वरूप को समझने में उदारवादी और मार्क्सवादी परिप्रेक्ष्य बहुत महत्त्वपूर्ण है।' टिप्पणी कीजिए।

प्रश्न 3. वैश्वीकरण के संदर्भ में राज्य की भूमिका का विश्लेषण कीजिए।

प्रश्न 4. 'भारत में सूचना का अधिकार आंदोलन ने लोकतांत्रिक जन आंदोलनों को एक नया आयाम प्रदान किया है।' व्याख्या कीजिए।

प्रश्न 5. निम्नलिखित में से प्रत्येक पर लगभग 250 शब्दों में संक्षिप्त टिप्पणियाँ लिखिए:

(a) स्वायत्तता और लचीलेपन के प्रतिमान

(b) फ्रेडमैन का राज्य के संबंध में नव–उदारवादी दृष्टिकोण

भाग – II

प्रश्न 6. समकालीन नौकरशाही प्रतिमान की चर्चा कीजिए।

प्रश्न 7. नैतिक उत्तरदायित्व के मार्ग में विभिन्न बाधाओं का विवेचन कीजिए।

प्रश्न 8. 'सूक्ष्म स्तर पर संघर्ष समाधान एक महत्त्वपूर्ण प्रक्रिया है।' टिप्पणी कीजिए।

प्रश्न 9. शासन और विकास में नागरिक समाज संगठनों की बढ़ती भूमिका की व्याख्या कीजिए।

प्रश्न 10. निम्नलिखित में से प्रत्येक का उत्तर लगभग 250 शब्दों में दीजिए:

(a) नव लोक प्रबंधन की सैद्धांतिक आधारशिलाएँ

(b) वैश्विक न्याय और उत्तरदायित्व के प्रति संवेदनशीलता

एम.पी.ए.–011 : राज्य, समाज और लोक प्रशासन
दिसम्बर, 2017

नोट : *भाग–**I** और भाग–**II** में दिए गए निम्नलिखित प्रश्नों में से किन्हीं* **पाँच** *प्रश्नों के उत्तर लगभग* **500** *शब्दों (प्रत्येक) में दीजिए। प्रत्येक भाग में से कम–से–कम* **दो** *प्रश्न अवश्य कीजिए।* **सभी** *प्रश्नों के अंक* **समान** *हैं।*

भाग – I

प्रश्न 1. राज्य के मार्क्सवादी परिप्रेक्ष्य की व्याख्या कीजिए।

उत्तर– देखें अध्याय–4, प्रश्न सं.–2

प्रश्न 2. 'नागरिक–प्रशासन अंतर्संबंध विभिन्न संस्थागत रणनीतियों और उपायों के द्वारा निर्वाह करता है।' टिप्पणी कीजिए।

उत्तर– देखें अध्याय–7, प्रश्न सं.–3

प्रश्न 3. लोक प्रशासन और विकास को घटित करने वाले दृष्टिकोणों का वर्णन कीजिए।

उत्तर– देखें अध्याय–10, प्रश्न सं.–2

प्रश्न 4. 'चिल्का आंदोलन एक प्रमुख जन लोकतांत्रिक आंदोलन रहा है।' व्याख्या कीजिए।

उत्तर– देखें अध्याय–8, प्रश्न सं.–2

प्रश्न 5. निम्नलिखित में से प्रत्येक पर लगभग 250 शब्दों में संक्षिप्त टिप्पणियाँ लिखिए:

(a) गाँधी जी की 'स्वराज' संबंधी अवधारणा

उत्तर– देखें अध्याय–6, प्रश्न सं.–2

(b) नागरिक घोषणा–पत्र प्रयास

उत्तर– देखें अध्याय–7, प्रश्न सं.–4

भाग – II

प्रश्न 6. नीति कार्यान्वयन में नौकरशाही की भूमिका की चर्चा कीजिए।

उत्तर– देखें अध्याय–13, प्रश्न सं.–5

प्रश्न 7. प्रशासन पर वैश्वीकरण के प्रभाव का विवेचन कीजिए।

उत्तर– देखें अध्याय–14, प्रश्न सं.–1

प्रश्न 8. 'व्यापक स्तर पर संघर्ष का समाधान किसी भी संगठन के लिए महत्त्वपूर्ण प्रक्रिया है।' चर्चा कीजिए।

उत्तर– देखें अध्याय–20, प्रश्न सं.–2

प्रश्न 9. प्रशासनिक नैतिक आचार संहिता की प्रासंगिकता का उल्लेख कीजिए।

उत्तर– नीतिशास्त्र की अवधारणा का लोक प्रशासन में देर से आगमन हुआ। बहुत समय तक अपने कर्त्तव्यों को सही तरीके से निभाने को प्रशासनिक नैतिकता का पर्याय माना गया। यह बड़ा रोचक तथ्य है कि संयुक्त राज्य में मूल नगर प्रबंधकों व संघीय आचार संहिता की कार्यकुशलता को नैतिक अवधारणा के रूप में रेखांकित किया गया, तथा उस पर काफी जोर दिया गया। 20वीं शताब्दी की शुरुआत से परिदृश्य में बदलाव आना शुरू हो गया। 1924 में, अंतर्राष्ट्रीय नगर/देश प्रबंधन एसोसिएशन
ने सार्वजनिक क्षेत्र की प्रथम आचार संहिता को अपनाया,
जिसने म्युनिसिपल सुधार आंदोलन के भ्रष्टाचार विरोधी व गैर–राजनीतिक पहलुओं को परिलक्षित किया।

1958 में, यू.एस. कांग्रेस ने संघीय सरकार पर एक आचार संहिता को लागू किया तथा 1978 के सरकारी कामकाज में नैतिकता कानून के नतीजे के रूप में सन् 1978 में सरकारी नैतिकता का विभाग (दफ्तर) स्थापित किया। 1992 में इस विभाग ने संघीय सरकार के नैतिक मानकों की एक पहली व्यापक संहिता निर्धारित की, तथा उसे जारी किया, जिसमें उपहार, वित्तीय हितों के संघर्ष, निष्पक्षता, पद व प्रतिष्ठा का दुरुपयोग, बाह्य रोजगार की खोज तथा बाह्य गतिविधियों से संबंधित मानक शामिल थे। अमेरिका के लगभग सारे राज्यों ने अपनी–अपनी संहिता को जारी किया, यद्यपि संघीय पहल की तुलना में वे कम प्रभावी व व्यापक थे।

आज यू.एस. में आचार संहिता, आचार बोर्ड तथा आचार प्रशिक्षण को लोक
प्रशासन का अभिन्न अंग माना जाता है। इसके अतिरिक्त, नैतिक शिक्षा ने भी लोक प्रशासन को आच्छादित करने का काम व्यापक रूप से शुरू कर दिया है। लोक मामलों तथा लोक प्रशासन की राष्ट्रीय एसोसिएशन
ने नैतिक शिक्षा को लोक प्रशासन कार्यक्रम का
अभिन्न व अनिवार्य अंग बना दिया है, तथा लोक प्रशासन की सभी निर्धारित पाठ्य पुस्तकों में नीति विषयक भाग को शामिल करने का निर्देश जारी किया है (बोमैन, बर्मन तथा वेस्ट–
। लोक प्रशासन के प्रतिष्ठित पेशेवर एसोसिएशनों

ने भी लोक प्रबंधकों के लिए नैतिक आचरण पर प्रशिक्षण कार्यक्रमों का प्रस्ताव दिया है।

भारत में लोक सेवकों के लिए प्रशासनिक नैतिकता पर भारतीय लोक प्रशासन संस्थान तथा अन्य संस्थान के द्वारा कुछ प्रशिक्षण कार्यक्रम चलाए जा रहे हैं, लेकिन लोक प्रशिक्षण शिक्षण के क्षेत्र में इस तरह के शायद ही कोई प्रयास हुए हैं। लोक प्रशासन के अमेरिकन समाज ने 1989 में अपने सदस्यों के लिए (जिनमें बुद्धिजीवी और प्रशासक दोनों शामिल थे) एक आचार संहिता को अपनाया था। 1994 में इसे संशोधित किया गया। लोक प्रशासन के अमेरिकन समाज की आचार संहिता के कुछ प्रमुख तत्त्व निम्नांकित हैं:

• लोकहित के उन्नयन के लिए विवेकपूर्ण अधिकार का उपयोग

• लोक मामलों को समझने और जानने के जनाधिकार की पहचान और उनका समर्थन

• निष्पक्षता, पारदर्शिता, सत्यनिष्ठा तथा संवेदना का व्यवहार

• लेखा गतिविधियों के सुनियोजित व सुव्यवस्थित प्रबंधन के द्वारा लोक निधियों के सभी प्रकार के दुरुपयोगों पर रोक।

• समता, समानता, प्रतिनिधित्व, जवाबदेही और जनाधिकार के संरक्षण के संवैधानिक सिद्धांतों का संरक्षण

• ईमानदारी और सत्यनिष्ठा का अनुपालन, और व्यक्तिगत स्वार्थ के संपोषण के लिए पद प्रतिष्ठा व धन के सभी प्रकार के दुरुपयोगों पर रोक

• भाई भतीजावाद, लोक पदों का दुरुपयोग या अनुचित उपहारों की स्वीकृति जैसे अनुचित तौर–तरीके पर प्रभावी नियंत्रण पर्यवेक्षण

• नैतिक मूल्यों पर स्थापित आचरणों का प्रचार–प्रसार करने वाले, तथा संगठनों को उनके आचरण के लिए जवाबदेह बनाने वाले तौर तरीकों की स्थापना।

लोक प्रशासन के अमेरिकन समाज की आचार संहिता में और भी कई प्रतिबद्धताएँ शामिल हैं। यह प्रपत्र भारत और देशों के विभिन्न सार्वजनिक संगठनों के लिए एक आदर्श मॉडल का कार्य कर सकता है। वास्तव में, यदि सभी लोक प्रशासनिक एजेंसियाँ, मंत्रालय, विभाग, बोर्ड, आयोग, सार्वजनिक उद्यम, शहरी प्रशासनिक प्राधिकरण, ग्रामीण प्रशासनिक संगठन तथा अन्य लोक संस्थान, इस तरह की आचार संहिताएँ, जिनमें स्थानीय कार्य क्षेत्रों तथा सांगठनिक आवश्यकताओं के विशिष्ट स्वरुप के अनुरूप समायोजन की क्षमता हो, अपनाएँ तो यह एक आदर्श स्थिति होगी। संपूर्ण पहल कार्यों को एक आंदोलन का रूप देना होगा। उसके लिए लोक स्वीकृति और विश्वसनीयता को पाने में निश्चय ही कुछ समय अवश्य लगेगा।

प्रश्न 10. निम्नलिखित में से प्रत्येक प्रश्न का उत्तर लगभग 250 शब्दों में दीजिए।

(a) एक पूरक लोकतांत्रिक मॉडल के रूप में नागरिक समाज

उत्तर– देखें अध्याय–14, प्रश्न सं.–1

(b) नव लोक प्रबंधन और लोक प्रशासन का अंतर्राष्ट्रीयकरण

उत्तर– देखें अध्याय–15, प्रश्न सं.–1

लोक प्रशासन का अंतर्राष्ट्रीयकरण

1960 व 1970 के प्रथम दो विकासात्मक दशकों की असफलता के बाद 1980 के दशक के प्रारंभिक चरण में अंतर्राष्ट्रीय बाजार में वस्तुओं के मूल्य में जबर्दस्त गिरावट आई। इस प्रवृत्ति ने संपूर्ण विश्व में सरकारों के विरुद्ध असंतोष की एक लहर पैदा की। विकसित देशों में यह असंतोष अधिक केंद्रित और मुद्दों पर आधारित था। इसके विपरीत विकासशील देश उस प्रबंध से बाहर आर्थिक संकट से गुजर रहे थे, जिसका जन्म मँहगे लेकिन असफल गरीबी उन्मूलन कार्यक्रमों, अस्थायी राजनीति और अंतर्राष्ट्रीय बाजार में मनमानी की प्रवृत्तियों के कारण हुआ। इन प्रवृत्तियों का संदेश स्पष्ट था। राज्य इतना बड़ा है कि इसका प्रबंध नहीं किया जा सकता है और उन सभी क्षेत्रों का प्रबंध करने की स्वतंत्रता निजी क्षेत्र को होनी चाहिए जहाँ राज्य असफल हो रहा है। व्यापक उद्यमशीलता और खुली प्रतियोगिता सुधारों की प्रमुख शब्दावली बन गए। वस्तुओं और सेवाओं की पूर्ति करना अब सरकार से निजी एजेंसियों के हाथों में जाने लगा। बाजार की आवश्यकताओं और अंतर्राष्ट्रीय दाता एजेंसियों द्वारा समर्पित नीतियों के कारण परंपरागत मॉडल को पूरी तरह से नकार दिया गया।

सहायता कार्यक्रमों में यह परिवर्तन दिखाई देने लगा। दाता एजेंसियों ने विकासशील देशों में विकेंद्रीकरण, उदारीकरण, मूल्यांकन करने की कार्यपद्धति, निजीकरण और गरीबी उन्मूलन कार्यक्रमों की लागत प्रभावकारिता पर बल देना शुरू कर दिया। विश्व बैंक की 1996 की रिपोर्ट में इस उद्देश्य का स्पष्ट वक्तव्य दिखाई देता है। इस रिपोर्ट का शीर्षक फ्रॉम प्लान टू मार्किट है। शासन के दूरगामी कार्यक्रमों में यह रिपोर्ट दो परिवर्तनों की आरे इशारा करती है। प्रथम, योजना के असफल दशक बाजारीकरण के लिए तर्क प्रदान करते हैं, और द्वितीय, जो कुछ भी राज्य उपलब्ध कराने में असफल रहा है, उसे बाजार उपलब्ध कराएगा।

एम.पी.ए.–011 : राज्य, समाज और लोक प्रशासन

जून, 2018

नोट : *भाग–**I** और भाग–**II** में दिए गए निम्नलिखित प्रश्नों में से किन्हीं **पाँच** प्रश्नों के उत्तर लगभग **500** शब्दों (प्रत्येक) में दीजिए। प्रत्येक भाग में से कम–से–कम **दो** प्रश्न अवश्य कीजिए। **सभी** प्रश्नों के अंक **समान** हैं।*

भाग – I

प्रश्न 1. 'राज्य' को परिभाषित कीजिए और वैश्वीकरण के संदर्भ में इसकी भूमिका की चर्चा कीजिए।

उत्तर– देखें अध्याय-1, प्रश्न सं.-2 (पेज नं.-6)

प्रश्न 2. मार्क्सवादी अवधारणा के संबंध में समाज-प्रशासन संबंधों का विवेचन कीजिए।

उत्तर– देखें अध्याय-2, प्रश्न सं.-2 (पेज नं.-19)

प्रश्न 3. राज्य के विकास के विभिन्न चरणों की चर्चा कीजिए।

उत्तर– देखें अध्याय-3, प्रश्न सं.-1 (पेज नं.-22)

प्रश्न 4. सहभागिता के बदलते प्रतिमानों का विवेचन कीजिए।

उत्तर– देखें अध्याय-9, प्रश्न सं.-1 (पेज नं.-67)

प्रश्न 5. निम्नलिखित पर संक्षिप्त टिप्पणियाँ लिखिए:

(a) नागरिक समाज

उत्तर– अरस्तू और सिसिरो (Aristotle and Cicero) के समय से, जॉन लॉक और दूसरे विचारकों के राजनीतिक पर्दे पर आने तक, नागरिक समाज, राजनीति समाज और राज्य को अंतर्बदल रूप में देखा जाता रहा। आत्म–चेतन और आत्म विश्वास से परिपूर्ण मध्यवर्गीय समाज को नागरिक समाज की संज्ञा दी गई। इस परंपरागत दृष्टिकोण के विचारकों के अनुसार, "नागरिक समाज का सदस्य होने का मतलब था 'राज्य का सदस्य' होना (कार्लसन–Karlson, 2002)। वास्तविक रूप में, नागरिक समाज एक यूरोपीय विचारधारा है। नागरिक समाज का प्रारंभिक विकास, एक गैर राजनीति अवधारणा के रूप में, 18वीं शताब्दी की सामाजिक व आर्थिक पारिस्थितिकी और दल से जुड़ा हुआ है, क्योंकि इस काल में राजाओं की सत्ता और शक्ति 'असेम्बली' को मिल गई थी। स्कॉटिश एनलाइटनमेंट (Scottish Enlightenment) के विचारकों को नागरिक समाज की अवधारणा देने के लिए प्रथम स्थान दिया जाता है। यह विचारक नागरिक समाज की सार्वभौमिकता व बाजार की विशिष्टता समझने में सफल रहे, जो उस समय के सामंती समाज की भूमिका की पुनः व्याख्या के लिए उत्तरदायी थी।

हीगल (Hegel) ने सर्वप्रथम अपनी कृति 'अधिकार की अवधारणा' में नागरिक समाज के आधुनिक एवं अभिज्ञेय सिद्धांत को स्थापित किया। उन्होंने समाज में निहित अंतर्विरोध का निराकरण इसकी विशिष्टता को आधार बनाकर करने की कोशिश की, और उसमें इसके सार्वभौमिक पहलू को भी उजागर किया। यही वह बिंदु है, जिसमें नागरिक समाज क्षेत्र को समाज के क्षेत्र से पृथक् समझा गया। हीगल के लिए, नागरिक समाज निजी और एकनिष्ठ पहलू के समकक्ष या समरूप था, जो कि भौतिकवाद में लिप्त नागरिकों और समूहों के परस्पर विरोध से चिह्नित होता था, जबकि राज्य नैतिक मूल्यों और बुद्धिसंगत वर्ग का मूर्तरूप था।

वे एंटोनियो ग्रामची (Antonia Gramsci) थे, जिन्होंने नागरिक समाज को महत्त्व देकर उसको एक अलग स्थान दिया। ग्रामची ने नागरिक समाज को संस्कृति और विचारधारा के क्षेत्र की संज्ञा दी है, या हम कहें "सहचर्य या संगुणन का क्षेत्र" (Associational Realm) कहा है। ग्रामची ने द्विभाजीय विचार का विरोध किया जिसमें राज्य को नागरिक समाज के विपरीत स्थापित किया गया, और सभी गैर-राज्य या गैर-सामाजिक रिश्तों को नागरिक समाज से जोड़कर रखा गया। ग्रामची के लिए, नागरिक समाज, आर्थिक ढाँचे और राज्य के बीच एक मध्यस्थ की भूमिका अदा करता है।

चिंतन के कई स्कूलों ने नागरिक समाज की अवधारणा को स्थापित किया है। नव मार्क्सवादियों की सापेक्षिक स्वायत्ता उपागम या 'रिलेटिव ऑटोनॉमी एप्रोच' (Relative Autonomy approach) ने, जो कि राज्य की परिधि निर्धारित करती है, 'राज्य से नागरिक समाज की ओर सबका ध्यान आकर्षित किया। अनेकावादी और नव-अनेकावादी विचारधाराओं ने भी इस पर प्रभाव डाला। रॉबर्ट पटनम (Robert Putnam) की 'सोशल केपिटल एप्रोच' या सामाजिक पूँजी उपागम (Social Capital Approach) और अमेताई एटजोनी एवं विन्सेट ऑस्ट्राम (Amitai Etzioni and Vincent Ostrom) के न्यु कम्यूनिटेरियन पर्सपेक्टिव' (New communitarian Perspective) ने नागरिक समाज से संबंधित साहित्य में महत्त्वपूर्ण तथ्यों को जोड़ा। नव-कम्यूनिटेरियन विचारधारा व विचारकों ने आम आदमी के बदलते मूल्यों, दृष्टिकोण और व्यवहार को सभी संस्थाओं से अपनाने को कहा, जिसमें बड़े संगठनात्मक परिवर्तन की जरूरत न के बराबर थी। उनका उद्देश्य एक 'उत्तरदायी समुदाय' का विकास था, जो कि समुदाय और स्वतंत्रता तथा समुदाय के ढाँचे को शक्तिशाली एवं सुदृढ़ बनाने से ही संभव था। नव-सामुदायिक अवधारणा, जैसा कि ब्रैथवेट (Brathwaite, 2001) द्वारा चिह्नित किया गया है, "आधारभूत क्रियाओं से आई है, जिससे स्थानीय वामपंथी (Communist) विचारकों को एक नया क्षेत्र और आयाम मिला है।"

नागरिक समाज का आविर्भाव, जिसमें विभिन्न विचारधाराएँ भी शामिल हैं, राज्य और बाजार से उसके संबंधों के आधार पर उसके अर्थ और क्षेत्र को स्थापित करता है। इसलिए, नागरिक समाज पर कोई भी चर्चा, उसके राज्य और बाजार के संबंधों पर दृष्टि के बिना अधूरी है। यह सब एक-दूसरे को परिभाषित व सीमित करते है, व एक दूसरे के पूरक है। नागरिक समाज के ऐतिहासिक विकास ने, जैसा कि दर्शित है, नागरिक समाज के राज्य और निजी उद्यमों से संबंधों पर आधारित, उसके कार्यों का वर्णन किया है। नागरिक समाज का आधुनिक अर्थ यहाँ से शुरू होकर इस वैश्वीकरण के परिदृश्य में राज्य व बाजार से उसके संबंधों, शासन व विकास के संबंध में विस्तृत रूप से वर्णित होना चाहिए।

(b) सामाजिक समता

उत्तर– सामाजिक समता के सिद्धांत को एक नया सिद्धांत कहा जा सकता है। पारंपरिक रूप से इस शब्द को 'समानता' के रूप में लिया जाता है, तथा अब इसे 'सामाजिक समता' के संदर्भ में समझा जाता है। समकालीन संदर्भ में, इसे 'सामाजिक अभियांत्रिकीकरण' (Social Engineering) कहा जाता है। शाब्दिक अर्थ के परिवर्तन ने इसमें नए आयाम जोड़ दिए हैं। उदाहरण के लिए, सामाजिक समता की वर्तमान अवधारणा अब केवल जाति के आधार पर शोषण, अस्पृश्यता के उन्मूलन आदि तक सीमित नहीं है। अब इसमें सामाजिक ढाँचे का व्यापक विस्तार व लोकतंत्रीकरण, सामाजिक संसाधनों के संदर्भ में समाज को अधिक न्यायोचित बनाने में, जेंडर समानता, शिक्षा के प्रति जागरूकता व जातीय सद्भाव शामिल है। सामाजिक समता को व्यापक रूप से प्रचलित करने का प्रयास है, जिसकी सामान्य अच्छाई, सामुदायिक सेवाओं, बहु-संस्कृतिवाद, सांस्कृतिक स्वतंत्रता, मानवाधिकार, प्रजातीयता (Ethnicity), सामाजिक सद्भाव व पर्यावरण सुरक्षा आदि अभिन्न अंग हों।

अन्य देशों तथा भारत के लिए भी विविधताओं तथा सांस्कृतिक पहचानों का आदर करना एक प्रमुख चुनौती होगी। कोई भी देश पूर्ण रूप से समरूप नहीं है। विश्व के लगभग 200 देशों में कुल 5000 जातीय समूह हैं। इनमें से दो-तिहाई में कम से कम एक बड़ा अल्पसंख्यक-समूह है, चाहे वह जातीय या धार्मिक समूह हो, जो जनसंख्या का कम से कम 10 प्रतिशत होता है। सामाजिक सद्भाव बनाए रखने के लिए सांस्कृतिक स्वतंत्रता आवश्यक है। इसके लिए राज्य को उचित प्रयोजन करने होंगे। वैश्वीकरण के वर्तमान युग की सांस्कृतिक 'समरूपता' लाने के लिए आलोचना की जाती है, क्योंकि सूचना व संचार क्रांति, आर्थिक एकीकरण व अनवरूद्ध व्यापारिक प्रवाह लगातार विश्व को छोटा कर रहे हैं, जिसका सांस्कृतिक विविधता पर परिवर्तनकारी प्रभाव पड़ रहा है।

साथ ही लोकतंत्र का प्रसार, मानव अधिकारों पर दबाव व नए वैश्विक नेटवर्क लोगों को किसी उद्देश्य के लिए, एकत्रित, संगठित व अपने हितों को प्राप्त करने के लिए आवश्यक संघर्ष करने के लिए प्रेरणा व साधन प्रदान कर रहे हैं। इस परिदृश्य में, जब तक राज्य व इसके नागरिक विविधता का आदर नहीं करेंगे, तथा मानवता के सामान्य संबंधों के द्वारा एकता बनाए नहीं रखेंगे, तब तक सामाजिक समता को वास्तव में प्राप्त नहीं किया जा सकता। विकास की प्रक्रिया व परिवर्तन के इस माहौल में 'सामाजिक समता का अर्थ क्या है', 'कैसे परिभाषित किया जाए', 'कैसे स्थापित हो', इस प्रकार के कई प्रश्नों को उठाया है। जॉर्ज फ्रेडरिक्सन (George Frederickson-1987) ने इसे इस तरह परिभाषित किया है, "सार्वजनिक सेवाओं को निष्पक्ष या समान रूप से उपलब्ध कराने की आवश्यकता.... प्रशासनिक स्व-निर्णयों (Discretion) के प्रयोग में निष्पक्ष भाव रखना, तथा सरकारी कार्यक्रमों को इस प्रकार कि अल्पसंख्यकों, महिलाओं, गरीबों तथा जिनके पास सीमित राजनीतिक शक्ति होती है, उनकी सहायता हो सके।"

अन्य शोधकर्त्ताओं ने सामाजिक समता की परिभाषा एक ऐसे नियम के रूप में की है, जिससे कि प्रत्येक नागरिक को राजनीतिक व्यवस्था द्वारा समान व्यवहार का आश्वासन हो। जॉर्ज फ्रेडरिक्सन (ibid.) तर्क देते हैं कि लोक प्रशासन नीतियों का आकलन केवल कुशलता या मितव्ययता तक सीमित नहीं किया जाना चाहिए, बल्कि सामाजिक समता को भी आधार रूप में सम्मिलित किया जाना चाहिए। अगर लोक प्रशासन केवल नीति-निर्माण में निरपेक्ष रहने पर ही

केंद्रित रहेगा, तथा कुशलता व मितव्ययता तक सीमित रहेगा, तो सामाजिक समता की उपेक्षा होगी। सामाजिक समता, निरपेक्षता, मितव्ययता तथा कार्यकुशलता के मूल्यों जितनी ही महत्त्वपूर्ण है।

सामाजिक समता को तीन तथ्यों के आधार पर परिभाषित किया है, जिसे फ्रेडरिक्सन ने समानताएँ कहा है: वैयक्तिक समानता (Individual Equality), वर्गीकृत समानता (Segmented Equality) एवं वर्ग के अंतर्गत समानता (Block Equality)। वैयक्तिक समानता 'एक व्यक्ति - एक वोट' के आधार पर समझी जा सकती है। वर्ग समानता समाज के जटिल श्रम–विभाजन का परिणाम होती है। समाज के एक वर्ग के अंतर्गत समानता हो सकती है, पर समाज के विभिन्न वर्गों के प्रति व्यवहारों में भेदभाव हो सकता है। उदाहरण के लिए, व्यावसायिक वकीलों पर एक नियम लागू होता है, पर ये मेडिकल डॉक्टरों पर लागू नहीं होता। वर्ग समानता की अवधारणा के अनुसार वर्ग के अंतर्गत समानता होनी चाहिए, जैसे पुरुष एवं महिला वकीलों को एक समान वेतन दिया जाए, पर यह हास्यास्पद होगा कि डॉक्टरों, वकीलों आदि के बीच वेतन में समानता हो, क्योंकि उनके कार्यक्षेत्र भिन्न हैं। अतः फ्रेडरिक्सन ने सुझाव दिया कि अगर किसी भी न्याय को इसकी सीमा के बाहर लागू किया जाए, तो संपूर्ण न्याय की अवधारणा को नुकसान पहुँच सकता है।

भाग – II

प्रश्न 6. भारतीय राज्य के प्रमुख मुद्दों की चर्चा कीजिए।

उत्तर– देखें अध्याय-11, प्रश्न सं.-2 (पेज नं.-83)

प्रश्न 7. 'नौकरशाही, नीति निर्माण में प्रमुख भूमिका निभाती है।' व्याख्या कीजिए।

उत्तर– देखें अध्याय-12, प्रश्न सं.-1 (पेज नं.-86)

प्रश्न 8. 'नागरिक समाज, एक अनुपूरक लोकतांत्रिक मॉडल है।' चर्चा कीजिए।

उत्तर– देखें अध्याय-14, प्रश्न सं.-1 (पेज नं.-107)

प्रश्न 9. 'नवलोक प्रबंधन ने नौकरशाही में जन-विश्वास और सार्वजनिक उत्तरदायित्व की संस्कृति के पुनर्निर्माण एवं पुनःस्थापना की विशेष संभावनाओं को पैदा किया है।' व्याख्या कीजिए।

उत्तर– देखें अध्याय-16, प्रश्न सं.-1 (पेज नं.-126)

प्रश्न 10. निम्नलिखित पर संक्षिप्त टिप्पणियाँ लिखिए:

(क) लोक शासन का अंतर्राष्ट्रीयकरण

उत्तर– देखें दिसम्बर-2017, प्रश्न सं.-10(b) (पेज नं.-232)

(ख) व्यापक स्तर पर संघर्ष समाधान

उत्तर– देखें अध्याय-20, प्रश्न सं.-2 (पेज नं.-162)

एम.पी.ए.–011 : राज्य, समाज और लोक प्रशासन
दिसम्बर, 2018

नोट : *भाग–I और भाग–II में दिए गए निम्नलिखित प्रश्नों में से किन्हीं* **पाँच** *प्रश्नों के उत्तर लगभग* **500** *शब्दों (प्रत्येक) में दीजिए। प्रत्येक भाग में से कम–से–कम* **दो** *प्रश्न अवश्य कीजिए।* **सभी** *प्रश्नों के अंक* **समान** *हैं।*

भाग – I

प्रश्न 1. राज्य के विभिन्न परिप्रेक्ष्यों की चर्चा कीजिए।

उत्तर– देखें अध्याय–1, प्रश्न नं–1, (पेज नं.–1)

प्रश्न 2. समाज–प्रशासन संबंधों के संदर्भ में रिग्स के योगदान पर प्रकाश डालिए।

उत्तर– देखें अध्याय–2, प्रश्न नं–1, (पेज नं.–15)

प्रश्न 3. थैचरवाद और रेगनवाद पर केंद्रित करते हुए नव–उदारवाद की व्याख्या कीजिए।

उत्तर– देखें अध्याय–5, प्रश्न नं–1, (पेज नं.–37)

प्रश्न 4. भारत में नागरिक–प्रशासन संपर्क का निर्माण करने के लिए प्रयुक्त संस्थागत रणनीतियों और साधनों की व्याख्या कीजिए।

उत्तर– देखें अध्याय–7, प्रश्न नं–2, 3 (पेज नं.–53, 56)

प्रश्न 5. निम्नलिखित पर लगभग 250 शब्दों (प्रत्येक) में संक्षिप्त टिप्पणियाँ लिखिए :

(a) सहभागिता के बदलते प्रतिमान

उत्तर– देखें अध्याय–9, प्रश्न नं–1, (पेज नं.–67)

(b) सामाजिक न्याय के व्यावहारिक पहलू

उत्तर– देखें दिसम्बर–2010, प्रश्न नं.–10(b) (पेज नं.–207)

भाग – II

प्रश्न 6. भारतीय राज्य की बदलती भूमिका का विवेचन कीजिए और इसके समक्ष मुद्दों का विश्लेषण कीजिए।

उत्तर– भारतीय राज्य की भूमिका: भारत द्वारा अपनाया गया प्रशासन का संरचनात्मक एवं कार्यात्मक तरीका, औपनिवेशिक विचारों और विचारधाराओं से प्रभावित था। भारतीय राज्य, स्वतंत्रता के तुरंत बाद, नए प्रशासनिक ढाँचे और कार्यप्रणाली को अपनाने के लिए बाध्य हो गया था। इसलिए उन्होंने उस प्रशासनिक ढाँचे को अपनाया, जोकि ब्रिटिश सरकार के अनुरूप था, और उसमें भारतीय परिस्थितियों पर गौर नहीं किया गया था। सिविल एवं फौजदारी कानून और यहाँ तक कि, प्रशासनिक ढाँचा भी औपनिवेशिक समय की विरासत थी, बावजूद इसके सर्वोच्च न्यायालय की स्थिति और उसका गठन नई संवैधानिक प्रणाली की देन था। इसी प्रकार से, स्वतंत्रता के पश्चात् भी, ब्रिटिश सरकार की सेना का व्यावसायिक ढाँचा और राजनीतिक नेतृत्व द्वारा उस पर नियंत्रण भी सफलतापूर्वक अपनाया गया।

भारत में नौकरशाही न ही एकात्मक और न ही समांगी है ('विट्ठल–Vithal, 1997)। नौकरशाही की विजातीयता बड़े पैमाने पर समाज और जाति के वर्गीकरण को और मुख्य रूप से शासन करने वाले वर्ग को दर्शाते हैं, परंतु भारत के संदर्भ में, यह जानबूझकर ब्रिटिश सरकार द्वारा नियोजित की गई, जिसमें कि संवेदनशील वातावरण का मुख्य रूप से ध्यान रखा गया था। यह प्रशासन के तीन विविध चरणों को अपने में सम्मिलित किए हुए है, वे हैं–पारंपरिक सेवाएँ, राजपत्रित सेवाएँ एवं अराजपत्रित सेवाएँ (Covenanted Services, Gazetted Services and Non-gazetted Services)। यह तीनों चरण अपने–अपने स्वतंत्र तरीके से आजादी के बाद विकसित हुए हैं। रोचक तथ्यों के अनुसार, "राजनीतिक वर्ग" नियंत्रित किए जाने वाला केवल सिविल सेवाओं का उच्च वर्ग नहीं है, उसमें एक प्रकार की दलबंदी भी है, जो कि समय के साथ, राज्य के स्तर पर गठबंधन सरकार के आपसी टकराव से भी प्रभावित है। स्वतंत्रता के बाद की राजनीतिक प्रक्रिया ने राजनीतिक कार्यपालक के वर्ग संयोजन में भी बदलाव किए हैं, जो कि सिविल सेवाओं के सामाजिक संयोजनों से कहीं ज्यादा तीव्र और दूरगामी थे। इसने विषमताओं और तनावपूर्ण स्थितियों को कई बार जन्म दिया है, और कई बार, उच्च वर्गीय अधिकारियों की ईमानदारी को लेकर संदेह के घेरे में आया है, जिसमें राजनीतिक अधिकारी भी शामिल होते हैं, और उनसे संबंधित असामाजिक व्यवहार या नकारात्मक आंकलन या आरोप आसानी से मान लिए जाते हैं।

राज्य की भूमिका उसके संरचनात्मक एवं कार्यात्मक विकास द्वारा निर्धारित की जाती है। यह भारतीय राज्यों के बारे में भी सत्य है। एक संकल्पनात्मक अस्तित्व के रूप में, भारतीय राज्य विश्व स्तर पर स्वीकृत नैतिक नियमों पर आधारित है, जिसमें मानवता और लोकतांत्रिक आदर्शों का समावेश है। इसके ढाँचे का भारत के संविधान के भागों में आए अनुच्छेदों में विस्तारपूर्वक विवरण मिलता है। इसका विकास समय के साथ हुआ है, जो कि एक दलीय शासन के रूप में कई साल तक प्रतिमान होने पर भी एक करिश्माई ताकत एवं नेतृत्त्व द्वारा संभाला जाता रहा है।

धीरे–धीरे, एक दलीय शासन ने ध्रुवित होते अनेकवाद या द्वैतवाद को रास्ता दिखाया, और स्वतंत्र एवं निष्पक्ष चुनावों के माध्यम से दूसरे कई सारे तत्त्व राज्य में आकर जुड़े। विभाजन और लगातार राजनीतिक अव्यवस्था के दौर में, जो कि सांप्रदायिक दंगों से प्रभावित थे, भारत एक 'राज्यों के संघ' के रूप में उभरकर सामने आया। भारत के लोगों में शक्ति निहित थी, जिनको कि 'प्रभुत्व–संपन्न लोकतांत्रिक गणराज्य' के निर्माताओं की संज्ञा दी गई। परिणामस्वरूप, भारतीय संविधान ने भारतीय राज्य के राजनैतिक विषय विस्तार के लिए प्रमुख स्थान निर्मित किया, तथा राजनीतिक पहलू और बदलते राजनीतिक एवं नौकरशाही के ढाँचों पर आलोचना करने वाली मुख्य इकाई बन गया।

समय के साथ भारत में राजनीतिक विवाद गहराता गया। उदाहरण के तौर पर 1952 के पहले आम चुनावों में, औसतन हर लोकसभा सीट पर चार उम्मीदवार दंगों में लिप्त थे, और यही संख्या 1991 के दसवें लोकसभा चुनाव में बढ़कर 16 हो गई। रोचक रूप से, राष्ट्रीय दल जब से अपने आप में गठित होने लगे, तब से स्वतंत्रता क्षेत्रीय दलों के पास हस्तांतरित हो गई, और उनकी तेजी से वृद्धि हुई।

क्षेत्रीय दलों के विकास ने किसी भी एक दल के जीतने की संभावना को खत्म कर दिया। केंद्र में संघटित सरकार लगभग अनिवार्य सी हो गई। इसने 'शासन' की अवधारणा को 'सामान्य न्यूनतम कार्यक्रम' (Common Minimum Programme) के आधार पर बढ़ाया, जो कि सभी संघटित सरकारों द्वारा माना गया। जब संघटित सरकारों को बचने के लिए, परामर्श के लिए एवं सामंजस्य स्थापित करने के लिए बाहरी सहायता की जरूरत महसूस होने लगी, तब विस्तृत रूप से 'कॉन्सोसिएशनल या सहयोगकारी राज्य' (Consociational State) की विचारधारा का जन्म हुआ (लिजफॉर्ट–Lijphart, 1989), जो विभाजित समाज के होते हुए भी तर्कसंगत एवं स्थिर लोकतांत्रिक राजनीति को जन्म देने की क्षमता रखती है।

सामाजिक संघटन और राजनीतिक संघर्ष के विकास के साथ, भारतीय सरकार 'शासन' के नाजुक दौर से गुजर रही है। एकल शासन सभी जगह बहुदलीय शासन से प्रभावित हो गया है, और शासकों के नीचे, सिविल और पुलिस सेवाओं का तेजी से राजनीतिकरण हुआ है। कई सामाजिक समूहों ने विविध प्रकार की राजनीतिक इच्छापूर्ति को जन्म दिया है, जिसने केवल हिंसा का द्वार खोला है। सभी जगह मौजूद हस्तक्षेपवादी, परंतु अल्पशक्ति लिए हुए राज्य, परिणामस्वरूप, डगमगाने लगे हैं, और अपक्षपात, रियायत और दमन के रूप में उसके परिणाम काफी गंभीर हैं। यह परिणाम और विचलन मिलकर प्रतिरोध को हवा दे रहे हैं। बढ़ते राजनीतिक और सांप्रदायिक दंगों ने सेनाओं की भूमिका इस क्षेत्र से जोड़ दी है। इन सबने भारतीय राज्यों की शासन करने की क्षमता पर प्रश्नचिह्न लगा दिया है, और पिछले कुछ दशकों में राज्य की लाभ को बढ़ावा देने की क्षमता को भी कठघरे में लाकर खड़ा कर दिया है।

भारत की संघर्ष से जूझने और निर्णयों को लेने की क्षमता में कमी आई है।

हालाँकि, यदि कोई भारतीय संविधान के औपचारिक ढाँचे पर प्रकाश डाले, तो वह उन आधारभूत बदलावों को अनदेखा कर सकता है, जोकि विचारों और नियमों में 1950 से 1990 की बदलती स्थिति को दर्शाते हैं। दलीय व्यवस्था या योजना आयोग का औपचारिक संविधान में कहीं भी जिक्र नहीं है, पर वे दोनों एक केंद्र भूमिका का निर्वाह कर रहे हैं। औपचारिक संविधान में न तो दलगत व्यवस्था और न ही योजना आयोग का कोई उल्लेख है, जबकि दोनों ने ही संवैधानिक आदेश के निर्माण में केंद्रीय भूमिका का निर्वाह किया है। परंपरागत संविधान पर दृष्टि डालें तो हम दल और संघीय व्यवस्थाओं में फर्क कर सकते हैं, और सरकार के केंद्रीय ढाँचे के साथ–साथ उसकी क्षेत्रीय इकाइयों में बदलती सत्ता की स्थिति पर भी प्रकाश डाल सकते हैं। यह 'केंद्रीकृत नेहरू के राज्य' (Centralised Nehruvian State) की अवधारणा के उद्भव पर भी प्रकाश डालता है, और 1947 के बाद की आर्थिक स्थिति को भी दर्शाता है। विश्लेषण यह दिखाते हैं कि 1990 के दशक में एक बहुदलीय व्यवस्था आई जिसमें कि शक्तिशाली क्षेत्रीय दल भी शामिल हैं, जोकि एकदलीय व्यवस्था को खत्म करते हैं, और बाजार के विचारों और कार्यप्रणाली पर केंद्र की भूमिका और नियंत्रित आर्थिक पहलुओं पर चर्चा करते हैं। 1991 में, आर्थिक सुधारों की शुरुआत के साथ, एक केंद्रीकृत हस्तक्षेपवादी राज्य को चुनौती दी गई, और विकेंद्रीकृत नियमक राज्यों का विकास हुआ (रूडोल्फ एंड रूडोल्फ, 2001)।

भारतीय संविधान समय की परीक्षा में सफल होकर दृढ़ खड़ा रहा है (ऑस्टिन, 1999)। इन्हीं के साथ, यह एक वर्णित संविधान है, जिसमें सन् 1950 से सन् 2004 के बीच 98 संवैधानिक संशोधन हुए हैं। इनमें से कई संशोधन, राज्य की मध्यस्थता की शक्ति को दर्शाते हैं, और साथ ही, दूसरी तरफ, कई दूसरे संशोधनों ने चुनावों में वोट डालने के अधिकार और शक्तिशाली स्थानीय स्वशासन वाली सरकार की अवधारणा को बढ़ावा देने के साथ भारत को विकास की ओर अग्रसर किया है। कई अदालती आदेशों ने, संसद की क्षमताओं पर, संविधान के अनुसार, आधारभूत नियमों के पालन के लिए, रोक लगाई है। सर्वोच्च न्यायालय द्वारा पारित, सन् 1985 के बाद से, जनहित याचिका (Public Interest Litigation) ने राज्य के मध्यस्थता करने वाले व्यवहार को समाप्त करने का प्रयास किया है। परिणामस्वरूप, समय के साथ, संविधान द्वारा दिया गया केंद्रीय संस्थाओं के बीच का संतुलन, उन कर्त्ताओं द्वारा पुनः निर्धारित किया गया, जो कि ऐतिहासिक बदलाव पर विश्वास करते थे। यह संतुलन, संसद, प्रधानमंत्री और केबिनेट से निकलकर सर्वोच्च न्यायालय, चुनाव आयोग और राष्ट्रपति के पास आ गया। भारत की केंद्रीय सरकार ने संविधान का पुनः विश्लेषण करने के लिए एक राष्ट्रीय आयोग को मंजूरी दी, जोकि बहुत पुरानी बात नहीं है। आयोग ने कई तरह के सुझाव पारित किए हैं, जो कि कार्यपालिका, व्यवस्थापिका और न्यायालय से संबंधित है।

फिर देखें अध्याय–11, प्रश्न नं–2, (पेज नं.–83)

प्रश्न 7. 'नौकरशाही की नीति कार्यान्वयन और विश्लेषण में प्रमुख भूमिका है।' व्याख्या कीजिए।

उत्तर– देखें अध्याय–12, प्रश्न नं–1, (पेज नं.–86) और फिर देखें जून–2010, प्रश्न नं–7 (पेज नं.–197)

प्रश्न 8. 'वैश्वीकरण' को परिभाषित कीजिए और वैश्वीकरण के युग में लोक प्रशासन के सामने उभरती चुनौतियों पर प्रकाश डालिए।

उत्तर– देखें अध्याय–14, प्रश्न नं–1, (पेज नं.–107)

प्रश्न 9. नौकरशाही प्रशासन की प्रमुख विशेषताओं की चर्चा कीजिए।

उत्तर– देखें अध्याय–15, प्रश्न नं–2, (पेज नं.–123)

प्रश्न 10. निम्नलिखित पर लगभग 250 शब्दों (प्रत्येक) में संक्षिप्त टिप्पणियाँ लिखिए:

(a) सुशासन

उत्तर– देखें अध्याय–17, प्रश्न नं–1, (पेज नं.–132)

(b) प्रशासन में नैतिकता के मुद्दे

उत्तर– देखें अध्याय–21, प्रश्न नं–1, (पेज नं.–166)

एम.पी.ए.–011 : राज्य, समाज और लोक प्रशासन
जून, 2019

नोट : *निम्नलिखित में से किन्हीं* ***पाँच*** *प्रश्नों के उत्तर लगभग* ***500*** *शब्दों (प्रत्येक) में दीजिए। प्रत्येक भाग में से कम–से–कम* ***दो*** *प्रश्न अवश्य कीजिए।* ***सभी*** *प्रश्नों के अंक* ***समान*** *हैं।*

भाग I

प्रश्न 1. राज्य के उदारवादी परिप्रेक्ष्य का मूल्यांकन कीजिए।

उत्तर– देखें अध्याय–1, प्रश्न नं.–1 (पेज नं.–1)

प्रश्न 2. समाज और प्रशासन के बीच संबंध की मार्क्सवादी अवधारणा की व्याख्या कीजिए।

उत्तर– देखें अध्याय–2, प्रश्न नं.–2 (पेज नं.–19)

प्रश्न 3. "चिल्का आंदोलन, भारत में लोकतांत्रिक जन संघर्ष की दृष्टि से महत्त्वपूर्ण है।" टिप्पणी कीजिए।

उत्तर– देखें अध्याय–8, प्रश्न नं.–2 (पेज नं.–62)

प्रश्न 4. नागरिकों और प्रशासन के बीच अंतर्संबंधों को बेहतर बनाने वाले संस्थागत साधनों और कार्यनीतियों का परीक्षण कीजिए।

उत्तर– देखें अध्याय–7, प्रश्न नं.–2 (पेज नं.53)

प्रश्न 5. निम्नलिखित पर लगभग 250 शब्दों (प्रत्येक) में संक्षिप्त टिप्पणियाँ लिखिए–

(क) गाँधीजी का न्यासिता (ट्रस्टीशिप) सिद्धांत

उत्तर– देखें अध्याय–6, प्रश्न नं.–3 (पेज नं.–50)

(ख) सामाजिक न्याय के व्यावहारिक पक्ष

उत्तर– देखें दिसम्बर–2010, प्रश्न नं.–10(b) (पेज नं.–206)

भाग II

प्रश्न 6. नीति निर्माण में मध्य–स्तरीय और उच्च–स्तरीय नौकरशाही की भूमिका की व्याख्या कीजिए।

उत्तर– देखें अध्याय–12, प्रश्न नं.–1 (पेज नं.–86)

प्रश्न 7. प्रशासन पर वैश्वीकरण के प्रभाव का परीक्षण कीजिए।

उत्तर– देखें अध्याय–14, प्रश्न नं.–1 (पेज नं.–107)

प्रश्न 8. नव लोक प्रबंधन की सैद्धांतिक आधारशिलाओं का उल्लेख कीजिए।

उत्तर– नव लोक प्रबंधन मैक्स वेबर के नौकरशाही मॉडल की आलोचना के रूप में उभरकर सामने आया है। संयुक्त राष्ट्र (United Nations) के प्रथम दो विकास दशक बुरी तरह असफल व व्यर्थ सिद्ध हुए। इन विकास दशकों में तृतीय विश्व के देशों के विकासात्मक मुद्दों पर बल दिया गया। नौकरशाही की उदासीनता, लालफीताशाही, भाई भतीजावाद, लोगों से अलगाव और भ्रष्टाचार से पूर्ण प्रवृत्ति ने प्रगति के मार्ग में रोड़े अटकाए। साथ ही, अंतर्राष्ट्रीय बाजार भी उभर नहीं पाए। बाजार में लगातार मंदी छाई रहने से वस्तुओं के दामों में भी भारी गिरावट आई। इन खतरनाक बाजार प्रवृत्तियों ने न केवल तृतीय विश्व के देशों के बाजारों को प्रभावित किया, क्योंकि उनकी वस्तुओं पर तुलनात्मक रूप से ऊँचे कर लगा दिए गए, बल्कि विकसित देशों को भी प्रभावित किया, क्योंकि ठहराव और संरक्षणवाद पद्धतियों ने बाजार व्यवस्था से जुड़े निगमयीकरण को रोका। वास्तव में इन देशों की बाजार पद्धति, जो मुक्त व्यापार के मूल्यों को दबा देती है; इसमें से निकलने का प्रयास अंतर्राष्ट्रीय वित्तीय एजेंसियों जैसे विश्व बैंक और संयुक्त राष्ट्र विकास कार्यक्रम (United Nations Development Programe, यू.एन.डी.पी.) द्वारा किया गया और यह ही दाता संस्थाओं की वित्तीय सहायता रणनीतियों का एक मुख्य हिस्सा बन गया। इस प्रकार से नव लोक प्रबंधन की सैद्धांतिक आधारशिलाओं को राजनैतिक व प्रशासनिक सिद्धांत की अपेक्षा, अधिकांशतः आर्थिक सिद्धांत से लिया गया है। लागत–प्रभावी शासन का अर्थ उस व्यवस्था से है, जो कि सार्वजनिक चुनाव के तत्त्व को न्यून करें, एजेंसी के रखरखाव की लागत को कम करें और व्यापार को चलाने की लागत को भी कम करें।

जैसा कि विश्व बैंक का लेख स्पष्ट करता है, 'नव लोक प्रबंधन को राजनैतिक नेताओं की कार्यकुशलता और उत्तरदायित्व के सुधार लाने के एक यंत्र के रूप में समझा गया था। इस प्रबंधन के उदय को सुदृढ़ कार्यपालिका शक्तियों सहित संसदीय प्रजातंत्र, केंद्रीकृत सरकारें और प्रशासनिक काननू में ढूँढ़ा जा सकता है। इस प्रकार के मूल आदर्श रूप में ऐसा लगता है कि नव लोक प्रबंधन ने समझौते की अटूट श्रृंखला के विचार को समाहित किया। इस समझौते में केवल एक ही (आमतौर पर मंत्रिमंडलीय) नेता होता है, जो कि एक क्षेत्र के पद के अधीन बेहतर परिणाम पाने के लिए इच्छुक रहता है। इस पद के अधीन उसके पास एक महत्त्वपूर्ण और आंशिक तौर पर सत्ता होती है, जिसे चुनौती नहीं दी जा सकती है।

नव लोक प्रबंधन अकुशल एवं घाटे में डूबी सरकारों और खर्चीले शासन के विरुद्ध एक नई आशा प्रदान करता है। नागरिकों को राज्य सेवाओं पर बहुत–सी छूट मिलती है और सरकार अधिक उत्तरदायी और जन–उन्मुख बन जाती है। शासन के प्रति यह उद्देश्य प्रेरित

दृष्टिकोण न केवल राज्य के कार्य की संरक्षणवादी सीमाओं के बारे में रूढ़िवादी धारणा है, बल्कि यह सहभागी या साझे कार्यों के लिए दरवाजे खोलती है और उन बेहतर सुविधाओं को प्रदान करने के लिए कोशिश करती है, जिससे कि लागत कम हो सके और शासन अधिक कुशलता से काम कर सके। इस सुधार 'मंत्र' का यद्यपि मुख्य पक्ष लागत को कम करना है, परंतु यही एकमात्र पक्ष नहीं है। यह कार्यकुशलता, उत्तरदायित्व, जन–भागीदारी और समाज में बढ़ते उद्यमशीलता द्वारा नौकरशाही–विहीनीकरण और सार्वजनिक निजी भागीदारी को प्रोत्साहन देता है। इस प्रकार से नव लोक प्रबंधन प्रारंभिक प्रबंधकीय अवधारणाओं जैसे वैज्ञानिक प्रबंधन, मानवीय संबंधों और आधुनिक कल्याणकारी सहभागी राज्य मॉडलों का एक मिश्रण है।

परंपरागत मॉडल की कई तरह से आलोचना की जाती है। इस मॉडल की कई विशेषताएँ भी हैं, जैसे बड़े समाधानों का अर्थ है राष्ट्रव्यापी और एक समान सामाजिक कार्यक्रम, बड़े पदसोपानीय संगठित सरकारी एजेंसियों द्वारा केंद्रीकृत ढंग से नियोजित व निष्पादित कार्य और सर्व उद्देश्य कर कोष से वित्त जुटाना। इस प्रकार से नव लोक प्रबंधन का आधार बाजार प्रबंध के ढंग से आर्थिक प्रबंध में निहित है और इस वजह से यह लोक चयन, एजेंसी लागत और निष्पादन लागत विश्लेषण के आर्थिक सिद्धांतों के बल पर टिका है। नव दक्षिणपंथी साहित्य का उदय इस बात का सूचक है कि राज्य की गतिविधि पर कड़े प्रहार हो रहे हैं और राज्य को बाजार की तरह कार्य करने पर बल देकर उसकी गतिविधियों के बोझ को कम करने की लगातार कोशिश हो रही है।

बूचानन (Buchanan, 1986) ने लिबर्टी, मार्किट एंड स्टेट (Liberty, Market and State) में लोक चयन दृष्टिकोण प्रस्तुत किया, जिसमें उन्होंने सरकार के नौकरशाही मॉडल की कड़ी आलोचना करते हुए कहा है कि यह फिजूलखर्ची को बढ़ावा देता है क्योंकि राजनेताओं और सार्वजनिक नौकरशाहों में इस खर्च को रोकने के लिए कोई प्रोत्साहन नहीं दिखाई देता है। प्रथम, ये विशेष समूहों की माँगों से प्रभावित होते हैं; द्वितीय, नौकरशाही अपने हितों के लिए उन्मुख होती है और उन राजनीतिज्ञों से मिली भगत या साझेदारी करती है, जो स्वहित के लिए काम करती है और तृतीय, कार्यकुशलता चुनाव–वाद से प्रभावित होती है, न कि तार्किक गणित, पर आधारित होती है। निस्कानन (Niskanen, 1971) का कहना है कि नौकरशाही में सार्वजनिक सेवाओं के उत्पादन को सामाजिक रूप से संभाव्य स्तर से ऊपर बढ़ाने या फैलाने का स्वरूप है।

एजेंसी लागत सिद्धांत (Agency Cost Theory) का वर्णन विलियमसन ने मार्किट एंड हाएरारकीज (Markets and Hierarchies, 1999) में किया है। उनका कहना है कि एक दल एजेंट के रूप में अपने मुखिया के लिए कार्य करता है। यह आवश्यक नहीं है कि इन दोनों के हित एक समान हों और जब यह मुखिया द्वारा एजेंट के कार्यों पर निगरानी नहीं रख पाने से जुड़ जाता है, तब कार्य को अपेक्षा से कम करने की स्थिति जन्म लेती है। एजेंट समझौते या संविदा का निर्माण इस प्रकार से करते हैं, ताकि दायित्व ऐसे कारकों पर डाल

दिया जाए, जो इन एजेंटों के नियंत्रण के बाहर प्रतीत हों। इस प्रकार से, विलियमसन के इस कथन की पुनः पुष्टि होती है कि बेहतर समझौता वह होता है, जो स्वयं लागू होता हो।

निष्पादन लागत–विश्लेषण (Transaction Cost Analysis) की भी विलियमसन ने सही व्याख्या की है। उनका कहना है कि संस्थागत शासन का अत्यधिक कुशल रूप वह है जिसमें निष्पादित लागत नियंत्रित व न्यूनतम रहती हैं। एक निष्पादित लागत विनिमय की वह लागत है, जो कार्य निष्पादन में आती है। यह लागत अनिश्चितता, सीमित तार्किकता, जटिलता, अवसरवाद और पूँजी, वस्तु विशेष जैसे कारकों पर निर्भर करती है। चाहे पदसोपान हों या बाजार, क्या निष्पादित लागतों का बेहतर ढंग से प्रबंध उपरोक्त कारकों को नियंत्रित करने की संस्थागत क्षमता के आधार पर किया जा सकता है? यह एक महत्त्वपूर्ण प्रश्न है, जिस पर गंभीरता से विचार करने की आवश्यकता है।

इस प्रकार सरकार की असफलता का सिद्धांत (Theory of Government Failure) 1980 के दशक के अंतिम चरण में सामने लाया गया। वूल्फ (Wolf, 1988) ने सरकार की असफलता के सिद्धांत को बाजार की असफलता के सिद्धांतों की तरह ही विकसित करने का प्रयास यह सिद्ध करने के लिए किया कि इससे सार्वजनिक सेवाओं में अकार्यकुशलता और फिजूलखर्ची आई है। वैश्वीकरण और नए "ज्ञान–आधारित समाज" (Knowledge Society) ने सार्वजनिक सेवाओं की माँग व सहगामी सार्वजनिक वस्तुओं की उत्पादन में वृद्धि की है। इसका परिणाम होगा सार्वजनिक सेवाओं की अति–पूर्ति, उनका अनियंत्रित विस्तार, निष्पादन का मूल्यांकन करने की व्यवस्था का अभाव और इनके परिणामस्वरूप नौकरशाही राज्य का पतन।

प्रश्न 9. भारत में सुशासन से संबंधित आरंभिक प्रयासों की चर्चा कीजिए।

उत्तर– देखें अध्याय–17, प्रश्न नं.–1 (पेज नं.–132)

प्रश्न 10. निम्नलिखित पर लगभग 250 शब्दों (प्रत्येक) में सक्षिप्त टिप्पणियाँ लिखिए–

(क) अंतर–सांगठनिक स्तर पर संघर्ष समाधान

उत्तर– अंतर–सांगठनिक स्तर पर संघर्ष निवारण के दो रूप हैं–पहला, किसी संगठन विशेष के वातावरण के रूप में, और वे संगठन जिनसे यह लक्ष्य के संघर्षों से जुड़ा होता है। अनुसूचित जनजाति का उदाहरण देखें तो (वन अधिकारों का स्वीकरण–Recognition of Forest Rights) 2005, के संदर्भ में जबकि वन और पर्यावरण मंत्रालय वनों की कमी से चिंतित है, जनजातीय मामलों का मंत्रालय जनजातियों से जुड़े मुद्दों को देखता है। इस प्रकार असंगत लक्ष्य संघर्ष पैदा कर सकता है। यहाँ तक कि यह कानून संघर्ष में भी वृद्धि कर सकता है, साथ ही, जनजातियों के क्षेत्रों पर नियंत्रण भी कर सकता है।

दूसरा स्वरूप संगठनात्मक अनेकता है। इसके प्रयास में सरकार की पुनर्कल्पना या प्रभावशाली सरकार, सार्वजनिक और निजी क्षेत्रों में बराबर क्षेत्र सेवा प्रदान करते हैं। वास्तव में वे एक–दूसरे के प्रतियोगी होते हैं, जबकि प्रतियोगिता और संघर्ष दो भिन्न विचार हैं। हम लोगों को इस भिन्नता को समझने की आवश्यकता है। संघर्ष और प्रतियोगिता दोनों की जड़े समान हैं, क्योंकि प्रत्येक स्थिति में व्यक्ति या समूह असंगत लक्ष्यों को प्राप्त करने के लिए संघर्ष करते हैं। मुख्य अंतर दखलंदाजी के रूप में होता है, जोकि लक्ष्य को प्राप्त करने में बाधक बनता है। सामूहिक कार्यकर्त्ताओं के बीच समान लक्ष्य प्राप्त करने की प्रतियोगिता होती है (औपचारिक और अनौपचारिक ढंग से)। दोनों का लक्ष्य अपने लक्ष्य को प्राप्त करना हो सकता है। समूहों के बीच के संघर्ष में किसी प्रकार के मानक और नियम नहीं है।

(ख) नीतिशास्त्र का अर्थ और प्रासंगिकता

उत्तर– देखें अध्याय–21, प्रश्न नं.–1 (पेज नं.–166)

एम.पी.ए.–011 : राज्य, समाज और लोक प्रशासन
दिसम्बर, 2019

नोट : *निम्नलिखित में से किन्हीं* ***पाँच*** *प्रश्नों के उत्तर लगभग* ***500*** *शब्दों (प्रत्येक) में दीजिए। प्रत्येक भाग में से कम–से–कम* ***दो*** *प्रश्न अवश्य कीजिए।* ***सभी*** *प्रश्नों के अंक* ***समान*** *हैं।*

भाग I

प्रश्न 1. राज्य के उदारवादी परिप्रेक्ष्य का वर्णन कीजिए।

उत्तर– देखें अध्याय–1, प्रश्न नं.–1 (पेज नं.–1)

प्रश्न 2. समाज–प्रशासन के बीच संबंध के बारे में मैक्स वेबर की अवधारणा की व्याख्या कीजिए।

उत्तर– देखें अध्याय–2, प्रश्न नं.–1 (पेज नं.–15)

प्रश्न 3. राज्य के नव–उदारवादी परिप्रेक्ष्य की विशेषताओं का उल्लेख कीजिए।

उत्तर– देखें अध्याय–1, प्रश्न नं.–1 (पेज नं.–5)

प्रश्न 4. भारतीय संदर्भ में 'सामाजिक समता' की अवधारणा की चर्चा कीजिए।

उत्तर– देखें अध्याय–9, प्रश्न नं.–2 (पेज नं.–70)

प्रश्न 5. निम्नलिखित पर लगभग 250 शब्दों (प्रत्येक) में संक्षिप्त टिप्पणियाँ लिखिए–

(क) आधुनिक राज्य की गाँधीवादी समीक्षा

उत्तर– देखें अध्याय–6, प्रश्न नं.–1 (पेज नं.–45)

(ख) नागरिक घोषणापत्र प्रयास

उत्तर– देखें अध्याय–7, प्रश्न नं.–4 (पेज नं.–59)

भाग II

प्रश्न 6. नीति कार्यान्वयन में नौकरशाही की भूमिका की चर्चा कीजिए।

उत्तर– देखें अध्याय–12, प्रश्न नं.–1 (पेज नं.–86)

प्रश्न 7. लोक प्रशासन के अंतर्राष्ट्रीयकरण की अवधारणा की चर्चा कीजिए।

उत्तर– देखें अध्याय–16, प्रश्न नं.–1 (पेज नं.–126)

प्रश्न 8. शासन एवं विकास के लिए नागरिक समाज की प्रासंगिकता का वर्णन कीजिए।

उत्तर– देखें अध्याय–19, प्रश्न नं.–2 (पेज नं.–154)

प्रश्न 9. व्यापक स्तर पर संघर्ष प्रबंधन की प्रणाली की चर्चा कीजिए।

उत्तर– देखें अध्याय–20, प्रश्न नं.–2 (पेज नं.–162)

प्रश्न 10. निम्नलिखित पर लगभग 250 शब्दों (प्रत्येक) में संक्षिप्त टिप्पणियाँ लिखिए–

(क) न्यायिक सुधार तथा उत्तरदायित्व

उत्तर– देखें अध्याय–18, प्रश्न नं.–4 (पेज नं.–148)

(ख) नैतिकता के मुद्दे

उत्तर– देखें अध्याय–21, प्रश्न नं.–1 (पेज नं.–166)

"शिक्षा वो सबसे शक्तिशाली हथियार है जिससे आप पूरी दुनिया बदल सकते हैं।"

एम.पी.ए.–011 : राज्य, समाज और लोक प्रशासन
जून, 2020

नोट : भाग–I और भाग-II में दिए गए निम्नलिखित प्रश्नों में से किन्हीं पाँच प्रश्नों के उत्तर लगभग 500 शब्दों (प्रत्येक) में दीजिए। प्रत्येक भाग में से कम से कम दो प्रश्न अवश्य कीजिए। सभी प्रश्नों के अंक समान हैं।

भाग–I

प्रश्न 1. राज्य को परिभाषित कीजिए तथा उसके नव–उदारवाद परिप्रेक्ष्य का परीक्षण कीजिए।

उत्तर– देखें अध्याय–1, प्रश्न नं.–2, 1

प्रश्न 2. समाज व प्रशासन के संबंध पर मैक्स वेबर के विचारों की चर्चा कीजिए।

उत्तर– देखें अध्याय–2, प्रश्न नं.–1

प्रश्न 3. 'आधुनिक राज्य की गाँधीजी की आलोचना अपने आक्रमक तथा मानव–विरोधी बल से उत्पन्न होती है।' टिप्पणी कीजिए।

उत्तर– देखें अध्याय–6, प्रश्न नं.–1

प्रश्न 4. सामाजिक समानता की अवधारणा की व्याख्या कीजिए तथा लोकप्रशासन अध्ययन में उसके उद्भव को उजागर कीजिए।

उत्तर– देखें जून–2018, प्रश्न नं.–5(b)

सिद्धांत व व्यवहार, दोनों में ही लोक प्रशासन ने, सदा ही, निर्णय–निर्वाचन, व्यवस्था–विश्लेषण (Systems Analysis), क्रिया–शोध (Operations Research) या प्रबंधन विज्ञान (Management Sciences), तथा तार्किकता पर बल दिया है। यह देखा गया है कि प्रशासक के कार्यों में कार्य–कुशलता (उपलब्ध साधनों में सबसे अधिक सेवा लेना) या मितव्ययता (कम साधनों में अधिक सेवा देना) शामिल होते हैं। यह जाहिर है कि समानता व न्याय के मुद्दे लोक प्रशासकों के केंद्रीय मुद्दे नहीं रहे हैं।

सामाजिक समता धीरे–धीरे लोक प्रशासन के लिए मितव्यय तथा कुशलता के निर्देशक नियमों के सामने चुनौती बनकर उभरती है, क्योंकि वे पर्याप्त मानक नहीं है। समय के साथ सामाजिक समता की इस उभरती अवधारणा ने एक विकसित आयाम ले लिया है। सामाजिक समता एक आधार है– मूल्य प्राथमिकताओं, संगठनात्मक ढाँचे की प्राथमिकताओं तथा प्रबंध प्राथमिकताओं का। सामाजिक समता परिप्रेक्ष्य जिन मुद्दों पर बेल देता है, वे हैं–सरकारी सेवाओं में न्याय, लोक प्रबंधकों के निर्णय व कार्यक्रम–क्रियान्वयन के संबंध में जवाबदेही; लोक प्रबंधक में परिवर्तन ताकि प्रशासक लोक संगठनों की आवश्यकताओं के स्थान पर नागरिकों की आवश्यकताओं के प्रति अधिक जवाबदेह हो; तथा लोक प्रशासन के अध्ययन में परिवर्तन, जहाँ लोक प्रशासन अंर्तविषयीय प्रासंगिक एवं व्यवहारिक दृष्टि से उपयोगी हो, साथ ही सैद्धांतिक रूप से भी समर्थ हो।

सामाजिक समता की अवधारणा के उद्भव के साथ ही इस विषय पर साहित्य भी उभरा है। दार्शनिक दृष्टि से, जो विचार व्यक्त हुए है, वे सामाजिक समता की अवधारणा के आधार पर नव लोक प्रशासन से लेकर लोक–संप्रभुता के मानक स्थापित करने के प्रयास रहे हैं। शोधकर्त्ताओं ने, विशेषकर सार्वजनिक नीति–क्षेत्र में, इसे विषय बनाकर आय, प्रजाति (Race) व जेंडर आदि के आधार पर लोक सेवाओं के वितरण में विविधताओं का विश्लेषण करना आरंभ कर दिया है।

समता की अवधारणा को सबसे पहले अमेरिकन सोसाइटी फॉर पब्लिक एडमिनिस्ट्रेशन (American Society for Public Administration, ASPA) ने सिद्धांत के रूप में अपनाया, जो बाद में नैतिकता की आचार संहिता (Code of Ethics) बन गया। 1981 में, ASPA ने व्यावसायिक नीतिशास्त्र के एक व्यवसायिक नैतिकता के एक भाग–प्रोफेश्नल स्टैन्र्डडस एंड ऐथिक्स वर्कबुक एंड स्टडी गाइड फॉर पब्लिक एडमिनिट्रेटर्स (Professional Standards and Ethic Workbook and study Guide for Public Administrations) में समता की प्राप्ति हेतु प्रथम दो सिद्धांतों को सूचीबद्ध किया; पहला, नागरिक 'क' नागरिक 'ख' के समान हो; दूसरा, लाभ इस तरह वितरित हो कि नागरिक 'क' नागरिक 'ख' के बराबर हो जाए।

लोक प्रशासन को सरकार व प्रबंधन के 'विज्ञान' और 'कला' (Science and Art) दोनों का समन्वय समझा जाता है। कार्यकुशलता व मितव्ययता मुख्यतया प्रबंधन के सिद्धांत है, जबकि सामाजिक समता मुख्य रूप से सरकार का कर्त्तव्य है। अमेरिकी लोक प्रशासन के प्रारंभिक वर्षों में, विशेषकर वुडरो विल्सन के विचार में, इस प्रकार के दोनों विचारों का सही समावेश था। व्यावसायिक कार्यकुशलता के सिद्धांतों को हमेशा ही लोकतांत्रिक प्रणाली में सम्मिलित किया गया, तर्क यह था कि सरकार को कुशल व निष्पक्ष होना चाहिए। हालाँकि 1950 तक, प्रबंधन सिद्धांत ही हावी रहे, तथा न्याय व निष्पक्षता के उद्देश्य कम महत्त्वपूर्ण ही रहे। हालाँकि इस पर सामान्य सहमति थी कि लोक प्रशासन राजनीतिक प्रक्रिया का ही भाग है, पर इस ओर कम प्रयास हुए कि किस प्रकार, व्यवहारिक रूप से, इन्हें ठोस उद्देश्य पूर्ति हेतु इस्तेमाल किया जाए।

लोक प्रशासन के प्रारंभिक वर्षों में यह मान्यता थी कि लोक प्रशासन नीति–निर्माण के प्रति उदासीन है व नीति निर्माण में न्यूनतम भूमिका निभाता है। उन परिस्थितियों में, सामाजिक समता की अनदेखी की जा सकती थी। अब सिद्धांत यह कहता है कि लोक प्रशासन राजनीति का ही भाग है, जोकि अक्सर नीति–प्रक्रिया में प्रमुख भूमिका निभाता है; अतः निष्पक्षता असंभव है। अगर यह सच है, तो सामाजिक समता को मितव्ययता व कुशलता के समान ही प्रशासनिक क्रियाओं के निदेशक के रूप में देखा जाना चाहिए।

यार्क विलबर्न (York Willbern) ने पूर्व साहित्य का अवलोकन, जोकि 1973 के पब्लिक एडमिनिस्ट्रेशन रिव्यू (Public Administration Review) में प्रकाशित हुआ और जिसका शीर्षक "सामाजिक समता और तथाकथित नव लोक प्रशासन" (Social Equity and the so-called New Public Administration) था। इसमें उन्होंने स्पष्ट किया कि उन उद्देश्यों तथा मूल्यों का, जिनकी ओर प्रशासन और ज्ञान को निर्देशित होना है, स्पष्ट रूप से निर्धारण नहीं हुआ है। यदि गंभीरतापूर्वक लोक प्रशासन के तीसरे स्तंभ के रूप में सामाजिक समता को लिया जाना है, तो इन पर गंभीरता से विचार करने की आवश्यकता होगी। यह

प्रक्रिया एक संगोष्ठी से प्रारंभ हुई, जिसका शीर्षक था 'सामाजिक समता और लोक प्रशासन' (Social Equity and Public Administration), जोकि 1974 के पब्लिक एडमिनिस्ट्रेशन रिव्यू में प्रकाशित हुआ।

संगोष्ठी में सिद्धांत–निर्माण पर बल दिया गया। उद्देश्य, सामाजिक समता को: (i) एक न्यायिक व लोकतांत्रिक समाज का आधार; (ii) वितरण के लिए कानूनी आधार; (iii) लोक सेवाओं के वितरण के लिए व्यावहारिक आधार; (iv) मिश्रित संघवाद में पूर्ण रूप से दक्ष; तथा (v) शोध व विश्लेषणों के लिए चुनौती के रूप में संस्थापित करना था।

हालाँकि 1960 व 1970 में लोक प्रशासन के एक आवश्यक तृतीय स्तंभ के रूप में 'सामाजिक समता' व 'न्याय' के भाव बढ़े तो जरूर, परंतु कुछ समय के लिए बिना किसी परिभाषित परिधि के ही रहे। जैसाकि कहा गया है, समानता सबसे सरल व निरपेक्ष विचार है, परंतु इसका व्यवहार विश्व भर में जटिल व ठोस हैं। निश्चित रूप से विचारणीय लोक प्रशासन में नव लोक प्रबंधन (New Public Management, NPM) व नव लोक सेवाओं (New Public Service, NPS) के रूप में हुआ। हाल ही का विकास इस प्रश्न का पर्याप्त उत्तर नहीं देता कि अर्थव्यवस्था, कुशलता व सामाजिक समता के बीच संतुलन कैसे स्थापित होगा। 'पहले नागरिक', 'सेवाओं को उपलब्ध कराना', 'लोगों में मूल्य स्थापित करना', 'लोकतांत्रिक रूप से व्यवहार करना' आदि नारों को व्यवहारिक नीतियों द्वारा क्रियान्वित करना होगा, जो प्रयोगसिद्ध भी हों व ठोस परिणाम दें।

प्रश्न 5. लोक प्रशासन एवं विकास पर एक टिप्पणी लिखिए।

उत्तर– देखें अध्याय–10, प्रश्न नं.–2

भाग–II

प्रश्न 6. भारतीय राज्य की बदलती भूमिका का परीक्षण कीजिए।

उत्तर– देखें दिसम्बर–2018, प्रश्न नं.–6

प्रश्न 7. 'नौकरशाही नीति निर्धारण में एक मुख्य भूमिका निभाती है।' विस्तृत वर्णन कीजिए।

उत्तर– देखें अध्याय–12, प्रश्न नं.–1

प्रश्न 8. समकालीन नौकरशाही के प्रतिमानों का संक्षिप्त में परीक्षण कीजिए।

उत्तर– देखें अध्याय–15, प्रश्न नं.–1

प्रश्न 9. लोकतंत्र में नागरिक समाज की भूमिका का विवरण कीजिए।

उत्तर– देखें जून–2018, प्रश्न नं.–5(a)

प्रश्न 10. सूक्ष्म स्तर पर संघर्ष समाधान पर एक टिप्पणी लिखिए।

उत्तर– (1) आंतरिक संगठन स्तर पर संघर्ष समाधान–संगठन के अंदर संघर्ष के तीन आधारभूत प्रकार हैं "कार्य संघर्ष" "अंतर–समूह संघर्ष", तथा "कार्य प्रणाली संघर्ष"। संचार के बारे में असहमति "कार्य संघर्ष" (Task Conflict) कहलाता है। समूह के सदस्य प्राधिकरण के तथ्यों या विचारों से असहमत हो सकते हैं। आदेश "स्वीकृति क्षेत्र" (Zone of

Acceptance) से बाहर दृष्टिगत हो सकता है। साक्ष्य (Evidence) की व्याख्या पर प्रश्नचिह्न लगाया जा सकता है। बर्नार्ड (op. cit.) कहते हैं कि सामान्यतः संचार के प्राधिकार को अस्वीकार नहीं किया जाता है, जैसा कि लोग महसूस करते हैं कि यह सभी व्यक्तियों के लिए, जो संगठन से लाभ उठाते हैं, आपत्तिजनक है। लेकिन यदि किसी तंत्र का परिणाम अपर्याप्त, विवादास्पद और अनुचित आदेशों वाला है, तो यह "कार्य संघर्ष" को जन्म दे सकता है। इस स्थिति में नेतृत्व के माध्यम से यह सुनिश्चित करने की आवश्यकता है कि दिए गए आदेश सभी के द्वारा समझे जा रहे हैं। इसे सुनिश्चित करने के लिए संचार के विभिन्न तरीकों का प्रयोग किया जा सकता है। मेरी पार्कर फॉलेट (Mary Parker Follett) के अनुसार, संघर्ष के समाधान के तीन तरीके हैं–

(i) प्रभुत्व (Domination): यह एक पक्ष के ऊपर दूसरे पक्ष की विजय है। इस स्थिति में संभावना यह होती है कि दबा हुआ पक्ष समय आने पर संघर्ष उत्पन्न कर सकता है।

(ii) समझौता (Compromise): इस स्थिति में, प्रत्येक पक्ष को कुछ नुकसान होता है, तो कुछ लाभ भी होता है। यद्यपि ऐसा स्वीकार किया जाता है कि लोग मुश्किल से समझौता करना चाहते हैं, और जिनका पलड़ा भारी होता है, वे दोबारा इसी तरह की समान स्थिति निर्मित कर सकते हैं।

(iii) समीकरण (Integration): इस प्रकार की स्थिति में, कोई भी पक्ष त्याग नहीं करता है। इस पद्धति के कुछ गुण होते हैं, जिससे नए मूल्यों को विकसित करने में सहायता मिलती है। तथापि, समायोजन के लिए उच्च बौद्धिकता की आवश्यकता है, और नेतृत्व को संघर्ष से निबटने के लिए उपयुक्त ज्ञान की आवश्यकता है। कभी–कभी संसाधनों में कमी भी प्रशासनिक प्रक्रिया में रुकावट पैदा कर सकती है।

संघर्ष का एक अन्य संभावित क्षेत्र "अंतर–समूह संघर्ष" (Inter-group Conflict) है, जो संगठन के भीतर आपसी संबंधों को व्यवस्थित करता है। अंतर–समूह संघर्ष, यदि अनिवार्य हो जाए, तो इसे सकारात्मक समूह प्रबंधन द्वारा व्यवस्थित किया जाना चाहिए। विद्वानों द्वारा संघर्ष समाधान के निम्नलिखितह छह चरण वर्णित किए गए हैं–

(i) संघर्ष अस्तित्व की मान्यता और स्वीकृति

(ii) वर्तमान परिस्थितियों का विश्लेषण

(iii) संचार की व्यवस्था

(iv) समझौता

(v) आवश्यक व्यवस्थापन, सैनिक बल, प्रमाणीकरण के लिए नियम; और

(vi) संघर्ष और न खत्म होने वाले संघर्षों की जीवंतता की पहचान।

"प्रक्रियात्मक संघर्ष" का अस्तित्व तब रहता है, जब समूह के सदस्य समूह के लक्ष्य के लिए अपनाए गई प्रक्रियाओं से असहमत हो जाते हैं। नए नियम नए मुद्दों को व्यवस्थित कर सकते हैं। यहाँ तक कि समूह के लक्ष्यों को सुधारा जा सकता है। "कानूनी संघर्ष" जैसे "कार्य संघर्ष" जैसे "कार्य संघर्ष" उत्पादक हो सकता है (बार्कर एवं अन्य–Barker et al. 1986)। उदाहरण के लिए, भारत में प्रशासकीय सुधार आयोग (Administration Reforms Commission) ने प्रक्रिया के मुद्दों के बारे में सलाह दे दी है, और उन्हें लागू भी किया गया है।

(2) अंतर–सांगठनिक स्तर पर संघर्ष समाधान– देखें जून–2019, प्रश्न सं.–10(क)

एम.पी.ए.–011 : राज्य, समाज और लोक प्रशासन
फरवरी, 2021

नोट : प्रत्येक भाग में से कम–से–कम दो प्रश्न चुनते हुए किन्हीं पाँच प्रश्नों के उत्तर लगभग 500 शब्दों (प्रत्येक) में दीजिए। सभी प्रश्नों के अंक समान हैं।

भाग–I

प्रश्न 1. वैश्वीकरण के संदर्भ में राज्य की भूमिका की चर्चा कीजिए।

उत्तर– देखें अध्याय–1, प्रश्न सं.–2

प्रश्न 2. समाज–प्रशासन संबंध पर रिग्स के विचारों पर प्रकाश डालिए।

उत्तर– देखें अध्याय–2, प्रश्न सं.–1

प्रश्न 3. गाँधीजी के स्वराज के मॉडल का वर्णन कीजिए।

उत्तर– देखें अध्याय–6, प्रश्न सं.–2

प्रश्न 4. सहभागिता के बदलते हुए मानकों का विश्लेषण कीजिए।

उत्तर– देखें अध्याय–9, प्रश्न सं.–1

प्रश्न 5. लोक प्रशासन एवं विकास में जेंडर संवेदनशीलता पर एक टिप्पणी लिखिए।

उत्तर– देखें अध्याय–10, प्रश्न सं.–2

भाग–II

प्रश्न 6. भारतीय राज्य के समक्ष प्रमुख मुद्दों का परीक्षण कीजिए।

उत्तर– देखें अध्याय–11, प्रश्न सं.–2

प्रश्न 7. नीति विश्लेषण को परिभाषित कीजिए तथा उसमें नौकरशाही की भूमिका को उजागर कीजिए।

उत्तर– देखें जून–2010, प्रश्न सं.–7

प्रश्न 8. भारतीय नौकरशाही की बदलती हुई अवधारणा की चर्चा कीजिए।

उत्तर– देखें अध्याय–13, प्रश्न सं.–2

प्रश्न 9. सुशासन को परिभाषित कीजिए तथा उसकी विशेषताओं पर प्रकाश डालिए।

उत्तर– देखें अध्याय–17, प्रश्न सं.–1, 2

प्रश्न 10. लोक प्रशासन में कार्य नीतिशास्त्र पर एक टिप्पणी लिखिए।

उत्तर– लोक प्रशासन में नीति का एक महत्त्वपूर्ण आयाम है कार्य नीति या नैतिकता। यह कर्त्तव्य के अनुपालन में समर्पण, संकल्प, प्रतिबद्धता, जवाबदेही व तत्परता को रेखांकित करता है। इसमें यह भी शामिल होता है कि सरकारी महकमे अपने कार्य से प्यार करेंगे न कि उसे भार मानेंगे, तथा कार्यकुशलता, उत्पादकता और समयपालन उनके कार्य पूर्ण करने की वास्तविक प्रकृति होगी।

कार्यकुशलता "प्रशासनिक विश्लेषण" तथा सुशासन का एक महत्त्वपूर्ण मुद्दा रहा है। इस धारणा ने नव लोक प्रबंधन दर्शनशास्त्र को भी गहन रूप से प्रभावित किया है। कार्यकुशलता का मतलब है कार्य व संसाधन का सर्वोत्तम निष्पादन। एक कार्य को करने का सबसे अच्छा तरीका, लक्ष्य को ध्यान में रखते हुए, मानवीय, भौतिक व आर्थिक, तथा समयी समाधानों का सर्वोत्तम उपयोग होता है (अरोड़ा)।

हम कार्यकुशलता के तत्त्व पर एक नवीन दृष्टि डालते हैं। क्या हम कार्यकुशलता को "नीति" का एक अंग मान सकते हैं? वास्तव में हाँ, उन लोगों के लिए जो अपने कार्यों व जिम्मेदारियों के प्रति पूर्ण रूप से प्रतिबद्ध हैं, सुशासन के उच्चतर लक्ष्यों को प्राप्त करने की दिशा में संलग्न व समर्पित हैं। अतः एक कार्यकुशलता व्यक्ति नैतिक मूल्यों के प्रति भी समर्पित होता है। वह ऐसे प्रशासनिक नैतिकता का वाहक होता है, जिसकी गहरी जड़ें नीतिगत आचरण की अपेक्षा में जमी होती है। यहाँ हम कार्यकुशलता को मशीनी उत्पादकता के साथ समानीकृत करने की कोशिश नहीं रहे हैं, वरन् उस उच्चतर स्तर के प्रदर्शन के साथ इसे समरूप भी कर रहे हैं, जो आदर्शों को सांगठनिक प्रकार्यों के व्यवहृत पहलुओं के साथ समन्वित करता है।

इससे एक और प्रश्न उत्पन्न होता है। वह यह है कि सरकारी क्षेत्र की सेवाओं व उत्पादों की गुणवत्ता गैर सरकारी क्षेत्रों की सेवाओं व उत्पादों की तुलना में अपेक्षाकृत निम्न स्तर की क्यों होती है? सरकारी स्कूल, सरकारी अस्पताल तथा सरकारी कार्यालयों के सेवा उत्पादों की गुणवत्ता असंतोषजनक होती है। वास्तव में, अन्य विकासशील देशों की तुलना में भारत में सार्वजनिक व्यवस्थाओं का स्तर अपेक्षाकृत निम्न व असंतोषजनक है। यहाँ तक कि यदि हम भारत की तुलना चीन, दक्षिण कोरिया व जापान से करें, तो देखेंगे कि प्रति व्यक्ति उत्पादकता की दर हमारे यहाँ बहुत निम्न स्तर की है। इसका उत्तर व्यवस्थागत त्रुटियों–निम्न आधारभूत संरचना, ढीला–ढाला पर्यवेक्षण, अप्रभावी नियंत्रण और मूल्यांकन तथा प्रतिफल व दंड के तंत्र

की न के बराबर उपलब्धता में निहित हो सकता है फिर भी लोक व्यवस्थाओं के उत्पादों की निम्न गुणवत्ता का प्रधान कारण सरकारी महकमों की लापरवाही और असंवेदनशीलता है। उनमें से अधिकतर अपने कार्य व संगठन के साथ एकत्व की भावना नहीं रखते। वे अपने कार्य को सर्वश्रेष्ठ तरीके से निभाने के प्रति वचनबद्ध नहीं होते, तथा अपने कार्य को आधे–अधूरे मन से करते हैं, जिसका परिणाम असंतोषजनक कार्य निष्पादन व अप्रभावी तथा बेमतलब के निर्णयों के रूप में हमारे सामने आता है। ये सभी अवैध हों ऐसा जरूरी नहीं है, लेकिन इनकी अनैतिकता में कोई संदेह नहीं। लोक सेवाओं के निष्पादन में उदासीनता, अनैतिकता का हिस्सा बन जाती है।

एक बार यदि हम कार्य नैतिकता को सांगठनिक नैतिकता के लिए महत्त्वपूर्ण मान लेते हैं, तथा प्रभावी समय प्रबंधन व कार्य तत्परता तथा प्रतिबद्धता को एक महत्त्वपूर्ण गुण के रूप में स्वीकार कर लेते हैं, तो हम ऐसी रणनीतियों के निर्माण व कार्यान्वयन में सक्षम हो सकते हैं, जो भारत सहित तमाम विकासशील देशों में कार्य नैतिकता के स्तर को उँचा उठा सके। इस संदर्भ में कुछ उपायों पर ध्यान दिया जा सकता है। सांगठनिक एकता व व्यक्तिगत एकता के लिए उत्पादकता व कार्य प्रदर्शक के विशिष्ट मानक तय होने चाहिए। एक समुचित व समन्वित प्रदर्शन मूल्यांकन तंत्र की स्थापना इस दिशा में महत्त्वपूर्ण कदम हो सकता है। यह संभव तभी होगा, जब कार्य विवरणात्मक प्रकृति का हो, तथा प्रत्येक पद की भूमिका व जवाबदेहियाँ तय हों। प्रत्येक स्तर पर जवाबदेही व कर्त्तव्यों को महत्तम रूप से तय किया जाना चाहिए, तथा प्रत्येक स्तर पर प्रभावी पर्यवेक्षण कार्य लेखा व्यवस्था को स्थापित किया जाना चाहिए।

प्रशासनिक मामलों में समय पालन व तत्परता को मूल्यांकित कर उसे कार्य प्रदर्शन से जोड़ा जाना चाहिए। इसे संगठनों में पुरस्कार व तिरस्कार के मापदंड के रूप में अपनाया जाना चाहिए। वरिष्ठ कर्मियों को अपने प्रेरणात्मक कार्यों के द्वारा उदाहरण प्रस्तुत करने का कार्य करना चाहिए। अपने कनिष्ठ साथियों को प्रेरित, समर्पित व जवाबदेह बनाने का प्रयास करना चाहिए। इसके विपरीत, अनिर्णय, अक्षमता, आलस तथा भ्रष्ट आचरणों से जकड़े लोगों को दंडित करने का भी समान प्रयास होना चाहिए। यह लोक कार्य में संलग्न लोगों के लिए एक स्वस्थ कार्य संस्कृति का उदाहरण प्रस्तुत करेगा। इसी तरह की बातें लोक नेताओं के साथ भी लागू होती है।

नीतिशास्त्र संबंधी तत्त्व ने सुशासन की विशिष्टता के रूप में अपनी पहचान स्थापित की है। यह रुझान कभी निकट भविष्य में कम होगा, ऐसा प्रतीत नहीं होता। आशा है कि लोक मामलों व लोक सेवाओं की गुणवत्ता के प्रति और अधिक सजगता आएगी, तथा संपूर्ण गुणवत्ता प्रबंधन व आंदोलन सरकारी कामकाजों की संस्कृति में सकारात्मक व ठोस बदलाव लाएगा। नैतिकता का मतलब होता है अच्छी सेवा, तथा यह सिद्धांत अधिकतर लोक व्यवस्थाओं में लागू होता है।

लोक प्रशासन को जनसेवा के लिए बनाया गया है। इससे स्वाभाविक अपेक्षा की जाती है कि वह जनोन्मुख हो। यद्यपि लोक प्रशासन का स्वरूप कानून व नियमोन्मुख होता है, लेकिन इसका मतलब यह नहीं कि वह पूरी तरह से नियम–केंद्रित हो जाए। लोक प्रशासनिक संगठन

मानवीय संगठन होता है। अतः उन्हें अपनी नीतियों, निर्णयों व आचरणों में मानवीय होना चाहिए। जन सेवकों (सिविल सेवकों) की लोकोन्मुखता का तात्पर्य यह है कि उन्हें साधारण व्यक्तियों की जरूरतों व आवश्यकताओं को संपोषित व पूरा करना चाहिए। इस परिप्रेक्ष्य में लोक प्रशासकों में ऐसे भावनात्मक स्तर का समावेश होना चाहिए, जो उन्हें भावुक व आध्यात्मिक बौद्धिकता के ऊँचे स्तर तक पहुँचा सके, तथा साधारण व्यक्तियों की भावनाओं के प्रति उनमें सहानुभूति का भाव जागृत कर सके।

भारत में मौजूद समृद्धि के सभी प्रमाणों के बावजूद इस बात से इंकार नहीं किया जा सकता है कि यहाँ अभी भी गरीबों, पिछड़ों व वंचितों का विशाल तबका मौजूद है। जब तक गरीबी की यह त्रासदी मौजूद रहेगी, लोक प्रशासकों का यह कर्त्तव्य होगा कि वे उनके प्रति सहानुभूति, सहयोग व समानता का रुख अपनाएँ, संवेदना और संवेदना का प्रदर्शन केवल वंचित तबकों की ओर सकारात्मक व्यवहार के प्रदर्शन मात्र तक सीमित नहीं है, इसकी सीमा इससे कही आगे है। वास्तव में, प्रशासनिक सहायता की अपेक्षा करने वाले प्रत्येक व्यक्ति की माँग व जरूरत को समान महत्त्व व सम्मान के साथ पूरा किया जाना चाहिए। समाधान (प्रशासनिक) केवल दिखावटी न हो वरन् वे वास्तविक प्रामाणिक व ठोस हों, इसे भी सुनिश्चित किया जाना चाहिए। नैतिक आचरण का अभ्युदय व विकास शुद्ध व दयालु हृदय से होता है। अतः जन सेवा में लगे व्यक्तियों को अपने हृदय को संवेदनशील बनाने का प्रयास करना चाहिए।

संवेदनशीलता में परानुभूति का तत्त्व शामिल होता है। यह खाली या रिक्त नहीं होता है। यह उन संवेदनाओं को प्रेरित करता हैं, जिसके माध्यम से दूसरों के कष्टों को अनुभूत किया जा सकता है, तथा उस कष्ट को कम करने या बाँटने का सच्चा प्रत्यन किया जा सकता है। अतः लोक मामलों में प्रशासनिक नैतिकता का तात्पर्य है उपयुक्तता, तत्परता व संवेदनशीलता का समुचित समन्वय, जोकि न केवल सिविल सेवकों के विचारों में झलकें, वरन् उनके कार्यों में भी स्पष्ट रूप से दिखाई दे।

सेवाओं के निष्पादन में सकारात्मक व स्वस्थ रूख अपनाने का अर्थ है। प्रशासनिक व्यवहार में नम्रता, ईमानदारी व निष्पक्षता का समावेश तथा नियम–कायदों के आचरण में बँधे रहते हुए भी मदद का हाथ बढ़ाने के लिए हमेशा तत्पर रहना। इस तरह की सोच से नागरिकोन्मुख प्रशासन के गठन में मदद मिल सकती है।

दो ऐसे क्षेत्र हैं जहाँ प्रशासकों को अपने कार्य निष्पादन व जरूरी सूचनाओं के आदान–प्रदान में सावधानी व संवेदनशीलता का भाव प्रदर्शित करना चाहिए, तथा नागरिकों की शिकायतों का संतोषजनक रूप से निपटारा करना चाहिए। यदि शिकायतों का निपटारा नहीं भी हो सके, तो भी कम से कम संबंधित नागरिकों को उसके पीछे ठोस व समुचित विफलता के कारण बताए जाने चाहिए। सर्वाधिक महत्त्वपूर्ण बिंदु है जनोन्मुखता, यानि कार्य निष्पादन को सहयोग व प्रेम की भावना से देखा जाना न कि एक भार के रूप में। नीतिशास्त्र संबंधी आचार नागरिकों के प्रति मित्रवत व्यवहार शामिल होता है।

एम.पी.ए.–011 : राज्य, समाज और लोक प्रशासन
जून, 2021

नोटः भाग-I और भाग-II में दिए गए निम्नलिखित प्रश्नों में से किन्हीं पाँच प्रश्नों के उत्तर लगभग 500 शब्दों (प्रत्येक) में दीजिए। प्रत्येक भाग से कम–से–कम दो प्रश्न अवश्य कीजिए। सभी प्रश्नों के अंक समान हैं।

भाग–I

प्रश्न 1. राज्य के उदारवादी और मार्क्सवादी परिप्रेक्ष्यों की व्याख्या कीजिए।
उत्तर– देखें अध्याय–4, प्रश्न सं.–1, 2

प्रश्न 2. समाज और प्रशासन के बीच संबंधों पर मैक्स वेबर के योगदान का वर्णन कीजिए।
उत्तर– देखें अध्याय–2, प्रश्न सं.–1

प्रश्न 3. "आधुनिक राज्य की गाँधीवादी आलोचना का उद्भव, राज्य के अनिवार्य पक्ष तथा उसकी मानव–विरोधी प्रवृत्ति से हुआ।" चर्चा कीजिए।
उत्तर– देखें अध्याय–6, प्रश्न सं.–1

प्रश्न 4. "नागरिक समाज जन आंदोलनों का आधार है।" चर्चा कीजिए।
उत्तर– देखें अध्याय–8, प्रश्न सं.–1

प्रश्न 5. सामाजिक न्याय के व्यवहारिक पहलुओं पर एक टिप्पणी लिखिए।
उत्तर– देखें दिसम्बर–2010, प्रश्न सं.–10(b)

भाग–II

प्रश्न 6. आधुनिक राज्य के स्वरूप की व्याख्या कीजिए।
उत्तर– देखें अध्याय–11, प्रश्न सं.–1

प्रश्न 7. 'सार्वजनिक नीति–निर्माण व कार्यान्वयन सरकार के दो भिन्न प्रकार्य हैं।' चर्चा कीजिए।
उत्तर– देखें अध्याय–12, प्रश्न सं.–1, 2

प्रश्न 8. भारतीय नौकरशाही की बदलती अवधारणा का परीक्षण कीजिए।
उत्तर– देखें अध्याय–13, प्रश्न सं.–2

प्रश्न 9. नव लोक प्रबंधन की सैद्धांतिक आधारशिलाओं का वर्णन कीजिए।
उत्तर– देखें जून–2019, प्रश्न सं.–8

प्रश्न 10. संघर्ष के बदलते स्वरूप पर एक टिप्पणी लिखिए।
उत्तर– देखें अध्याय–20, प्रश्न सं.–1

एम.पी.ए.–011 : राज्य, समाज और लोक प्रशासन
दिसम्बर, 2021

नोटः भाग-I और भाग-II में दिए गए निम्नलिखित प्रश्नों में से किन्हीं पाँच प्रश्नों के उत्तर लगभग 500 शब्दों (प्रत्येक) में दीजिए। प्रत्येक भाग से कम–से–कम दो प्रश्न अवश्य कीजिए। सभी प्रश्नों के अंक समान हैं।

भाग–I

प्रश्न 1. राज्य को परिभाषित कीजिए तथा राज्य के नव–उदारवादी परिप्रेक्ष्य की चर्चा कीजिए।

उत्तर– देखें अध्याय–1, प्रश्न सं.–2, 1

प्रश्न 2. समाज और प्रशासन के मध्य संबंध की मार्क्सवादी अवधारणा की व्याख्या कीजिए।

उत्तर– देखें अध्याय–2, प्रश्न सं.–2

प्रश्न 3. लोकतांत्रिक स्वराज या स्वशासन पर गाँधीजी के विचारों की व्याख्या कीजिए।

उत्तर– देखें अध्याय–6, प्रश्न सं.–2

प्रश्न 4. सामाजिक समता को परिभाषित कीजिए तथा लोक प्रशासन में इसके महत्त्व का वर्णन कीजिए।

उत्तर– देखें जून–2020, प्रश्न सं.–4

प्रश्न 5. लोक प्रशासन व विकास की ओर जेंडर–संवेदनशीलता पर एक टिप्पणी लिखिए।

उत्तर– देखें अध्याय–10, प्रश्न सं.–2

भाग–II

प्रश्न 6. "समय के साथ भारतीय राज्य का विकास हुआ है।" टिप्पणी कीजिए।

उत्तर– देखें दिसम्बर–2018, प्रश्न सं.–6

प्रश्न 7. "नीति–कार्यान्वयन में नौकरशाही एक मुख्य भूमिका निभाती है।" चर्चा कीजिए।

उत्तर– देखें अध्याय–12, प्रश्न सं.–1

प्रश्न 8. वेबर की नौकरशाही अवधारणा की प्रमुख चुनौतियों का परीक्षण कीजिए।

उत्तर– देखें दिसम्बर–2010, प्रश्न सं.–7

प्रश्न 9. लोक प्रशासन पर वैश्वीकरण के प्रभाव पर एक टिप्पणी कीजिए।

उत्तर– देखें अध्याय–14, प्रश्न सं.–1

प्रश्न 10. व्यावसायिक प्रक्रिया पुनः अभियांत्रिकीकरण की अवधारणा का विश्लेषण कीजिए।

उत्तर– देखें अध्याय–16, प्रश्न सं.–1

एम.पी.ए.–011 : राज्य, समाज और लोक प्रशासन
जून, 2022

नोट : निम्नलिखित में से किन्हीं पाँच प्रश्नों के उत्तर लगभग 500 शब्दों (प्रत्येक) में दीजिए। प्रत्येक भाग में से कम–से–कम दो प्रश्न अवश्य कीजिए। सभी प्रश्नों के अंक समान हैं।

भाग–I

प्रश्न 1. राज्य की प्रकृति पर बदलते परिप्रेक्ष्य की चर्चा कीजिए।

उत्तर– देखें अध्याय–1, प्रश्न सं.–1

प्रश्न 2. समाज–प्रशासन संबंध पर वेबर के योगदान की व्याख्या कीजिए।

उत्तर– देखें अध्याय–2, प्रश्न सं.–1

प्रश्न 3. राज्य के उदारवादी परिप्रेक्ष्य की चर्चा कीजिए।

उत्तर– देखें अध्याय–4, प्रश्न सं.–1

प्रश्न 4. "जनता सरकारी संस्थाओं के साथ विभिन्न तरीकों से संपर्क स्थापित करती है।" इस कथन के संदर्भ में नागरिक–प्रशासन में अंतर्संबंधों को शासित करने वाले सिद्धांतों का परीक्षण कीजिए।

उत्तर– देखें अध्याय–7, प्रश्न सं.–1

विकास प्रशासन के क्षेत्र में, ग्राहक (Clients) को लक्षित समूहों के आधार पर भेदीकृत या वर्गीकृत किया जाता है। कुछ ऐसी परियोजनाएँ हैं जो अनुसूचित जातियों, जनजातियों, महिलाओं, बच्चों तथा अन्य सामाजिक रूप से पिछड़े वर्गों के लिए बनाई जाती हैं। ग्राहकों के बीच भेद लोक प्रशासन व जनता के मध्य संपर्क की जटिलताओं को और बढ़ा देता है। विकासशील देशों में, गरीब व पिछड़े लोग ही बहुसंख्या में होते हैं। राज्य द्वारा राष्ट्रीय परियोजनाएँ (प्रोजेक्ट) मुख्य रूप से जिला प्रशासन द्वारा क्रियान्वित किए जाते हैं। ये क्रियान्वयनकारी लक्षित समूहों को 'लाभकर्त्ताओं' के रूप में देखते हैं। ऐसी ऊपर से नीचे की ओर प्रतिपादन परिपूर्ति व्यवस्था, अधिकतर मामलों में इन लक्षित समूहों की जीवन की दशाओं को सुधारने में असफल रही हैं। इसका मुख्य कारण है लाभों व संसाधनों का गाँवों के अभिजात लोगों द्वारा परिचालन।

अक्सर केंद्रीय द्वारा नियोजित परियोजनाएँ स्थानीय आवश्यकताओं व स्थितियों को या तो अनदेखा कर देती है, या उनकी गलत व्याख्या करती हैं। सरकार व जनता के बीच अंर्तक्रिया, विशेष रूप से गरीबी के संबध में, सामान्यतः सरकार की दृष्टि से देखी जाती है, व गरीबों को सहायता के लिए सरकार पर अधिक निर्भर बना दिया जाता है। क्षेत्रीय शोधकर्त्ता अब बलपूर्वक यह तर्क दे रहे हैं कि जनता की स्थितियों को सुधारने के लिए जनता की क्षमता को विकसित करने की आवश्यकता है, बजाय इसके कि सरकार द्वारा बारम्बार नए–नए प्रोजेक्ट निर्मित किए जाएँ।

जैसा कि फ्रांसेस कॉर्टन (Frances Korten, 1981) का कथन है कि "निर्धनों की सर्वाधि

ाक प्रतिकूल परिस्थितियों में भी जीवित रहने के सामर्थ्य या योग्यता का अर्थ है कि वे अपनी स्वयं की आधारभूत आवश्यकताओं को पूरा करने में अधिक कुशल है, भले ही उनका स्तर एक सामाजिक रूप से सचेत समाज के लिए असहनीय स्तर हो"। आमतौर पर सरकारी कार्यक्रम उनकी स्थिति में सुधार लाने का प्रयास करते हैं, परंतु ये उन्हें 'स्व–सहायता' कार्य के लिए उनकी क्षमता को मजबूती देकर ऐसा नहीं करते, बल्कि स्वयं उनके लिए कार्य करते हैं, ये वे कार्य हैं जो वे पहले अपने लिए करते थे और आज सरकार द्वारा निर्णय–निर्माण व संसाधन पर आधारित थे। इसके परिणामस्वरूप लोगों की आत्म–निर्भरता सरकार पर उनकी निर्भरता में परिवर्तित हो जाती है, तथा वे नीतियों में परिवर्तन व आपूर्ति व्यवस्था के प्रति पहले से भी अधिक असुरक्षित हो जाते हैं।

जैसा कि कैटज व डानेंट (Katz and Danet, 1973) ने अपनी पुस्तक 'ब्यूरोक्रेसी एंड द पब्लिक' (Bureaucracy and the Public) में व्याख्या की है कि नौकरशाही संगठन का ढाँचा हैं, जिसके अंतर्गत संगठन व ग्राहकों के मध्य संबंधों को संचालित करने वाले मार्ग दर्शक नियम समाहित होते है। इन नियमों को निम्न रूपों में रखा जा सकता है–(क) विशिष्टता (Speciality), (ख) सार्वभौमिकता (Universalism), तथा (ग) व्यवहारिक तटस्थता (Affective Neutrality)। विशिष्टता से अर्थ है संगठन द्वारा औपचारिक रूप से परिभाषित प्रशासन व नागरिक के बीच अंतक्रिया का बिल्कुल सीमित क्षेत्र। एक सार्वजनिक परिवहन में, यात्री किराया अदा करता है तथा कंडक्टर उसे एक निश्चित स्थान तक सफर करने का विश्वास दिलाता है। सार्वभौमिकता से अर्थ संगठन द्वारा प्रस्तुत, परिभाषित समूहों से समान व्यवहार से है। उदाहरण के लिए, सभी बस यात्रियों को एक समान दूरी के लिए एक समान किराया देना होता है, तथा कंडक्टर का यह कर्त्तव्य है कि सभी के साथ समान व्यवहार करे। प्रभावात्मक या व्यवहारिक तटस्थता का अर्थ है कि सभी यात्रियों के प्रति निष्पक्ष व्यवहार का प्रदर्शन करना तथा किसी के प्रति भी क्रोध, अपनापन आदि भावनाओं का प्रदर्शन न करना।

प्रश्न 5. निम्नलिखित में से प्रत्येक पर लगभग 250 शब्दों में संक्षिप्त टिप्पणियाँ लिखिए–

(क) सामाजिक समता

उत्तर– देखें जून–2018, प्रश्न सं.–5(b)

(ख) पर्यावरण व नागरिक संबंधित मुद्दे

उत्तर– दुर्भाग्य से, आधुनिक मानव प्रकृति पर स्वामित्व स्थापित करने के लिए, कठोर प्रयास कर रहा है, जिसके परिणामस्वरूप, अनेक समस्याएँ उत्पन्न हुई हैं, जैसे जैविक असंतुलन, पर्यावरणीय क्षरण (Environmental Degradation), वन्य व जीव संपदा की शून्यता व मानव स्वास्थ्य पर विपरीत प्रभाव। पर्यावरण के अंतर्गत जल, वायु व भूमि, मानव प्राणी, अन्य जीवित प्राणी, पेड़–पौधे, सूक्ष्म–जीव व संपत्ति (पर्यावरण सुरक्षा अधिनियम – Environment Protection Act, 1986) आते हैं। पर्यावरणीय असंतुलन को कम करने व सतत् विकास (Sustainable Development) संबंधित सही विकास रणनीति व प्रक्रिया चुनने की आवश्यकता है, तथा एक ऐसे विकल्प व क्रमिक विकास के मार्ग को अपनाने की आवश्यकता है, जिससे इस लक्ष्य को प्राप्त किया जा सके। यह पारस्परिक निर्भरता एक मौलिक विकास का मूल्य है, तथा समाज में वांछित परिवर्तन के लिए इसका महत्त्व समझना आवश्यक है।

विकास की यह सहभागिता–अवधारणा के अंतर्गत महिलाओं को पुरुषों को समान अधिकार दिए जाने चाहिए। ग्रामीण महिलाओं को बहुत कठिन परिश्रम करना पड़ता है, क्योंकि वे मुख्यतः वन्य संसाधनों पर अधिक निर्भर होती हैं। उन्हें अनेक उत्तरदायित्व निभाने पड़ते हैं, जैसे भोजन बनाना, जल व लकड़ी लाना आदि। अतः वन्य संसाधनों के संरक्षण व सुधार में उनके हित निहित है। अगर सूखा पड़ता है तो वे महिलाएँ होती हैं, जिन्हें पीने के पानी, पशुओं के लिए चारे, जलाने के लिए लकड़ी तथा स्थानीय रोजगार अवसरों की कमी से उत्पन्न परिणामों का सामना करना पड़ता है, जबकि पुरुष जीविका की तलाश में अन्य नगरों व शहरों में चले जाते हैं। राष्ट्रीय वन नीति (National Forest Policy, 1998) वन्य संसाधनों के संरक्षण व विकास, पर्यावरण संतुलन को बनाए रखने, स्थानीय लोगों द्वारा जन आंदोलनों पर जोर देती हैं। सरकार ने इसके लागू करने के संबंध में सभी राज्यों व संघीय इकाइयों को आवश्यक दिशा–निर्देश दिए हैं। इन लक्ष्यों की प्राप्ति के लिए 18 राज्य सरकारों ने प्रस्ताव पारित किए हैं, तथा विभिन्न राज्यों में अलग–अलग नामों से 15,000 ग्राम स्तरीय संस्थाएँ गठित की गई हैं। इन समितियों को प्राकृतिक संसाधनों की सुरक्षा संबंधी दायित्व, जैसे पेड़ों के अवैध रूप से काटे जाने, सामान्य से अधिक चराई (Overgrazing), लकड़ी व अन्य घटनाओं से बचाने का उत्तरदायित्व दिया गया है। इन कमिटियों को ग्राम–स्तर की योजनाएँ भी तैयार करनी होती है। यह दर्शाता है कि शक्ति के विकेंद्रीकरण ने विकास प्रयासों में जनसहभागिता में वृद्धि की है। हालाँकि, विभिन्न संस्थाओं व समितियों द्वारा इस अधिनियम का संतोषजनक क्रियान्वयन नहीं हुआ है।

वन्य–भूमि संसाधनों या संयुक्त वन प्रबंधन (Joint Forest Management, JFM) के लिए सामाजिक सहभागिता ने अनेक संस्थाओं का ध्यान आकर्षित किया है। विश्व बैंक के वन्य प्रोजेक्ट सामाजिक सहभागिता के महत्त्वपूर्ण तत्त्व के साथ आवश्यक समर्थन उपलब्ध करा रहे हैं। इस प्रोजेक्ट के प्रमुख लक्षण निम्नांकित हैं–

- निर्णय–निर्माण में महिलाओं का समान प्रतिनिधित्व;
- समाज के सभी वर्गों के प्रतिनिधित्व में समता, तथा असुविधाप्राप्त लोगों के लिए विशिष्ट प्रावधान;
- संयुक्त वन प्रबंधन (JFM) के क्षेत्र की सीमा का निर्धारण;
- सामाजिक समूहों व उनको दी गई शक्ति को वैधानिक आधार; तथा
- सभी वर्गों के मध्य उपयोगी–अधिकारों (User-rights) का समान वितरण।

इसके अनेक उदाहरण देखने को मिल सकते हैं जहाँ ग्राम समुदायों ने वनों की सुरक्षा की, क्योंकि वे जानते हैं कि ये उनके जीवन के लिए अति आवश्यक है। ग्राम समुदायों में प्रमुख अब भी मानते हैं कि जल का प्रदूषण करना या उसे अवरुद्ध करना भयंकर अपराध हैं। हमारे देश में, विविध प्रकार के पौधों व जानवरों की जातियों को एक या अनेक समुदायों द्वारा पवित्र माना गया है। अतः उन्हें नष्ट नहीं किया गया। इस प्रकार की प्रणाली में सबसे ज्यादा संरक्षित पीपल के पेड़ (Ficus Religiosa Tree) है, जिसका वर्णन 2000 ईसापूर्व (BC) के दौरान मोहनजोदाडो (Mohenjodaro) सभ्यता में भी मिलता है। यह ध्यान देने योग्य है कि पीपल या फाइकस आज एक खास तरह के प्रजाति का सूचक है, जोकि सामयिक व जैविक विभिन्नता को बरकरार रखता है। खासतौर पर इसका रखरखाव चिड़ियों की संख्या, जैसे फलभक्षी प्रजातियाँ जैसे कबूतर आदि बनाए रखने में महत्त्वपूर्ण रहा है।

राजस्थान में 'बिश्नोई' समुदाय जानवरों को मारना पाप समझता है। माधव गाडगिल (Madhav Gadgil, 1985) के अनुसार, इसी मूल्य के आधार पर, समान रूप में कुछ मंदिरों

के निकट कोबरा को नहीं मारा जाता था, तथा यह माना जाता था कि उस क्षेत्र में किसी भी साँप के काटने पर कभी गंभीर स्थिति उत्पन्न नहीं हो सकती। इस प्रकार के विश्वास व निषेध इस खतरनाक जानवर के प्रति लोगों के भय को समाप्त करने में सफल रहे, जिससे कि इस प्रजाति का संरक्षण हो सका। अतः इन निषेधों में जीवन मूल्यों की भी रक्षा हो सकी।

भाग–II

प्रश्न 6. भारतीय राज्य के समक्ष प्रमुख मुद्दों की व्याख्या कीजिए।

उत्तर– देखें अध्याय–11, प्रश्न सं.–2

प्रश्न 7. "नौकरशाही नीति–निर्माण में प्रमुख भूमिका निभाती है।" टिप्पणी कीजिए।

उत्तर– देखें अध्याय–13, प्रश्न सं.–4

प्रश्न 8. वैश्वीकरण को परिभाषित कीजिए तथा लोक प्रशासन पर उसके प्रभाव की चर्चा कीजिए।

उत्तर– देखें अध्याय–14, प्रश्न सं.–1

प्रश्न 9. "वर्तमान समय में, राज्य व बाजार के बीच संबंध अत्यधिक उलझाने वाला बन गया है।" चर्चा कीजिए।

उत्तर– देखें अध्याय–16, प्रश्न सं.–2

प्रश्न 10. निम्नलिखित में से प्रत्येक पर लगभग 250 शब्दों में संक्षिप्त टिप्पणियाँ लिखिए–

(क) सुशासन की विशेषताएँ

उत्तर– देखें अध्याय–17, प्रश्न सं.–2

(ख) प्रशासनिक नैतिकता की अवधारणा

उत्तर– देखें जून–2016, प्रश्न सं.–10(b)

एम.पी.ए.–011 : राज्य, समाज और लोक प्रशासन
दिसम्बर, 2022

नोट : निम्नलिखित में से किन्हीं पाँच प्रश्नों के उत्तर लगभग 500 शब्दों (प्रत्येक) में दीजिए। प्रत्येक भाग से कम से कम दो प्रश्न अवश्य दीजिए। सभी प्रश्नों के अंक समान हैं।

भाग–I

प्रश्न 1. राज्य के नव–उदारवाद परिप्रेक्ष्य की चर्चा कीजिए।

उत्तर– देखें अध्याय–1, प्रश्न नं.–1

प्रश्न 2. समाज–प्रशासन संबंध में रिग्स के योगदान की व्याख्या कीजिए।

उत्तर– देखें अध्याय–2, प्रश्न नं.–1

प्रश्न 3. "राज्य के सिद्धांत पर गाँधीवादी परिप्रेक्ष्य आधुनिक राज्य के आधार पर प्रश्न उठाता है।" टिप्पणी कीजिए।

उत्तर– राज्य के सिद्धांत का गाँधीवादी परिप्रेक्ष्य, सैद्धांतिक स्तर पर, आधुनिक राज्य के आधार पर ही प्रश्नचिह्न लगाता है। सुव्यवस्थित (Methodological) कार्यप्रणाली के स्तर पर यह परिप्रेक्ष्य, राज्य की क्रियापद्धति के प्रति असंतुष्टि प्रकट करता है तथा भारत के लिए इसके अनुकूल न होने के पक्ष में तर्क प्रस्तुत करता है। समवेत रूप से यह लक्षण राजनीति के एक ऐसे मॉडल की संभावना को जन्म देते हैं, जिसके निदेशक व कार्यात्मक सिद्धांत (Guiding Principles) एक ऐसी नवीन व्यवस्था को जन्म देते हैं, जिसे 'स्वराज' के रूप में जाना जाता है।

फिर, देखें अध्याय–6, प्रश्न नं.–1

प्रश्न 4. नागरिकों और प्रशासन के बीच अंतराफलक को प्रभावशाली बनाने में संस्थागत उपकरणों तथा कार्यनीतियों का परीक्षण कीजिए।

उत्तर– देखें अध्याय–7, प्रश्न नं.–2

प्रश्न 5. लोक प्रशासन व विकास की ओर जेंडर संवेदनशीलता पर एक टिप्पणी लिखिए।

उत्तर– देखें अध्याय–10, प्रश्न नं.–2

भाग–II

प्रश्न 6. भारतीय राज्य की बदलती भूमिका की चर्चा कीजिए।

उत्तर– देखें दिसम्बर–2018, प्रश्न नं.–6

प्रश्न 7. "नौकरशाही नीति कार्यान्वयन में एक प्रमुख भूमिका निभाती है।" चर्चा कीजिए।

उत्तर– देखें अध्याय–13, प्रश्न नं.–5

प्रश्न 8. वैश्वीकरण को परिभाषित कीजिए तथा विकासशील देशों पर उसके प्रभाव की चर्चा कीजिए।

उत्तर– देखें अध्याय–14, प्रश्न नं.–1, 2

प्रश्न 9. 'संघर्ष' शब्द की व्याख्या कीजिए तथा सूक्ष्म स्तर पर संघर्ष समाधान के तरीके सुझाइए।

उत्तर– देखें अध्याय–20, प्रश्न नं.–1, फिर, देखें जून–2020, प्रश्न नं.–10

प्रश्न 10. नैतिकता को परिभाषित कीजिए तथा नैतिक जवाबदेही की बाधाओं की चर्चा कीजिए।

उत्तर– देखें अध्याय–21, प्रश्न नं.–1, 3

एम.पी.ए.–011 : राज्य, समाज और लोक प्रशासन
जून, 2023

नोट : भाग–I और भाग–II में दिए गए निम्नलिखित प्रश्नों में से किन्हीं पाँच प्रश्नों के उत्तर लगभग 500 शब्दों (प्रत्येक) में दीजिए। प्रत्येक भाग से कम से कम दो प्रश्न अवश्य कीजिए। सभी प्रश्नों के अंक समान हैं।

भाग–I

प्रश्न 1. राज्य के विभिन्न परिप्रेक्ष्यों की चर्चा कीजिए।

उत्तर– देखें अध्याय–1, प्रश्न नं.–1 (पेज नं.–1)

प्रश्न 2. 'लोक प्रशासन समाज से बारीकी से संबंधित है।' टिप्पणी कीजिए।

उत्तर– सामाजिक परिवर्तन व प्रगति ऐसी परिस्थितियों का निर्माण करती है, जो कि सामूहिक क्रिया को प्रोत्साहन या लोक प्रशासनिक संस्थाओं द्वारा सरकारी बाध्यता को प्रोत्साहन देती है। राजनीतिक दृष्टि में, प्रसिद्ध सामाजिक अनुबंध सिद्धांत, जिसे हमने तीन महान दार्शनिकों – हॉब्स, लॉक व रूसो (Hobbes, Locke and Rousseau) से लिया है। उन्होंने एक पूर्व–राजनीतिक "प्राकृतिक अवस्था" की बात की, जिसके कारण ही राज्य व सरकार का एक सामान्य सामाजिक व्यवस्थापक संस्था के रूप में जन्म हुआ। इस बहुत ही प्रभावशाली सिद्धांत के अंतर्गत यह विश्वास निहित है कि राजनीतिक ढाँचा व व्यक्तिगत मानवजाति द्वारा किए गए अनुबंध की वैधता कि वह एक प्रभावशाली "सामाजिक अनुबंध" (Social Contract) के द्वारा अपने कुछ या समस्त निजी अधिकारों को सुरक्षा व बचाव पाने हेतु हस्तगत कर देंगे, यह सिद्धांत प्रथम प्रबुध प्रयास में निहित है – जो एक मानव–निर्मित राजनीतिक संस्था के व्यक्तित्व की बात सुझाता है। लोक प्रशासन के क्षेत्र की सीमाओं में विस्तार (और कभी–कभी सिकुड़न), ऐतिहासिक रूप से, राज्य व समाज के मध्य परस्परता के विकसित हो रहे स्वरूप पर हावी रहा है।

जैसाकि ड्वाइट वाल्डो (Dwight Waldo) ने सही रूप में महसूस किया है कि सामान्य सामाजिक समस्याओं से निपटने के लिए लोक प्रशासन ही सरकार का केंद्रीय साधन होता है। पश्चिमी लोकतंत्रों में, पिछली शताब्दी में सरकारी कार्यक्रमों में विस्तार नई सामाजिक समस्याओं को ही दर्शाते हैं, जैसे शहरीकरण, सामाजिक कल्याण विचार, सामाजिक ढाँचागत परिवर्तन व अन्य। उदाहरण के लिए, वृद्धों की देखभाल से संबंधित समस्याओं को सरकारी संस्थाओं द्वारा ही सुलझाया जाएगा, क्योंकि उनके परिवार उनकी देखभाल करने में असमर्थ या अनिच्छुक होते हैं। पारिवारिक जीवन के टूटने से सरकार इकहरी माँओं (Single Mothers) के लिए नए कार्यक्रम अपना रही है। कई कार्यक्रम अपराधी युवाओं व बच्चों के लिए हैं, जो कि सामाजिक ढाँचे में होने वाले इन परिवर्तनों से प्रभावित होते हैं।

जैसे–जैसे समाज प्रगति करता है, सामाजिक परिवर्तन की प्रक्रिया नई धारणाओं व चुनौतियों को जन्म देती है, जो कि लोक प्रशासन के अध्ययन–क्षेत्र को अधिक विस्तृत कर देती है। उदाहरण के लिए, "पर्यावरण व परिस्थितिकी" (Environment and Ecology)

महत्त्वपूर्ण मुद्दा है, जो कि अंतर्राष्ट्रीय व राष्ट्रीय, दोनों ही स्तरों पर सक्रियता की माँग कर रहा है। प्रदूषण प्रबोधक व प्रदूषण विरोध माप, जंगलों, नदियों व जन के लिए संरक्षण कार्यक्रम तथा जैव–विविधता सामान्यत: वर्तमान कल्पनायुक्त नीति व प्रशासनिक प्रतिक्रिया के कुछ महत्त्वपूर्ण मुद्दे हैं।

एक अन्य महत्त्वपूर्ण मुद्दा लोक प्रशासन में जेंडर (Gender) या स्त्री–पुरुष विश्लेषण का है। कार्यों में महिला सहभागिता में लगातार प्रत्येक वर्ष वृद्धि होती जा रही है, जो कि कल्याणकारी व पारितोष (Compensation) संबंधी नीतियों व अन्य संबंधित मुद्दों, उदाहरण के लिए कार्यस्थल पर महिलाओं के साथ दुर्व्यवहार व छेड़छाड़ (Sexual Harassment) आदि के संदर्भ में प्रशासनिक परिवर्तनों की माँग कर रहे हैं। विकासशील देशों के संदर्भ में, विकास की क्रियाओं में अधिक से अधिक महिलाओं को शामिल करने के लिए, जेन्डर–प्रतिसंवेदी (Gender-sensitive) विकास को ऋण देने वाली संस्थाओं व ऋण प्राप्त करने वाले देशों की सरकारों द्वारा एक सामान्य नीति के रूप में स्वीकार किया गया है। इसी प्रकार अनेक मुद्दे, जैसे बाल श्रम, अस्पृश्यता, बंधुआ मजदूरी व अन्य घृणित सामाजिक व्यवहार आदि को रोकना व निवारण करना, ये सभी प्रशासनिक पहल की माँग कर रहे हैं, विशेष रूप से विकासशील देशों में। इसी के परिणामस्वरूप, इन देशों में लोक–प्रशासन का क्षेत्र बहुत ही व्यापक हो गया है।

प्रश्न 3. नव–उदारवाद के उद्‌भव और अवधारणा की व्याख्या कीजिए।
उत्तर– देखें अध्याय–5, प्रश्न नं.–1 (पेज नं.–37)

प्रश्न 4. आधुनिक राज्य की गाँधीजी द्वारा दी गई आलोचना का परीक्षण कीजिए।
उत्तर– देखें अध्याय–6, प्रश्न नं.–1 (पेज नं.–45)

प्रश्न 5. लोक प्रशासनिक अध्ययन के लिए जन संघर्षों के महत्त्व पर एक टिप्पणी लिखिए।
उत्तर– देखें अध्याय–8, प्रश्न नं.–1, 3 (पेज नं.–61, 64)

भाग–II

प्रश्न 6. 'भारत में राज्य के समक्ष कई मुद्दे होते हैं।' विस्तृत वर्णन कीजिए।
उत्तर– देखें अध्याय–11, प्रश्न नं.–2 (पेज नं.–83)

प्रश्न 7. नीति कार्यान्वयन में नौकरशाही की भूमिका की चर्चा कीजिए।
उत्तर– देखें अध्याय–12, प्रश्न नं.–1 (पेज नं.–86)

प्रश्न 8. भारतीय नौकरशाही की बदलती अवधारणा की व्याख्या कीजिए।
उत्तर– देखें अध्याय–13, प्रश्न नं.–2 (पेज नं.–98)

प्रश्न 9. विकासशील देशों पर वैश्वीकरण के प्रभाव का वर्णन कीजिए।
उत्तर– देखें अध्याय–14, प्रश्न नं.–2 (पेज नं.–116)

प्रश्न 10. सुशासन पर एक टिप्पणी लिखिए।
उत्तर– देखें अध्याय–17, प्रश्न नं.–1 (पेज नं.–132)

www.ingramcontent.com/pod-product-compliance
Ingram Content Group UK Ltd.
Pitfield, Milton Keynes, MK11 3LW, UK
UKHW041841190726
13854UKWH00002B/659

9 789381 066003